舞台の上の難民

チベット難民芸能集団の民族誌

山本達也

法藏館

舞台の上の難民――チベット難民芸能集団の民族誌＊目次

舞台の上の難民

チベット難民芸能集団の民族誌

序章　本書を紡ぎだすにあたって

1　はじめに

グローバリゼーションが進行する昨今、チベットをめぐる言説は増大し、また、国際社会において少しずつ、しかし着実にチベットの名は広まっている。本屋に行けばダライ・ラマ関連の書籍が充実し、エスニック雑貨店に行けば仏具やフリー・チベット関連の商品を容易に購入できる。わざわざチベットやインドくんだりまで足を運ばずとも、チベット仏教や文化、はたまた政治のエッセンスに触れられる状況が自明のものとなっている。ことほどさように、チベットは我々の日常において消費の対象として浸透している。しかし、チベットをめぐる言説や商品が増加する一方で、チベットの人たちをめぐる現状認識が高まっているかといえばそうではなく、また、チベットの人びと自身が発言する機会が飛躍的に向上したというわけでもない。このことは、学問的な言説においても同様に当てはまる。チベットは、自らの主張を正当化するための触媒として使われる対象であると同時に、自説に適さない場合には都合よく抹消される存在となっている。たとえば、中国人知識人の孫歌や汪暉のアメリカや西洋の介入をスケープゴートにしてチベットをめぐる現状を正当化するかに見える荒唐無稽な発言(1)が現代思想系の出版社から華々しく出版されているし、カルチュラル・スタディーズの代表的論客である陳光興が近年主張し、大きな反響を得ている脱帝国と脱植民地主義を核とした東アジア共同体論［二〇一二］においては、チベットの存在は一度だけ言及され、あとは忘却されている。このような状態を理解する際、どのような参照軸をもってチベットを取りまく状況を見ればいいのだろうか。グローバリゼーションの現状に対して長原豊が以下に提供する視点は格好の手掛りとなる。

グローバリゼーションを、スピヴァクはしつこく金融（信用）化だと言い替えますよね。金融化というのは、マルクス経済学的な表現でいうと、資本それ自体が商品化されたいわゆる擬制資本が「純粋な」商品世界としての表層で交換されることを最も典型的に表現するシステムですよね。そのときの問題は、表層における交換の速度がすごい早さでおこなわれるなかで、その背後に不等価交換が恒常的に要請されてゆくという点にある、と僕は考えているんですね。［岩崎・長原　二〇〇〇：二〇一］

この状況認識を敷衍してチベットの状況を見れば、言説的・物質的な次元で等価交換される商品としてのチベットや援助などに代表されるチベットをめぐる資本の動きがあるのと同時に、常に現状や存在を否認され、消費の世界においてのみ存在を許されるチベットの現状がある、と考えることができる。ここで存在を許されていないのは、チベットというくくりのなかで実際に生を営む人びとである。商品という形態や平板化された言説に収まりきらない現実は、それら商品と結びつく資本や言説の流通が加速するのとはまるで無縁であるかのように、置きざりにされ、そのような現実が存在すること自体が否認される。逆にいえば、彼らの生を「地-政学的に差異化」［スピヴァク　二〇〇三：五八］し、その存在を無化することによってこそ、これら商品や言説は流通し、種々の資本の蓄積や自己増殖運動が可能となっているのだ。装いのうえではチベットについて語られているにもかかわらず、実際には語られていない、という事態こそが、現実的な不等価交換を恒常的に生みだしている。彼らの生は、商品化や利益の獲得に利用されると同時に、余分なところは廃棄されているのである。このような時代に出版される本書は、チベットを取りまくグローバルな世界情勢のなかでも、特に難民社会、それも難民社会の芸能集団に着目するものである。

本書を紐解くにあたって、若干ナイーブな問い、そしてそれに対する自己省察から始めてみたい。本書が描くのは、なぜチベット、それもなぜチベット難民でなければならないのだろう。チベットを、チベット難民を文化人類学的まなざしで見ることが私の何に関わるのだろう。この問いは、私が「チベット」に最初に出会ったのは直接的な体験ではなく、チベットをめぐる言説を介してであったため、前述のグローバル経済下の現状認識とまさに通底するものであり、避けられえないものである。そして、この問いに対する自己省察は、私の生と密接に関わるものであるがゆえに、ある種の物語的なものとしてしか私には語りえない。こうした問いと自己省察を経て書かれた本書は、学問的なアプローチにおいて現時点で打ちだしえた私なりの一つの回答である。

思えば、私がチベットに出会ったのは、高校三年生の頃に観たある映画を介してであった。『セブンイヤーズ・イン・チベット』と題されたその映画は、ブラッド・ピットが主役を演じていた。今思えば素朴に過ぎ、なおかつ裏に渦巻く政治的な思惑が見え隠れする描写ではあるが、中国にチベットが侵略されていく後半部は、私の心に大きなものを残した。それは、今思えば単純すぎるまでの同情心であり、同情心を喚起したのは「世界の屋根」に対するロマンと憧れであった。映画を観たあと、私はチベットに行ってみたくなった。果てなく広がる青空が見たくなった。このような素朴な思い入れは思春期頃の若者が抱くごく自然な反応だったのだろう。とはいえ、怠惰で臆病な私は、口ではチベット、チベットといいながら、チベットについて自分から何かをやろうと積極的に動くようなことはなかった。あくまでチベットという存在は、私にとって一つの記号でしかなかった。

それから大学に入学し、たまに目についたチベットに関する本を買って読んではいたものの、チベットに行くこともなく時は過ぎていった。『セブンイヤーズ・イン・チベット』の余韻をどこかに残しつつも、バックパッカーになって行動に移すこともなく、ただ漫然と過ごしてきた大学生活もいよいよ終わろうとしていた。ちょうどその頃、世は、太平洋戦争でのさまざまな局面をめぐっての一種の歴史修正主義ブームであった(2)。自虐的な歴史観を正し、日本による侵略戦争の肯定的な側面を評価しようとする藤岡信勝や小林よしのりを筆頭とした思想運動は、私の周りにいる一家言ある若者たちの心をしっかりと摑んでいたようだった。酒を飲めば、「日本の自虐的な体質こそが問題だ」「戦争によって植民地が得た利益について何にもわかっていない」。そんな話が際限もなく繰りかえされた。今思えば、それは「自分探し」という言葉の流行と軌を同じくしていたように思うし、「歴史を肯定する強い日本の復権」を目論んでいたその運動の隆盛は、バブル崩壊後、最悪の就職状況になすすべなく感じられたアノミー的な社会的不安を反映したものだったのだろう。回顧すれば、私自身、どこかに基盤が欲しかったにもかかわらず、どこにも所属していない、所属できていないアノミー状態にいたように思う。間違いなく、私も自分を規定できるような「物語」を欲していた。だが、歴史修正主義が提示した国家という「物語」に対しては何か違和を感じており、その主張に全面的には賛同できないでいた。シベリアに抑留されて大変な思いをした経験を、幼少の頃に祖父から散々聞かされていたからだろうか、国を自分の前に立てる姿勢にはどうしても納得がいかなかった。その違和感を自分なりに浮かびあがらせるべく歴史修正主義を支持する人びとと議論しても、世間的には「常識的な」議論に立脚している彼らのいっていることが常に「正しく」なり、私の違和感の表明はむなしい響きでしかなかった。私は彼らの主張を全肯定できないと同時に、その「常識的正しさ」ゆえにか、全否定もできなかった。彼らの論調に従わない私は、時代錯誤を覚悟していえばまるで「非国民」だったのではないだろうか。私は彼らのいっていることは理解できるが同調できない点で、居心地が悪く、間違いなく宙ぶらりんだったのだ。それはある意味で、今でも続いているのかもしれない。所属感の希薄さと表裏一体する所属への渇望が私を取りまいている。

ちょうどその頃だったろうか。『世界』に掲載されていたチベット難民に関する記事を偶然図書館で目にする機会があった。はっきり覚えていないが、チベットの独立運動[3]に関するものではなかっただろうか。人びとが独立という理想に向けて団結し、国際社会に働きかけているさまを描いている記事を見て、私は興味をかきたてられた。なにせ、彼らは私にない強烈な帰属感をもって運動しているというのだ。そして、その記事は私にいくつかの問いを生むに十分な衝撃をもたらした。難民状態というういわば極端な生活環境において、彼らはどうやって自分たちの生を生きているのだろうか。故郷から切り離された彼らは、アノミー状態に陥ることなくアイデンティティを維持しているのだろうか。どうやって自分たちの「居場所」を確保しているのだろうか。それらの問いは私自身のアイデンティティに関する問いや社会に関する問いと関連して見えた。この点において、『セブンイヤーズ・イン・チベット』がある種の憧れとして私に刷りこんだチベットという存在と、帰属に関する私の問いがしっかりと繋がったように思えた。この出会いが大学院で文化人類学を学ぶきっかけの一つになったのである。そんな問いを抱えて大学院に入った自分は、早々と就職を決めていた周囲の人びとからは、たいそうナイーブな社会的落伍者と見えたことだろう。

大学院に入学し、チベット難民を研究すると決めたものの、「チベット難民の何を研究するのか」を決めることはなかなか大変だった。そんな折、かつてダラムサラに滞在したことのある女性が、ダラムサラには舞台芸術や音楽を扱う政府の機関があるということを教えてくれた。もともと音楽に興味があった私はその機関に興味をもち、なんのアポイントメントもないまま、とりあえずインドに行くことにした。あるのは大きな不安と期待の入り混じった不思議な感情だけだった。

ところが、ダラムサラにつくと、拍子抜けするほどすんなりとことは運んだ。私は受講生というかたちでその機関の一員となった。その機関が、本書が描くチベット難民芸能集団 Tibetan Institute of Performing Arts（以下TIPA）[4]である。それは、チベット文化を媒介として、難民社会にチベット人としてのアイデンティティを育んでいくことを要請された機関であった。亡命直後から活動し、世界各国でチベットの伝統芸能を上演してきた彼らは、難民社会の機関としては「老舗」であり、由緒正しき機関であるといえる。そこで私は演者たちと共同生活を送り、インタビューなどをこなしながら修士論文のための調査を進めていった。だが、調査を進めていくにつれて、私はある疑念を抱くようになった。チベット独立に対する現地の人びとの反応は、チベットに関する多くの本や研究で著者たちが熱い筆致で言及するような色調が感じられず、私が「望んでいたもの」とは大きく異なるものであった。そこで私が目にしたのは、まさに、現代を生きる「普通の人びと」[5]だったのである。また、自治／独立獲得やアイデンティティの維持、そしてそれらを活性化させるナショナリズムに関する主張に見え隠れする、特定地域の文化を称揚し、一部の地域を排除して重要視しない傾向に徐々に気づいていった。そういった過程のなかで、「ディアスポラの文化は排他的ナショナリズムにはなりえない」というジェイムズ・クリフォードの主張［二〇〇二］が絵空事でしかないように見えはじめた。私がTIPAの文化表象に見たのは、排除の要素も色濃くもち、社会的序列を再生産するかのようなアイデンティティの主張であり、ラサを代表とするウツァン地域に偏ったチベット難民社会のナショナリズムであった。それは、私が抱いていた、自分を下支えしてくれるような基盤から切り離されたアノミー状態に対する強固なアイデンティティ構築とその理想的な生に対するきれいな思いこみを完全に打ちこわすものであった。そこでの私の落胆や冷笑を反映したものが修士論文［二〇〇四］だった。今思えば、修士論文は、ＴＩＰＡへの愛着を感じつつも、当時の私が抱いていた感情を反映させてしまった点で、現地目線での記述ではなく、私の色が前面に出すぎたものであった。ここで一度、自分のなかでのチベット難民社会に対する興味が減少しなかったといえば嘘になるだろう。私は調査対象を変更しようかと悩んだ。とはいえ、言語習得の労を考えれば、チベット難民社会しか自分に選べるものはなかった。いろいろ思い悩んでいるうちに月日は経過していった。

結局、私がダラムサラを再訪したのは、修士論文調査から二年の歳月が経ってからであった。その当時私が考えていたのは、排他的な側面をもつナショナリズムがどのような歴史のなかで立ちあがってきたか、を記述することであった。そのため、私の興味はもっぱら、ダライ・ラマが設立を提言し、インド政府も運営資金を援助しているチベット難民のための学校であるTibetan Children's Village（以下ＴＣＶ）へと移っていた。その当時もＴＩＰＡに頻繁に出入りはしていたものの、継続して調査する気は私にはまったくなく、ＴＩＰＡに行けば、特に何をするでもなく、旧交を深めたり無駄話をしたりして時間を過ごしていた。

調査のために、そして知人より依頼された日本語教室のためにＴＣＶに足しげく通って一カ月ほど過ぎようかというある日、「バンドの子にギターを教えてくれないか」という頼みをＴＩＰＡの友人から受けた。ＴＣＶに調査をしに毎日足を運んでいたわけではなかったので、私はそれを快諾した。今思えば、これが修士論文調査の際は調査者と被調査者であった私とＴＩＰＡの演者との関係を大きく変えるきっかけになった。最初こそギター指導だけだったが、「こいつは使える」とでも彼らは思ったのだろう、私は毎晩十時近くまで、リハーサルルームで演奏するようになった。リハーサルをしないでも、リハーサルルームで談笑していた（リハーサルをすっぽかす奴が必ず数人いるのだ）ため、彼らとプライベートでも接することが多くなっていた。私の足は、自然とＴＩＰＡに向かうようになり、ＴＣＶへは日本語教室での指導以外の用向きで出向くことがなくなった。

九月下旬のある日、メンバーが私にとんでもないことをいいだした。「今週末、公演があるから。お前も出演することになっているし」。それは青天の霹靂だった。その誘いの内容自体もさることながら、公演まであと三日しかないのだ！　今のリハーサルのやり方ではとてもではないが人前で納得のいく演奏をすることはできない。その晩から、遠慮することなく、私はかなり積極的に発言するようになった。その甲斐もあってか、急場しのぎではあったが、公演はまずまず成功した。

次の日、町に出てみると、「昨日は良かったよ！」と多くのチベット人から握手を求められた。一晩あけたら、日本人がステージに立つのが珍しかったのだろうか、チベット人のあいだでちょっとした「人気者」になっていた。夕刻、いつものようにＴＩＰＡへ行くと、友人たちが「これでお前もＴＩＰＡのメンバーだな」と握手を求めてきた。

以降、ダージリン・ツアーやレコーディング、南インド・ツアーをはじめとした各種公演をＴＩＰＡの一員として経験してきた。それは彼らと同じ生活環境で、彼らと多くの時間を共有する機会であった。仲間として、お互いに悩みを語りあったり酒を酌みかわしたりと、きわめて有意義な体験であった。そういった体験のなかで、私が当初思い描いていた強固な集団的アイデンティティに関する問題意識が突如かたちを変えて現れてきた。確かに、チベット難民研究の多くが描いているような「文化政治[6]のなかで提示される集団的アイデンティティ」という視点は、ＴＩＰＡの活動を、文化政治というマクロな側面から見れば、一つのリアリティをもつものではあった。だが、チベット難民若年層と共同生活をしてみると、また違った側面が見えてきた。そこに見えてきたものは、難民社会における道徳や言説を生きながらもそれに居心地の悪さを感じる人びとの存在であった。たとえば、難民社会に見える「チベットに思いをはせるチベット人たれ」という道徳的言説に従うことの重要性を理解しつつ、同調できないという後ろめたさに悩む人びとの存在。安定したものではありえない自己のあり方。にもかかわらずそこに介入し、ナショナリズムとの結節点となっているチベット難民ハビトゥス（次章詳述）。ダラムサラへの長期滞在で、私が愛着を感じ人として共感してきたのは、その宙ぶらりんに葛藤する人たちだったのだ。(7) ここに表れている葛藤とは、本書の冒頭で長原の発言を敷衍して私が位置づけた「グローバル経済下におけるチベット言説の飽和と現実の不平等の再生産」という叙述がかたちを変えて表れたものである。すなわち、難民社会の内外から「チベット人のあるべき姿」が措定され、それに立脚した語り口が道徳的要請として流通し、金銭の獲得をも時に左右する一方で、生活レヴェルで人びとが直面する困難や居心地の悪さの表明は、道徳的要請に背くもの、として公に語られることはなく、時に語られようとも放置され、無視される。つまり、彼らの思いや感情は、道徳的要請が支えるチベット難民としてのアイデンティティ形成にとっては「無価値な」ものとなってしまっている。しかし、道徳的言説からこぼれ落ちる人びとに着目することこそが、型にはまった「私たち／彼ら・彼女ら」という区分を揺さぶるきっかけを与えるのではないだろうか。こうした理解こそが私がフィールドワークを通して得ることのできた経験であり、彼らの文化政治の様相と同時に、この経験をこそ書かなければならない、という思いに駆られた。いうなれば、私を突き動かすモチベーションは、どこにでも当てはまるような文化政治に関する議論ではなく、私とＴＩＰＡの人びととのあいだでしか生じない接触領域［Pratt 1992］に関する想いから生まれたものである。

私は、強固な集団的アイデンティティを「期待」し、記述するチベット難民研究に対して、本書がある種の解毒剤となることを望んでいる。同時に、本書を書くという作業は、宙ぶらりんの自己が、「強固なアイデンティティ」

という理想をチベット難民の人びとに見ていたことに対する一つのセラピー的試みであるともいえるかもしれない。(8)

なお、付言しておけば、本書は記述対象の関係もあり、亡命政府の言説に寄り添うかたちとなる。とはいえ、亡命政府の言説や政策と本書のスタンスが完全に一致するものではない、ということは、本書の記述から読み解けることであると考える。

2 本書の目的

本書は、チベット・ナショナリズムの構築、という視点からＴＩＰＡの伝統公演や現代的な側面に注目するとともに、ナショナリズムからはみだしてしまう人びとの存在を描きだすことで、チベット文化の表象に関わりつつディアスポラ的な生を送ることの困難さと、にもかかわらずそこに介入してくる身体化されたチベット難民ハビトゥスの絡みあいを提示しつつ、いかにこれまでと違った仕方でチベット難民を語り、また彼らとともにあることができるかを問うものである。具体的には、チベット難民社会で伝統文化を保護し、その拡大を促進するのみならず、現代的な音楽の創出も手がけるＴＩＰＡに注目し、伝統と現代という双方からＴＩＰＡの演者の生を記述していくことで、ディアスポラ・ナショナリズムを生成し、浸透させる手法を提示するとともに、生産者自身がそこからはみだしていく様相を提示する。また、難民社会でこれまで構築されてきたチベット・ナショナリズムの可能性と限界を提示したうえで、私たちがいかにしてチベットをめぐる問題に関わることが可能なのか、試論を提示したい。

これまでの研究の多くは、チベット難民の集団性や共同性を描くことに尽力し、一部の論者は、チベット人らしさをナショナリズムと結びつけきた［Anand 2006, 2007; Brox 2006; Dreyfus 2002; Hess 2009; Huber 2001; Moran 2004; Nowak 1984 など］。そして、これらの議論は、難民社会では、チベット・ナショナリズムがうまく作用し、人びとを包摂している、という印象を与えるものである。だからこそ、私は、本書でその集団性・共同性に乗りたいのに乗りきれない人びとに焦点を当てることで、難民社会で構築されてきたチベット・ナショナリズムの限界と可能性を明示する。私にとって、そういった居心地の悪さを生きる個人は、ある意味でそこでしか見いだせないと同時に、遍在する者であるかのように映る。それは私が直面していた問題と、そして、「フラジャイル」という視点からさまざまな「弱さ」を考えた松岡［二〇〇五］やワーキングプアや派遣労働者が置かれた不安定なアイデンティティに関する雨宮処凜や萱野稔人らによる議論［雨宮・萱野　二〇〇八］とも多くの点で結びつくといえる。(9)これは、ファビアンに倣っていえば、私とＴＩＰＡの演者たちが間違いなく「共在性」［Fabian 1983］を生きている、ということを示すものだ。(10)本書は、その「共在性」を考える一つの試論である。

ところで、本章の対象となる人びとは難民状態を生きる人びとである。これまで、難民研究(11)を代表とする諸研究において難民はさまざまなかたちで論じられてきた。そのなかでも、近年頻繁に用いられている言葉であり、また、世界中に生活の拠点を広げるチベット難民が近年用いる自称であるがゆえに彼らの状況を考えるのに有用な概念がある。それが以下に見るディアスポラである。(12)以下は、ポール・ギルロイを援用した上野俊哉の定義である。

> ディアスポラとは空間的へだたりをもちながら、起源の場所との強い文化的、倫理的、政治的結びつきを自らのアイデンティティの支えにし、これによる社会的連帯のかたちを求める生き方や社会性を指している。
>
> ［上野　二〇〇〇：四四］

むろん、ディアスポラは一般的な意味での故郷喪失、デラシネとは異なる。……しかしディアスポラは民族や文化の起源にさかのぼる概念ではなく、移動の起源へのノスタルジーよりも、その「効果」のほうに向かうための戦略である。……逆に言えば、特定の土地への帰還と回帰が想定されたとたん、ディアスポラはディアスポラでなくなってしまう。［上野　一九九九：二二］

このように、ディアスポラとは、起源から切断されつつ、遠き起源と象徴的に結びつきながら共同性を確保する人びとである。とはいえ、ディアスポラという概念の定義は、使用者のあいだで意見の一致を見いだすのが難しいものである。たとえば、上野は難民や亡命者をその定義から排除したうえでディアスポラを批評の戦略として用いようとする。その一方で、難民や亡命者自身がディアスポラを名乗り、議論は錯綜している(13)。

このようなディアスポラをめぐる議論がおこなわれて久しいが、いまだにディアスポラという言葉にどのような意味を含ませるかは、記述者に委ねられる傾向があり、その様子は一昔前の「文化」概念をめぐる論争を髣髴とさせる(14)。だが、先に名前を挙げたギルロイのように、ディアスポラ概念をめぐる議論に大きなインパクトを与えた論客も存在する。たとえば、クリフォードが書いたディアスポラ研究において頻繁に参照されるその名も「ディアスポラ」という論文は、ディアスポラ研究者にとっての必読文献である。本書の議論の中核を理論的に明示するために、以下でクリフォードの議論を追ってみよう。

クリフォードによれば、ディアスポラとは、国民国家やグローバル資本主義のなかにいながら両者を乗り越え、批判する可能性を有する存在である［クリフォード　二〇〇二：二七七］。「コスモポリタンな生のための非西洋的な、あるいは西洋的なだけではないモデルを、国民国家、グローバル・テクノロジー、市場の内部にありながらそれらに抵抗する非同盟のトランスナショナリティを回復させようと」試みているのが「現在流通しているディアスポラの言説と歴史」なのだ〔クリフォード　二〇〇二：三一三〕。本論文におけるクリフォードの主張を要約すると、グローバル資本主義やナショナリズムなどの西洋近代的な制度を批判するための概念としてディアスポラはある、ということになる。そして、「どの程度ディアスポラ的であるかは、コミュニティによって差がある」ものの、「二十世紀後期においては、すべての、あるいはほとんどのコミュニティがディアスポラ的次元（契機、戦術、実践、分節化）をもっている」として、ディアスポラは遍在する存在である、と主張する〔クリフォード　二〇〇二：二八八〕。[15]遍在する近代批判ツールとしてディアスポラを説くクリフォードは、その一方で、「私が（ギルロイとともに）とってきたアプローチは、さまざまなディアスポラ言説をそれぞれに特定の地図／歴史のなかへ導くことを主張」し、「ディアスポラ的主体は、近代の、トランスナショナルな、間文化的な経験のそれぞれ固有のあり方なのだ」〔クリフォード　二〇〇二：三〇二〕という二重の立ち位置を確保する。

しかし、「特定の地図／歴史のなかへ」のディアスポラ言説の位置づけという主張を字義どおりに読むのならば、クリフォードの議論は、実際の地図や歴史のなかで生きるディアスポラの実態から離れてしまっているように見える。[16]実際、「転地と暴力的な喪失という集団の歴史が中心となってアイデンティティ感覚が形成された人びとは、新たな国民的コミュニティへ溶けこむことによっては「癒され」ないのであ」り〔クリフォード　二〇〇二：二八四〕、「その純血性のイデオロギーがどのようなものであろうと、ディアスポラ的な文化は決して実際には、排他的なナショナリズムに陥ることはない」〔クリフォード　二〇〇二：二八五〕とディアスポラ概念の特質を一般化し位置づけることで、この遊離は明示されることになる。ウイリアム・サフランらディアスポラ論の先人が故郷への回帰を目的論的に設定することを批判し、国民国家批判へとつなげた点で、近年の批評において果たした役割の多い本論であるが、その議論は、果たして現実を捉えたものでありうるのだろうか。特定の地図／歴史に位置づけた場合、ディアスポラ文化は時にきわめて多層的であり排他的でもありうるのではないか。たとえば、特定集団がマジョリティとなることで、その文化的主張が、マイノリティが主張する文化に対して排他的になりうるのではないか。

また、西洋近代批判を展開するクリフォードの議論だが、「ディアスポラ的な文化はけっして実際には、排他的なナショナリズムに陥ることはない」とディアスポラの文化の本質を定めてしまう点で、ディアスポラ集団やその文化が外的要因から自律的であるという前提を作ってしまっていないだろうか。(17) アナンドの議論［Anand 2006: 297–300, 2007: viii］を敷衍すれば、グローバル化したこの時代において、チベット難民は、西洋からチベットに向けられた詩学的言説（いかにチベット難民を表象するか）と政治学的言説（それらがどのような影響をチベット難民にもたらすか）の網の目に不可避に絡めとられており、またモランが指摘するように、こうした言説はチベット文化の商品化という超国家的な資本主義的問題と密接に関わっている［Moran 2004: 47］。こういった諸言説や経済的状況と、次章で詳述するチベット難民ハビトゥスが絡みあった状況下で、難民社会からも西洋社会からもまなざしを向けられ語られるディアスポラのナショナリズムは、現に難民社会に生きている人びとに対して「チベット人か否か」「自治の獲得や独立に賛成するか否か」、という二項対立的問いを「祖国を思うチベット人たれという(18)」チベット難民としてのアイデンティティの根源に関わるものとして提示し、その問いのあいだを揺れ動く人びとに決断を迫り、時に葛藤をもたらす点で排他的でありうるのではないか、という問いが先の問いと並んで本書の骨子となっている問いかけである。

3　先行研究と問題の所在

以下では、ディアスポラ・ナショナリズムの可能性と限界を論じるうえで、本書に関連する先行研究と問題の所在を列挙する。

①ではディアスポラ研究を取りあげ、そこで前提となっている近代批判という視点のディアスポラへの投射と、集団性を描きだし、本書における私の立場との相違点を浮かびあがらせる。そして、私は、ディアスポラ研究がともすれば捨象してしまう文脈性と、そこで生きる「ひととしてのディアスポラ」への着目の重要性を主張する。

②では、アイデンティティ・ポリティクスと人びとの記述の混淆によって生まれる社会的な状況について考察するために、文化の客体化論を取りあげる。そこでは、グローバルな視点をもつがゆえに客体化論が捨象しがちであった、現地の社会構造を反映した文化の構築が産出する「非同一性」に関する視点を提示する。

③では、これまでの文化人類学的な議論が依拠してきた主体観のレビューをおこない、それらが想定していた主体観を浮かびあがらせる。しかし、ここで想定されていた主体観では私が本書で描くような「揺れ動き、葛藤する主体」を描きだすことはできない、ということを指摘する。

④では、前記三つの先行研究レビューを通してチベット難民研究を批判的に捉えなおし、これまでの研究と本書の相違を明確にする。

①ディアスポラ研究への問い

八〇年代半ばに文化人類学に訪れた「ライティング・カルチャー・ショック」以降、単数形の文化、記述者の客観性といった人類学的前提が覆されてきた。そのなかでも、難民やディアスポラ研究を後押ししたのは、マルッキが「ものごとをめぐる国民的秩序（national order of things）」と呼ぶ［Malkki 1992, 1995］、起源の土地から切り離された人びとの営みを、まるで病や偽物であるかのように評価する「土地に根づいた文化」という前提に対しての問い返しだった。難民や離散状態にある人びとの営みを再評価するなかで、九〇年代以降、難民・ディアスポラに関する多くの研究が生みだされていった(20)。

ディアスポラを文化政治という視点から考察するという流れの口火を切ったのは、カルチュラル・スタディーズの泰斗、スチュアート・ホールであった。ホールは、九〇年代頃、イギリスで生活する黒人たちが生みだしてきた、新しい黒人映画のスタイルを記述し、そこでおこなわれている表象は、アフリカ起源を自分たちの出自として本質化せず、旅の過程という共通の経験こそを共同性の礎とする新たな共同体「ニュー・エスニシティズ」を示すものである、と主張する。我々が黒人の文化的生産のなかで目にしているのは、「新しいエスニシティの概念、すなわち差異を抑圧するよりもむしろそれを引き入れ、新たなエスニック・アイデンティティの文化的構築に部分的に依存するような新しい文化政治」［ホール　一九九八ａ：八五］である。それは、「差異と多様性に根ざしたエスニシティの政治なのである」［ホール　一九九八ａ：八六］。

ホールはまた、別の論文で、ディアスポラの経験とは「本質や純粋性によってではなく、ある必然的な異質性と多様性の認識によって、つまり差異と矛盾することなく、差異とともに、差異を通じて生きる「アイデンティティ」という概念によって、雑種混淆性によって定義される」［ホール　一九九八ｂ：一〇二］とし、「ディアスポラ・アイデンティティとは、常に自己を新たなものとして、変換と差異を通じて生産／再生産する」［ホール　一九九八b：一〇一―一〇二］ものであると位置づける。そこで強調されるのは、固定的なアイデンティティよりも、常に差異や変容を含意したアイデンティフィケーションという、プロセスを評価する視点である。

プロクターによれば、ホールの議論において重要なのは、差異（集団であれ個人であれ、差異は外から襲ってくるものではなく、常に内在されるものである）、自己再帰性（自分の語る位置が特殊であることを意識し、自らの立場を自明化・普遍化しない姿勢）、偶発性（発話や政治的立場の状況依存性）である［プロクター　二〇〇六：一八九］。これら三つの視点に立脚したうえで、ホールはディアスポラを「到着ではなく旅の過程を、固定性ではなく流動性を、根としてのルーツではなく経路としてのルーツを優先する、アイデンティティと表象の反本質主義的概念」［プロクター　二〇〇六：二〇八］として措定しているという。

ホールによるディアスポラ研究が提示した視点のなかでも、特に「過程としての、多様体としてのアイデンティティ」という視点は、後続のディアスポラ研究に大きな影響を与えた。たとえば、リサ・ロウは、アジア系アメリカ人に注目し、そこで生まれているアジア人共同体が内部に抱える異種混淆性と、アジア人としての共同体的まとまりを戦略的に提示する戦略的本質主義を描きだす。「アジア系移民の集合性は不安定で可変的であり、その凝集力は世代間の関係によって、「故郷」への同一化や関わり方の程度の多様さによって、「マジョリティの文化」への同化やそこからの識別の程度の違いによって、複雑になって」おり［ロウ　一九九六：一二七］、アジア系アメリカ文化の特徴としてロウは「異質性、雑種性、複数性を強調したい」［ロウ　一九九六：一二七］と主張する。ロウにとって、アジア系アメリカ人の統一は「状況の中での特殊な位置」かつ「政治的な理由」によるものであり、いわゆる「戦略的本質主義(21)」に基づくものである［ロウ　一九九六：二四二］ため、そこでおこなわれる文化政治は、統一性と異質性を共存させるものとなる。

カルチュラル・スタディーズにおけるディアスポラ研究の盛りあがりは、隣接学問である文化人類学にも大きなインパクトをもたらした。特にそれはグローバル化のなかで、ともすれば場所と文化を結びつけた地域研究のような色合いをもっていた文化人類学をどうリメイクしていくか、という問いとも密接に関連していた。そこで登場したのが、前述のクリフォードであり、ディアスポラたちに代表される人とメディアの流動性に特に着目するマクロ民族誌を標榜したアパドゥライであった。(22) アパドゥライは、グローバルな〈いま〉を考える際に、メディアと移動に注目し、そこにおいて発現する文化的な想像力、特に、グローバル化のなかで生成するミクロな想像力に注目する。しかしながら、ミクロな想像力に関するアパドゥライの分析における「ミクロ」とは、彼が「情操の共同体」［アパデュライ　二〇〇四：二六］や「ディアスポラの公共圏」［アパデュライ　二〇〇四：三二］という言葉を用いていることから、集団に基礎を置いていることが読みとれる。

前述の議論も優れたものであるのはいうまでもないが、ポール・ギルロイの議論は、ともすれば、ディアスポラのアイデンティティをある種フィクショナルな構築物であるかのように読んでしまうような社会構成主義的な視点に修正を施し、「国民国家という構造とエスニシティやナショナルな特殊性がもつ強制力の両方を超克しようという願望」［ギルロイ　二〇〇六：四三］から、彼がいうブラック・アトランティックという「近代の政治的・文化的編成の特異性」を明示しようと試みた点で、ディアスポラ研究のなかでもとりわけ優れたものである。ギルロイは、アフリカや黒人という枠組みにアイデンティティのよりどころを求める本質主義的なアイデンティティ観や、すべては社会構築物だといって、現実に黒人が被っている人種差別や被害を見えなくしてしまうような反本質主義的なアイデンティティ観に対して反論する［ギルロイ　二〇〇六：一九三—一九四］。代案として、ギルロイは黒人奴隷労働者たちのアイデンティティ形成の「反—反本質主義」的な側面に着目し［ギルロイ　二〇〇六：二〇〇—二〇二〕、アイデンティティ構築において、黒人奴隷としての共通性を見いだす際に、アフリカに起源を設定するのではなく、また、それを社会構築物だといって軽視するのではなく、船によって大西洋を渡った旅の経験や奴隷労働の経験の共通性にこそ、そのアイデンティティの礎を見いだすよう提案する〔ギルロイ　二〇〇六：一五九〕。その際、黒人奴隷たちが大西洋を渡るなかでおこなってきた、音楽をはじめとしたさまざまな実践のなかに、常に近代に寄り添いつつもそれを批判する可能性を秘めた「近代のもう一つのあり方」を見いだし、それを西洋近代に対するオルターナティヴとして提示し、評価する。

これらの議論を受けて、戴エイカは、サンフランシスコ在住の「日本人」ディアスポラに着目し、彼らの実践のなかに、「排除の原理のうえにたつナショナリティやエスニシティを脱構築する」〔戴　一九九九：二七四〕契機を見いだす。彼らの生を通して「同一性と持続性に基づく透明な文化的アイデンティティとそれが生みだす差別構造は揺さぶられていかざるを得ない」〔一九九九：二七五〕と考える戴は、ディアスポラ的な生に見える、二項対立的な問いを覆す異種混淆的なあり方を、現代国民国家に対する批判として積極的に引きうけている。西洋近代を問いなおすという上野の諸研究もまた、同様の流れのなかに位置づけられる。

こうして、ディアスポラ研究は、ディアスポラという生が引きうけざるをえない、起源からの切断、雑種性、常にプロセスに内在する連帯構築実践（アイデンティフィケーション）に焦点を当ててきた。そして、ディアスポラ的な生について回るこういった特質に、西洋近代の諸前提（たとえば、アイデンティティ・ポリティクスにもちこまれている、「自分たちか彼らか」、というような二項対立的な図式）を批判的に捉える可能性を見いだし、評価する。私も当然のことながら、これらの研究が提示した批判的視座は継承している。

だが、これらディアスポラ研究の潮流に対し、私は二つの点で批判的である。まず、近代批判を展開するクリフォードや戴らの議論に対する違和感から述べるならば、確かにディアスポラ的な生は、定住主義や純粋性といった近代的な前提に対立するところがあり、近代に対する一つのオルターナティヴにはなりえるだろう。だが、果たして当のディアスポラ的な生を生きている人びとは、近代的な枠組みの批判という方向に向かっているのだろうか。もちろん、ディアスポラ的生を送っている人びともまた西洋的な言説のなかに取りこまれ、そのなかで思考や実践をおこなっていることはクリフォードらも指摘しているものの、ディアスポラ概念がもつ近代批判の可能性を称揚するあまり、ディアスポラとして生を送っている人びとの状況を軽視しているのではないのか。[23]私の目には、前述したディアスポラ研究の視点からは、ホールが指摘するディアスポラ的生が不可避に背負う文脈的な拘束性が捨象されているように見える。[24]本書が扱うチベット難民社会では、むしろチベット独立や土地への回帰に関する言説が、「望まれるべきもの」として流通しているし、無理を押してチベットに戻っていく人びとすらいる。また、本土に住むチベット人に難民社会での教育を広めることで本土のチベット人と共通の認識を形成し、彼らの働きかけを通して、難民たちの帰郷の可能性をより高めるため、本土から亡命してきた人びとを本土に送り返している、ともとれる政策を亡命政府は採用している。[25]こういった状況は、近年のディアスポラ研究が主張するような「語られるだけで回帰しないものとしてのホーム」を追求する存在としてのディアスポラとは異なっている。また、チベット人対中国人、という図式のように排他的な二項対立的な語りも存在する点で、ディアスポラ的な生を送っているチベット難民の人びとは、ディアスポラ研究者が望むほど近代的な制度から自由ではないように見える。もちろん、ディアスポラ研究が志向する近代批判は重要である。特に、ギルロイが黒人奴隷たちの実践に見いだそうとした近代の複数性は、現代に、そしてアジアに生きる我々にとって、自分たちの立ち位置を見つめなおす際に大きな意味をもってくる。だが、ディアスポラ状態に見える特質に近代批判の可能性を見いだすのと、ディアスポラ的生を送る人びとにその可能性を仮託するのはまったく次元が異なる問題である。(26) 研究者たちが見いだす「近代批判をもたらすものとしてのディアスポラ」という像を無批判に当該社会の生に当てはめて思考することは慎まなければならない。その点で、ディアスポラ概念を強制移住等から切り離し、国民国家批判につなげたうえで「ディアスポラやコスモポリタニズムは社会編成の論理のなかに結晶化したヘテロトピアと呼べないだろうか」[上野　二〇一二：五一]と位置づける議論が、言説として西洋近代を批判するのにいかに有効であろうと、本書は与しない。つまり、特定の地図／歴史のなかで生きているディアスポラを考える際には、ディアスポラ概念を批判のツールとするのではなく、ディアスポラとして生きる人びとがどのように近代言説のなかに自分たちを位置づけているか（または取りこまれているか）を見ていく必要があるだろう。これが一点目の批判である。

二点目の批判は、ロウによる「戦略的本質主義」に関する議論などに対して向けられる。具体的には、共同体内の人びととの多様な日常実践に焦点を当てるこういったディアスポラ研究にしても、最終的には、主体性を積極的に引き受ける人びとが構成する集団という共同体的凝集を要とする思考に囚われているのではないか、という点が批判の対象である。たとえば、ロウはアジア系アメリカ人という枠組みにおける異質性、雑種性、複数性を強調すると同時に、この枠組みの戦略的な重要性を主張するわけだが、ここで議論されているのは、結局のところ枠組みの動員についてであって、その枠組みのなかで生きる人びとについてではない。もちろん、当該社会のアイデンティティ・ポリティクスなどを考えた場合、集団として団結し、行動することはきわめて重要であり、私もそれを否定したり批判したりするつもりはないし、個人行動よりも集団行動のほうが社会的なインパクトが大きいことも理解している。だが、ディアスポラ的な生を送る人びとにディアスポラ研究が焦点を当ててきたのは、異種混淆性を通して、物事を均質的に捉えてしまう近代的な思考を批判する可能性をそこに見いだしたからであったはずなのに、枠組みの戦略性という、誰にとっての戦略性かも問わないような視点を採用し、当のディアスポラ集団の内部でディアスポラ的な生に揺れる人びとを考察せずに、(いかに開かれた側面を強調するとはいえ)最終的には戦略的にその枠組みを利用できる主体が構成する集団性ありき、というような論調になってしまっている。[27] その結果、その枠組みのもとにはいろいろな思いをもって人びとが生きているということがホールの議論で暗示されているにもかかわらず、異種混淆性が本来もっている要素、たとえば雑多な利害や思惑、葛藤や居心地の悪さなどがこうした議論では失われていることには違和感をもたざるをえない。文化人類学や隣接学問の歴史を見ればわかるように、ディアスポラ的生を送っている人びとが戦略的に枠組みを利用しているように見ているのは、我々の側である。ディアスポラ研究は、近代的枠組み批判の可能性をディアスポラに見いだしたが、彼らが着目したのは、「集団としてのディアスポラ」であり、戦略的にふるまう主体である。ここでは、言説や、それに生みだされ、またそれを補強する諸制度のなかで、集団の一員であり、それに対する首尾一貫性を望みつつも、揺れながら生きている「ひととしてのディアスポラ」に対する視点が欠けている。忘れてはならないことは、私たちが出会い、語りあう相手は集団ではなく、そこで生きている個々の人びとなのである、という当たり前のことである。この点を捨象して、集団的な話として議論を展開する立場は、結局のところ、理論的に適切な主体観を前提としてもちだし、実際にディアスポラとして生きることに伴う居心地の悪さや揺れ動きなどを看過してしまう。「集団としてのディアスポラ」は、そこで生きている「ひととしてのディアスポラ」に立脚しない以上、きわめて抽象的かつ曖昧模糊としたものにならざるをえない。

本書は、ディアスポラ研究がこれまで扱ってきた、ディアスポラの人びとによる表象実践の再評価や創造性を評価する側面を継承しつつ、前記のような批判的なまなざしをもって、ディアスポラ研究のなかに自らを位置づけるものである。

②文化の客体化論を問いなおす

本書では、ホブズボウムとレンジャーの論集［一九九二］以降活発になった伝統の創造論に一部依拠し、特に冒頭の数章でTIPAが上演するチベット伝統文化の内実と、それをいかに見せるか（魅せるか）ということについて論じている。そこでは、彼らの創造性や主体性といったものが見えると同時に、それが果たして主体性などといって単純に語ることができるのか、という問題が浮かびあがってくる。そして、そういったプロセスに置かれている彼らのチベット文化表象、そしてそれを下支えするナショナリズムにも、包摂という側面と、排除という側面がついて回る。たとえば、本書第4章で取りあげる問題に関していえば、一見彼らの主体性が発揮されているように見える流用（appropriation）という行為は、見方によっては違った様相を見せる。本書が提示するディアスポラ・ナショナリズムの様相は、ディアスポラ文化は排他的ナショナリズムにはなりえない、というクリフォードの主張を否定するものである。本書では、第1部でこの問題を特に重点的に取りあげているが、本書の全体に通底するものとしてこの視点は維持されるものである。

本書は、第4章で、特にチベット歌劇をめぐる記述に焦点を当て、文化の客体化とナショナリズムの問題を考えている。こうした文化や催しなどの対象を記述し、伝達する媒体として思いつくのは、ガイドブックや研究論文などである。一見、中立を装うこれらの媒体であるが、いかなる記述も「イデオロジカルな操作」や社会的拘束とは無縁ではなく、さらに現地で流用される可能性を秘めたものである。(28) そのため、記述実践を一つの創造的実践として捉えることが重要である。(29) 関連するテクストが現地の人びとに読まれ、そこでの表象が選択的に流用されるという話は各地で見られる（たとえば［菊地　二〇〇一、太田　二〇〇五］）。ここでは、作家や研究者による特定対象の記述自体がまさにその対象を異化する実践となる。そのため、作家や研究者がある特定の実践を他よりも重要なものと位置づけ記述した結果、その実践がさらに特別なものになる過程に注目すべきである。

同時に、さまざまなものが観光の対象になっている現在では、観光客がある特定の実践を観賞し、「特別で重要なもの」と位置づけることで、その実践はさらに他の実践との差異を確保する。その際、観光客はガイドブックだけを読んで情報を得るとは限らず、作家や研究者の記述もそういった対象から簡単に切り離すことはできない。

こういった議論を扱ってきたのが文化の客体化論である。「非物質的現象を具体的なものとして言及する」というウォーフの言語学的客体化概念を受けて、ハンドラーが「人間の現実についての想像的な具体化」［Handler 1984: 56］と具体的な文脈のなかに位置づけた文化の客体化論は、太田［一九九三］がさまざまな概念と接合させ、本格的に日本に導入したといえる。以降、文化の客体化論はさまざまなかたちで継承されていく。たとえば、前川は記述者の独立性の保持を主張し、「原理的客体化」と「操作的客体化」という文化の客体化の二つのあり方を提唱する［前川　一九九七］。前川によれば、前者は「人類学者がフィールドワークをおこない、まず、カルチュア・ショックを受け、戸惑いながらもそれを制御し、別の文化を持つ人びととの相互作用の中で当該社会に受けいれられる過程において、その社会と文化がこういうものであると自分なりに規範化していく、つまり文化を創造していく過程」［前川　一九九七：六二〇］であり、政治的意図のない文化の創造過程であるとする。また、後者は、「政治的な意味合いに力点を置く概念化」であり、「現在のコンテクストにおける過去の解釈、したがって過去の選択およびその現在における再文脈化」［前川　一九九七：六二一］とする。だが、これらの分割には大きな問題がある。現地の人びととの実践に論争を巻きおこしてきた民族誌や旅行記などの言説の世俗性に対する指摘［太田　一九九八、二〇〇二］を見れば、科学の名のもとに記述した「文化」を非政治化する原理的客体化が前提とする研究者の中立性は、虚構でしかない。本人の意図に関わりなく、その記述が前川のいう操作的客体化の権威づけに使用されることすらある。この場合、両者を分断する思考は不毛である。相互が浸透しあい、現実化するのだ。

こうした前川の主張とは異なり、そもそも太田の議論［一九九三、一九九八、二〇〇二］は記述と現地の実践という二分法を導入していなかった(30)。太田の文化の客体化論とは、「文化を操作できる対象として新たに作り上げ」、そこで「「文化」は選択的かつ解釈された存在となる」［太田　一九九八：七二］という論理に依拠する。ここでの文化は、「もはや反復により再生産されるものではなく、外部からの視線を通して獲得される反省的視点により、操作される対象として生みだされる」ものである［太田　一九九八：一三］。太田の客体化論は、「外部の視点を受けいれながら、自らの文化に対して「アイロニカルな」姿勢をとり、それを客体化するという文化形成のプロセス」に注目し［太田　一九九八：一三］、旧来の議論で看過されてきた現地の人びとの創造力に着目する議論であるといえる。同時に、太田は、現地の人びとの実践だけでなく、文化人類学者による記述実践のもつ創造力にも着目する。すなわち、「「現地の人びと」と人類学者は、文化というものをお互いに創造しあう関係にある」［太田　二〇〇一：一二八］という視点であり、太田は「人類学が対象としてきた人びとの側の創造力と人類学者の創造力を結びつける歴史を回復する」［太田　二〇〇一：一二九］ために、記述実践を通して戦っているといえるだろう。

本書では、太田の議論が提示した視点を継承し、現地の社会実践と研究者や現地知識人の記述の創造性にも注目することで、太田による「現地の人びとと文化人類学者による文化の創造」という視点を拡大し、チベット難民社会における記述と実践の混交による文化の構築に注目する。しかし、本書では、文化構築とはきわめて両義的であり、その過渡的結果が創造か拘束かは見方による、という立場をとる。また、文化は一枚岩ではない［太田　一九

九三、一九九八、二〇〇一］、と指摘しつつも、文化の操作性に焦点を当てる太田の議論は、ともすれば創造の明るい過程のみに注意を払いがちである。これは、グローバリゼーションにおいて表れるさまざまな力関係のなかに対象社会を位置づけたうえで、現地の実践を好意的・肯定的に評価しようとする際、現地の社会構造などの考察が不十分になることに起因する。こうした傾向は、彼のほかの仕事［二〇〇八］にも同様に表れている。本書では太田が十分注目していないように見える、文化の構築に付随する負の側面にも注目し、それが現地の社会構造や外的要因との絡まりのなかで生成するさまを提示する。

　こういった視点を難民社会の方向に引きつけると、ディールが指摘する、チベット社会のヘゲモニーと難民社会の人口構成の結果、ラサの文化が正典化される（canonized）傾向［Diehl 1997: 126, 2002: 67］をより広い視点から考察できる(31)。ディールのラサ文化の正典化についての指摘は的を射ているが、共同体内部のみの実践の結果、そのような状況が生じたかのような印象を与える。ディールは、分析者の記述が内包する偏りに対してある程度自覚的［Diehl 2002: 72］だが、記述と対象とのあいだに生じうる協働性に目を向けていない。その指摘は、偏りのある情報提供者から情報収集し、その結果偏りのある記述が生まれる、という「認識論」的側面では正解だが、その記述を現地の誰かが参照することで情報提供者の語りはある種の正当性を獲得すること、それを研究者が再度参照することで民俗化にさらに拍車がかかること、旧来の文献を参照して、その他の文筆家が何かを記述すること、などという側面には考えが及んでいない。

　本書の第4章では、ディールが指摘する難民社会でのラサ文化の正典化という現象は、「従来の研究がラサの文化要素に偏っている」と指摘したサミュエル［Samuel 1993: 142–146］が「ラサ中心的な視点（Lhasa-centric view）」と呼ぶ記述の視点から切り離されえないものであると論じ、両者を接合させる。そして、難民社会の文脈や実践と文筆家の記述実践の混淆による文化構築の分析を通して可視化された傾向を、ラサ中心主義として考察する。すなわち、ラサ中心主義をはじめとした難民社会の分析が、ディアスポラ研究の問題点として先述した文脈性や、近代のなかでチベット難民のあり方やナショナリズムを考える一つの方向性となる。

③アイデンティティや主体性に関する文化人類学的研究に対して

ディアスポラ研究や文化の客体化論に加え、本書ではこれまで文化人類学的な議論のなかで論じられてきたアイデンティティに関する議論も批判的に継承している。以下に、これまでの代表的な研究を概観し、チベット難民社会を考えるうえでの問題点を列挙する。

文化人類学的なアイデンティティ関連の議論でまず挙げられるべきは、個人の主観的アイデンティティの重要性を主張したフレドリック・バルト［一九九六］であろう。スワート渓谷を対象とした研究において、個人が状況に応じてアイデンティティの境界を乗りこえていくことに注目したバルトは、アイデンティティにおいては、個人の主観的側面が重要であることを見いだす。これは、旧来の議論が想定していた、客観的指標に依拠した同質性やアイデンティティ理解を乗りこえた点で大きな前進であった。だが、アイデンティティ決定における主観的側面を評価したバルトが保持していたのは、西洋近代的合理主義に依拠した主体観であった。

こういった主体観に対し、アイデンティティや主体に関して、身体の重要性を評価し、身体へのさまざまな書きこみを中心に据えた議論が登場する。国家イデオロギー装置による「主体化＝従属化」という視点を打ちだしたルイ・アルチュセール［一九九三］や、個人の主体性というものが、その個人を取りまく環境や制度を生みだす言説と無関係ではありえないということを喝破したフーコー［一九七七、一九八六］、個人の日常実践（pratique）が孕む社会性に着目し、そうした実践を生みだす身体的な構造（「構造化する構造、構造化された構造」）としてハビトゥス概念を提示したブルデュー［一九八八、一九九〇］らフランスのポスト構造主義的な思想を経由した議論が人類学にも登場する。たとえば、オートナー［Ortner 1992］やブロック［一九九四］、ギアツ［Geertz 1973］といった論者は、時に歴史、時に象徴という側面から儀礼の社会的効用に着目し、主体が儀礼のなかで構築され、再生産されていく、という視点を提示した。だが、これらの議論は、主体が客観的に構築され、再生産されるという視点のみを提示し、そこからはみ出ていく動きを評価しない、静態的な議論に留まっている。そこでは、主体は主体性を欠如させたある種の「犠牲者」として描かれてしまっている。

この主体観を打破する動きが始まっていたのと同じ時期、クリフォードやマーカスらによっていわゆる「ライティング・カルチャー・ショック」が文化人類学にもたらされる。それは、人類学者の調査や記述が孕む権力性を暴きだすと同時に、これまで人類学者が「犠牲者」として記述した結果、現地の人びとから奪ってしまっていた主体性を再評価する動きでもあった。この思想運動は、ポストコロニアル批評と相まって、今日まで大きな影響力をもつに至る。これにより、文化人類学は現地の人びとの主体性を評価する方向に舵をとり、ケベックのナショナリズムに動員される文化を客体化する動きに着目したハンドラー［Handler 1988］、オセアニアの芸術に目を向け、そこにアイデンティティ構築の働きを見たトーマス［Thomas 1991］、ビデオ作品によるカヤポの自己表象に着目したターナー［Turner 1991］などは、これまで政治とは無縁のものとして扱われていた文化に政治性を見いだし、文化を目標の達成に向けて動員するアイデンティティ・ポリティクスという視点に基づいた議論を次々と生みだしていくことになる。日本でも、先述した太田好信［一九九三］を筆頭に、こういった視点が普及しはじめる。この思想運動は、これまで声を奪われてきた人びとに目や耳を向けるものであり、いわば、先の儀礼論が前提してきた静態的主体から、状況変革のためにさまざまな運動や実践をおこなう行為者のエイジェンシーを評価するものへと、その主体観を変容させたといえよう。[32]

こういったアイデンティティ・ポリティクスの議論は、行為者のエイジェンシーを積極的に評価し、現実を動かす力を主張するものである。たとえば、太田はポストコロニアル批評家の本橋哲也の議論を引用し、「単にイデオロギーにより規定された筋書きを忠実に辿る「行為者」であるのみならず、それを台本として演じ、その中に自らを挿入することでその筋書きを読み替える」「媒介者」［太田　二〇〇一：二〇二］としてエイジェンシーを位置づける。だが、太田は「台本として演じ」「読み替える」主体観を推し進めすぎて、「政治的使命を背負った実存主義的主体」とでもいえる強い主体を想定し、仮託してしまっている。たとえば、真島［二〇〇二］がその書評において指摘するように、太田は、グアテマラの文化運動におけるリゴベルタ・メンチュウという女性知識人の主体性を大いに評価する。[33]サバルタンの主体的関与に注目する太田は、メンチュウの「主体的関与の問題がまだ隠されているはずだ」［太田　二〇〇一：二一四］として、その声を「聞こう」とする。しかし、太田の記述に見えるのは、マジョリティ社会に対して意識的戦闘的に活動する、アンガジェする（主体的に政治参加する）主体観である。こうしたアイデンティティ・ポリティクス観は、演者として運動に積極的に参加する戦闘的な主体のみを想定してしまっているかのようである。だが、こういった議論では、そこで見いだされたエイジェンシーはいったい誰が見た誰のものなのだろう、という問いが不問に付されている。このような主体観は、社会的状況を好転させるために積極的に運動する彼らと、それを（時に羨望のまなざしで）見る我々というかたちで、新たな他者性を植えつけてはいないだろうか。

前記のような問題を抱えた、運動や観光表象といったアイデンティティ・ポリティクスに関わる主体観に対して表れたのが、日常的な抵抗実践に着目した議論である。この議論は、アイデンティティ・ポリティクスとは違ったかたちで、「犠牲者としての現地人」という視点を打破しようとする試み、「対象と向き合う自分自身の立場と意図を明らかにして固有の問題を設定し、その現実に積極的に関与することを忌避しない人類学」［松田　一九九九：七］を追究する試みであった。日本では、特に松田［一九九六、一九九九］や小田［一九九七a、一九九七b、一九九八、二〇〇二］がこの方向で議論を展開していた。松田は、ケニアという都市において、西洋近代的な言説や制度をもって迫ってくる権力側による無慈悲なまでの仕打ちに対し、出稼ぎ労働者たちがどのように向き合っているかを分析する。そのなかで、松田は出稼ぎ労働者の生活実践のなかに、植民地支配を生きる人びとが日常生活で示した抵抗手段と同根のものを見る。たとえば、白人とのやりとりは、こんな風に記述される。

白人の前で彼らが期待するアフリカ人を演じてみせたり、彼らのものをネコババしたりする行為は、「偽の自分」の「自然」な行為として出稼ぎ民サーバント文化の中では正当化されているのである。そして「偽の自分」を徹底的に演じ切ることが、彼らにとって実は日常的抵抗の一形態になっていることに、私も徐々に気づかされるようになった。［松田　一九九六：一一四］

また、出稼ぎ民は、都市生活者や、自分たちの故郷の人びととの関係を生きる必要がある。彼らは、故郷を「象徴的共同体」のようなものとして位置づけ、どん底の都市生活とのバランスをとる生活戦略を採用する。彼らは、「都市の生は仮、村の生は真」というワンパターンな語りを戦略的に駆使する。だが、この故郷はあくまで「便宜的に想像され活用されたものに過ぎなかった」［松田　一九九六：二六九］もので、「村的なものすべては、彼ら一人一人の根源的アイデンティティーの母体としてユートピア化された」〔松田　一九九六：二六八〕ものである。松田は、出稼ぎ民による生活実践と象徴実践の駆使を、都市を飼いならす実践、強制された生を奪い返す実践と位置づける〔松田　一九九六：二七三〕。そして、こうした日常から反逆する力を、我々が彼らと共鳴・共感する共通回路だったのではないか、と問題提起する〔松田　一九九六：二七五〕。松田にとって、「暴力的なシステム自体に飲み込まれながらも、内部からそれを変質させ揺るがそうと日々努力を怠らない」〔松田　一九九六：二七八〕出稼ぎ民が示した「日常の反逆性を操る術は、近代社会のなかで意識せぬ敗者でありつづけている私たちにとっても、魅力的な可能性を指し示して」〔松田　一九九六：二七六〕おり、「私たちに不自由なシステムへのソフトな造反と逃走を呼びかけているように思える」〔松田　一九九六：二七九〕ものである。

一九九九年の著作においても、松田は、人類学がどのようにあるべきかを問いつづける。その手始めに、弱者によってなされ、反復されるワンパターンな語りのなかに、創造性と抵抗力が潜んでおり、それは「範型化」という弱者の武器である、と松田は評価する〔松田　一九九九：二一〇〕。そして、「人類学は今、「弱者」の発するこの定型化された語りとどう向き合うことができるのかについて考えることを要請されている」と松田は分析する〔松田　一九九九：二〇二〕。この著作のなかで、松田は前著同様、構造的弱者が創発的に示す創造性に着目し、そこでの抵抗をソフトレジスタンスと位置づけなおす〔松田　一九九九：一九五〕。それは、システム自身の変質や近代的な知のモードを揺るがす可能性をもつものである。こうした抵抗概念をもって、松田は、我々と彼らの共約可能性を再考する。彼は、解釈学的理解に依拠し、生活実践に対する構えの共有を根拠として、実感に依拠した共約可能性を提示する〔松田　一九九九：二三七—二四七〕。「異文化通交の実感は、じつは生存と行動のための便宜を第一義とする日常の思考様式に根ざしたものであり、様々な認識枠組みの母体ともなるもの」である〔松田　一九九九：二四八]。松田にとって、抵抗概念とは、こうした共約可能性を実現するために必要な概念であった。

民族誌的な分析から抵抗概念を考察した松田とは異なり、小田の議論の多くは、概念レヴェルで抵抗概念を検討し、評価するものである[小田　一九九七a、一九九七b、一九九八、二〇〇二]。小田は、太田のアイデンティティ・ポリティクスの意義をある程度評価しつつも、『オリエンタリズム』で西洋近代的思考を批判したサイード[一九九三]の議論から始まったはずの太田の議論が、結局のところ、我々と他者という二項対立を温存し、近代的枠組みから出るものではない、と批判する[小田　一九九七a：八二三―八二五]。こういった視点に対し、小田は、二項対立的な視点を乗りこえる人びとの日常実践における異種混淆性を評価する。そこで小田は松田の「ソフトレジスタンス」概念に大いに共鳴し、生活上の便宜を図るために、人びとが状況に応じてしたたかに物事をやり過ごすさまを一つの抵抗運動である、と捉える視点を打ちだすことになる。

以上の議論に関連して、松田は、古川と連名で発表した論文で、「小さな共同体」[松田・古川　二〇〇三]という視点を提示する。[34]彼らは、小さな共同体の演者たちが「エコロジックや都市の論理それ自体を、生活世界を充実させるための選択肢として便宜的に選び取ることの中に創造性を見るのである」[35][松田・古川　二〇〇三：二三二]。

運動体に参加する人びとのみならず、日常を生きる人びとをも記述や考察の対象に開いた点で、日常的抵抗論がもたらした視点は小さいものではなかった。だが、私はこれらの議論にも違和感を覚えざるをえない。ここで想定されている主体観(非合理的主体観)は、したたかさや生活の便宜という、いわばちょろまかしを評価するような狡猾な主体観である。そこには、生活の便宜で何かしらを選べる我々とは異なるしたたかな主体という視点が、記述に対してアプリオリに設定されている。[36]こういった主体観は、結局、松田らの志向する生活者の立場を逆に見えなくしてしまっているのではないか。そこには、抵抗というまなざしだけでは捉えきれないような、現地の人びとが生きているモラルに対する問いや、そこで生きていかなければならない、という圧倒的な現実のなかで個々人が直面する種々の問題が見いだされうるのだろうか。日常的抵抗論の抱える大きな問題は、記述者側が、本来なら状況や立ち位置によってその良し悪しが判断されるべきものである抵抗を、アプリオリに「いいことだ」と前提してしまい[37]、前記のようなモラルに対する問いかけを不問に付してしまうことである、と私は考える。それに加え、抵抗論の想定する主体観には、前述したようなアプリオリな操作がもちこまれている。抵抗論の主体観からは、記述者が望む「抵抗する主体」観とともに、自分もそうありたい、というロマン主義的な願望のようなものが見えてしまう。そこでは、我々と同じように、描かれている人びとが揺れ、葛藤する存在であるということ、首尾一貫した存在ではないことが忘却されてしまっているのではないだろうか。その点で、日常的抵抗論は、ある種、強い主体を想定しているように私には思える。そして、逆説的にも、「したたかに生きる彼ら」という他者化が、理想化とともに生じてしまっているといえる。たとえば、我々は自分たちの行為や実践を記述する際に「したたかさ」「生活の便宜」という言葉を使うだろうか。そもそも、私たちの日常生活においてしたたかさとは積極的に評価され、称賛されるようなものであるだろうか。多かれ少なかれ身体に刻印された道徳的規範に拘束されている私たちは、松田や小田らの称賛するしたたかさを果たしていいことだと感じているのだろうか。そして、こうした言葉に基づいた主体として我々は日常生活で抵抗しているのだろうか。私の経験に即していえば、こうした言葉で人格や行為を評価されることは御免こうむりたいところである。むしろ、「したたか」や「ちょろまかし」という言葉で描かれないような生活を送ることを意識しており、その点において、私も自分の内属する「社会」において、一定のモラルを実践しながら生きている。つまり、自己に関する記述が「したたかに生きる私たち」というかたちでは決して想像できないのに対し、「したたかに生きる彼ら」は日常的抵抗論のあちこちに見いだせる状況は、当然問いに付されねばならない。同時に、この分割は、「権力に抵抗する彼らのしたたかさは評価されるべきもの」と行為遂行的に述べているかのように映る。[38] これは理想化とともに生じた他者化と考えられるものなのではないか。したたかさを他者にのみ見いだしてしまうような方向性では、松田の望んだ我々と彼らの共約可能性は、実現不可能であるように私には思われる。

④チベット難民研究

前記のような議論は、当然のことながら文化人類学的なチベット難民研究にも当てはまる。文化人類学的なチベット難民研究は、チベット難民が「難民」というポジションを占めているということ、また、対象として「俗人」としてのチベット難民」に本格的に注目が集まったのが八〇年代後半からだということもあって、その時代的な制約から文化表象など、アイデンティティ・ポリティクスに関わるものが大部分を占めている。そのため、ここで見られる議論の多くが、「独立やアイデンティティ維持のために表象や働きかけをするチベット難民」という視点を前提として共有している。[39] たとえば、チベット難民が「団結して自治の獲得や独立に向けた働きかけをしている」というような「団結の言説」は、チベット難民をめぐる記述においてきわめて頻繁に目にすることができる。[40] また、独立に関連した主張が前面化されると、独立や自治に興味をもたない人びとに対しては、批判的なまなざしが向けられ、「堕落の言説」が構成される。[41] ここで、チベット難民とは自治や独立を志向する人びとである、という集団的アイデンティティ観が形成・反復される。その一方で、さまざまな理由から独立に容易に賛成できない者たちの声は捨象される。[42] つまり、研究者側の視点として、すでにそこには「チベット難民＝独立を志向する人びと」という前提があって、その前提から注がれるまなざしのなかで居心地の悪さを感じる人びとは考察の対象から外されてしまうのだ。[43] チベット難民研究のこうした現状は、まるで、リアル・ポリティクスへの働きかけのみが評価の対象となっているかのようである。そこでは、現実に生きる人びとの顔を想像する契機はほぼ与えられていない。そして、まさに、そのリアル・ポリティクスにまつわる言説編成や、それと絡みあう政治的経済的状況こそが、そこで生きる人びとの居心地の悪さや葛藤といった感情を生みだしている、ということは考察されず、いわゆる文化表象に関わる人びとが不安や居心地の悪さを感じることもなくそれに従事しているかのように描かれている。[44] 結局、ここでは、独立運動やアイデンティティ・ポリティクスに主体的に参加する、いわば「迷いのない主体」が前提とされている。[45] こういってよければ、そこには大文字のアイデンティティが提示されるだけで、それをさまざまな仕方で生きている「ひと」が姿を消している。アナンドの「戦略的本質主義としてのチベット人アイデンティティ」[Anand 2007: 127] という問題設定は、図式先行で現実を平板化する議論の最たる例だろう。[46]

また、クリーガー [Klieger 2002] のおこなった数量的調査のように、調査対象となる人びとのアイデンティティを質問により規定する調査もある。[47] だが、私はこのような議論を見ると、途方に暮れてしまう。それは、これらの議論がはじめからきわめて固定的なアイデンティティ観を採用していることに加え、時には一度きりの質問で、その個人のあり方を同定してしまっているからである。ホールがアイデンティティをめぐる特質の一つであると指摘する偶発性は、これらの議論では顧みられていない。我が身を振りかえればわかるように、質問に対する回答は、状況に応じてそのつど変わりうるものであり固定されたものではありえないし、聞き手との関係性により回答は変わりうる。よって、自己をチベット人と認識するか否か、というような二項対立的問いの形式にしても、そのどちらを選んだかではなく、それを問われざるをえない状況にいる人びとが、そのなかで、どう生きているかにこそ着目すべきではないのか。[48] 独立か否か、チベット人か否かという問いが発された瞬間、彼らはどちらかを選ばねばならないような状況に置かれており、彼らが回答を主体的に選んでいると同時に、選ばざるをえない、ということを我々は決して忘れてはならない。問いかけに対する反省的な視点をもたずに、チベット難民のアイデンティティ・ポリティクスを語ることは、そこにある個々人の居心地の悪さや揺れ動きを平板化し、矮小化することに繋がる。

また、前記の問いに関連していえば、その問いは、単にアイデンティティの意思表示のみならず、「～べきだ」というきわめて道徳的な意味あいをもっている、ということを決して看過すべきではない[49]。「いかに見られるか、見られるべきか」という、まなざしに関わる問題はフーコーやサイードたちの議論が描きだしているが、それは、我々のみならず、チベット難民の人びとにおいても例外ではなく、彼らにとってまなざしの問題はより重要性を帯びる。次章において論じるように、まなざしの内面化はチベット難民ハビトゥスにおいてきわめて重要な位置を占めている[50]。前述のクリーガーの問いに関連づければ、民族的純潔（純血）性はチベット難民社会ではかなり重視されており、民族的な位置づけに対する問いは、道徳的な力をもたざるをえない[51]。これまで、チベット研究の多くが、「チベット性」はチベット人と西洋との交渉の結果できあがったものである、ということを議論してきた〔たとえば、Lopez 1998; Harris 1999a; Moran 2004: 47; Anand 2006, 2007〕ように、チベット難民の発言やふるまいには西洋からのまなざしが強烈に注がれている。特に、我々のような難民社会の外部にいる人間が「あなたはチベット人か」と問うのであれば、そういった人びとに寄付などの面で依存している難民としての彼らの回答は、なおのこと「～べきだ」という道徳的意味をもってくるであろう。スピヴァクの言葉を借りれば、「まったき他者に向かっての「純粋な」［異他―情動］が、「下から」ではなく、「無限へと投射された当為」［汝……すべし］として「上から」来るのであれば、名づけることが暴力を発動することになるのは避けられない」〔スピヴァク　二〇〇三：六三〕のだ。次章で詳述するように、現在難民社会で生きられる「チベット性」の管理には、西洋からのまなざしが重要な位置を占めているのである。(52) そういった点を勘案せずに、「彼らはチベット人と自己規定している」と語ったところで、その調査には国勢調査的な意味あいしかなく、現状の把握に益すところは少ないだろう。

これらをまとめると、チベット難民研究において想定されている主体観は、自治や独立を志向し、自分たちをチベット人だと自己規定する「強い主体」である、といえる。それは、太田たちが志向するアイデンティティ・ポリティクスの主体観（そして一部の議論は日常的抵抗論のしたたかな主体観）と大体において重なる。こういった主体観は、結局のところ、独立運動への働きかけや強固な結束を強調する点で、我々とは違った存在として形成された主体観を投影し、チベット難民の人びとを過度に他者化してしまっている。これに対し、本書は、チベット難民研究がチベット難民を集団として独立に向かう主体として過度に他者化して描いてきたことを批判し、そこに生きる人びとは、我々と異なった環境・状況で生活を送りつつも、人間存在として居心地の悪さを感じ、悩む存在でもあるということを主張する。我々と異なりつつも同じであるチベット難民の人びとを描くためには、集団としてのアイデンティティ・ポリティクスを描くことに加え、アイデンティティ・ポリティクスのさなかで生きている人びとを描くことが必要だ。本書がチベット難民研究の一つとして実践しようと試みているものは、チベット難民として生きる人びとに、いわば我々との共在性を取りもどし、チベット難民社会を語る語り口を複数化することである。そして、それは、安直な主体観やアイデンティティ観を前提としてきた旧来のチベット難民研究に対して、そこに当てはまらない人びとの葛藤や揺れを再考させる契機となるだろう、と私は考えている。

それでは、具体的にどのような対案を提示しうるだろうか？　先行研究③④の議論に対して、犠牲者・無力として描かれてきた旧来の主体か、戦闘的・したたかな主体か、という二項対立的枠組みでは難民社会を生きる個々の人びとは捉えられない、と私は主張する。従来の議論では、「決断し立ち向かうこと」や「したたかに抵抗すること」が肯定的に評価されていたのに対し、悩むことや居心地の悪さに葛藤することは評価に値するものとして考えられていない。本書はこうした前提に再考を促したい。あえて挑発的に主体性という言葉を使うとしたら、ひとが悩み、葛藤すること、また、選択しあぐねることにさえも主体性を見いだすべきなのだ(53)。積極的な働きかけをおこなうことを暗に含んだ主体性という言葉は、この地点で脱臼することになる。そこにおいて、主体とは、行為の起源としてアプリオリに設定されうる存在ではなく、むしろ、反復される行為のなかで不断に自己としてのあり方が構成されると同時に、自己の構成が絶えず攪乱されるような存在である。つまり、行為が反復的に集積されるまさにその時に行為体は現前するのであり、行為体とは（事前に、ではなく）事後的にのみ設定可能なものなのだ。以上の点から、記述者が描きだすエイジェンシーとは、肯定的な実践をおこなう人びとにのみ見いだされる力能ではなく、あらゆる実践に見いだされるべき力能である。

また、本書が提示する主体観は、二項対立間における宙吊りの状態やはざまに位置する主体の可能性を称揚したサイードやバーバらポストコロニアル批評家のそれと比較可能なものである。サイードは亡命状態の悲惨さを説きつつも［サイード　一九九八：八五―八八］、比喩としての亡命に可能性を見いだす［サイード　一九九八：九二］。亡命者は、故郷と現状という二つの視点から二重化して現実を眺める視点を獲得するため［サイード　一九九八：一〇四］、知識人にとってモデルとなりうる［サイード　一九九八：一〇九］、というのである。そして、「また、たとえ本当に移民でなくても、故郷喪失者でなくとも、自分のことを移民であり故郷喪失者であると考えることはできるし、数々の障壁にもめげることなく想像をはたらかせ探究することもできる」［サイード　一九九八：一〇九］のであり、「知識人をアウトサイダーたらしめるパターンの最たるものは、亡命者の状態である」［サイード　一九九八：九三］と語るに至る。バーバもまた、既成のアイデンティティとは違ったアイデンティティを確立する場であり、現実の体制を転覆する可能性を内包する場として、はざま（in-between）を特権視する。[54] ラカンの精神分析的手法の影響を受けたバーバは、アイデンティティを自己選択に基づくものだという近代合理主義的思考を批判し、既存の社会的存在の境界線上において葛藤や苦悶において作りだされていくものであると考える［バーバ　二〇〇九：一九四］。主体は自己との関係において両義的で交渉の対象となり、亀裂、抑圧、克服、昇華と関連しつつ、主体構築には葛藤が伴うのであり、一つの主体が多重性を帯びていることが指摘される［バーバ　二〇〇九：一九四］。はざまにあることの不幸さにバーバも着目するものの、両義性のはざまにおいて葛藤することは転覆を生みだす母胎として特権的な位置を占めるのである。[55] バーバはいう、「人は隙間に身をおくことで行動を開始するのです」［バーバ　二〇〇九：二二三］。[56]

サイードとバーバの議論は、本書の議論にも大きな影響を及ぼしている。しかし、サイードとバーバの想定する主体は、はざまにあることが不幸でありつつも、それを特権として享受する主体である、ということを見逃してはならない。サイードにおいては、亡命者は比喩として機能し、その比喩を通して現実を二重の視点から見る知識人にすらなる。[57] バーバにおいても、はざまに身を置く主体は体制転覆に至る可能性を内包する存在である。このことからもわかるように、彼らが想定している主体はきわめて政治的でありマッチョな主体である。[58] だが、チベット難民社会において、どっちつかずの状況にいて居心地の悪さを感じている人びとは、はざまの特権を享受しているわけではなく、できればどちらかに属したい人びとであろう。なによりも、彼らは知識人のように現状を二重化した視点で批判するわけではないし、「独立に与する／与しない」という二項対立的言説からなる現状を、「やみがたい衝動で」転覆したいわけでもない。以上の点において、ポストコロニアル的な主体性は、難民社会の現実を捉えるのに十分ではない。[59]

また、本書が注目する主体は、アガンベン［二〇〇五、二〇一二：四九―五三］が潜勢力を語る際に依拠する主体、すなわち、「しないほうがいいのですが」と語るバートルビー的な、「する」「しない」の二項対立的選択肢のどちらにも与しない主体と近接しつつも異なる主体である。アガンベンの議論は、「しないほうがいい」という回答をすることで、「する」「しない」の問いを宙吊りにし、「〜しないことができる」として保留する点にこそ潜勢力を見いだす議論である。だが、本書が注目する主体とは、二項対立的な問いに答えられず立ちつくし、容易に回答を出せず考えこんでしまう主体である。もちろん、アガンベンが自己決定や自己意識という視点から潜勢力を論じていないことは私も承知している。しかし、ここで私は「しないほうがいいのですが」と語り、選択を保留するバートルビー的なスタンスとは異なる、「選択できない」主体に焦点を当てることで、彼らが身をもって示す潜勢力や政治的な可能性を描きたいのだ。一見些末な指摘かもしれないが、アガンベンが潜勢力を提示する事例として選択を保留できる主体を提示したことにより、選択できない主体が修辞的に排除されてしまっていることをここでは重要視したい。

こうした本書の主体設定に対し、「では、意思決定できないノンポリ（非政治的）な主体のどこに政治的な可能性を見いだすことができるのか」という疑問は当然生じてくるだろう。この問いかけが示すように、ノンポリ的主体の実践には潜勢力は見いだされないのであろうか。ここで、ジャン・リュック・ナンシーの発言を引いてノンポリの政治性について論じる上野の議論を参照しよう。

ナンシーはこの非政治性をめぐるガイヨの質問に答えて、何をもってノンポリ＝非政治的（あるいは脱政治的）と判断するのか？　と問い、特にこの議論の前提として、非政治的であることイコール反動的もしくは保守的な立場である、という予断があることを指摘している……すくなくとも、われわれが意識しておかなくてはならないのは、通常の意味でのミクロ／マクロ双方の政治から距離をとるような身ぶり、たとえば極端に快楽主義的な身ぶりが、逆説的に政治的な意味をもってしまうような状況があるということである。何らかのテロス（究極目標）を代表＝表象することなく、端的な参加、行為、出来事だけが、言葉の上では政治的でなくても、何らかの政治的、社会的な（異議）提起を行なう、ということが起こりうる。［上野　二〇〇五：一三二］

上野による「ノンポリの快楽主義的な身ぶりが帯びる政治性」という発言を敷衍するならば、リアル・ポリティクスに容易に入っていけない一見ノンポリ的な主体の身ぶりもまた、時に政治性を帯びてくるものである。本書第9章で描かれるテンジンのような主体は、「しないほうがいい」のではなく「できない」のであるがゆえに、来るべき何かを胚胎するのであり、その点においてこのような主体に対しても潜勢力は認められてしかるべきである。

本書で提示される以上のような主体は、本書を通して示される、包摂と排除の同居するチベット難民社会におけるディアスポラ・ナショナリズムの構築過程において生じたものである。ここでマックグラナハンの「停止された歴史（arrested histories）」［McGranahan 2005, 2010］(60) という概念をもじっていうならば、本書の作業は、人びとのあいだで生きられているにもかかわらず語られてこなかった「停止された現在」が現前した様子を描きだすことであるだろう。マックグラナハンの指摘を敷衍すれば、「停止された現在」の現前はあくまで一時的に停止され、未来に繰り延べされているのであって、現前そのものが封じられているわけではないのだ。チベット難民社会が形成し、維持してきたナショナリズムが孕んでいた問題を以上の視点を通して見ることで初めて、我々はどこにでもあるようなアイデンティティ・ポリティクスとしてではなく、チベット難民の人びとが生きている「難民（ディアスポラ）

という状況」を厚みをもって考えられるようになるはずだ。また、そうした過程は、たとえばナンシーの『声の分割』［一九九九］や『無為の共同体』［二〇〇一］（ロゴスの分有を通じて）、バトラーの『生のあやうさ』［二〇〇七］（被傷性を通じて）、アガンベンの『到来する共同体』［二〇一二］（何であれ、あるがままで潜勢力を共有することを通して）での議論を敷衍して、我々のなかに他者との帰属意識に基づかない同質性を見いだすことで、我々自身の抱える他者性（我々の情動は、自分の手の届かない何かに常にすでに翻弄されている）を再考する作業にも至ることだろう。

もちろん、旧来のチベット難民研究の議論がいわゆる政治的な配慮で団結を記述しつづけていた可能性があるということや、記述者自身の政治的な思惑で集団的団結を称揚してきた、ということは私も理解している。しかし、いうまでもないことだが、これら諸議論に対して、私は「チベット難民の団結は崩れている」などということをいいたいのではないし、チベット文化に関する主張を「結局のところ伝統の創造だ」と暴きたてたいわけでもない(61)。本書が描きだすのは、このような議論が拠点を置くような、現象を大上段から捉えた図（鳥瞰図）ではなく、むしろ人びとの日常生活から捉えた図（虫瞰図）［田中　二〇〇六：二一七］である。日常に立脚した視点からナショナリズム構築や人びとの生を見ることで、亡命政府や研究者の記述が高らかに団結を謳っている一方で、そこから排除される人びとや、「団結の言説」に居心地の悪さを感じ、揺れ動いている人びともいる以上、チベットをめぐる問題について考えるのであればそうした人びとにも着目すべきなのだ、という、フィールドワークをすれば感得できるであろういわば「当たり前」のことを本書は主張したいのだ。重ねていうが、ここでの私の主張は、孫や汪の議論が結論として導くように、政治的な団結を否定するものではないし、アイデンティティというものは虚構である、という主張でもない。それを必要としているのに、手に入れられない人びとの葛藤を描くことで、難民社会内外から及ぼされる影響のもとで亡命政府が形成してきたナショナリズムの問題を指摘し、また、「団結の言説」やアイデンティティの言説と折合の良い人道主義や政治的イデオロギーによるチベット難民との関与とは異なった関係性のあり方を考えようとしているのだ。本書の採用する排除や葛藤を問いなおす視点は、「団結の言説」(それの別の姿である「堕落の言説」)という理想化された視点が生む同情心とは異なったかたちで我々と彼らとの繋がりを模索する試みの起点となるものなのである。(62) この作業は、同じように悩む主体として、私とチベット難民の人びとの隔たりを少しでも近づける作業であるともいえる。

4　本書の構成

第1部では、彼らが表象する伝統に焦点を当て、彼らがどのような文化表象をおこなっているのか、いかなる公演戦略を用いているのか、そして、彼らの伝統表象が図らずも孕んでしまったものとは何か、そして今の彼らを取りまく状況はいかなるものか、という、チベット難民としての集団的主張を成し遂げるための文化政治的な側面、いわば「大文字」のアイデンティティの政治やチベット・ナショナリズムの様相を問うていく。そして、そのアイデンティティ・ポリティクスやナショナリズムが孕んでしまった排除的な側面を分析・記述していく。ここでは先行研究②が主に問われていく。

第1部が伝統的な演目に着目したのに対し、第2部では、私たちと彼らの同時代的な側面を描きだすことを主眼とする。ディールが指摘するように、これまでチベット難民研究の多くが仏教やそれに携わる人びとに注目するあまり、俗人や若者たちに対する視点、そしてそこで起こっている新しい動きに対する視点を欠いてきた［Diehl

2002: 266–267]。よって、第2部では、彼らが八〇年代以降に上演しはじめた現代的な音楽やそれを取りまく環境に着目する。そして、レコーディング作業やその結果できあがった作品の受容に注目することで、彼らがいかなる枠組みでもってさまざまな差異化を図り、チベット難民としての生を送っているのか、また、演者たちがいかなる立場に立たされているのか、ということを問う。ここで問われるのは、現代的な音楽であるチベタン・ポップを舞台にしたさまざまな交渉と、交渉過程で彼らに投げかえされる社会的文化的な意味の内実である。

先の二つの部が、芸能集団として聴衆に働きかけていく「集団としてのディアスポラ」という視点からＴＩＰＡの人びとや実践に注目しているのに対し、第3部として最後に置かれた第9章は、チベット難民としてのアイデンティティの政治に、関わる芸能集団に属しつつ、自らの姿勢やアイデンティティに対して居心地の悪さを覚える一人の演者を描く、いわば「ひとりとしてのディアスポラ」に主に着目したものである。ここで問われるのは、グローバルな世界と結びついた難民社会において、演者がいかにその生を生きているのか、ということである。ここにおいて、先に挙げたすべての先行研究が問われることになる。そして、終章において、事例を通して得られた結論を提示し、そのうえで、新たな共同性の可能性をめぐって試論を展開する。

なお、隔章に挿入されるInterludeは、調査地に赴くまでの私の様相やＴＩＰＡの演者たちの日常生活などを、主観的かつエッセイ的な文体で記述したものである。これらは、ともすれば質的量的なデータが重要視され、そこで生活する人びとの息吹が捨象される傾向にある民族誌的記述に対して肉づけを試み、読者のイメージを喚起することを目論むものである。私のこうした試みが成功しているか否かは、読者諸氏の判断に委ねたい。

本節を締めくくる前に、本書のタイトルについて語っておかねばならない。『舞台の上の難民――チベット難民芸能集団の民族誌』と名づけられた本書は、「芸能集団に属する演者が舞台の上で演じている」ということに加え、

「政治的経済的な力学が猛威を振るう国際社会という舞台の上にチベット難民が立たされている」ということをも意味している。このように、本書は、チベット難民と呼ばれる人びとのことを語っている。そして、チベット難民と呼ばれる人びとが構成するのがチベット難民社会であった。しかし、チベット難民社会という枠組みは、そこに生起する現実的な状態とイコール関係ではない。これから見ていくように、チベット難民社会で私が見たものは、包摂と排除が同居する文化観や実践であり、そこに容易に当てはまらず揺れ動く人びとの存在であった。彼らは、当該社会のなかで生きているが、社会と完全に同調できない存在であるにもかかわらず、「チベット難民」として呼びかけられ[63]、またチベット難民社会が課す社会的文化的な拘束を生きていかざるをえない。彼らは「チベット難民」という生から自らを完全に切り離すことができない。しかし、同時に、彼らは「チベット難民」という枠組みや、それと関連づけられるナショナリズムからずれてしまっている。このような状況を私がわずかながらでも看取しえたのは、彼らとふれあい、語らうなかでいくらか身につけた感覚を通してであり、チベット難民社会にある程度私が内属していたからこそである。本書が照射したいのはまさにこうした現実である。

そもそも、私が本書でさまざまな記述をおこなうこと、それはどのような意図のもとなのであろうか。いうなれば、チベット難民社会を書く私の意図とは、私が能動的にもつものであると同時に、難民社会で彼らとともに生を送ったからこそ生じた受動的なものでもある。確かに私は書いている。しかし書かされてもいる。書いているのは私であると同時に、私だけが書いているのではない。それは両者の「中間」において生じた実践であるがゆえに、中間態的なかたちで表現されるべきものである[64]。

それでは能動と受動の中間に位置づけられた私の意図とは何だろう。いってしまえば、読者が本書に冠された「チベット難民」という枠組みから人びとの生を読むと同時に、「チベット難民」の枠組みからはみだす人びとの生を見ることを通して、その枠組みの有効性を問いなおし、新たなかたちで捉えなおす、というものである。この作業は読者と私とのあいだにおいて起こる以上、チベット難民社会に関する私たちの理解に影響を及ぼすものであり、また、チベット難民社会への向きあい方へも影響を及ぼすことが期待されている。

我ながら壮大な意図である。夢想家の誹りを受けるに十分値するものであろう。だが、「私は、「ブッシュマン・センス」の様々な側面を昆虫標本のように収集し陳列することを望んだわけではない。そのいくぶんかを身におびることこそが、私が内属しているこの「社会」をともに生きるすべての人たちの「生きかた」を変えることに連なるはずだ」と菅原［二〇〇四：二八〇］が熱気迸る文章で述べている立場ときわめて近いところに私の立場はあると考えている。私はチベット難民にまつわる資料を、エキゾチックな存在に対する欲望を満足させるための標本のように陳列するつもりもなければ、それら資料をもって彼らの生にまつわる様相を暴きたてるつもりもない。そうではなく、本書の記述を通して、読者とのあいだに「チベット難民」という枠組みを今とは違ったかたちで現前させ、そのうえで今とは違った関係性を築いていく可能性を模索することが私の望みである。それはまた、私たちの生き方を変えることにも繋がっていくのではないだろうか。田中はいう、「重要なのは他者の人生に生じた「運命的瞬間」である。この経験、すなわち他者の変貌の記述に接して、人類学者だけでなく読者もまた変貌する。この変貌こそが民族誌を読むことの共時間的経験だとわたしは理解している」［田中 二〇一二：一三二］。そして、「人はそれを誇大妄想的と呼ぶかもしれないが、このような希望を失ったことは、一度もない」［菅原 二〇〇四：二八〇］。私もまた、菅原や田中と同様に、記述を通してささやかながらも私たちの生き方をともに変えていくという希望を失ってはいない。

本書の議論は、以上の構成と意図からなる。なお、本書で用いられているデータは、二〇〇二年から二〇一二年にかけておこなった約三年間の参与観察調査に基づくものである。使用言語は、チベット難民社会において話されているチベット語のラサ方言である。

註

（1）批評に値しないが、読者の判断を仰ぐため、参考として掲載する。以下は孫歌のもの。「ただし、チベットの背後にアメリカが立っている以上、純粋な「独立」あるいは「中立」がありうるかというのが実はこの問題の背景となります」「（中国で裕福な省がチベットに財政支援をおこなっている）このような役割分担は、明らかに統一国家が国民を守るための機能と見なすべきで、チベット独立を主張する場合には、このような要素を無視してはいけません」［二〇〇八：五二］。以下は汪のもの。「というのも、もしも西洋帝国主義の策動が無ければ、二〇世紀前期のチベットには独立運動などまず出現しなかったであろうし、西洋世論の支持がなければ、現代チベットには独立追求を進路とする運動も出現するはずはないであろうからだ」［二〇一一：二四五］。

（2）いわゆる左翼陣営の論客としては、文芸評論を主に活動領域としている加藤典洋［一九九七］やデリダに師事した高橋哲哉［一九九九］がいた。

（3）亡命政府の公式的な立場は、チベットの完全独立ではなく、中国と共存したうえでのチベットにおける高度な自治の獲得である。

（4）一般に、ＴＩＰＡは「チベット舞台芸術研究所」と日本語では表記されている。しかし、本書はチベット語名（bod gzhung zlos gar）と彼らの活動実態を鑑みて、既存の表記ではなく、「チベット難民芸能集団」という訳を用いることとする。

（5）本書では、ナショナリズムを「アイデンティティのシェーマ（図式）」［萱野　二〇一一：二九］と位置づけ、チベット難民としてのアイデンティティを「活性化」する原理と捉える。

（6）政治とは、特定の問題を解決するための働きかけであり、ある争点についての意思決定、すなわち合意形成の過程である。文化政治とは、まず、特定の文化的要素を合意形成の手段として用いることを指す。また、文化や伝統は、ある集団の属性というよりも、むしろ諸集団がその保有と分配をめぐって政治的な駆け引きをおこなう資源でもある［田辺　一九九七：一七七］。本書で用いられる文化政治とは、これら双方を含みこんだものである。

（7）たとえば、第9章の主人公テンジンは「「チベット人は仏教徒であり、よき人びとであれ」という小さい頃からの洗脳にうんざりしている」（二〇一一年九月十八日）と語っている。

（8）たとえば「魂の脱植民化」を思考し論じる中村平［二〇一二］の議論は、自己省察を通して植民地主義の再興とその脱却を考えるものであり、語りによるセラピー的な側面をもつ。本書の視点も一定程度中村の議論と通底するところがある。

（9）萱野は、左翼陣営における「脱アイデンティティ」という傾向を、「今の流動化した社会では有効ではないどころか、むしろ有害であり、理論的にいっても成り立たない」と主張している［雨宮・萱野　二〇〇八：五六―五七］。そして、状況によってはナショナリズムにいくほうがマシである、と語っている［雨宮・萱野　二〇〇八：九五］。ここでは、社会における帰属感がないため、無理やりナショナリズムを肯定する若者たちの傾向が語られている。本書が描きだすチベット難民の人びとにおいても、この帰属感の不安定さがある程度見受けられる。だが、このように帰属を強制する状況は、いうまでもなく自己に選択の余地なく襲いかかってくるような性質のものである。

（10）「同時代性」と訳されることの多い用語だが、本書は酒井の以下の翻訳に従うこととする。「ファビアンによれば共在性とは「同じ時を生きる」ことであり、隔離された異なった時の中にいないことである」［酒井　二〇〇一：二二三］。

（11）難民研究のレビューとして、久保［二〇一〇］が詳しい。

（12）ディアスポラの定義や歴史的来歴に関しては赤尾［二〇〇九］が詳しい。

（13）ブルーベイカー［二〇〇九］はこうした状況を「「ディアスポラ」のディアスポラ」と呼んでいる。

（14）武者小路監修の『ディアスポラを越えて』［武者小路　二〇〇五］、赤尾らの『ディアスポラから世界を読む』［赤尾ら　二〇〇九］を見ればわかるように、ディアスポラ概念の定義をめぐる議論は混沌とし、また、その試みの生産性は残念ながら著しく低い。

(15)「ディアスポラは何らかの苦難を強制移動によって強いられている人々を指す言葉として使われるが、現代の複雑な世界ではこれとは全く異なる用法もみられることに注意したい」［上野　二〇一二：一七］という上野の姿勢との共通性を見ればわかるように、このようなディアスポラ理解は、国民国家やグローバル資本主義に対してディアスポラの可能性を見いだす論者においては頻繁にみられるものである。

(16) クリフォードは「(ギルロイとともに)」と語っているが、ギルロイは近代批判をあくまで黒人という存在を自ら引き受ける立場からおこない、具体的な地図と歴史から語っている点でクリフォードとは大きく異なっている、ということを指摘しておきたい。

(17) アナンドは、このクリフォードの発言を受けて、チベット難民のナショナリズム自体、ディアスポラとしての生活が始まって以降生まれたものだとしている［Anand 2007: 102］。また、ヴェンチュリーノは、チベット人という国民に関する想像力における異種混淆性自体が、独立や真の文化的自治といった特定の政治的目標のために動員された手段である、と主張している［Venturino 1997: 103, 109–110］。

(18) たとえば、ＴＣＶの校門には、「他人の国に住んでいても、祖国のことを忘れることなかれ」という文字が大きく刻まれている。

(19) 民族や宗教、性などといった自己を構成するアイデンティティを基盤として、権利獲得などの目的達成のために活動をおこなうこと。主に、多数派に対して少数派が自己の社会的立場の改善を促す際に用いられる。

(20) たとえば、同時期に学術誌である『ディアスポラ』誌が刊行される。

(21)「戦略的本質主義……すなわち、「アジア系アメリカ人」のようなエスニック・アイデンティティという特種なシニフィアンを、アジア系アメリカ人たちを排除してしまう言説に異議をとなえ、それを崩してゆくために利用することは可能なのであり、その一方で、同時に、アジア系アメリカ人の内部の矛盾やずれを露わにしていくことで、そのような本質主義は、まさしくわたしたちが無力化しようとしている装置によっては再生産されることも増殖されることもないのだ、ということを保証することが可能なのである。……その統一は、アジア系アメリカ人たちがカリフォルニア州における新たな歴史的ブロックにおいて、役割を演じるためには、必要なものなのだ……私が言いたいのは簡単なことだ。九〇年のわたしたちにできることとは、類似性を想定して特殊性すなわち統一の基盤を消去するよりは、エスニック・アイデンティティの観念を、文化、階級、ジェンダーの差異の観点から、再考することなのである」［ロウ　一九九六：二四二］。

（22）本書では、アパドゥライに師事した藤倉達郎の翻訳［二〇一〇］に従った表記をおこなうこととする。

（23）たとえば、アナンドは、当時、近代的国民国家観に基づいたシステムを採用していなかったチベット亡命政府と中国政府が、西洋的な近代的国民国家の言説を用いて独立に関する議論をしていることが、そもそもことをややこしくしている、と議論している［Anand 2006: 286, 2007］ことから見ても、ディアスポラ状況は、超近代的な実践との結びつきを容易にはもたらしていない。丸川も、チベット問題の背景として、国民国家概念を身につけた経緯の重要性を指摘している［丸川　二〇〇八：六三］。

（24）これについては、コミュニティについて論じているデランティが以下のように指摘している。「しかし、すべてのディアスポラあるいはトランスナショナルなコミュニティが、しばしば指摘されるほどハイブリッドなわけではないし」［デランティ　二〇〇六：二二二］、「トランスナショナル・コミュニティは、伝統的なローカル・コミュニティよりは開かれた帰属の言説であるが、単一の世界コミュニティ（註：西洋的個人観に基づいた共同体のあり方を世界レヴェルに拡大しようとするもの）よりも強烈な閉鎖的感覚を持っている」［デランティ　二〇〇六：二三一］。

（25）「中国人による迫害や差別から逃れるために最初にチベットを発ったチベット政府が今や要請しているのは、自らが逃れてきたその劣悪な状況に対して、本土に住む人びとが立ち向かうように、ということである」［Datta & Chakraborty 2001: 267］。「一九九四年以降、亡命政府の政策は、教育を受けたあと、新難民がチベットに帰ることを奨励するものとなっている」［Hess 2006: 82］。

（26）たとえば、木村によるディアスポラにおける同一性と異種混淆性の共存という議論は、本書の視点に近いところがある。しかし、ディアスポラの共同性をことさらに「相互に矛盾する異質な原理が共存することで成立する、「無為の共同体」」［木村　二〇〇九：二五七］として実体化する木村の視点には私は与さない。

（27）以下の木村の指摘を参照。「一方、同様に異種混淆性の重要性を指摘するホールやチョウにおいては、異種混淆性こそがディアスポラを特徴づけるものであり、ディアスポラを生きる人びとは、自ら異種混淆性を選び取って生きる主体となる」［木村　二〇〇九：二五六］。

(28) チベット研究において、研究者の記述の政治利用に関する指摘をしている論者としてはマウントキャッスルが挙げられる［Mountcastle 2006］。

(29) 私の手法は、テクストの流用を、「テクストを取りまくパフォーマンス」「記述のパフォーマンス性」として捉えるという点で、間文化的知を促進する「調査方法としてのパフォーマンス」に注目したコンカーグッド［Conquergood 1991］や、ファビアン［Fabian 1999］、不在によって行間を読者に読ませる文学的手法を取りいれるポロックのパフォーマティヴ・ライティング［Pollock 1998］とは立場を異にする。テイヤムの社会的な意味の歴史的な変遷を記述の変遷から浮かびあがらせた竹村嘉晃［二〇一二］の仕事は、本書の視点と結びつくものである。

(30) 太田批判としては、具体性を欠いた主体性をブラックボックスに入れ、政治的多様性を看過するという木名瀬［一九九七］、知識人メンチュウに仮託された、太田の「聞く」という態度に矛盾するような主体概念の適用と、実存主義的な文化概念に対する真島［二〇〇一］の指摘などがある。

(31) チベット難民研究において難民社会における排除傾向に言及したものはそれほど多くない。以下に例として挙げる論者はこれら排除を扱っている［Harris 1999, McGranahan 2005, Yeh 2002, 2007］。

(32) 末廣の定義によれば、「「エイジェント」という概念が導入されるのは、アルチュセールによる主体化のシステムを批判的に検討し、そこにシステムの攪乱の可能性を見いだすためである。「エイジェント／エイジェンシー」という概念は、システムに対する抵抗やその変革の可能性を含意しているのである」［末廣　二〇〇〇：五三］

(33) アントニオ・グラムシの革命論における従属する民衆を意味する概念であったが、ガヤトリ・スピヴァクの議論［一九九八］で一躍有名になった。簡単に訳せば「被抑圧民」を意味するが、知識人の媒介なくしては自ら語ることのできない複層的な人びとを意味する概念。スピヴァクの議論では、特に女性が着目される。

(34) また、同じ頃、小田も共同体に焦点を当てた議論をしている［小田　二〇〇五］。ここでは、個人の視点は特に重視されず、あくまで理論的な枠組み作りがなされている。

(35) 私から見ると、そこに内属する個人の選択を創造的だと指摘する松田らの議論は、バルトの主観的アイデンティティ論へと限りなく近づいているように思える。事実、松田［二〇〇六］は、個人性という視点を、民族誌記述において再導入しようと試みている。そしてその個人は、生活の便宜で状況を選択できるものである。これは「ホモ・エコノミクス」モデルの亡霊的回帰ということができるだろう。

(36) たとえば、エイジェンシーを「力の形式」と「欲望や意図の形式」に二分して議論するオートナーのエイジェンシー論［Ortner 2006］も、こうした前提を依然として保持する議論である。

(37) 日常的抵抗論は、結局は、権力をもつ者、もたない者というマルクス主義的な権力観に依拠し、支配・被支配という二項対立的枠組みに囚われてしまっている。状況はより可塑的で、そのカテゴリー間移動は流動的でもある。たとえば、宗主国側と被植民地側を二項対立的に捉え、両者の交通を軽視する傾向にあるポストコロニアル研究を批判的に再考するガーンディーの議論［Gandhi 2006］は、日常的抵抗論に対する批判ともなりうる。

(38) 日常的抵抗論批判としては、現地の人びとの多配列思考を強調する吉岡［二〇〇五］を参照。しかし、「結局、大勢の名もない人々は、支配システムの言説を引き受け、国家エリートたちの言説を聞き、運動の指導者、知識人、人類学者などの言説をも引き受ける。しかし、だからといってそれが単配列的に人々に把握されていくわけではない。人々は、時にはある言説を引き合いに出して、すぐさま別の言説に依存する。そして、結局、どの言説が流通しようと、どの言説が支配的になろうと、人々にとっては、どれに対しても臨機応変に対処することが出来るのである」［一七九―一八〇］という主張にあるように、吉岡の視点はエリート対大衆というきわめて二項対立的なものである。

(39) 本書がここでチベット難民研究として特に想定しているのは、アナンド［Anand 2006, 2007］、ヴェンチュリーノ［Venturino 1997］、カルコウスキ［Calkowski 1991, 1997］、クリーガー［Klieger 2002］、ノワク［Nowak 1984］、マクレガン［McLagan 1996, 1997, 2002］、モラン［Moran 2004: 46］、ブロックス［Brox 2006］、ヘス［Hess 2009］らの研究や指摘である。彼らの分析視点は、表象に関わるチベット難民たちが、自分をチベット人だと確定している、という前提のもとでおこなわれている。ディール［Diehl 1997, 2002］の著作には、私の研究にとってきわめて重要であるものの、彼女自身の議論の枠組みは前述した前提を抱きこんでしまっている。

(40) 近年の研究においてすら、この傾向は続いている。たとえば、「チベット人コミュニティは……チベット人の手にチベットを取り戻すという目標に向けて一丸となり、団結している」［McGranahan 2005: 591］。ほかにも、［野

村　二〇〇四：二七八、榎木　二〇〇七：二三、二〇一〇：二八、Gurawa 2009: 9; Vahali 2009: 2]など。

(41)「(外国からの援助の結果)、豊かになったせいで亡命チベット人の戦いに人びとが積極的に参加したがらなくなった、という消極的な影響を及ぼしている」[Roemer 2008: 175]。

(42) ただし、ヴァハリの後半部の議論は若者たちの内実を描きだしている[Vahali 2009]

(43) ちなみに、政治的な問題や団結に重要性を置かないチベット人の存在をモラン(仏教的理由)やグプタ(若者)が指摘しているが[Moran 2004: 195; Gupta 2005: 257]、本書が考えたいのは、明確に回答を出せない人びとの存在であり、またこうした人びとの存在を軽視し、言及に留める議論のあり方にはやはり問題があると考える。

(44) 確かに、マクレガンの議論は、チベット文化の展示会での僧侶に偏ったチベット描写に反対するチベット人の姿を描いている。とはいえ、マクレガンは「諸集団が明確な政治的目標のために彼らの表象において協働する場としての文化の生産」[McLagan 1997: 70]を前提に議論している。それに対し、ここで私が問いたいのは、「明確な政治的目標のために」、人びとは、自分たちのアイデンティティに対して迷いもなく協働しているのか、ということである。第9章で明らかになるように、いくらそれが独立や文化保存に関わる機関であろうと、一部の演者は、その前提に居心地の悪さを抱いているのである。なお、本書の視点に近いのは、ハリス[Harris 1997, 1999a]の論考である。ハリスは、本土で修業し、難民社会で活動するタンカ(チベットの伝統的な仏画)絵師の一人による創意工夫や苦闘、葛藤に着目しており、私の主張する「ひととしてのディアスポラ」を描こうとしている。マクレガンやアナンド、ヴェンチュリーノらの主張するチベット難民社会内のせめぎあいや異種混淆性を、特定の集団や帰属に求める「数えられる差異」に基づいた視点であるとすれば、私の視点は、特定集団内に生きる個人の意見が状況に応じて変化し、揺れ動くことに注目する点で「数えきれない差異」に基づいた視点であるといえるだろう。それは、行為に重心を置き、行為する個人を差異の同定点としては捉えない視点である。ドゥルーズ[一九九二]やバトラー[一九九九]を参照のこと。

(45)「権威への敬意や謙遜と概念的に結びついてきたアイデンティティである「チベット人らしさ」に忠実であろうと、彼らは意識的かつ継続的に思い起こしている」[Hess 2009: 76]。

(46) これは、冨山一郎のレヴィ=ストロース批判[冨山　二〇〇二]と通底する問題である。

(47)「調査対象となったすべての人びとが、自身を民族的に一〇〇パーセントチベット人だと位置づけた」[Klieger 2002: 145]。

(48)「このグレーゾーンの民を抵抗か協力のどちらか一方に引き入れようという努力は認識の暴力に過ぎない」[尹 二〇〇二：一三三]。

(49)難民社会における知識人が、独立運動という文脈においてチベット難民の若者たちのアイデンティフィケーションを評価することは、こういった傾向を反映している(たとえば、ナムギェル[Namgyal 2006]を参照)。

(50)たとえば、内外からのまなざしへの意識に関するパラクシャッパの指摘[Palakshappa 1978: 98]を参照。

(51)たとえば、体の色が少々黒いというだけで向けられる「あいつはインド人やネパール人の混血だ」という言葉は、強烈な侮蔑となる。また、亡命政府の職員がツェリン・シャキャを批判する際、「シャキャはチベット人ではなくネパール人である」と侮蔑したことは示唆的な現象である[Barnett 2009: 29]。

(52)関連する議論として、チベット難民のナショナリズムに関するドレイファスの指摘がある[Dreyfus 2002: 38]。

(53)これを上野と毛利のいうように「それとして意識されることなく行使される「主体」性」といいかえてもよい[上野・毛利 二〇〇二：一〇三]。

(54)「すなわち、それはいくぶんなりとも、宙吊りになった状態でいる可能性を示すものであり、わたしたちの出身母胎をなす明確なまとまりをもつ伝統には完全に支配されないような隙間にある空間なのです。……むしろそれは、ひとつの文化が全体的な包括性を主張することにたいして、あるいは「オリジナル」であることに権威をおくアイデンティティの範疇にたいして、そのすべてにたいして懐疑的であれるような空間を開くものなのです。簡単にいってしまえば、その空間にこそ私は、政治的にも詩的にも概念的にみても、文化的アイデンティティを確立する際の可能性を見いだしたのです。それは権威の転覆をおしはかるものですが、従来の文化的アイデンティティとまったく違うということを主張するものではなく、現実に権威として確立されているイメージをもちいながら、そのイメージのなかに齟齬を生じさせることで、従来とは異なる歴史を顕在させるものなのです。そして、このような隙間にこそ、そこに介入しえるような転覆行為のささやかな徴を見いだしたのです」[バーバ 二〇〇九：一八二]。

(55)「これらの表現の体験をとおしてのちに私が、おそらくは無意識に確信したことは、異種混淆化というものがけっして幸せなものでも、同意にともなわれた多様な文化の混合でもないということでした。それは、文化の覇権的な権威体制が、文化的な置き換えや反復の過程に巻き込まれていくなかで、基調や価値や意義や場所といったものを戦略的かつ翻訳的に転移させられていくこと、すなわち権力の転移の過程なのです」［バーバ　二〇〇九：二〇五］。

(56) バーバに師事した磯前も以下のような記述をしている。「主体とは生のやみがたい欲求のせめぎあいに突き動かされてゆくところのものであり、抵抗も叛乱もそのやみがたい衝動から生じてくるものなのだ」［磯前　二〇〇七：二八〇］。

(57) サイードの議論が奇妙なのは、亡命を直接経験したロールモデルとしての亡命者と、アナロジーとしての亡命者＝知識人のあいだに取りのこされた存在、すなわち亡命を直接経験していない亡命第二世代以降の人びとがまったく看過されていることである。サイードのいう亡命者とは、亡命を直接経験した者に限定され、第二世代以降の亡命者は可能性を見いだされない。

(58) たとえば以下の指摘を参照。「八〇年代の論文で彼は、本来性としての「主体」の回復を夢想したファノンの立場との違いを際立たせながら、主に植民地主義的言説の自己崩壊的な側面を強調し、ハイブリディティによる「戦略的な混乱」や支配的言説の「転覆」を決して被植民地者を主語＝主体として語らない用心深さを見せている。しかし、「戦略」や「転覆」という能動的な営為を前提とする概念を被植民地者の「主体性」を抜きにして語ることができないことは明らかだった。九〇年代に入って彼は、「サバルタンな行為主体の転覆戦略」を論じ、そこに「客体化された他者が、自らの歴史と経験の主体に変わる」契機をはっきりと見据えている。伝統的な啓蒙主義的「主体」観や「個人主義」の理念に陥ることを回避しながら進められてきたバーバの議論自体が極めて「曖昧さ」に満ちているが、彼がいう「行為主体の転覆戦略」がその場その場の間主観的状況で計算を働かせ、相容れないものどうしをゲリラ的に結びつけながら支配的な言説に対する異議申し立てを行い、文化をめぐる政治的主張の発話者としての足場を確保していくような戦略であることは間違いない。そしてそこに、あらかじめ定められた「大義」に基づいて目的を遂行していく伝統的な意味での「主体」ではないにしても、分割と結合、非同一性と同一性が共在するハイブリッドな空間を自らの意志において渡り歩き、その空間を自らの利益のためにこじ開けつづける「主体」が想定されていることもまた明らかである」[大杉　一九九九：一二四]。

(59)「バーバに代表されるポストコロニアル批評は、一枚岩的な「文化＝内実」を退けるかたわら、越境や複合性を選び取る諸個人の政治的「主体性」を、語られないままそこにあるブラックボックスのごとき「起点＝内実」として背後からこっそりと再導入してしまう」[大杉　一九九九：七二]。

(60) マックグラナハンは、覇権的な歴史が、対立するマイナーな歴史を一時的に沈黙させるという文化的実践を「停止された歴史」「歴史の停止（historical arrest）」と定義する[McGranahan 2005: 588]。これら一時的に停止された歴史は、覇権的な歴史という既存の秩序に対して挑みかかり[McGranahan 2005: 582]、過去を問いなおすことで未来を作りだしていくものである[McGranahan 2005: 590]。

(61) 植民地状況を捨象したこうした乱暴な論調はチベット歌劇をめぐるアフマドの議論に見られるものである[Ahmed 2006]。

(62) 関連する議論として大杉[二〇〇二]が挙げられる。

(63) 呼びかけとはアルチュセールの国家イデオロギー論において重要な位置を占める概念である。「すなわち、個人は主体の命令に自主的にしたがうため、したがってその服従を自主的に受けいれるため、それゆえその服従の身ぶりや行為を《ひとりで成し遂げる》ために、（自由な）主体として呼びかけられるということである。服従をとおして、かつ服従のためにしか諸主体は存在しないのである」[アルチュセール　一九九三：一〇二]。

(64) バトラーは、呼びかけに対する振り向きを、呼びかける「法」の声と呼びかけられる者の応答性の両方によって条件づけられた、能動態でも受動態でもない奇妙な「中間態」で起きるものであると語っている[バトラー　二〇〇〇：八五]。

第1章　チベット難民とダラムサラをめぐる歴史と空間
——調査地の概況

1　難民になるまで——ダラムサラからの遡及

本書の主な調査地は、北インドにあるダラムサラという小さな町である。[1]ヒマーチャル・プラデーシュ州に属するこの町は、パキスタンと国境を接するパンジャーブ州と近いところに位置している。ダラムサラは、ガイドブックでは、チベット人が多く集住するアッパー・ダラムサラ、特にマクロード・ガンジ[2]を中心に取りあげられ、対照的に、市場などが立ち並び、インド人が多く居住するロウワー・ダラムサラは申し訳程度に言及されるのみである。私が調査したのは前者であり、本書では特に指摘のない限り、ダラムサラとはアッパー・ダラムサラとマクロード・ガンジを指すものとして扱うこととする（図1-1参照）。

ダラムサラへはデリーから毎日数本、直行便のバスが出ており、それを使えば十二時間弱の道のり、電車であればデリーからパタンコットという駅まで十時間程度、そこからはバスかタクシーで三時間程度あれば到着する。町は狭く、山間の避暑地という表現がしっくりくる。実際、標高は約一七〇〇メートル以上あり、イギリス植民地統治時代の一八二五年にカーングラ地方の中心として位置づけられてからというもの、避暑地として多くの植民地官

図1－1　マクロード・ガンジのバス停

吏たちがこの町を訪れ、首都デリーのうだるような暑さから身を守っていた。しかし、一九〇五年、この地を襲った大地震で壊滅的な被害を受け、多くの死者を出して以降、植民地行政に携わる人びとは徐々にこの地を離れていくことになった。それに追い討ちをかけたのが、一九四七年のパキスタンへの移民の大量流出だった。国境からさほど遠くないこの町にはパキスタンからの入植もあったものの、流出が相次ぎ、人口が激減したという。インド独立後も、中心地であるマクロード・ガンジに居住するイギリス行政官もいたが、時が経つにつれてそういった人びとは減り、残っていた者たちも次第にこの地を去っていったという。結果、マクロード・ガンジは、植民地時代の隆盛を残像として残す、寂れたインド人集落になった。ちょうど同じ頃、隣国のチベットには赤色の大波が押し寄せていた。

　チベットは、北東部のアムド、南東部のカムという中国との境界に接している地域、インドやネパールといった国々と面している西チベットのウツァンという三地方から構成され、二五〇〇万平方キロメートルという広大な国土をもつ国家であった。チベットはその標高の高さから、生業の多くを牧畜に依拠した遊牧的生活が送られていると考えられがちである。確かに、遊牧民はチベットじゅうで散見されるが、実際のところ、チベット人が主食とする大麦の栽培が広くおこなわれており、生業形態としては大部分の人が「半農半牧」に従事していたと考えるほうが正解である。北東チベットに位置するアムドは、チベットのなかでも比較的標高が低く、アムドに住む人びとは、学問に秀でているといわれている。中国と国境を接していることから、頻繁に人びとが国境をまたいで行き来しており、アムドを通じてチベット文化のなかにはさまざまな要素が入ってきたといわれている。南東チベットに位置するカムは、カギュ派の興隆に代表されるように信仰の地といわれる一方で、血気盛んな性質をもつ人びとが住む地であるとも語られている。カムには行商人が多く、通商でラサのほうへも盛んに出向いていたといわれている。ちなみに、一九五八年以降、中国への抵抗運動をおこなっていた「チュシ・ガンドゥク（四江六山）」と呼ばれるゲリラの出身地はカムであった。[3] ウツァンは、中央チベットや西チベットを含む地方である。チベット中央政府が拠点を構える首都ラサを有し、多くの人びとが巡礼や商用で訪れるチベットの中心地であった。都市部では、商人などのいわゆる第三次産業従事者が多く暮らしている。郊外では、農業と牧畜に従事している人びとが見られる。

チベットは、その長い歴史において紆余曲折を経験をしてきた。[4] 一般にチベットという「国家」が世界史的に認識されたのは、七世紀前半のソンツェン・ガムポによる吐蕃王国の成立以降である。成立してからというもの、吐蕃王国は仏教を導入し、仏教国としての地位を確立しつつあった。その一方で、各地に侵略もすれば、他国からの攻撃も受けてきた。九世紀に吐蕃王国が崩壊して以降は、中央チベットでは氏族同士の争いが激化し、統一政権が存在しなかったといわれている。

中央チベットの戦乱期に成立した宋は、チベットに関心を抱かなかったため、チベットでは外圧は意識されず、内乱が続いていた。しかし、十三世紀にモンゴルが台頭するとチベットをめぐる状況は一変することになる。コデン率いるモンゴル軍の侵略を受けたチベットは、服従を余儀なくされた。しかし、モンゴルに出向いたサキャ・パンディタの尽力により、チベットとモンゴルは「チョ・ヨン（師檀）関係」（武力での服従を受けいれるものの、宗教や信仰においてチベットがモンゴルを導き、政治的に主権を維持する関係）を形成することに成功した。そして、この関係は、クビライが元を立ちあげて以降、清朝まで継続されることとなった。元の没落以降、モンゴルのみならず明とも前記の関係を維持したチベットは、軍事力に関わる問題を「檀家」となった国家に依存する一方で、そういった国家を思想的に補完するというバランスのうえにその存在を維持してきた。このように、当時、チベットは、現在の西洋的な国民国家観からは理解しがたい形態で国家を維持していたのである。なお、中国政府による「チベットは中国の一領土である」という主張は、元時代に形成された師檀関係を根拠としてなされている。

チベットといえば、ダライ・ラマを頂点とした政教一致体制を思い浮かべるが、その成立はそれほど昔のことではない。現在、チベット亡命政府を精神面・政治の双方で支えているダライ・ラマの転生制度は、十六世紀に、モンゴルのアルタン・ハーンが「ダライ・ラマ」という称号をソナム・ギャツォ（ダライ・ラマ三世）に贈って以降、制度化されたものである。また、ダライ・ラマ五世は、一六四二年に現在の亡命政府の基盤となる仏教と政治を統一したガンデン・ポタン政府を打ちたて、ダライ・ラマを頂点とするゲルク派は栄華を極めつつあった。しかし、その栄華は、モンゴルや明の下支えがあってのことであった。

しかし、明に代わって台頭した清朝は、チベットをとりまく事態を一変させた。当初、清朝の皇帝順治帝とダライ・ラマ五世は良好な関係を築いていた。しかし、順治帝の死後即位した康熙帝との関係が悪化し、師檀関係が崩れてしまった。ダライ・ラマ五世の自己中心的な政策は、「檀家」のガルダン・ハーン率いるジュンガルをも巻きこみ清と戦ったことで、それによりジュンガルは破滅してしまった。その後、ガルダン・ハーンの死後、オイラト人を率いたラサン・ハーンが康熙帝と手を結び、チベットの侵略に乗り出した。これにより、チベットは清の支配下に置かれたと解釈されうる状況に陥り、清は当然のようにチベットの主権を主張するようになる。しかし、これによりまた奇妙な師檀関係が清とチベットのあいだに再開されることになり、清の皇帝たちはチベット密教に傾倒することとなる。(6) その頃のチベットは、清との関係から生まれる利害をめぐってさまざまな政治的策謀がはりめぐらされる血生臭い地であっただろう。歴代のダライ・ラマが次々と暗殺されたのもこの時期である。

しかしながら、栄華を極めた清も、アヘン戦争の敗北後、没落の道を辿る。十七世紀以降、西欧列強がアジアに続々と侵略をおこない、チベットもまた、ロシアを牽制しようとしたイギリスの介入により、国際社会の動乱にやむなく巻きこまれていく。近代的国家観から見れば特殊な政体を採用するチベットは、二十世紀、突如西洋列強の立てる荒波にもまれていくことになる。周囲の国家の例に漏れず、チベットはイギリスなど列強各国による植民地政策の被害者となったのである。チベットの国際的な立場はきわめて不安定な状況にあり、ドルジーエフらがチベットの安定のために奔走するも、有効策を打ちだすことはできなかった。(7) 一九〇四年、イギリス軍のラサ侵攻によりダライ・ラマ十三世が亡命を試みたあいだに、貿易と賠償金に関する取り決めを含んだラサ条約が締結された。ダライ・ラマ十三世が清へと移動するかたわら、一九〇六年に北京条約が締結される。この条約は、清のチベットに対する宗主権とイギリスのチベットに対する特権に関して締結されたものである。ここで、清は先のラサ条約でチベットに課された賠償金を肩代わりすることで合意し、チベット政府を経由してイギリスに賠償金を支払うという決定をチベット政府は受けいれた。だが、それにより、清のチベットに対する宗主権が結果的に確認されてしまうこととなるのである。こうした流れのなかで、イギリスとロシアはチベットに対する清の宗主権を認めたかたちとなった。しかし、それから間もなく、一九一一年の辛亥革命で清は崩壊に追いこまれ、清軍はラサから撤退した。

清の影響力から解き放たれた結果、一九一三年にダライ・ラマ十三世がチベットの独立を宣言し、それ以降、チベットは一国家としての地位を主張した。一九一三年から一四年にかけて開催されたシムラー会議では、イギリスはチベットの宗主権をめぐって、イギリス、チベット、中国の三者間でシムラー条約を締結した[8]。だが、中国政府はこの条約の有効性を否定し、チベットの主張する主権はあやふやなまま放置されてしまった。とはいえ、独立以降、チベットには特に大きな国際的衝突がなかったがゆえに、無為のまま月日は過ぎていった。

第二次大戦の終戦は、アジアの地勢図を大幅に書き換えた。一九四七年、パキスタンとの分離独立という傷を負いつつ、インドがイギリスから独立することに成功した。おそらく、チベットもそれに準じて主権を回復しようとしていただろう。その矢先に「チベットは自国の領土である」と主張し、侵略を開始した国家があった。中国である。一九四九年に中華人民共和国が設立され、毛沢東率いる共産党政権による大規模なチベット侵略が始まったのだ。「チベット解放」を旗印に、強奪など破壊活動がおこなわれ、大規模な侵略が開始されようとしていた。一九五一年には、カムのチャムドで「平和解放協定」に強制的に調印させられ、チベット政府は自治を事実上失ってしまった。その後も中国軍の手はチベット内に及び、なし崩し的に首都ラサも制圧され、中国政府によるチベットに対する武力的な支配が始まった。一九五六年以降にカムで始まった武力蜂起に代表されるように、各地で小規模な抵抗運動が起きるも、軍事力で大きく差をつけられたチベット側はたちまち鎮圧され、敗残兵はラサに流れこむことになった［McGranahan 2005: 571］[9]。アメリカが秘密裏にチベットへの支援を始めたのはこの時期である。こうした武力的制圧に対して民衆のあいだに溜まっていた怒りが爆発したのが、一九五九年三月十日の、中国軍将軍によるダライ・ラマ十四世の観劇招待をきっかけにした騒動であった。「護衛なしの丸腰での訪問」を条件とした招集であることを耳にしたラサのチベット人たちが、ダライ・ラマの身を案じ、彼を守るために立ちあがったのである。

ダライ・ラマが中国側の招待に応じないように、ダライ・ラマの第二の住居であるノルブリンカを彼らは取り囲んだ。こうしたチベット人の行動を反動ととった中国政府は、武力で制圧を開始し、多くの血が流れた。これら一連の出来事を見て、政府はダライ・ラマをインドに亡命させることを決定し、ダライ・ラマ自身も占いに従って亡命することを決意する(10)。この亡命は、ダライ・ラマ十四世にとっては、二度とチベットの地を踏めないかもしれない、という覚悟を伴ったものになったのである。デエによると一九五八年から始まったチベット人の亡命は、この際に大規模化し［デエ　二〇〇五：三三〇］、チベット政府の役人や貴族筋や僧侶、インド・ネパールの国境近くに住んでいた多くの人びともともに難民として流出した(11)。また、一九六一年には、インドに約四万人、ネパールに一万五〇〇〇人以上のチベット人が難民として流出したという［デエ　二〇〇五：三三一］。

チベットとインドの国境の町チュタンモを経由してアッサムのテズプールへ到着し、ダライ・ラマは当時のインド首相ネルーと会談した。以降、ダライ・ラマたちはしばらくのあいだ、いくつかの場所を転々とすることになる。まず、ダライ・ラマは現ウッタラーカンド州の避暑地マスーリで、四月二十九日に亡命政府樹立を宣言し、活動を開始した。当初、冷戦に引きこまれることを恐れたネルーはチベット人の受けいれを渋ったものの、「インド政府はダライ・ラマを政治的に支持しない」「インドに迷惑をかけることをしない」ということをダライ・ラマらが受けいれることを条件に、チベット難民を受けいれた［Shakya 1999: 215］。インド政府は亡命政府を公式的には認めていないが、チベット難民のために居住区を提供し(12)、ダライ・ラマの身の回りを整備するなど、チベット難民に対して温情的に対応してきた(13)。もちろんそれは大国志向の中国の政治運営に対するインド政府の危機感に基づいたものので、のちの中印国境紛争で明らかにされる中国とインド間の政府の衝突という背景をもってはいる(14)。しかし難民が被った恩恵だけを見れば、ネルーはチベット難民の入植のために多くの努力を払ったといえる。

ただし、チベット難民のインド入植は非常な困難を伴うものであった[15]。ダライ・ラマが最短ルートでラサからツェタン、ツォナからインドのアルナーチャル・プラデーシュ州のタワン、そしてアッサムに抜けたのに対し、六〇パーセント以上の人びとが選んだのは、ラサからパリへ下り、ジェレプラ（峠）を越えて西ベンガル州のカリンポンへ至るルートであった［Subba 1990: 21］。ダライ・ラマの亡命後、まずアッサム州のミサマリーと西ベンガル州のバクサ・ドアルに難民のための一時キャンプが設けられ、人びとはそこで命を繋ぎとめることとなった。その後、アルナーチャル・プラデーシュ州のトゥティンなど、他の地域にも一時キャンプ地が自然発生し［Subba 1990: 33］、その他のキャンプは国連難民高等弁務官事務局の援助により設立された［デエ　二〇〇五：三三〇］。また、環境の変化に苦しむ人びとに配慮して、クルやシムラーといったより涼しい地域にも難民は移送された。こうした難民のなかには、一九六二年の中印国境紛争の際にインド軍に入隊し、国境警備隊として戦った者もいた。そして、軍人にならずとも、国境警備のための道路が必要になったインド政府の要請で、多くの人びとが、生計を立てるために北インドの各地で道路建設業に携わった。これにより、物乞いをして生活していた人びとの数は激減し、七一年以降はチベット人の物乞いは姿を消した［Subba 1990: 41–42］。

しかしながら、文化を保存し、難民社会での闘争を続けていくためには、こうした一時しのぎの生活ではなく、よりきちんとした生活環境が難民には必要であるということが明らかとなり、ダライ・ラマはネルーに難民居住地の提供を依頼することになった［The Tibet Museum 2008: 31–34］。だが、難民たちはここでも厳しい現実に直面する。一九六〇年代初頭以降にインド政府が提供した入植地は、高温多湿の南インドのジャングルが多くを占めていたからだ。いうまでもないことだが、チベット難民たちは、もとはといえば標高が高く気温湿度とも低い地域からやってきた人びとが大半であった。彼らが亡命後に直面した困難の大部分は、チベットの環境とインド政府が提供した居住区の気候や食生活の相違に関係している。ジャングルを切り開いて家屋や畑を自分たちで作るという苦労は相当なもので、多くの人びとが疫病や飢えで亡くなったという。このような状況下では、チベット難民が入植地として北インドにある避暑地を好んだのは必然でもあった。しかし、避暑地は狭く、大勢のチベット難民を受けいれることはできないため、結果的に多くの難民が過酷な段階を経て、南インドを中心になんとか適応してきたのである。

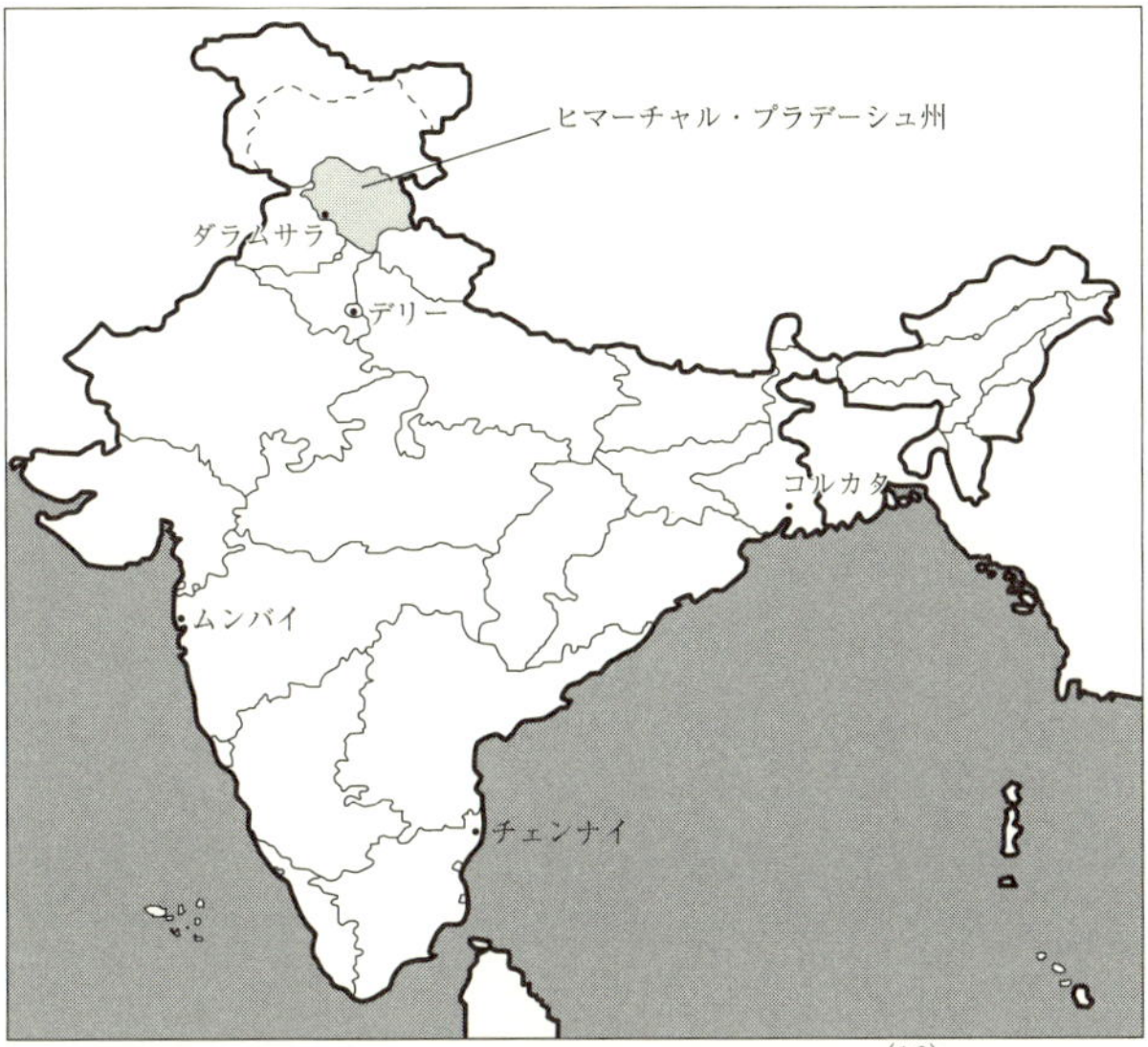

図1-2　インド地図に見るダラムサラ(16)

一九六〇年、ダライ・ラマが亡命政府機関を設立する場所を探していると、あるパールスィー教徒の商人が手を挙げた。それがマクロード・ガンジの元締め的な存在であるノウロジー氏であった。イギリス行政官の退去およびイスラム教徒のパキスタンへの流出以降、衰退の兆しを見せていたマクロード・ガンジの振興策として、彼はダライ・ラマとチベット難民の誘致を考えたのだ。彼らは他の住民を説得し、ダライ・ラマ一行を一九六〇年四月に誘致することに成功した。それ以降、ダラムサラはチベット亡命政府の所在地として、難民社会の中心地として機能している。結果、ダラムサラはチベット難民にとっての首都として位置づけられており、多くのチベット人が出入りしている（図1-2参照）。

2　ダラムサラの状況

ダラムサラに住むチベット難民たちの生業は、南インドの居住区に見られる農業や牧畜などの第一次産業ではなく、亡命政府関係の職業、レストランやゲストハウス、土産物屋などの商店の経営、冬季のセーターの行商など大部分がサービス産業である[17]。それに対し、野菜や肉類といった食糧の供給は、インド人がおこなっている。

現在ダラムサラのチベット難民はチベット語を第一言語としつつ（各地方の方言もチベット語に含める）、学校教育で重視される英語、そして映画などの影響やインド人と交流のなかで身につくため、ヒンディー語を喋れる人が多い。さらに、一部の人はネパール語も喋れるので、非常に多言語的な状況である。ちなみに、読み書きはチベット語より英語を使うことが多いが、近年、チベット語教育の見直しが図られている。

亡命政府やダラムサラという町の骨格を形成してきたのは、難民として比較的初期に流出した人びとであった。たとえば、亡命政府は、ラサの中央政府の構造を基本的に引き継いだものであり、亡命政府を構成する人員もラサの中央政府で役人を務めた者や貴族からなっていた [Saklani 1984: 277; Diehl 2002: 67]。また、難民としてインドに逃れることができた人びとの大半は、ラサやディンリ、また国境からそれほど遠くない地域に住んでいた人びとであり、彼らが難民の第一波を形成した [Diehl 2002: 34]。カラトによると、亡命政府の情報関係省がおこなった調査では、一九九一年時点において、インドにおけるチベット人の人口分布はウツァン出身者が七〇パーセント、カム出身者が二五パーセント、アムド出身者が五パーセントとなっていた [Kharat 2003: 79][18]。このように、ラサを首都として抱える西チベットのウツァン出身者が、難民社会を構成していた人びとの大半を必然的に占めることとなり、彼らが難民社会の環境や構造を作っていくことになった。このような経緯もあって、亡命政府が拠点を構えるダラムサラの町の構造自体、ラサの都市景観と似たような設計がなされていることをアナンドは指摘している［Anand 2002: 16］。現在、ガイドブックなどで「リトル・ラサ」として親しまれているこの町だが、[19] 近年、アムドやカムからやってきた人びとが新難民[20]として定着し、ラサやウツァン出身者とその他の地方出身者との人口差が変動しつつある。たとえば、グプタは、初期の難民が首都ラサやウツァンといった西チベット出身者で構成されていたのに対し、九〇年代以降、アムドやカムからの難民が多くなっていることを指摘している［Gupta 2005: 53］[21]。

人びとがせわしなく行き来するこの町は、「首都」であると同時に、多種多様な人びとにとって一種のハブステーションとして機能している。亡命政府［CTA 2010］によれば、現在、世界中で一二万七九三五人のチベット難民が生活している。その九万四二〇三人をインド在住者が占めており、それにネパールに住む一万三五一四人が続く。また、一九九二年以降はアメリカに移住する人びとが増加し、現在では九三五人がアメリカに住み、ネパールに次ぐ規模のチベット人の居住地になるなど、チベット難民を取りまく環境は大きく変動している。そのうち、ダラムサラの人口は、二〇一〇年度に実施されたインド政府の国勢調査によると、一一万七四六七人である。[22] チベット難民人口は、亡命政府によって二〇〇九年におこなわれた人口調査によると、一万三七〇一人ということになっているが［CTA 2010］、季節によってダラムサラから行商に出たり、外部からダラムサラに人が集まったりするため、町の人口は大きく変動する。そのため、この人口統計の正確性は疑問である。

この行き来のなかには、チベット本土からダラムサラにやってくる人やダラムサラからチベット本土に戻るチベット人たちも含まれる。ダライ・ラマの亡命以降、チベット本土では一九六五年に中国によりチベット自治区が制定され、六六年から文化大革命が国家規模で開始され、紅衛兵がチベットに大量に流入した。デヴォーによれば、チベットに対する中国の支配が徹底して以降、二十年近くインドとネパールに接する国境が封鎖され、チベット人の移動は減少していたという［DeVoe 2004: 1120］。

文化大革命後は、鄧小平による自由化政策の影響もあり、当時よりも規制が緩くなったことでチベット本土と難民社会の行き来が活発になり、侵略当初に投獄された人びとの多くが亡命し、難民第二波を八〇年代に形成した［Diehl 2002: 34］。特に、一九七九年に中国政府はインドとネパールとの国境での取り締まりの手を緩め、多くのチベット人が行き来することができたため、(23) それ以降難民の数は増加していった［Gupta 2005: 53］。とはいえ、七〇年代は米中間の関係改善や、中国が国連の一員になったこともあり、チベット問題に対する国際社会からの認知度が著しく低下した時期でもあった［Mountcastle 2006: 89］。八〇年代は亡命政府と中国政府間の政治的な進展はなかったものの、チベット本土でも寺院の再建が進むなどといった事態が見られ、人びとの行き来もあって、本土と難民社会の繋がりが回復したかに見えた。(24) しかし、一九八七年、チベット人による反中国の機運が高まってきた。それが噴出したのが一九八九年ラサで勃発したデモである。(25) これをきっかけに中国政府は戒厳令を出し、チベット人に対する締めつけを再度強化した。(26) それ以降、抑圧は強くなり、インドに逃亡するチベット人が急増した。(27) その状態は若干の変動を伴いつつ現在も続いており、命の危険にさらされながらも、人目を避けながら雪山を歩いて逃亡してきたチベット人の姿を目にすることは珍しくない。(28)

ラサでのデモ鎮圧や天安門事件と同じ一九八九年、ダライ・ラマはノーベル平和賞を受賞し、チベット難民に対する認知度は再び高まり、そしてこれまで以上に大きなものとなった。(29) また、リチャード・ギアが中心となって九一年に設けられた国際チベット年関連のイベントはその流れを後押しし、多くの人びとがチベットに関心をもつことになった。(30) それにより、海外から多くの寄付金が集まり、九〇年代初頭からダラムサラは多くの観光客が訪れる場所となったのである。また、前述のように、人びとは安住の地、教育などさまざまな動機をもって今でもチベット本土からダラムサラにやってきている。新難民と呼ばれる彼らのほとんどが、ダライ・ラマから祝福を受けるためにまずここにやってくるのである。また、二〇〇〇年、チベット仏教の四大派閥の一つ、カギュ派の若き指導者であるカルマパ十七世がインドに亡命し、関係者を驚かせた。

だが、後述するように、このような苦労をしてはるばるインドにやってきても、新難民にとってダラムサラはなかなか住みにくい町となっている。そのため、ここに居を構える者もいれば、他の難民居住地へ移住する者、ダラムサラの現実に幻滅して本土に戻る者など、ダラムサラ到着後の新難民の生活は、さまざまである。政府間の交渉を見れば、現在も亡命政府と中国政府との関係は変わらず硬直しているが、二〇〇八年三月まではダラムサラとチベット本土のあいだを行き来する人を私は頻繁に見かけた。しかし、それ以降は状況が悪化し、本土との行き来が厳しく取り締まられており、命がけで亡命してくる人びとを除けば行き来する者は少ない。

数々の世界遺産を抱えるインドは、観光国として多くの人びとを呼びこんできたわけだが、ダラムサラもその例外ではない。特に九〇年代以降は、ダライ・ラマやチベット文化を目当てにやってくる観光客があとを絶たない。仏教の修行者、巡礼者、芸能ファン、ソーシャルワーカー、インド旅行に疲れたバックパッカー、パキスタンに向かうか、パキスタンからインドへやってきたバックパッカー、フィールドワークにやってきた研究者、スピリチュアルな体験を期待してやってくるヒッピーなどなど、さまざまな人がさまざまな目的をもってこの町にやってくる。とはいえ、外国人で町が飽和状態になるような事態は、三十年前までは考えられなかったという。ほんの三十年前、日本がバブル経済のもたらしたはかなき幻に浮かれていた頃、ＣＩＡの物々しい監視があった一方で、ここは道も舗装されず、トタン屋根の家がぽつぽつ見られる程度の、人も車も少ない、貧しくものどかな山村であったという。

その姿は、我々が想像する難民居住区のそれに比較的近かったそうである。そういった状況でもダラムサラにやってくる物好きな人はいたものの、通常その言葉から想像できるいわゆる「観光客」が来ることは稀だったそうだ。しかし、一九八九年ダライ・ラマがノーベル平和賞を受賞し、九一年が国際チベット年に制定されると、チベット難民を取りまく事態は急変し、多くの観光客が押し寄せ、大量の経済効果や寄付金がチベット難民社会にもたらされた。湾岸戦争に端を発した九一年のインドの経済自由化による市場開放と相まって、町の雰囲気は大きく変わり、現在我々が見ることができる姿になるのには時間はかからなかっただろう。今では、事前の情報がなければ、ここが難民たちの「止まり木」であるとわからないほどの様相を呈している。

こうした活況の一方で、チベット難民間の経済格差が広がっている。現在、チベット難民社会では慢性的な就職難が問題となっている [Gupta 2005: 197][31]。それに追い討ちをかけるのが、チベット熱の副産物として生じた物価上昇である。現在、ダラムサラの物価はインドの他地域と比べても高い[32]。主たる要因は、ダラムサラにやってくる観光客の増加である。観光客による消費を当てこんだ価格の吊りあげが、人びとの日常生活にも大きな影響を与えている[33]。就業難と物価上昇の影響は、新難民と、昔からインドに住んでいるチベット難民（以下旧難民）のあいだに特に表れ、経済格差として経験されている。もともとダラムサラに住んでいる住人はさておき、チベット本土からやってきた人びとやダラムサラ以外の難民居住区からやってきた人びとにとって、物価の高さや職不足は大きな障害であり、彼らの生活を逼迫させている。とはいえ、ダラムサラ以外の居住区からやってくる旧難民は、多くの場合、生活の基盤を確保できている親族や知人に頼ることができるのに対し、多くの新難民は体一つで身よりもなくインドへやってくるため、就業難や物価の高さはさらに大きな意味をもってくる。

また、地元のインド人との経済的格差も拡大し、両者の関係に変化が表れている[34]。マクロード・ガンジ在住のインド人のなかには、観光客目当ての店を営んでいる者もいる。その点で、彼らもチベット難民がもたらした経済効果の恩恵を受けていることは間違いない。しかし、チベット人を目当てに来る観光客はインド人居住区近くにあるインド人経営のホテルやレストランにお金を落とすことは少なく、チベット人が経営するホテルや食堂を使うため、一部のインド人商店主は不満を漏らしている[35]。また、難民、というだけでお金が落ちてくるチベット人の住居がますます豪奢になっていく一方、多くの場合、家畜と生活空間を共有する彼らの住居は質素なものである。これに加え、チベット人が経営するほとんどのレストランやホテル、または一部の家庭は、地元民ではないとはいえ、インド人の子供をベビーシッターや家事をさせるために雇っている[36]。インド人を顎で使うチベット人の姿に代表されるように、チベット人と地元インド人とのあいだの経済格差は、潜在的な火種の一つとなっている[37]。一九九四年ダラムサラで起こったインド人によるチベット人排除の運動は、こうした事態の前触れだったとも解釈できるだろう。

インド人とのこのような微妙な関係が示すように、多くのチベット難民にはインドに同化する意思がない[38]。たとえば、ダラムサラでホテルや食堂、アパートを経営する人びとのなかには、土地の所有などの必要に迫られてインド国籍を取得する者はいるし、二〇一一年、デリーでは、インド国籍を要求したチベット人女性に国籍が与えられている[39]。しかし、インドのパスポートを所持することがインド国民の一員という意識を反映するかといえば、話は別である。どちらかといえば、仕事における勤勉さなどを基準に、チベット難民の多くはインド人を見下す傾向がある。日常的に、チベット人はなにかとインド人を軽蔑し、自分たちと比較する言説が多く聞かれる［Lau 2009］。これでは、当然のことながら、チベット人とインド人との通婚は稀である[40]。チベット人は難民であるという点で、インド人とはまったく違う存在なのである。

就職難とバブル化が進む状況において、チベット難民たちのあいだで新たな言説が生まれている。それはいわゆる先進諸国への移住による経済的利得への関心、不法就労という指摘をされないよう、その国のパスポートを取得することに関する言説である[41]。特に九二年以降、公式にチベット難民を受けいれているアメリカに関しては、さまざまな言説が生まれている。私が初めてマクロード・ガンジにやってきた二〇〇二年、アメリカという場所がもたらすであろう金銭と市民権は、熱望されると同時に、その熱望が非難されるという非常にアンビヴァレントな、後ろめたいものであった[42]。ことあるごとに、「彼がどこどこに移住したらしい」「彼はどうやってアメリカに移住したか」「いくら賄賂を払ったか」などという話題が展開され、「難民社会を導くべき高位の人間は難民社会を見捨てて海外に行く」などという道徳的な批判がされていた。また、女性観光客を引っ掛けることに精を出し、結婚して海外に脱出するチベット人男性を、アムド出身の新難民と名指しし非難する言説は頻繁に観察されていた[43]。しかし、二〇〇五年以降の調査において、海外移住をめぐる言説に少なからぬ変化が表れていた。道徳的に移住を非難する言説はわずかながら存続し、また新難民というスティグマが背負わされる海外脱出言説は健在とはいえ、アメリカをはじめとする海外移住にあった後ろめたさは解消方向に向かっているように感じられた。経済的な理由で移住志向を前面に打ちだす人は普通に見いだせるようになった。また、「海外に家族の誰かが行くのは必要なことだ」という語りや、「早く海外に行け」などと海外行きを積極的に後押しする語りも見受けられるようになった。そして、海外に移住した人びとが定期的にインドに「帰国」し、移住先とインドとのあいだの物価差を有効利用し、豪奢なひと時を過ごす姿も散見されるようになった。同時に、海外での生活に疲れ、市民権を得ることの難しさに打ちのめされて帰ってくる人も増加している。移住に伴うアンビヴァレントな感情が、後ろめたさから、熱望と物理的苦痛という新しいフェイズに移行している。

これらの話題から導き出せるのは、現在見られる海外移住への熱望は、難民社会における経済的不安定さの解消のためであり、彼らの難民という地位こそがこうした問題を生みだしている、ということである。先述のように、マクロード・ガンジの物価は上昇しており、彼らが望む生活水準を維持しようとすると、海外からの仕送りや寄付などがなければかなり困難である。(44) しかし、彼らが海外で就労するために必要なビザを獲得するのは、その難民という地位のため、非常に困難である。そのため、就労ビザをいかに手に入れたか、という話題が火急の問題としてたびたび口に出されることになる。就労ビザや市民権をてっとり早く手に入れる方法としての国際結婚が道徳的な批判の対象になるのは、一部は、難民という地位が前面に押しだされるこの文脈においてなのである。(45)

このように、ダラムサラという小さな町は、きわめて複雑な問題が詰まった町である。そして、その景観は、インドのどの町にも似ていない。というのも、九〇年代以降に特に顕著な観光客の増加などの諸要因で、現在、ダラムサラにはインド国内や海外からさまざまなものが流入し、独自の状況を形成しているからである。ディールが音楽において指摘するように、ダラムサラは「伝統的で、再活性化されたチベット民俗音楽、中国風であると考えられているチベット音楽、インド映画音楽、西洋のロック、レゲエ、ブルーズ、亡命状況で作られた現代的チベット音楽、ネパールの民俗音楽やポップ」[Diehl 2002: 1] が同時に響きわたる空間である。これは狭義の物質的生活にも当てはまる。一度、暮らし向きがそれほど悪くないチベット人の家に入ってみるといい。そこではダライ・ラマの写真が日本でいう神棚のようなところに飾られているすぐそばで、中国製保温ポットからカップに注いだミルクティーを飲みながら、パナソニック製のテレビでインド映画やネパール音楽の番組を観ている西洋的ファッションに身を包んだチベット難民の姿を容易に目にすることができるだろう。さまざまな要素が混在する景観は、ダラムサラの大きな特徴である。

多様な音や物質が取り囲むマクロード・ガンジだが、町で散見されるチベット憧憬的な店名や品物、時折のチベット解放アジテーションなど、難民としての自分たちの地位を感じさせるものもまた景観の一部を構成している。さらに、たとえば二〇〇三年、インド領としてのシッキムの地位承認を中国から得る見返りにチベットが中国の一部であると当時の首相ヴァジパイが承認したことや、ヴァジパイのあと首相に就任したマンモーハン・シンが印中間の戦略的互恵関係の構築を目指し交流を深めたことは、チベット難民たちを戸惑わせるに十分だった。活動家たちは、アジテーションなどを通して「インドが中国と国交を正常化することに伴う軍事費の拡大」などのデータを提示して、いかにインド政府の政策の方向性が間違っているかを提示することで、観光客や地元インド人を説得しようとしている。

このように、ダラムサラという町は、各地からもたらされたさまざまな要素の寄せ集めで作られた姿とともに、チベット人が難民であることを自覚させる要素を重ねもつ町である。

3　難民であるということ

本節では、彼らが難民であることを否が応にも示す制度について言及したい[46]。具体的には、緑本（ランゼン・ラクデプもしくはランゼン・ラクキェル）、RC（登録証明書）、出生証明書、そしてIC（Identity Certificate）という四つの証明書とその制度である。

緑本は、チベット亡命政府への納税を記帳する亡命政府が発行している手帳である（図1-3）[47]。毎年、チベット難民はこの手帳をもって亡命政府管轄の納税事務所に出向き、納税を証明する印鑑を押してもらうことで、手帳の効力は持続する。しかし、昨今、難民社会では、この手帳は、納税証明という本来の用途以上の意味をもつ。一般的には、この手帳をもっていることがチベット人であることを意味する身分証明書であり、亡命政府の政策や政体に対して賛同することを証明するものである、と理解されている。それに乗じて、チベット人に風貌の近いネパール人などがこの手帳を入手して、自らをチベット人であると主張し、悪用するという事態が生じている。こうした事態への対策もあって、亡命政府は緑本の発行を制限するようになったが、その結果、不慮の事態で納税証明を得られず権利が失効した際の再発行にも悪影響が出てしまっている。

緑本が亡命政府発行の証明書であるのに対し、ＲＣはインド政府が発行する手帳であり、難民としてインドに滞在する許可を得ていることを証明する手帳である（図1-4）。従来、ＲＣ保持者は毎年外国人登録事務所に出向いて、ＲＣを提出し、滞在許可の更新をしなければならなかったが、二〇一一年より有効期限が五年間に延長された。とはいうものの、いまだにこの移行作業は終了しておらず、チベット難民をやきもきさせている。インド人事務官による事務手続きは遅々としたもので、場合によっては幾度となく事務所に足を運ばねばならないため、ＲＣをめ

図１－３　緑本

図１－４　RC（登録証明書）

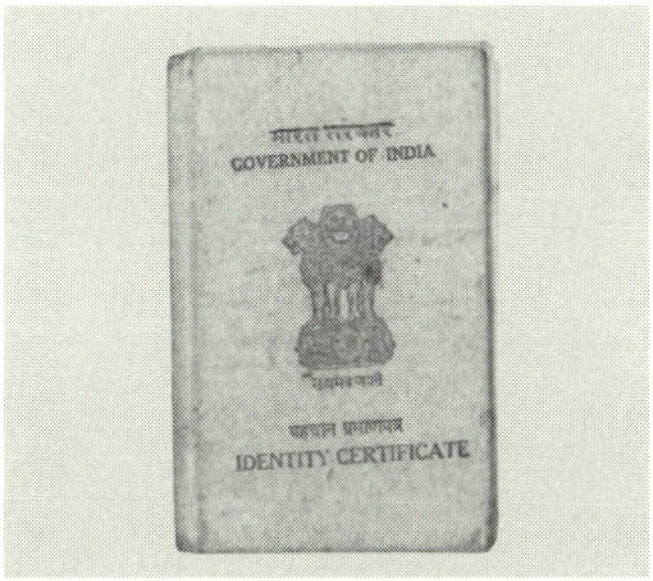

図１－５　IC

ぐっては数々のトラブルが起こっている。前述の緑本がチベット人のあいだで意味をもつ身分証明書であるのに対し、RCはインド人や政府に対する身分証明書であり、求められた際には提示が義務づけられている。近年は発行に制限がかけられ[48]、入手するにはかなりの手間をかける必要がある。

三つ目が出生証明書である。雑貨や食品を安価で手に入れることができる配給カードをチベット難民が所有するためには、出生証明書が必要になる。先の二つは冊子なのに対し、出生証明書は一枚の紙切れである。この証明書は一度提示すれば済むものではなく、場合によっては何度も提示を要求されるため、多くの人がラミネート加工をして保存している。

前記の三つの証明書と性格が異なるのがICである（図1-5）。これは必ずしもすべてのチベット難民がもっていることを想定される類のものではなく、入手も前記三つの証明書に比べると格段に困難である[49]。ICとは、我々がいうところのパスポートに該当するものである。ICを手にいれるためには、前記三つの証明書をすべてもっていなければならない[50]。海外に渡航する人びとが増加する一途である難民社会ではあるが、海外に行く手続きをするためには、まずこの手帳を手に入れる必要がある。手続きとしては、まず亡命政府側の審査を経て、そののちインド政府からの審査も必要とする。そのため、手続きはRCよりもはるかに煩雑で、申請から交付まで早くとも一年はかかる代物である。一度発行されると十年の有効期限が与えられるが、ICを手にしても難民という地位のためビザの獲得はきわめて困難であり、ビザ取得の際はまた数々の手続きを踏まなければならない。

ICを除く三つの証明書は、十八歳以上であればすべてのチベット難民がもっていることが想定され、求められれば提示できなければならない類のものである。特に緑本とRCは、その資格を延長するために定期的に事務所に出向く必要があり、多くの人が手続きに翻弄されている。さらに、手帳が失効したり手帳を紛失したりした場合、もしくは不慮の事故でこれまで発行されていなかった場合、手帳を再発行してもらわなければならないが、それも一筋縄ではいかず、かなりの労力が必要とされる。こうした証明書をめぐる煩雑な制度や手続きはインド国民には必要のないものであり、彼らの難民としての地位を公的に確定するものとなっている。

4　チベット難民という生、そのハビトゥス

ここまで、ダラムサラに生きるチベット難民の社会的状況と制度的な状況を描いてきた。本節では、そうした状況で暮らすチベット難民たちの身ぶり、いわば「チベット難民ハビトゥス」という視点から捉えなおしていく。私が交流した人びとの示した身ぶりに過ぎないとはいえ、ダラムサラで私が学んだ「チベット難民」の生き方を提示するものであり、ハビトゥスこそがナショナリズムなどの社会的価値と個人を結びつけるものである。なお、チベット難民ハビトゥスとは、見取り図として観察者である私が設定したものである。また、このハビトゥスは、彼らが置かれた状況のなかで社会的に形成されたものであり、今後も変化するものである。その点で、彼らを本質主義的に措定する意図はない。

では、ハビトゥスとは何か。ハビトゥスとは「持続性をもち移調が可能な心的諸傾向のシステムであり、構造化する構造として、つまり実践と表象の産出・組織の原理として機能する素性をもった構造化された構造であ」り［ブルデュ　一九八八：八三］、「歴史の生産物たるハビトゥスは、個人的・集団的実践を、歴史が産みだした図式に沿って生産する」［ブルデュ　一九八八：八六］能力であり、「身体化した歴史」［ブルデュ　一九八八：一〇五］である。つまり、個人の身体と社会を結びつけるものがハビトゥスであり、ハビトゥスと自分の置かれた「場」を経由

して人びとは物事を理解し、行為するのである。よって、チベット難民ハビトゥスとは、個々のチベット難民と難民社会を結びつけ、状況ごとに彼らの認識や実践を生みだす母胎である。

ハビトゥスが生みだす実践は、構造によって方向づけられるとともに、構造に働きかけ、変化させる。構造の変化はハビトゥスを変化させ、結果的に個人も変容する。この点で、人びとの行為は社会性を帯びることになる。しかし、ブルデューが想定するハビトゥスは、ライプニッツを引き合いに出すことからも［ブルデュ　一九八八：九三］、個々人が他者から独立して構造との関係を微調整しているかのように見受けられ、他者とのやりとりがもたらす影響が軽視されている。本書は、ハビトゥスによって社会と結びついた個人同士の実践や他者からのまなざしは、個人に重大な影響を及ぼしうるものである、という視点を取ることとする。

難民という状況に置かれている彼らは、常に何かのはざまを行き来して生活している。まず、言語使用から見ていこう。前述したように、ダラムサラのチベット難民はきわめて多言語的な状況に置かれている。彼らの多くは、生活上の理由から、自分たちの母語であるチベット語に加え、英語、ヒンディー語を操る。なかには、チベット人同士で会話する時でも、ちょっとした暗号の代わりに、わざと英語やヒンディー語で喋る者もいるくらいである。こうした言語状況下に置かれているがゆえに、彼らの喋るチベット語には平気で英語やヒンディー語が混ざりこんでくる。日本語にも英語からの借用語はあり、こうした現象はありふれたものではあるが、借用語の大半を名詞が占めている。しかし、彼らの用いる言語の混淆した状況は、チベット語からヒンディー語への置きかえの大半が名詞であるのに対し(51)、チベット語から英語への置きかえは多岐にわたる。チベット語の特徴の一つとして、名詞に特定の動詞を接続することから生じる動詞化が挙げられるが(52)、彼らは英語の動詞にチベット語動詞を接続することでその動詞化を成しとげている。さらに、チベット語ではなかなかニュアンスを出しにくい受動性を、過去分詞を有効に活用することで会話に取りいれている。難民第一世代は英語もヒンディー語もそれほど喋れないことが多いため、チベット語のみで会話することが多いが、第二世代以降はこの混淆が常態化している。

混淆した状況を示すものは言語だけにとどまらない。彼らの身体的なしぐさにまでそれは入りこんでいる。特に、難民第二世代以降にしぐさの混淆は顕著である。私にとって若いチベット難民の大きな特徴は、インド人がよくやるような、了解を示す時の首の振り方である。それは、我々から見れば「首をかしげる」としか表現しようのないしぐさであるが、インド人や若いチベット難民によるそれは了解を示すしぐさである。私がチベット本土に行った時、こうしたしぐさを目にすることはなかったし、難民第一世代にあたる年長者たちもこのようなしぐさをしない。このしぐさは、難民としてインドで成育してきた世代にのみ見ることができるものであるといえる。これ以外にも、インド映画などに触れることで無意識的に身体化されたしぐさもある。

これらがあまり意識されずに実践されている混淆のしぐさであるのに対し、以下の例は、比較的意識的に取りいれられた実践であろう。ここで取りあげるのは、排泄後の処理である。周知のように、インドでは、水と左手を駆使する「手動式ウォッシュレット」とでもいえるような方法で多くの人びとが排泄後の処理をおこなっている。しかし、インド生活が長いはずのチベット難民の多くは、トイレット・ペーパーを用いて処理をするのである。チベットでは紙を使わず、使っても石だったようなので、難民社会での紙の使用は、西洋的な風習を取りいれたものだ、ということになるだろう。

また、難民たちの食生活も注目に値する。たとえば、町を歩けばチベット料理を扱うレストランはどこにでもあるが、そこで目にするようなチベット料理が食べられている家庭はほとんどない。多くの家庭は、豆や肉を用いたカレーを主食とする。こうした家庭では、来客や何か特別な出来事でもない限り、チベット料理が出されることはほとんどないといっても過言ではないだろう。特に若い世代は、インド料理や洋食を嗜好する傾向が強く、チベット料理は多くの選択肢のうちの一つでしかない。また、チベット料理にしても、インドのスパイスが堂々と加えられていたりと、味が変化していることが多い。

ここまで、チベット難民の人びとの生活での混淆的なしぐさを見てきた。ここで、混淆をめぐるチベット人の特色を記したものとして私が注目したい文献がある。それは、ネパールのドルポ地方[53]を対象とした川喜田二郎の『鳥葬の国』〔川喜田　一九九二〕である。次節で述べるように、亡命政府は伝統の護持に重きを置いた政策を採っている。しかし、町での生活を見ると、人びとはきわめて現代的な生活を送っている。伝統、というものが重要性をもってくるのは、あくまで状況的なもので、普段の生活は、我々のそれと大きく変わらない。それはまさに、「彼らの世界は、たてまえはあってもじっさいの振るまいは、なかなか妙味のある融通が利くのである」と川喜田が指摘した様態である〔川喜田　一九九二：二五九〕。彼らは、自分たちにとって有用であるものは積極的に取りこんでいく柔軟性をもっているのだ。無論、川喜田の観察は、一九五八年に彼が経験したものに依拠しており、私が調査した難民状況とは大きく異なる。難民状況とは、ホスト国との関わりあい、そこに訪れる観光客とのやりとりなど、さまざまな要因によって作られている。そこでは、不可避に彼らの生活に異質なものが流れこんでいくのである。だが、それでも、彼らが自らにとって必要なものを、伝統の護持という言説のなかで取捨選択しているさまは、川喜田の指摘する融通性を私に想起させざるをえないし、参照すべき指摘であると考える。

前記のものが混淆を目印に、チベット難民の生活実践にいろいろな要素が入りこんだことが明確にわかるものだとしたら、以下の記述は、言説や身体として実際に生きられ、また「チベット的」だと時に言語化されるレヴェルに該当するものであろう。それこそが、本書のいうところのチベット難民ハビトゥスの中心をなすものである。

インドをはじめとする南アジアに暮らす人びとの、自己形成することの意味を容易に摑めるように、一例として、ネパール等でも広く観察され、チベット人にもまた共有されている写真をめぐる彼らの認識と実践を見てみよう。彼らは基本的に写真の被写体になるのを好み、自分の写真を収集する傾向にある。彼らの家に行けば、まず間違いなく、その人の写真で埋めつくされたアルバムを自己紹介がてら詳細な解説付きで見せてもらえることだろう。そして、そのうちの多くが、私であれば赤面してしまうようなポーズをとっている。彼らの多くは、自分がどのように見られているか、どのように見られたいかということにきわめて意識的である。彼らに友人数人と一緒に写った写真を渡した時に起こった二つの出来事を紹介しよう。一つめは、写真が気に入ったので、自分のところだけ切りぬいてアルバムに入れた、というものだった。当然、他のパーツはゴミ箱行きである。もう一つは、対照的に、自分の写真写りが納得いかず、「うわー、なんてひどい写り方！」と声をあげながら写真をびりびりに破いて捨ててしまった、というものであった。これらの出来事の根底にあるのは、自分という存在への強い志向性である。いつでもびっくりするのだが、彼らは、財布に証明写真サイズの自分の写真を入れていることがままある。私の友人などは、やることがなくなったら、その写真を見てぼんやりしたり自画自賛したりしているし、なかには携帯電話の待ち受け画面やパソコンの壁紙を自分の写真にしている者までいる。こうした光景を見て、気恥ずかしさを感じる私と彼らのあいだには、自己に向けるまなざしの相違という、小さくて大きい断絶が横たわっている。

次に、チベット難民の日常に見られる仏教的な実践を見てみよう。さまざまなメディアが取りあげるように、チベットといえば、多くの人びとがダライ・ラマとの結びつきを想起し、それは容易にチベット人＝僧侶というイメージに帰結しがちである。しかし、いかに難民社会においてもダライ・ラマのもつ象徴性が際立っているとはいえ、すべてのチベット人が僧侶というわけではない(54)。とはいえ、実際は僧侶でなくとも人びとの日常生活には、いわゆる「チベット仏教的な実践」がしっかりと根づいている。それは、チベット寺院に行ってマニ車を回したり祈ることで信仰を実践するということに限らない。たとえば、彼らにとって何か想定外の出来事が起こった時、彼らの口からは「クンチョクスム（仏・法・僧）」という言葉が発される。それが意味するものは、英語でいうところの「オー・マイ・ゴッド」であり、それはここでの文脈でいえば、いわゆる「なんてこった！」や「ありえない！」を意味する。似たようなものとして、何か信じがたいことを人が相手に伝えようとする際、もしくは相手が本当のことをいっているか確認する際、「仏・法・僧の三宝に誓う」かたちでその真正性を主張、もしくは真正性の保証を要求する身ぶりがある。このように、予測不可能な出来事や真正性を問われる言明に対して、仏教的な語彙が引用されるのである。

また、チベット人の性質であると考えられているものが五つある。[55]「優しさ（チャンバ）」「思いやり（ニンジェ）」「愛（ツェワ）」「真心（ハクサム）」そして「恥（ンゴツァ）」である。「思いやり」を例とすれば、思いやりを意味する「ニンジェ」という言葉は、かわいそうなこと、同情するようなことがあった場合、日常的に発されている。そして、非暴力を説くダライ・ラマの書籍でも、特に「思いやり」は重要な教えとして前面に出されている。このように、彼らの語りやふるまいは仏教と結びつき、僧侶のような出家者と非僧侶が構成する俗世に則った聖俗の二分法でチベット難民社会を分割するのは無理がある。[56]

今挙げた五つの特徴は、チベット人に内在する特徴であると考えられている一方、その内部には大きな違いがある。「優しさ」「思いやり」「愛」「真心」の四つは、望まれ追求されるべき美徳であるのに対し、「恥」はもっていることが自明化されている感情であり、「なくてはならない（med na med thab）」ものであるとされる。[57]恥を意味するチベット語ンゴツァを字義どおり訳すれば、「顔がほてる」ことを意味し、いうなれば「赤面」という状態を指す。もちろん、チベット社会における恥とは、日本語や英語でいう恥とは完全に一致しないし、また、難民社会で要請されるチベット人のあり方と密接に結びつくがゆえにチベット人が自然状態で保持する特質と考えるべきではない。むしろ、恥をめぐる感性自体、難民社会の言説空間や制度が構築したものでもある。恥に関する例を挙げれば、「遠慮する」ことは美徳であると考えられる（逆に遠慮を知らない人は「恥知らず」だと揶揄される）一方、宴会などの席で歌を歌う際、「人前で恥ずかしがる」ことは美徳ではなく、「肝っ玉が小さい」と批判されることとなる。ただし、ディールが指摘するように、他から突出した行動は時に恥知らずな行為として許容されず、批判の対象となる［Diehl 2002: 194］。このように、恥とは、社会で他者に対して顔をさらけだして生きることや、他者との共存といった問題と大きく結びつく。チベット難民の教育に関して研究したマーガレット・ノワクは、難民社会では恥に対する感受性が小さい頃から養われ、「人びとは自身に対する非難や他者の反応を観察することで、恥が実際の物理的攻撃よりも自我にとってははるかに脅威となるものであると学ぶ」と指摘している［Nowak 1984: 77］。難民社会の教育現場では、人前で恥をかかせることで誤った行為を正すなどの制裁がおこなわれており［Nowak 1984: 78］、恥による制裁を通した「顔」に対する感受性の継続的強化は、集合的・個人的なチベット人の自己イメージにとって重要である、とノワクは論じている［Nowak 1984: 85］。そして、恥と種々の行動規範（たとえば上品さや敬意）は容易に対照づけられ、「他者に対する関心は、「自己」（それが個人としての「私」であれ集団としての「私たち」であれ）へ向けられる並々ならぬ配慮と弁証法的に対応する」［Nowak 1984: 137］と指摘される。また、恥という観念は、チベット人のあいだのみならず、時に観光客とチベット人のあいだでも争点になりうる。たとえば、ある時パンジャーブから来たインド人観光客が局部をかきむしりながら歩くのを見て友人は、「人前で何と恥知らずな！」と呆れ声をあげていた。また、外国人が流暢なチベット語を喋ったり、チベットの楽器をうまく演奏した場合、自

図1－6　「きれいなチベット語を話そうキャンペーン」のカード[59]

分がそれに劣ると感じたり、自分以上のことをしていると感じれば、恥という言葉が彼らの口を突いてでるのは珍しいことではない[58]。

このような恥という観念は、難民状況におけるまなざしと自己のあり方に密接に関わるものである（たとえば図1-6参照）。恥に対する意識は外面内面の両面に及ぶものであるが、特に他者からどう見られているか、というまなざしに対する意識の強さと、それをどうコントロールするか、という意識の強さがチベット難民には顕著なのである[60]。

そして、恥に代表される内外からのまなざしに対するチベット人の自己意識をさらに再帰的に高める役割を果たしているのが、支援などのかたちでチベット難民に関わる外国人の存在である。リチャード・ギアは、チベット仏教に傾倒し、またチベット問題に対して人道的な支援をおこなう著名人の代表格として挙げられるが、彼の以下のような発言は、チベット人にとって、自己に対するまなざしを強化させる役割を果たしている。

私たちの多くがいつもチベット人の友人たちに念を押しているのは、「独特の感性を維持するだけではなく、非暴力に対して真に文化的に働きつづけなければなりませんよ。もし武器を手に取ってパレスチナ人のようになってしまえば、あなた方は自分たちの特別な地位を失ってしまうことになるんですからね」ということです。

いいかえると、どんなものであれ彼らがおこなう政治的行動とは、文化として彼らがどのような存在であるのかということと歩みをともしなければならないのです……。［Schell 2000: 56］

本節ではチベット難民の人びとの身ぶりに焦点を当て、チベット難民ハビトゥスとして紹介してきた。チベット難民ハビトゥスにおいて特に重要な位置を占めるのは、内外から向けられるまなざしに対する意識であり、自己を点検するという作業である。この作業は、リチャード・ギアの例が示すように、難民社会の外部からのまなざしとも結びつく。次節で詳述するように、彼らのまなざしに対する意識は、西洋やインドと難民社会との政治的経済的繋がりの維持において、きわめて重要な位置を占めているのである。

5　チベット亡命政府とその施策をめぐる状況

現在ダラムサラで活動しているチベット亡命政府は、ラサでのチベット政府の仕組みを基本的に引き継いだものであり、二〇一一年まではダライ・ラマを政治的宗教的中心に位置づけた、いわゆる仏教的な政体であった(61)。現在では政治的指導者としてロブサン・センゲが活躍しているが、それにしてもダライ・ラマの中心性は揺るがない。チベット難民社会における政治は民主主義を根本とした議院内閣制で、内閣、議会、裁判所から構成されている。内閣の下には七つの省が置かれており、それぞれの任務を遂行している(62)。

亡命政府には二つの目的がある。チベットにおける高度の自治の回復と、中国支配下のチベット文化で広く見られる変質と彼らが考えるものに対して文化の保存を保証することで、亡命チベット人の定住を成功させることであ

図1－7　チベット地図と両政府の領土的主張[66]

る［Hess 2009: 36–37］。現在の主たる活動は、中国や国際社会への働きかけと、難民社会の統治を進めることである[63]。とはいえ、チベットに関するチベット亡命政府の主張と中国政府の主張は、往々にして一致しない。たとえば、中国側がチベットをウツァンとカムの一部から構成されるチベット自治区と限定するのに対し[64]、亡命政府は、チベット自治区のみならず、青海省、四川省、甘粛省、雲南省に分断されたアムドとカムを含めたチベットをその対象とする「大」チベット幻想に基づいた主張［デエ　二〇〇五：三三三］をするなど、歴史認識や国土に関して双方の主張には大きな隔たりがあり、話しあいすらうまくいっていない（図1-7参照[65]）。

　領土に対する中国側の主張は、当時のチベット政府がチベット全土に影響力を行使しなかったことを根拠としている。確かに、中国侵略前のチベットではラサ中央政府とアムドやカムの関係は必ずしも良好とはいえなかったことが指摘されている[67]。だが、それらの地域間でも、人びとの行き来は当然見られたであろうし、亡命以降、地域ごとの住み分けはあるものの、多くの人びとは亡命政府の傘下の難民居住地[68]で生活し、亡命政府の主張する「大」チベットこそがチベットであると考えている。

「チベット人ディアスポラの政治にとって、文化はみずからの存在を証明するものとなる。汎チベット的な文化を形成し、それと周辺文化（特に中国の）との相違を主張するのは、政治的国民としてチベット人を表現するための政治的な手法である。チベット人が外部からの支援を獲得するのは、この文化を通してなのだ。中国と力が釣り合わないがゆえに、その手法は必要不可欠なものとなっている。文化を通して国民としてのチベット人という感覚を養うことで、南アジアでの彼らの受けいれ先が直接に取り締まることもなく、政治的に活発に活動することが可能になっている」とアナンドが指摘するように［Anand 2010: 213］、文化を用いて政治的主張を戦わせる「表象をめぐる対抗(69)」［Goldstein 1997: 56］が主たる「戦場」となったチベット難民にとって、本土で失われつつある伝統文化を守るということが自らのアイデンティティを支えるものとなり、難民こそが真のチベット文化を体現する者となった［Harris 1999b: 13–14; Diehl 2002: 63–65; Moran 2004: 42］。こうして、亡命政府は、チベット難民によって記憶され、再生産され、受け継がれてゆくべきものとしてチベット文化を措定し、特に仏教徒であることをアイデンティティの根拠とするナショナリズムを構築・維持してきたのである［チベット亡命政府情報・国際関係省　一九九九：一四四―一四五、Kolas 1996; Moran 2004: 46; Brox 2006］。いわば、亡命政府は、仏教を中心とした伝統文化をナショナリズムの根本に据えつけ、「想像の共同体」［アンダーソン　一九九七］としてのチベット難民社会を生みだしてきたのである(70)。

仏教徒としてのチベット人像に依拠する亡命政府だが、中国との戦いに戦略もなく徒手空拳で臨んでいるわけではない。彼らの戦略の中心を占めるのが、仏教的思想に基づき、また、インドの国父ガーンディーが反植民地闘争において採用した非暴力、という思想である［The Tibet Museum 2008: 117］。「非暴力」というチベット亡命政府が掲げる看板は、自治／独立獲得運動を展開するにあたって重要な役割を果たす[71]。チベット亡命政府は、抗議活動で暴力的な手段を用いず、まなざしを向ける加害者と傍観者から慈愛に満ちた行動を触発する戦略を一貫して主張する[72]。この戦略が西洋社会から歓迎され評価されたことは、ダライ・ラマがノーベル平和賞を受賞したことからも明らかである。そして、亡命政府による非暴力的抵抗は、本土の暴力的状況と相まって、人権や民主主義などの西洋近代的政治言説と親和性をもち[73]、七〇年代後半から両者は密接に結びつくこととなった[74]。特に、チベット問題の国際化を強化した八〇年代以降は、非暴力的手段で非人道的な状況下にあるチベットに民主化を遂行しようとするために尽力しているとして、ダライ・ラマや亡命政府は西洋社会からさらに大きな支持を得ている[75]。非暴力路線を邁進するチベット亡命政府の目的は、今や、チベットの政治的な自由のみならず、チベットの崇高なる文化的伝統を全人類の利益のために保存し広めるという規模にまでなっている [Samdhong Rinpoche 1999: 324–328]。

こうして、ラサの中央政府直系の亡命政府は、非暴力思想に基づいた想像の共同体を駆動させてきた。そして、本土との公的な接触を断ち切られた亡命政府が「チベット」という想像の共同体を充塡させるべきチベット人像とは、アムド、カム、ウツァンといった地域主義的なアイデンティティを包摂した、ナショナルなレヴェルにおける汎チベット人アイデンティティであった [Nowak 1984: 65][76]。国際社会において動員されたのはこの汎チベット人アイデンティティであり、それを増幅するチベット・ナショナリズムを支える「チベット文化」だったのである[77]。こうした前提のもと、ディアスポラ状態にあるチベット人たちは、亡命政府の明確な支持のもと、意識的かつ戦略的にチベットの伝統を複製することにとりかかった [Moran 2004: 46–47]。また、亡命政府やチベット難民社会は、チベット問題に関心をもつ海外の人びとに対して「中国の主張は偽りであり、中国が見せる本土のチベット文化も本物ではないが、亡命状態にある自分たちの主張や、自分たちが守る中国が侵略する五〇年代以前の伝統文化は真正である」と位置づけることで、自分たちの正当性を主張することとなった［Calkowski 1997; Goldstein 1997; Harris 1999a; Moran 2004; Brox 2006など］。亡命政府や難民社会にとって、文化の保存や促進のもつ意味は「亡命状態の身体や精神の内側に文化としてもちこまれているものがチベット民族としての根拠となる」ために、きわめて重要なのである［Moran 2004: 42］。

ベンヤミンに依拠したモランによれば、真正性というものは、商業的体制下でそれが失われてのみ同定可能なものであり、また、真正性は姿を変えて商取引可能なものとして現れてくる［Moran 2004: 47］ものであるが、チベット亡命政府や難民たちにとって、伝統文化とはまさにそういうものとして経験されたことだろう。それまで生活の一局面でしかなかったものが、亡命という断絶によって異なった状況にもちこまれ、インドや西洋から向けられるまなざしによって伝統として、「異質なもの」「貴重なもの」として立ちあらわれてきたのである。「自分たちが独特の存在であるということを経験し、彼らの宗教や文化的遺産の産物や教えがいかに広く求められているかということを観察する機会をチベット人に与えたのは、難民という文脈だったのである」［DeVoe 1987: 60］というデヴォーの指摘は、正鵠を射ているといえる。難民社会にもちこんだ文化資源を積極的に利用することが、政治的主張や集団としての団結をもたらすもの、アイデンティティを徴づけるものであると考えられ、活用されてきた背景は、このようなものだったのである［Henrion-Dourcy 2005: 201］。

また、伝統文化の意味づけの変容は、仏教儀礼などの一連の伝統を取りまく制度を作りかえることにもなった。特に、制度的変容が与えた影響は、本書が対象とする芸能集団に顕著であった。伝統を体現する者が公務員として月収を手にする状況が到来したのである。かつて、宮廷音楽のような例を除けば、伝統芸能とは自分たちの日々の慰みであったり、場合によっては物乞いや納税の代替手段であったりした。少なくとも、近世チベットでは多くの芸能が蔑まれ、俗っぽく下らないものと考えられてきた [Gyatso & Havnevik 2005: 13; Henrion-Dourcy 2005: 199][78]。特に、芸道を生業とする者は見下され、乞食と同一視されていたという [Diehl 2002: 192; Henrion-Dourcy 2005: 199]。しかし、亡命という経験は、芸能をめぐる環境に大きな変化を引き起こすことになった。伝統芸能に従事する者は芸能集団内にポストをあてがわれ、チベット文化の保存と普及に携わるエリートとして待遇されることとなったのである。亡命以前には取りたてて重要視されず、存在を自明なものとされていた芸能が、亡命を経たのち、守るべき伝統芸能、そして西洋のまなざしのなかで「アート」にまで昇華したのである[79]。本書が対象とする芸能集団TIPAをめぐる状況は、まさにこういった文脈で考察される必要がある。

亡命政府のこうした政策を可能たらしめ、また、それなりの成果を出しえた背景には、一つには、特に西洋社会における顕著なチベットの神秘化による恩恵があった[80]。これまで多くの論者が指摘してきたことだが、西洋はチベットを野蛮人が住む危険な地として、しかし同時に、ヒマラヤという自然の壁によっていく手を阻まれた世界最後の秘境や桃源郷として表象し、西洋の人びとの想像力やロマンをかきたててきた [Bishop 1989; McLagan 1997; Lopez 1998; Anand 2007]。ここでは物質的な西洋と精神的なチベットが対照づけられ、チベット文化はロマン化の対象となった [Santianni 2003: 195]。つまり、西洋社会の目は早くからチベットへと向けられ、さまざまな言説が流布していた。こうした文脈で、ダライ・ラマの亡命や難民社会の存在は認識されてゆくこととなる。国際社会にその存在が承認されず、また、難民社会の規模が相対的に小さいことから、チベット亡命政府が自らの生存のために取りうる選択肢は、基本的に「他力本願」的なものにならざるをえなかった[81]。結果的に、ダライ・ラマを中心としたチベット亡命政府は、中国によるチベット人の迫害や文化の破壊を国際社会に訴えかけることに加え、非暴力に立脚した人権・人道主義、民主主義、平和主義や環境主義を主張し、西洋的な言説に合わせた自己形成をおこない、西洋からの注意を引くという戦略に訴えかけることとなった［Mountcastle 1997: 588; Ardley 2002: 166; Santianni 2003: 192］。この戦略を採用することで、亡命政府は、西洋の理想を体現する存在として自らを提示し、そこでかねてより西洋からチベットに投射されてきたエキゾチックなイメージとも出会うこととなる。しかし、政治的な目的を達成するために、現実世界において戦略的にふるまう亡命政府と西洋がまなざすチベットのあり方は、意識的な差異化とともに、(82)意識せぬズレを抱えこむことになる。西洋社会が望むチベット人像は、「チベット人＝僧侶」という思いこみからもわかるように、思いこみ以上のものではなく、チベット人が内部に差異を抱えた存在であることは看過された。いわば、彼らが消費していたのは、イメージとしてのチベットだったのである。

このように、西洋のイメージと亡命政府のイメージ戦略はすれ違いながらも、亡命政府が活動する基盤を与えたのであった。しかし、圧倒的な力をもつ「外」から賦与されるイメージは、亡命政府の政策や難民社会の内的状況と結びつかずにはいなかった。イメージは、物質的に作用し現実を構築しもする。西洋から投射されたイメージは、チベット難民のアイデンティティ形成過程に浸透し影響を及ぼすこととなったのである［Anand 2007; Dreyfus 2002, 2005; Moran 2004］。フーバーが指摘するように、今私たちが耳にし目にする、言説化されたチベット難民らしさやアイデンティティとは、西洋の言説を部分的に流用し、西洋に向けてチベット人が投げかえしたものなのである［Huber 2001: 359］(83)。

一方で、こうしたまなざしを内面化することは、政治的目標の達成とともに、難民という状況を生き抜いていくために必要なことでもあっただろう。チベット難民ハビトゥスはまなざしへの強烈な意識を大きな特徴としていたが、このハビトゥスを通して、難民社会の「あるべきチベット人」像のみならず、西洋からの「あるべきチベット人」像と個人の身体が再度結びつけられる。そして、この「あるべきチベット人」像の内面化が経済的にもたらした利益は、西洋社会と難民社会双方にとって大きなものであった。序章で指摘したように、仏教に代表されるチベット伝統文化は、グローバル経済のなかで格好の消費の対象となったのである。消費者にとっては、チベットに関するものを身に纏い、チベットについて発言すれば「クール！」と呼ばれるような状況、換言すれば、「ファッションとしてのチベットの時代」が到来している。それは、後述するチベット支援の拡大とも連動するものであった。プロストが論じるように、いまや、「外国人にとって、「チベット人らしさ」は文化的に投資するにあたって大変魅力的な領域なのである」[Prost 2006: 241]。亡命政府やチベット難民社会にとって、ニーズに応えて伝統や文化を演じることは、自分たちの伝統や文化を護持するという使命に加え、（文化）政治的、経済的という多層的な意味での「自分たちの生き残り」をかけた逼迫した状況下での生存戦略であった。

それでは、難民社会と西洋との関わりを見た場合、政治的経済的なレヴェルで難民の生活はどのような影響を受けたのか見てみよう。(84) チベット難民としてのアイデンティティやナショナリズムは西洋のまなざしや言説との絡みあいのなかで構築されたアイデンティティであり、政治的な意味あいをもっている。それに付随して、チベット関連の実践や物品がフェティッシュの対象となっている、(85) とモランが指摘することからも［Moran 2004: 52–54］、亡命政府の戦略は難民社会の経済的な問題と切り離しえない。「偽りのない「チベット人の難民性」を主張することで得られる象徴資本が特に重要なのは、それが政治的経済的な意味あいをもつからである」［Prost 2006: 234］というプロストの指摘は、難民社会を取りまく西洋のまなざしの様相をうまく表現している。こうして、西洋の言説やまなざしを取りこんだアイデンティティ構築は、金銭や技術(86)の難民社会への流入に資することになる。一般に、他の難民と比べて「成功した」といわれているチベット難民社会であるが、状況をより正確に捉えるためには、その成功をチベット人の性質に帰したり［Norbu 2001］、インド政府の協力体制に帰したりする論調［Kharat 2003］に終始することなく、チベットへの神秘的なまなざしや近代西洋的言説を流用したことを評価する西洋からの資金や技術の投入という要因をより強く考察する必要があるだろう。(87) つまり、難民社会をめぐる状況は、プロストが暗に主張するように、表象という言説のレヴェルのみならず、政治的経済的なレヴェルも考慮されなければならない［Prost 2006: 237–238］。

また、これまでの研究はインド社会とチベット難民社会との関係を軽視してきた。(88) 両者は、政府レヴェルにおいて密接に関連し、亡命政府の政策決定にも影響を及ぼさずにはおかない。ディアスポラ、ホスト国、母国という三者関係からインド在住チベット人ディアスポラをめぐる状況を分析する必要を提唱するベンツが「（ホスト国である）インドと（母国に権力を及ぼしている）中国との関係はチベット人ディアスポラの諸政策に影響を及ぼしている」［Bentz 2009: 98］と指摘するように、インド社会や政府の影響力を過小評価してはならないのである。たとえば、インドもまた他国と同様、チベットに対して政治支援をこれまでのところおこなっていないが、中国に対しチベット難民たちが著しく政治化しない限りにおいて、経済的・社会的な支援をおこなっている。(89) また、忘れてはならないのは、ダライ・ラマに文化や教育の重要性を説いたのは初代インド首相のネルーであり、それにかかる経費をインド政府が捻出したという事実である［ダライ・ラマ　二〇〇一：二三六］。そして、ダライ・ラマや亡命政府も、仏教や非暴力思想というインド由来の文化を通したインドとの結びつきを強調し、良好な関係を積極的に構築しようと試みている。このように、亡命政府が現在に至るまで続けている文化政策の基盤はインドにこそある、という点は、西洋からのまなざしや資金投入とともに強調されるべきであろう。

以上のように、チベット亡命政府の政策は対中国を軸にすると同時に、西洋各国やホスト国であるインドの政治決定や経済的支援、消費動向に大きく影響を受ける。また、政策に加え、亡命政府の主たる財源である寄付収入も関係各国に大きく依存している。逆にいえば、関係各国の意思決定に、自らの政策や国際的位置づけ、収益などの政治的経済的な側面で大きく左右される状況にチベット亡命政府や難民社会は置かれている。外交カードとしての位置づけをチベット問題が担う以上、こうした状況はある意味必然である。

この状況は、いってみれば、生殺与奪の権利を他者が握っているということになる。外交問題には効果的な手だてがないゆえに、チベット亡命政府を頂点としたチベット難民社会は、西洋やインドからのまなざしや呼びかけに応えることを選んだ場合は、可能な限り自己の価値を高めるために、自己を点検する必要に迫られる。彼らのナショナリズムやアイデンティティの構築と維持、そしてこれらイメージによって確保される寄付などの収入をめぐる文脈は、きわめて複雑なものであり、亡命政府や難民社会は、自己の生存を図るためにこの文脈を精査する必要に直面するのだ。その点で、「チベット難民側によるイメージ操作による資金獲得」という理解に代表される功利主義的かつ経済合理主義な主体設定は、一面では正鵠を射ているものの、状況認識として単純に過ぎ、再考される必要がある。

これら議論を踏まえたうえで、亡命政府とチベット難民社会が置かれた状況をより明確にしておくために、「外国人がチベット人に提供する援助関係には、難民に期待される行動様式を遵守すべし、という暗黙の了解を伴う」[Prost 2006: 244]というプロストの指摘を手がかりに、本書の視点を明示したい。プロストの指摘に従えば、チベット難民は、資金投入者が課す「難民に期待される行動様式」に従うことで経済的に生きる道を与えられる。そして、チベット難民は、亡命以前のチベット人を体現する者である以上、西洋的消費社会における消費主体と類似してはならない。プロストがいうように、「豊かな難民（彼らは支援者と同等の豊かさを享受することを許されていない）が抱える問題とは、交換関係が台無しになることである。チベット人が支援する価値のある対象でありつづけるためには、貧しく、無力なままでいなければなければならないのだ」[Prost 2006: 244]。そして、難民社会の支援関係を分析するなかで、プロストは、チベットが元やそれ以降の王朝と結んできた師檀関係に言及し、「私が論じたいのは、師壇関係とまったく同等のものではないにせよ、当時のこうした支援の構造のようなものが、外国人による現在の俗人のチベット人に対する支援に浸透してきている、ということである」[Prost 2006: 249] と論じるに至る(90)。

ここで私なりにプロストの議論を補足すれば、「難民に期待される行動様式」とは「チベット人らしさ」である。西洋的なまなざしやインド政府の「介入」の亡命政府との「共犯関係」は、チベット難民としてのアイデンティティや、それと相互作用するチベット・ナショナリズムの構築に多大な影響を及ぼした。もちろん、こう指摘するからといって、西洋からのまなざしやインド政府からの干渉に亡命政府の政策がそのまま従属しているわけではない。当然ながら、両者の意図や思惑に相違がある以上、干渉に対する受容や実行にはずれが存在するからである。また、サンティアンニやアナンドが指摘するように、難民社会に生きる人びともこうした外部からのイメージと向き合いながらも、それに盲従して生活しているわけではない [Santianni 2003: 196–197, Anand 2010: 213]。しかし、支援者の需要を無視して政策策定ができるほど、チベット亡命政府や難民社会の置かれた状況は中立的ではない。必要に迫られれば、支援者たちのイメージを補完する実践に訴えかけなければならず、その点で、彼らは支援者の需要に配慮せねばならない。いうなれば、外からの圧力に一定程度反応することがチベット難民の経済的な生存を保証し、中国との「表象をめぐる対抗」を可能にするのである。つまり、現行のチベット・ナショナリズムやチベット難民としてのアイデンティティ形成は、グローバルな政治的経済的状況に根づくものである。

そして、経済関係をめぐるプロストの議論は、さらに拡大解釈される必要がある。「ロマン化されたチベット人」

支援先	インターナショナル・キャンペーン・フォー・チベット	グチュスムの会	自由チベット学生運動	チベット文芸協会	チベット女性協会
金額(ドル)	50,000	45,000	20,000	30,000	20,000

表1－1　NEDによるチベット難民社会のNGOへの寄付の一例[94]

像や「チベット本土における人権問題の告発」と「民主主義の称揚を通した民主化の推進」という西洋近代的な理念の採用こそが、海外からの支援を支える重要なポイントであった。先述のように、ダライ・ラマやチベット亡命政府は、ロマン化された西洋のまなざしを流用するとともに、人権問題、民主主義といった西洋近代的な言説や制度を自らの闘争を表現するものとして積極的に用いてきた。これらの試みが奏功してか、個人の支援者[91]をはじめ、CIAの後継的組織である全米民主主義基金（National Endowment for Democracy 以下NED）などの大口の支援先から難民社会は多くの資金を獲得してきた（表1-1参照）。しかし、これらの支援は、表面上はいかに慈悲に満ちた行為であれ、「無償の愛」ではありえない。彼らは支援に対して応答することを要求されるのだ。たとえば、民主化運動の拡大を目的としたNEDなどの組織が支持母体となり資金を投入することで、対外的には、人権を追求し民主主義を広める「民主化の先兵」としての価値が「あるべきチベット人」像に付与されることになる。いわば、支援者からの資金投入や賞の授与は、「チベット人らしさ」の再演や、人権や民主主義に対する意識の拡大、という「労働」を担うチベット人「労働者」に対する「対価」「賃金」の意味をもつこととなるのである[92]。いわば、両者のあいだには共依存的な関係が形成され、チベット難民社会はこの関係のなかでがんじがらめになっている[93]。

こうした状況のなかで、人びとは難民としての生を送ることで「チベット人としてふるまう」よう身体の規律化がなされることになる。たとえば、公的な催しや学校教育で、また、支援者との面談や文通を通して、西洋からの観光客のまなざしで、また、お互いをチェックする難民社会内のまなざしで規律化される。彼らの「労働」に「余暇」はなく、西洋的消費主体ではない「変わることのないチベット人」像や人権、民主主義の体現を望まれているのだ。先のリチャード・ギアの発言は、その具体例である。

しかし、これらの規律化作業は、思わぬかたちで難民社会内部に断絶を生みだすことになる。五九年以降、難民社会で立ちあげられ維持されてきたチベット・ナショナリズムやアイデンティティは、西洋やインドのまなざしの取りこみを推進してきた。しかし、これらの背景を共有せず、難民社会で学校にも行かなかった本土からの新難民たち、それも、難民社会の人口構造上、相対的少数派であるアムドからの新難民たちについてはどうだろうか。彼らが「この文化にたいして生まれつきよそ者であれば、この文化のなかで陶冶されることは不可能なのである」［スピヴァク　二〇〇三：三二］。ダラムサラを歩いていると、道端に座って友人と喋っている長髪の男たちがいる。そんな人びとを見ると、ウツァンに出自をもつインド出身の私の友人たちは、「アムドからの新難民は仕事もしないで外人の女の尻を追いかけている。難民社会の恥さらしだ」とまでいい放つ。また、同じ新難民であっても、ウツァン出身者はアムドの人びととの差異化を図り、旧難民と同化しようとする。こうして、旧難民と新難民のあいだに、またチベットの三地方の内部に、象徴的な境界線が引かれることになる。その境界線が引かれるのは、「恥さらし」とまでいわれたアムドからの新難民が、彼らが日々の生活を営むための実際の労働に加えて、望まれているチベット人らしさを体現していないからである。このことは、「らしさ」に当てはまらない彼らが就職難が語られる難民社会で職を得ることをさらに困難にし、言説面でも経済面でも排除されてしまうことになる。

とはいえ、旧難民にとって、新難民の存在は微妙な位置を占める。中国政府によるチベット文化の破壊に関する難民社会の主張の正当性と自分たちの純潔性を証明するには、破壊の被害を体現する存在が必要である。ゆえに、本土で苦しむ同胞に対し、難民社会の人びとは同情し、連帯の意を示す。しかしながら、苦しみながら越境し、難民社会に到着した途端、本土から来た人びとは「新難民」と名指され、排除されることとなるのである[95]。

こうした排除は、「最近はアムドの新難民が多数派を占め、難民社会は変わってしまった[96]」という言説に見えるように、多数派に「少数者に対する恐怖」を副次的に生みだすことになる[97]。「らしさ」と絡みあうナショナリズムは、皮肉にも、難民社会に暮らすチベット人の内部に分断線を引くこととなってしまう。

また、労働が剰余価値を生みだし、資本を巨大化させていくのと同様に、チベット人たちの「労働」もまた、「剰余価値」を生みだしている。チベットにまつわる物品は、格好のフェティッシュの対象となり、自己増殖していく。商品化され流通する「チベット」は、時に現実から遊離したものとなりながら、消費者の手に辿りつく。そして、こうした物品を所有しチベットを語ることが、その消費者を他の消費者から差異化する実践となる。ホスト国インドもまた、これら西洋からの支援者がインドを訪問することで経済的な恩恵を被ることとなる。こうして、西洋社会からの資金の投入が、一党独裁的な共産主義体制によるチベット文化の破壊を阻止し、また難民社会で文化を保持するため、積極的に民主化を推進する主要なアクターとして、「あるべきチベット人」として作りだすことを要請するのと同時に、チベット人に投資する以上の経済的かつ象徴的な利益を、西洋社会やインドはチベット人の「労働」から手にすることになるのである。「人びとが真のチベット的生活様式の喪失を嘆く理由は、彼らが現実のチベット人に配慮しているからではない。彼らがチベット人に望んでいるのは、彼らがわれわれにとっての真正な精神《スピリチュアリティ》たることであり、その結果、われわれは自分たちの狂った消費のゲームを楽しみ続けることができるのである」［ジジェク　二〇〇八b：二〇］というジジェクの挑発は、こうした連関のなかで理解されるべきである。

このような共依存関係は、イメージへの従属こそがチベット亡命政府と難民社会を経済的に支えている、というプロストの主張を補強するものである。しかし、繰りかえすならば、この関係は、チベット難民社会にとって、大きな躓きの石となりうる。なぜなら、西洋のイメージやインド政府が要請する「政治的活動の自粛」という外部からの要請への不服従は、経済的な苦境（資金獲得の困窮化）のみならず、国際社会からの公的承認が欠けているゆえに、政治的存在としての苦境（国際的無関心や自国領土からの排除）へとチベット亡命政府と難民社会を追いこむこととなるからである。結果として、自らの生命を担保にとられた状況にチベット難民は置かれ、外部の顔色を窺いつつ、ふるまう必要に迫られているのである。ゆえに、チベット亡命政府は、伝統やイメージを重視した諸制度を通して、チベット難民を外からのまなざしや「呼びかけ」に応えられる存在として構築していく必要があるのだ。いわば、彼らは、自分たちが主体として承認され、生存していくために、西洋やインドという「法」を欲望せざるをえないのだ[98]。チベット難民社会は、以上のようなグローバルな政治的経済的な権力関係の網の目のなかに置かれている。エキゾチックな文化を保持し、民主化を推進する政治的経済的な主体としてチベット人を国際社会がまなざし、呼びかけることが、本書の軸となるチベット・ナショナリズムを構成する重要な要素となる。

かくして、チベット難民社会に生きる人びとは、不断にまなざされ、呼びかけられ、時に自己規制的な行為に及ぶ。しかし、呼びかけに応じることは、必ずしも価値規範をそのまま身体化することにはならない。バトラーが指摘するように、呼びかけは一度きりで終わるものではないからこそ、必ずズレが生じるのである[99]。ドレイファスがいうように、チベット・ナショナリズムは「統一された言説」ではなく「論争が生じる場」である［Dreyfus 2005: 13］。ナショナリズムの内実は読みかえられ、時に公的見解と衝突する。チベット青年会議の存在や、チベット文化の「保存」から「発展」への移行を主張する若者たちの存在［Tibetan Review 1999: 2］が示すように、亡命政府主導のナショナリズム以外のあり方が、まさにまなざしや呼びかけのなかで生まれてくるのである。さらに、すべての論争がナショナリズムに従属する主体を生みだすとは限らない。本書が着目するのは、ナショナリズムからこぼれ落ちていく人びとの存在である。ナショナリズムに乗りたいのに乗りきれない彼らは、公的な言説のなかに居場所をもつことができない。このようにずれてしまう主体の考察と、その可能性こそが、チベット・ナショナリズムと並んで本書の軸となる話題なのである。

6　チベット難民社会における音楽のあり方

さて、本書は芸能や音楽に関する書籍であるが、残念ながら読者に音をお届けすることができない。そのため、イメージをもってもらえるように、音楽と人との関わりや、チベット音楽一般の見取り図を少々長くなるが描いておきたい。なお、読者の理解に益するために、本書では西洋音階に基づいた記述を採用することとする。

「チベットは、「歌と踊りの海」と呼ばれるほど、一般の人びともよく歌い踊る」［奥山　一九九六：九三］といわれるように、人びとの生活は歌や音楽と切り離せない。彼らとともに行動すると、歌はもれなくついてくる。朝、目覚めを促す一番鳥の啼き声のように歌を歌う者がいる。また、町を行けば、大声で歌を歌いながら歩くのは当たり前、旅行に行くバスや電車のなかでも、周りのことなんか気にせずに、気持ちよさげに合唱しているし、時にはギターをかき鳴らす者までいる。そして、周りにいるチベット人の人びとも、特にそれを迷惑がる様子もなく、それに唱和していく者さえいる。パーティや結婚式に行けば、カラオケ大会が朝から晩まで続き、多くの人がマイクを摑んで放さないし、次から次に踊りの輪が即興的に作られていく。このように、彼らの生活から音楽は切り離せない。

チベット本土の伝統と近代を芸能という視点から分析したマッケラスによれば、チベット歌劇ラモなど、訓練が必要な演目を除けば、人びとが歌い踊ってきた演目は「脱穀、家の建築、天井の水平化や床を敷くといった集合的な活動に起源をもつものである」[Mackerras 1999: 61-62][100]。そして、「家族が娯楽として、または結婚や誕生を祝う際、ともに歌い踊るのはよくあることであ」り、「伝統的には、舞踊は日常生活の一部であり、若者を社会化する手段のひとつであった」[Mackerras 1999: 65] という。

ここで、難民社会におけるチベット音楽の特徴について触れておきたい。難民社会においてチベット音楽の基盤をなすのは、ダムニェン（通称チベタン・ギター）[101]と呼ばれる三本弦[102]のリュートである。ここではダムニェンを例に、チベット音楽の基礎について素描していく。難民社会の学校ではダムニェンでの音楽教育が一般化され、また、芸能を目指す者は一様にダムニェンを弾くことができなければならない、とまでいわれる。ダムニェンの基本的なチューニングを西洋式に表記すれば、下弦からB、E、Aであり、実際には「シ・ミ・ラ」となるはずであるが、その音素は「ラ・レ・ソ」と呼ばれている。ダムニェンで用いられるスケールは、単純なDメジャースケールの「レ・ミ・ファ♯・ソ・ラ・シ・ド♯・レ」のみであり、マイナースケールは存在しないことになっている。この点で、多数のラーガをもち、半音階を多用するインド音楽の音楽理論とチベット音楽のそれは大きく異なる。そして、Dメジャースケールからなるその旋律もかなり曖昧に構成されている。というのも、近年こそチューナーを用いて楽器の調律をおこなうようになったものの、彼らは、今日我々が当然のように親しんでいる西洋的な標準ピッチ、すなわちA＝四四〇ヘルツという調律観念にとらわれない音感をもっているため、音階そのものが時に予期しないかたちで♭や♯を含んでしまう（または無くなってしまう）ことがあるためである。彼らはこのように揺れ動くスケールの内実を「ド・レ・ミ・ファ・ソ・ラ・シ・ド」という、人口に膾炙するきわめて一般的な記号によって理解している。彼らは自分が演奏する際、自分の声に合ったようにチューニングを時にいじることがあるが、先の記述からも想像がつくように、下弦の第一音がFから始まろうがEから始まろうが、スケールの音素はすべて「ド・レ・ミ・ファ・ソ・ラ・シ・ド」と理解し、開放弦の音素が何であれ「ラ・レ・ソ」である、と理解している。つまり、スケールを理解する際、伴奏楽器の音階のポジション（つまり、どこを押さえればどういう音階が構成されるか）が問題なのであって、音そのものがどういう音素であるかは彼らにとってそれほど大きな問題ではない。さらに、ギターに慣れ親しんだ者の感覚からいえば、ダムニェンのチューニングは不思議である。というのも、ギターは六弦から一弦に向かうにつれて順に音程とオクターブが上がっていくのだが、三本弦からなるダムニェンは、三弦から二弦は音程が上がるものの、一弦は三弦よりも低い音になってしまうのである。このことからわかるのは、西洋音楽的なオクターブ観とは違った音楽理解がチベット音楽にはある、ということである(103)。

次に、チベット伝統音楽の歌唱に注目してみたい(104)。その旋律は、我々がポップ音楽の多くで親しんでいるような、親和性のある旋律を重ねた和音（ハーモニー）によって音に厚みをもたせるのではなく、あくまで同音を数人が重ねる単音（ユニゾン）によって音に厚みをもたせるかたちで発される。皆が同じ旋律を歌うことで、倍音が強調され、独特の響きが生まれることになる。しかし、現代的なチベット音楽や、伝統音楽のリメイクにおいては、ハーモニーが頻繁に用いられる。

リズムの観点からいえば、規則正しいリズムを刻む西洋音楽とは異なり、チベット音楽はリズムの規則性が比較的厳格ではない「脱中心的リズム」を特徴とする、といわれている。高橋の定義に従えば、脱中心的リズムとは「3分割或いは長短、また起点をずらせば短長の不等分割リズム」で、「心臓の鼓動のように押してゆるむ不等分割の1拍子がどこまでも続くだけ」のものである［高橋　二〇〇七：二五］。これに関連して、チベット音楽には旋律譜はあるもののリズム譜は存在しないため[105]、同じ楽曲でも歌い手次第でまったく異なった拍数が取られることがある。その要因としては、TIPAの指導者の言を借りれば、「伝統的なチベット音楽は歌唱に合わせて楽器が演奏される（＝歌唱者と演奏者が同一）ため、自分が気分に合わせて好きなように歌うものである」、という点に求められる。その点で、演奏に合わせて歌唱する昨今のポピュラー音楽とは大きく音楽的な意味が異なるといえる。

また、芸能や音楽のあり方という点でも、チベット音楽は、我々が「芸能」として理解するものとは少し異なっている。本書が取りあげる伝統芸能や音楽の大半は、亡命以前は聴衆に向けて上演されるものではなく、自分たちがともに歌い、楽しむためのものであった。彼らの歌にせよ踊りにせよ、少し練習すれば、うわべだけなら彼らと一緒に歌ったり踊ったりできるようになる類のものである。それは、インド舞踊のように、身体を柔軟にしならせ、エロティックで煽情的に見せつける技巧や、アクロバティックな技巧を習得した者だけが踊れるような「演者と聴衆を分けてしまう舞踊」ではなく、上半身の体幹を意識し、バランスをとってステップに気をつけさえすれば、それほど苦もなく躍れる「参加型の舞踊」である[106]。チベットの舞踊はその大半が円舞であり、皆が手と手を取りあって歌い踊るものなのだ。私は、彼らの音楽や踊りを単に聞いているよりも、一緒に歌ったり踊ったりするほうがしっくりとくる。音楽とは、ともに聴くものであると同時に、ともに歌ったり踊ったりするものである、という当たり前だが見えにくくなっている事実を、チベット難民における音楽の状況はかくも明確に示してくれるのである。

7　チベット難民芸能集団 Tibetan Institute of Performing Arts の概要

本書の対象であるＴＩＰＡは、当初 The Tibetan Historical and Cultural Drama Party という名称で一九五九年八月一一日に立ちあげられた。その後、The Tibetan Music, Dance and Drama Society への改称を経て、再度ＴＩＰＡと改称されている組織である。「亡命してからというもの、チベット人としての精神的文化的なアイデンティティを護持することが我々の最大の関心事となった。それゆえ、一九五九年以来、チベットの芸能に関心を示し、注意を払うようになったのだ」[Pearlman 2002: 165] というダライ・ラマの現状認識のもと、最初の亡命政府機関として西ベンガル州のカリンポンで設立され、六〇年にはダライ・ラマらとともにダラムサラに居を構えることとなった。一九八一年には当時の団長ジャムヤン・ノルブの発案で、チベット語名により近い現在の名称に改められた。彼らは、中国の侵略以降、チベットで破壊されているチベット伝統文化を難民社会において保存し、伝達する活動に邁進し、保存対象の内訳は伝統舞踊や歌唱の上演のみならず、チベットの各地方の衣装や言語、各地方の人間の代表的気質、といったところまで網羅する。(107) 演者たちは、長い歴史を誇るチベット文化を保存するために、明確な志向性をもって活動しているのだ。

ブロックスによれば、ＴＩＰＡの演じる伝統文化の根底にはチベット仏教が鎮座する [Brox 2006: 97]。チベット歌劇ラモのように、チベット仏教との連関が明瞭な演目もあれば、労働歌のように仏教思想との連関が一見、不明瞭なものもあるものの、これら演目を支える核として仏教的実践が位置づけられているのである。(108) また、彼らの日常生活においても、午前の授業前には皆が集まって読経することが義務づけられ、いつでもコルラができるよう、

ＴＩＰＡには赤い仏塔が据えつけられている。彼らの演じる芸能は、ともすれば僧院で演じられる仏教音楽などと対比されて、世俗の踊りであることが強調されるが、質量の違いこそあれど、言説面・実践面での仏教的な影響は見逃されるべきではない。チベット仏教に依拠する文化ナショナリズムを基盤とするチベット難民社会という想像の共同体は、さまざまなかたちで伝統の創造に関与してきた。これらの伝統を人びとに広めるために、ＴＩＰＡの演者は亡命下のエリートとして最前線に立っているのである［Harris 1999b: 14］。

現在、ＴＩＰＡの活動の主軸は、芸能の上演を通して、聴衆を誰であれ「教化」することである。たとえば、対象がチベット人の場合、伝統芸能の上演を通して「自分たちの文化」を示すことで、社会化および再生産の一端を担っている。また、伝統芸能の上演は、聴衆に対して、自分たちはチベットから離れた地において伝統芸能を観賞しているのだ、という事実を再提示する意味あいももつことになる。聴衆がインド人や外国人の場合は、伝統芸能の上演を通して、純粋に「チベット文化」を人びとに知ってもらうのに加え、難民社会のチベット文化こそが本物だと主張し、チベット難民が置かれた状況を芸能の上演やインタビューを通して宣伝する、という政治的含意をもつ。また、海外での公演は、彼らの活動を支える寄付金を獲得する機会でもある。ＴＩＰＡによる芸能の上演は一つの宣伝活動であり、それを通じてチベット難民社会にさまざまなかたちで人や金が入るようになる(109)。

ＴＩＰＡの運営資金は海外やインド政府からの寄付に大きく依拠している。ウェブ上にはＴＩＰＡを支援する人びとに向けられたホームページが掲載されている。それを通じて、支援者がＴＩＰＡに接触し、資金援助する。たとえば、先述したＮＥＤは「音楽や芸能を通して民主主義という理念やその価値を広め」「インドのチベット人コミュニティにおいて、非暴力と民主主義という理念をさらに意義あるものとする(110)」組織として一万五〇〇〇ドルを援助している。

私が博士論文調査のために滞在した二〇〇八年時点では、ＴＩＰＡには一一一名が在籍していた（表１－２参照）。この一一一名が、それぞれが演者部、装飾部、行政部、教師部という大きな四部門に割りふられ、そこからさらに細分化されていく。男女比は全体として男性が半数以上を占めている。細かく見ていけば、演者部、行政部および教師部は男性が半数以上を占めているのに対し、装飾部は女性が半数以上を占めている。

TIPA 演者	男	女	合計
演者部	31	20	51
行政部	10	5	15
装飾部	15	23	38
教師部	5	2	7
合計	61	50	111

表１－２　TIPA 演者表

ＴＩＰＡにおける意思決定は、公演日時の決定や宣伝活動に関しては行政部、特にＴＩＰＡの団長が全権を担う。しかし、演目の決定や指導に関しては行政部は熟知していないため、教師部が決定し、それを最終的に教師部の責任者がまとめあげている[(11)]。つまり、事務的な領域に関する意思決定は行政部がおこない、演目に関する意思決定は教師部がおこなうという、意思決定の分業体制が確立されている。ちなみに、演目の作成・再構築は演者に委ねられ、最終的にその出来を教師部の責任者が判断している。とはいえ、演目の細部に関しては演者側が意思決定をする余地が予想以上に残されている、というのが特徴である。

演者は男女ともに年長演者、年少演者にほぼ二分され、ランクの昇格には試験を伴う。本来は、年長演者となったあとにも試験が催され、一つのことだけに特化する専門職という枠への昇進が設定されているが、ＴＩＰＡの設立以降、今に至るまでこのポストに就いた者はいない。多くの人が大体三十代前半まで演者として過ごし、指導者としての道を歩むことになる。年少演者になるまでにも三年間の見習い期間があり、そこで、一年目演者、二年目演者という区分が設定されている。

ＴＩＰＡは、チベット難民社会の文化の発信源であり、他の教育機関の見本になっている。たとえば、チベット難民の学校ＴＣＶでは、伝統音楽を軸とする音楽の授業は、すべてＴＩＰＡの指導を受けた音楽教師がおこなうことになっている。また、教師の養成以外にも、授業で指導し、ＴＣＶ間のコンクールに審査員として参加することで、「チベット文化」の普及に積極的に関与している。このように、チベット難民社会の学校で「チベットの伝統文化」を正統なかたちで供給できるのはＴＩＰＡに限定される。そのため、ＴＩＰＡが上演するものが「チベット文化」の認識枠組みとなり、学校という制度を通すことで、子供たちに浸透し、チベット難民社会に共有されることになる。

	男性演者	女性演者	合計
ウツァン出身者	28	17	45
カム出身者	2	3	5
アムド出身者	1	0	1
合計	31	20	51

表１－３　TIPA 演者の出身地別人数表

	インド出身者	本土出身者	合計
男性演者	26	5	31
女性演者	20	0	20
合計	46	5	51

表１－４　インド出身者と本土出身者の人数

ＴＩＰＡの演者たちの出身地構成は、これまでの難民社会の人口構造をそのまま反映している。ここでは、本書の中心的存在である演者の出身地を取りあげる。現在、ＴＩＰＡを構成する演者の出身地は、大半がウツァンである。カム出身者は少数であり、アムド出身者はそれよりもさらに少なくなっている（表１－３参照）。

また、ＴＩＰＡの演者のなかには、インド出身者のみならず、幼少の頃チベットから亡命してきた演者も在籍している。ただ、その分布はかなりはっきりしたもので、現在、新難民の女性演者はいない（表１－４参照）。また、必ずしも全員というわけではないが、本土出身者は他の本土出身者と行動をともにする傾向にある。

演者たちの一日は、基本的に朝七時から始まる。洗髪や洗顔などの身支度を整えて朝食をとり、八時半に集合して読経する。授業は九時から始まり、十時にお茶が出され、十時半から十二時まで再び授業がおこなわれる。その後、十三時まで一時間昼食をとった後、十五時まで授業がおこなわれ、三十分のお茶休憩を挟んで、十六時半まで授業がおこなわれる。このように記述すると相当厳しい授業がおこなわれているかのような印象を受けるが、実際はそれほど厳格なものではなく、大半の授業時間が自習に費やされる。また、以前は早朝のランニングと西洋バレエの訓練がおこなわれていた。(112)

ＴＩＰＡには下部組織がある(あった)。一つ目はカルチャー・スクール(113)である。旧来、ＴＩＰＡの演者たちは練習時間と折合がつかず、教育の機会を犠牲にしていた。その問題を解消するために一九八四年に設けられたのがこの組織である。ここで教えられているのは英語や数学といった近代的学問に加え、チベット語、芸能の基礎であり、生徒は子役や公演のアナウンスのかたちで公演に関わっていく。ここに入学するためには試験を受ける必要があり、決められた年度に各居住地から子供たちを集め、試験が催される。試験では、容姿や声、チベット文化に対する興味といった項目をチェックするための面接をおこない、優秀な成績を収めたものを合格者とする。ただし、これまでは孤児や片親の子供を優先的に採用していた。こうした子供向けのオーディションは、これまで八四年、九五年と二回開催された。現在では演者の勧誘はある程度の年齢を重ねた者に向けられており、カルチャー・スクールの存在は有名無実化している。

ティーチャー・トレーニング・コース(以下Ｔ・Ｔ・Ｃ)が二つ目である。このコースは、各地のチベット難民居住区の学校に音楽教師を派遣することを目的として一九八五年に設立された。ここでの資格授与がない限り、チベット難民社会では音楽教師になることができない。二年コースを基本として、二年目には準演者的な役割も果たすようになる。授業レヴェルは非常に高く、儀式や音源録音で重要な役割を果たしていた。

以上二つのものが演者部の下位組織であるのに対し、調査部は、行政部の下位組織である。調査部は、ＴＩＰＡ

が扱う演目の供給元であり、「チベット文化」の調査・保存をおこなう。古文書の調査、各居住区での聞きこみをおこなうことで調査部と演者たちが協働し、まだ見ぬ「チベット文化」の要素を探し求める。ＴＩＰＡは亡命政府の機関として「チベット文化」の保存・伝達を一手に引き受けており、「チベット文化」を形式化する権利をほぼ独占的に有している。ＴＩＰＡは調査部を通して各地から「チベット的なもの」を収集し、「チベット文化」として再構築、流通させる。調査部を通して「チベット文化」の生成がなされ、ＴＩＰＡの上演を通して初めて「チベット文化」という分類図式が提供される。しかし、調査部の担当者が二〇〇〇年代半ばにオーストラリアに移住してからというもの、調査機能は演者たちに移譲された。

ＴＩＰＡにおける演者の選抜方法は、大きく分けて三つある。まず、カルチャー・スクール卒業後、そのままＴＩＰＡに残留するという方法がある。彼らは幼少期からＴＩＰＡで生活しているため、演者になる前から訓練を積んでおり、即戦力となる。次は、公募による選出である。書類審査に合格した者は学力試験と容姿・音楽的能力を判断するための面接を受け、合格者が資格を授与される。また、事例としては少ないものの、Ｔ・Ｔ・Ｃから演者になるパターンもある。前述のように、短期の音楽教師養成コースであるため、授業レヴェルが高く、演者の日々のレッスンよりも厳しいことから、能力的に高い演者が結果的に輩出される。

ＴＩＰＡの扱う芸能は、チベット各地の伝統民謡、チベット歌劇ラモ、現代劇、現代的音楽、チャム、カル（宮廷舞踊）、式典での演奏の七つである。そのなかでもっとも上演機会が多いのが伝統民謡の公演で、チベット全土から集められた踊りや歌からなる(114)。ここでは、楽器を補助として使うものもあるが、基本的にステップでリズムを作りだし、そのリズムに歌を乗せ、手による振付で舞踊に装飾を加えるため、ステップが生命線となる。伝統民謡だけではなく、チャムなどの他のチベット芸能においても、ステップは中心的な位置を占める。伝統民謡の内訳は、

図1-8　公演の最後に国歌を斉唱する演者たち

収穫期の踊り、結婚式の踊りといったもの、歌は酒の席での男女を題材としたものや、景観を褒めたたえるものであり、双方ともチベットの生活と密接に結びついたものである。これらの演目がその日の聴衆に応じて組みあわされる。ちなみに、伝統民謡の公演内容自体に筋は存在しない。若干の例外はあるが、基本的に、インド国内であれ海外であれ、ＴＩＰＡの公演においては伝統民謡が演目の中心として据えられている。以下の項目のほとんどすべてに共通することだが、公演の最後にチベット国旗が振られ、国歌が斉唱される（図1-8）。

毎年三月～四月頃、歌劇の祭典ショトンで演じられているラモは「チベット文化や伝統のアイデンティティを表象するのに特に重要」[TIPA 1996: 10] なものと位置づけられているため、ＴＩＰＡの演者は特に重きを置いている。毎年多くの人びとがラモ観覧のため、各地からショトンにやってくる。そのため、今ではダラムサラの重要な観光資源の一つになっている。

上演機会は決して多くないものの、ドラマも上演される。内容はさまざまで、喜劇からチベット独立のために戦った戦士を讃える政治劇までジャンルは多岐にわたる。「チベット文化」

図１－９　式典の音楽を演奏する TIPA の演者たち

やチベット問題に関連するものが題材として扱われ、衣装から話しぶり、ジョークまでＴＩＰＡが考える「チベット人らしさ」に貫かれている。対象はあくまでチベット人であり、海外で外国人向けに公演されることはない。

ＴＩＰＡのなかでも、現代的なチベット音楽という新しい演目を扱うのがアカマ（Aakama）である。アカマの公演は年に数回のみだが、第2部で詳述するように、ダラムサラの若者たちはアカマの生みだす音楽を積極的に消費し、アカマは難民社会の音楽のあり方に大きな影響を及ぼしている。逆に、高齢者や外国人からの評価はあまり芳しくない。

本来、寺院での儀礼で僧侶だけに踊ることを許されていたチャムも、ＴＩＰＡが保存の一翼を担っている。ただし、チャムが演じられるのはラモのなかや僧侶のための模範演技としてであり、伝統舞踊のなかで演じられる機会はそれほど頻繁ではない。

チベットの旧正月であるロサルで、子供たちが寺院で上演する宮廷舞踊がカルである。これはＴＩＰＡの演者が上演するわけではなく、カルチャー・スクールの生徒やＴＩＰＡ関係者の子供のみが演じることができ、外部の子供たちは演じることができない。

最後に挙げられるのがチベット民族蜂起の日やダライ・ラマ

月別公演回数	伝統舞踊	劇	アカマ	その他
2月	1	1	0	ロサル
3月	3	1	3	民族蜂起の日
4月	1	1	0	ショトン
5月	0	0	0	政府誕生360周年記念歌劇
6月	0	0	0	TIPA 紅白戦（ヤルキ）
7月	2	0	0	ダライ・ラマ誕生記念式典
8月	0	0	0	ラダック・ツアー
9月	0	0	0	インド国内ツアー（10月まで）

表1－5　TIPA の公演回数（2003年2月17日から9月17日まで）

誕生式典など、寺院で開催される式典での国歌の演奏や入場曲の演奏である。彼らの演奏はダラムサラにおける年中行事を支えるという重要な役割も果たしている。たとえば、チベットの旧正月であるロサルの際の法要、民族蜂起の日、ダライ・ラマ誕生記念式典、民主主義の日、ノーベル平和賞受賞記念日などで彼らは国歌を演奏し、時に演目を披露する。彼らの演奏や演舞が、政治的な儀式を飾り立て、一大ページェントを作りあげるのだ（図1-9参照）。ここでは、二〇〇三年の公演回数を例として取りあげる（表1-5参照）[115]。

以上がＴＩＰＡの扱う芸能である。これら芸能の上演を通して、彼らは自分たちの活動を展開していくのである。

以降の議論において、本書は、ＴＩＰＡに関係するさまざまな文化表象に焦点を当てることで、ダラムサラのチベット難民社会における伝統文化や現代的文化を分析する。同時に、ＴＩＰＡで上演し、生活する人びとにも注目し、現在、難民社会で人びとが抱えている問題を明示する。

註

（1）ダラムサラに関する記述は、大部分が私の調査に依っているが、歴史的な記述に関しては、ラッセル［Russel 2000］やディール［Diehl 2002］が参考になった。なお、ダラムシャーラーと記述されることもあるこの町ではあるが、ダライ・ラマ法王日本事務所の記述に従って本書ではダラムサラを採用する。
(2) 英国統治時代、パンジャーブの副知事ドナルド・フリエル・マクロード卿にちなむ。
(3) チュシ・ガンドゥクに関しては、ノルブ［一九八七］、ゴンポ・タシ［一九九三］、ダナム［Dunham 2004］らを参照のこと。
(4) チベットの歴史や文化を論じたものとして山口［一九八七、一九八八］、スネルグローヴとリチャードソン［二〇〇三］らの評価が高いが、田中［二〇〇〇］や正木［二〇〇八］は教団の実践と政治実践とを連続して捉えている点で大いに参考になる。また、近現代におけるチベット社会と歴史の複雑性を描きだすことを試みているシャキャ［Shakya 1999］も参照のこと。ちなみに、本書の歴史記述の多くは正木の記述に負っている。
(5) これら固有名詞の表記は、デエ［二〇〇五］の訳者である今枝由郎氏のものに依拠している。
(6) チベットと清の関係に関しては平野［二〇〇四］や石濱［二〇一一］を参照のこと。
(7) ドルジーエフをめぐる記述や当時の国際的状況に関しては棚瀬［二〇〇九］を参照。
(8) 国際法の観点からシムラー条約の有効性を論じたものとして、水野の議論［二〇〇〇］が参考になる。
(9) ＣＩＡが抵抗運動で果たした役割はさまざまな角度から指摘されている［たとえばアベドン　一九九一、McGranahan 2005, 2010］。
(10) 亡命の経緯は、ダライ・ラマの自伝に詳しい［二〇〇一］。
(11) この時亡命した高位聖職者や貴族に対し、グラスドルフは次のように厳しく批判している。「聖俗の区別なく、高位聖職者たちがチベット難民の生存にみずからの特権を役立てたとは言いがたい」「高位聖職者や貴族たちは亡命の地にあっても、おのれの土地を獲得しつつ侵略以前のチベットと同じ制度を再建することに躍起だったからである」［グラスドルフ　二〇〇四：四六七］。
(12) この経緯はパラクシャッパ［Palakshappa 1978］に詳しい。
(13) 「ネルー主義的な開発哲学の主だった理念は、スイスの専門家の助けを借りてルクズン・サムドゥプリン（註：居住地）で実行に移され、インドの行政官は居住地を近代化や開発のモデルとしたのである」［Magnusson 2012: 270］とマグナッソンが指摘するように、インド政府には、チベット難民居住地をインドの農業政策の実験場とする思惑があった。

（14）チベット難民社会の社会構造に関する著書を書いたサクラーニーは、中印国境紛争の一つの原因としてインド政府がチベット難民を受けいれたことを挙げている［Saklani 1984: 226］。また、チベットをめぐる中印関係はダワ・ノルブとベンツの論文を参照のこと［Norbu 1997; Bentz 2009］。

（15）カラトによると、インド政府が難民に対して経済的な独立を支援するための手段を供給したのはチベット難民のケースが最初だという［Kharat 2003: 54］。

（16）http://upload.wikimedia.org/wikipedia/commons/d/d9/LocationDharamsala.png をもとに作成。

（17）現在、人びとがどのような職種に就き、どの程度の収入を手にしているかに関しては、グプタが大まかな調査をおこなっている［Gupta 2005: 89–90］。

（18）たとえばムンドゴッド居住地においては、ウツァンが七七八名、カム五七名、アムドが二〇名となっており、当初、難民社会にはウツァン出身者が圧倒的に多かったのがわかる［Palakshappa 1978］。

（19）「亡命政府がリトル・ラサとしての名を結びつけようとするのはマクロード・ガンジではなく、ダラムサラである、ということは注目されるべきである」［Anand 2002: 18］。ジョンソンによると、インド人のローカルはこうした風潮に対して批判的である。「かつて彼らはここを「リトル・ラサ」と呼んだが、われわれインド人は、それをいさめたんだ。「そんな呼び名をつけるんじゃない、こっちはラサ一色にするつもりはないんだ。ここはわれわれの土地だ！」と言ってね」［ジョンソン　二〇一一：一六九―一七〇］。

（20）「八〇年代初頭にチベットを離れインドにやってきたチベット人は、常に「新難民」と呼ばれ、「古参」からしばしば見下され」ている［Yeh 2002: 243］。「一九九〇年初頭以降、「新入り」として知られる北東部のアムド出身者の難民第三波が亡命している」［Diehl 2002: 34］。本書では特に後者の定義に基づいて議論する。

（21）グプタの調査時、ウツァンは六八・五パーセント（そのうちラサは三九パーセント）、カムが一五パーセント、アムドが一六・五パーセントと依然としてウツァンが多いものの、アムドとカムの比率が逆転している［Gupta 2005: 86］。

（22）http://www.censusindia.gov.in/PopulationFinder/Sub_Districts_Master.aspx?state_code=02&district_code=02 二

〇一二年五月十四日閲覧。

(23) 「チベットでのあらゆる危害や災厄の責を負って四人組が廃止された後、チベットでの事態は改善した。亡命チベット人は今やチベット自治区の親族を訪問できるようになり、手紙がやりとりされている」[Dargyay 1982: viii]。

(24) 肯定的に評価されがちな胡耀邦統治期の批判的な問いなおしに関しては、シャキャ [Wang & Shakya 2009: 107] を参照。また、八〇年代のチベット本土でのチベット人に関する記述としてはシャキャ [Shakya 1999] とチョドン [Choedon 2000] を参照。

(25) シュワルツは、これらデモを象徴的抵抗という視点から分析している [Schwartz 1994]。

(26) 中国政府で当時のチベット情勢を管理していたのが、現在の中国共産党国家主席である胡錦濤であった。

(27) 八九年には六八九、九〇年には二〇六六人、九一年には二七二五人、九二年には三三七四人と、年々増加している [Gupta 2005: 53]。

(28) この状況は、二〇〇八年三月のラサ蜂起以降、さらに厳しくなっている。私がダラムサラで聞いた情報によると、チベットでは現在、電話は盗聴され、手紙は開封されたり止められたりしてしまうという。また、チベットからの亡命自体がかなり困難になっており、普段なら新難民でごった返しているダラムサラの難民受けいれセンターは閑散としている。

(29) マウントキャッスルは、ダライ・ラマのノーベル賞受賞で国際的な認知を得た点を評価するものの、「チベットに自由を」という人びとの望みは叶わなかったと指摘している [Mountcastle 1997: 587]。

(30) 国際チベット年をめぐっては、マクレガン [McLagan 2002] の記述が参考になる。

(31) インドの難民社会全体の失業率は一七パーセント、ダラムサラでは二〇パーセントに上る [CTA 2010]。

(32) 食費にそれは顕著である。ダラムサラ近郊の町で、一キログラム一〇ルピーで販売されているトマトが、マクロード・ガンジでは三〇ルピーすることも稀ではない。

(33) バレと呼ばれるチベタン・ブレッドは、二〇〇二年当初は一枚二ルピーで売られていたが、二〇一二年では一枚五ルピー程度になっている。また、二〇〇三年時点で三〇ルピーだったアショカ・レストランのエッグ・カレーは、二〇一二年では九〇ルピーになっている。

(34) 海外のチベット難民研究者がディール［Diehl 2002］やラウ［Lau 2009, 2010］など数例を除いてインド人とチベット難民の関係を記述していないのに対し、サクラーニー［Saklani 1984: 211］やアラム［Alam 2000: 143］、カラト［Kharat 2003: 86–92］、グプタ［Gupta 2005: 242］といったインドの学者たちによるチベット難民研究は、この問題をささやかながら取りあつかっている。

(35)「外国人はチベット人の店にだけ金を落とす。チベット人は寄付で地元のインド人よりも裕福なのに、それを隠して貧しいふりをする」（インド人商店主の語り。二〇〇五年九月二十七日）。「チベット人がやっていることは金をもらうための演技にすぎない。自分は働いて金を稼ぐけど、チベット人はかわいそうなふりをして金をもらう」（インド人ホテルオーナーの語り。二〇一一年八月十九日）。プロストの引用［Prost 2006: 243］も参照。

(36) 私の知る範囲では、これらインド人労働者の多くは、ビハール州から連れてこられる。「亡命政府ではインド人も雇用している。大抵サリーを身につけた女性で、敷地内の肉体労働に従事している。亡命チベット人はそういう低賃金労働にはつかないのだ」［ジョンソン　二〇一一：一八六］。

(37)「しかし実際には、インド、ネパールなどの南アジアでは、チベット難民の所得は、現地人の平均を上回るという逆転現象が起きており、よそ者でありながら、小金を持っているチベット人への反感が、暴動を拡大させたとささやかれている」［田中　二〇〇二：一七九］。

(38) ディアスポラにおける同化や通婚に関しては、橋本［二〇〇五］が参考になった。

(39) ナムギェル・ドルカー（当時二十五歳の女性）がインド国籍を取得し、話題になった。

(40)「通婚には二重基準が見られる。非チベット人との結婚は望ましくなく、多くの人にとってインド人との結婚は考えられない一方で、西洋人との結婚はより受容可能なものなのだ」［Hess 2009: 144］。

(41) ヘスの第六章がこの件について詳細な情報を提示している［Hess 2009: 132–161］。

(42) これはサクラーニーが調査した一九八〇年頃と比べるとさらに大きな問題となっている。サクラーニーによれば、当時、三〇・九四パーセントの回答者が海外生活の経済的優位を指摘していた一方で、二一・八九パーセントの回答者がインド生活も海外生活も大差ない、と答えていた［Saklani 1984: 216–217］。しかし、難民社会で私が散見したさまざまな語りを考えると、現在では両者間の差は非常に大きいという認識があることは間違いない。また、デリーで調査をおこなったクリーガーも、留学はさておき、海外居住のチベット人と亡命政府の勢力下にあるインド在住チベット人を差異化し、海外移住を見下すべきことだ、とする回答が一般的だったとしている［Klieger 2002: 146-147］。だが、以下に示すように、その語りもかなり変化してきている。

(43) 国際結婚に対する言説やそれが含意するものは、誰が当事者になるかで大きく変わる。クリーガーの国際結婚言説に関する調査［Klieger 2002］は「誰と」結婚するかは問うが、「誰が」「どの文脈で」を問わず、チベット難民一般として分析している。この調査は難民社会での新難民やアムド出身者に関する言説の負性や、国際結婚が語られる文脈を考慮していない点で、不十分であるといわざるをえないだろう。たとえば、ヴァン・デン・ドゥール［Van den Dool 2009: 17］のアムドに関する指摘を参照。

(44) 近年の難民社会の消費社会化は驚異的である。関連する論文としてプロスト［Prost 2006］を参照。

(45) 海外移住に関してはイェーとクンガ［Yeh & Kunga 2006］や山本［二〇一一a］も参照。

(46) 「チベット人にとって、難民関連の書類は文化的、民族的、国民的アイデンティティを表現するものであり、過去への忠誠と、チベットの未来の自由への献身をはっきり公言するものである」［DeVoe 1987: 56］。

(47) 亡命政府に対する納税として財務省に毎年支払う。具体的な納税額は、インド在住の六歳から十八歳が三六ルピー、十八歳以上が四六ルピーであり、海外在住の六歳から十八歳が三六ドル、十八歳以上が四六ドルである［Tsewang 2003: 131］。

(48) ＲＣをもたず、難民にも国民にもなれない新難民については、別所［二〇一二］が参考になる。

(49) ハリスによると、ＩＣは難民や犯罪歴のある者に対してインド政府が発行する身分証明書である［Harris 1999a: 7］。

(50) 二〇〇〇年四月以前は、ＩＣ発行には海外からの招待状が必要だった［Hess 2009: 132］。

(51) たとえば、サンダルに該当するチベット語は「スィハム」であるが、多くの人びとはそれを知らず、ヒンディー語の「チャッパル」を用いている。

(52) これは、日本語における「〜する」を名詞に接続して動詞化するのと同じである。

(53) 一九六〇年三月におこなわれた中国とネパール間の国境交渉において、チベット地域であったドルポは法的にネパール領として制定された［デエ　二〇〇五：三三六］。

(54) マクレガン［McLagan 1997］を参照。また、チベット人の映画監督ペマ・ドゥンドゥプが『おれたちは僧侶じゃない（We're no monks）』という映画を撮っている。

(55) これら五つの要素は、約三年間の聞きとりのなかで得られた情報を総合したものである。

(56) 宗教概念をめぐる議論として磯前・山本編［二〇一一］を参照。

(57) 恥という概念はチベット人たちのあいだできわめて自覚的に用いられている点で、ベネディクト［一九七二］が示したように、私が探りあてた「隠れた」文化的ライトモチーフではない、ということを述べておく。

(58) 教育でもこうしたギャップは利用される。たとえば、「外国人ができることがチベット人にできないなんて、恥ずかしいと思わないのか」という叱責がTIPAでも聞かれる。

(59) 二〇一二年から学校でおこなわれているキャンペーン。「他の言葉を知っているのはいいことだが、自分の言葉を忘れるのは恥である」と書かれている。

(60) 「チベット人は内側からそして外側からどう見られているかに対してきわめて意識的である。というのも、自己のアイデンティティに彼らはきわめて意識的であるからだ」［Palakshappa 1978: 98］。

(61) チベットへの帰還をめぐっては、大まかに分けて二つの立場がある。ダライ・ラマの主張する、チベットの独立ではなく「チベット人の高度な自治」を要求する立場と、チベット青年議会やチベット人知識人たちが主張する「チベットの完全独立」である。

(62) 文部省、財務省、内務省、厚生省、情報・国際関係省、宗教・文化省、公安省からなる。なお、亡命政府の政体や寄付などについてはローマー［Roemer 2008］および榎木［二〇〇七、二〇一〇］を参照。

(63) 「亡命政府の力のありかは、ほとんど権威がないにもかかわらず、亡命チベット人のあいだに忠誠心を生みだすその能力である」［Hess 2009: 37］。

(64) 「チベットは中原勢力の強制の下に中国のカテゴリーに入れられていったと認識する観点は思いこみから生まれた結論に過ぎない。この地域は歴史的意義において、チベット文明の東方発展と中原文明の西方拡大発展の重層的な過程の産物であり、言うまでもなくこのような規模のチベットをダライ・ラマが統治したことなど歴史上いまだかつてない」［汪　二〇一一：二八四］。

(65) この議論に関してはゴールドスタイン［Goldstein 1997; Goldstein & Kapstein 1998］を参照。また、ゴールドスタインに対する批判としては大川の議論［二〇〇三］が参考になる。

(66) http://upload.wikimedia.org/wikipedia/commons/0/0b/Historic_Tibet_Map.png をもとに作成。太枠が亡命政府によるチベット領土の主張である。

(67) たとえば、以下の文献を参照［Shakya 1999: 34; Kharat 2003: 27、阿部二〇〇六］。

(68) 現在、グラワはインドには約五十四の難民居住地があると記述しているが［Gurawa 2009: 33］、亡命政府の資料を用いたツェワンは二十九であると記述している［Tsewang 2003: 125］。しかし、情報・国際関係省の発表では、三十九の居住地があるとされる［Department of Information and International Relations 2011: 13］。

(69) ノワクは亡命政府が文化に政治的な可能性を認めるのが遅かった点を示唆している［Nowak 1984: 116］。

(70) これまでのチベット難民に関するナショナリズム研究もまた、仏教ナショナリズムを強調してきた経緯がある［Kolas 1996; Choedon 2000; Dreyfus 2002; Moran 2004］。

(71)「彼はまたチベット人の大多数の精神的、世俗的な首長として、中国の撤収のあとに真の民主主義を準備する目的で、亡命チベット社会の近代化という大事業に身を投じている。……彼の平和のメッセージは亡命チベット人を分裂させるが、それは世界中に通じ、理解された」［ドネ　二〇〇九：三三八］。

(72) 亡命チベット人憲章の第一章に非暴力の原則は明記されている。

(73)「民主主義に関する事業は、仏教的な比喩を使うことで正当化されている」［Dahlstrom 2005: 175］。

(74)「ダライ・ラマは亡命先への脱出以来、真の民主主義者としてふるまっている」［ドネ　二〇〇九：三三八］。難民社会で人権が政治言説として用いられ始めたのは七七年頃からであり、人権が完全に政治戦略となったのが八〇年代後半であった、とマウントキャッスルは主張する［Mountcastle 2006: 90-91］。

(75) シャキャは、ダライ・ラマや亡命政府による人権や環境問題という視点からのチベット問題の国際化は、八〇年代の西洋社会での人権などの道徳的な問題への関心の高まりと時期的に一致していたことを指摘している［Shakya 1999: 413］。

(76)「停止された歴史」「歴史の停止」という視点から、亡命政府が作りあげる歴史においては語られないチュシ・ガンドゥクの活動を難民社会の文脈から取りあげた研究としてマックグラナハンの歴史人類学的研究［McGranahan 2005, 2010］がある。

(77) マクレガンは文化の展示がもつ政治性を以下のように指摘している。「近年、その対決に新たな局面が表れている。文化の展示が、政治的正当性をめぐるチベットと中国の主張が争われるもっとも重要な手段の一つになっている、というものである」［McLagan 1996: 351］。

(78) 蔑みの対象にならなかった者として、ダライ・ラマの前で踊る「カル」の劇団、アマチュアのチベット歌劇団や吉祥の踊り「タシ・ショルパ」に従事する者、貴族らによる宮廷音楽「ナンマ」を演奏する者が挙げられている［Henrion-Dourcy 2005: 199］。

(79) 坪野は「チベットの旅芸人は十七世紀あたりから、吟遊詩人にしろ、歌謡うたいにしろ、大掛かりな劇団によるアチェ・ラモなどの芝居にしても、みんな〈芸術化〉してしまったので、パトロンを持って演じるようになる……純粋に旅芸人として演じているのはいまや、世襲的な後継者や輪廻転生による生まれ変わりの後継者、あるいは宗教的な修行者だけだ。そして乞食の単純な芸ももちろんある」［坪野　一九九一：六八］として、十七世紀頃にチベットの芸能がパトロンに抱えこまれることで、大規模な〈芸術化〉が起こったことを示唆している。しかし、チベットではこうした演目は芸術と捉えられておらず、職業としての「歌手」や「俳優」という概念はほぼ皆無に近かったことをヘンリオン・ドルシーは指摘している［Henrion-Dourcy 2005: 200］。なお、本書のいう「アート」とは、西洋的審美的なまなざしのなかで愛でられ、消費される状況を指す。

(80) 西洋におけるチベットイメージの変遷を簡潔に描いたものとしてシェル［Schell 2000］やバーネット［Barnett 2001］、石濱［二〇一〇］がある。

(81)「いかなる意味においても民族的なアイデンティティを欠いていたチベット人が直面したのは、自分たちを西洋人に表象することの必要性であった。そのため、彼らが選んだのは彼らにとって唯一利用可能であった語彙、すなわち西洋人や東洋学者が提供した語彙であった」［Dreyfus 2005: 5］。

(82) フーバーは、西洋との差異化を図る際、チベット難民のあいだにガーンディーによる反植民地主義のレトリック、すなわち西洋に物質性を割り当て、インドに精神性を割り当てるレトリックが浸透していることを指摘している［Huber 2001: 364］。

(83)　フーバーは、チベット難民社会において登場した新たなタイプの自己イメージを、(1)植民地主義、オリエンタリズム、ナショナリズムと、(2)環境主義、平和主義、人権、フェミニズムという二つの流れからなるものであると指摘する。そして、これはエリートの創造物に過ぎず、民衆には共有されていないとしている［Huber 1997, 2001: 358, 368］。

(84)　「南アジアのチベット人コミュニティにおいて資金援助はとてもありふれたものなので、資金援助者を見つける能力はその人がやり手で勤勉である証しとして解釈されることが多い」［Yeh & Kunga 2006: 819］という指摘にあるように、資金調達のうまさもまたチベット難民社会における位置取りに大きな影響を与えていることは見逃せない。

(85)　フェティッシュ化（物神化）とは自然物をまるで〝超自然的な性質・性能・能力をそなえているかのように……〟」［廣松　一九九〇：八五］認識する事態である。人類学的なフェティシズム研究の動向に関しては田中［二〇〇九］を参照。

(86)　アメリカ政府やCIA、後述するNEDの介入は最たる例である。また、赤十字やSwiss Techは初期の段階から難民居住地において活動をおこなっている。ほかにもCARE、YMCA、Save the Children Fund、Catholic Relief、Church World Servicesなどが支援をおこなってきた［Mountcastle 1997: 587］。グルンフェルド［Grunfeld 2006］も参照。

(87)　モランによる整理を用いれば、資本交換と記号交換の繋がりのなかに位置するチベットに関わるモノが「呪術化された領域としてチベットを特権的なものとするような大規模な言説内における記号表現にな」り、「物神化」される［Moran 2004: 52］ことにより、難民社会は経済的な利益を得ているということになる。

(88)　インドをめぐるチベット難民のアンビヴァレントな態度は、ラウの議論を参照［Lau 2009, 2010］。

(89)　「チベット難民に対する強固な経済的・社会的支援こそが、チベット問題に対するこのような政治的な無支援を補っているようだ」［Bentz 2009: 103］。

(90) デヴォー［DeVoe 1987: 58］やイェーとクンガ［Yeh & Kunga 2006: 817］も類似した指摘をしている。

(91)「一九五九年以降、南アジアのチベット人は西洋の個人から莫大な物質的援助を受けており、亡命政府が運営する学校では教育費などの出費を賄うために海外の支援者の援助をわりあてている」［Yeh & Kunga 2006: 814］。

(92) 二〇一〇年にＮＥＤからダライ・ラマは民主主義功労勲章を授与されている。授賞式でのＮＥＤ代表の以下の発言を参照。「ダライ・ラマ法王は民主主義の制度・真価・目的をプロモートし、それを日常生活に活かすための模範を私たちに示してくださいました」（http://www.tibethouse.jp/news_release/2010/100219_accolade.html）。

(93)「むしろここでもっとも重要なことは、放棄された生――追放と包摂の両方を受けている生――は、市民性を奪われた瞬間に、まさに権力にどっぷりとつかると理解することです」［バトラー・スピヴァク　二〇〇八：二八］。

(94) ＮＥＤホームページ（http://ned.org/node/195）より作成。

(95)「昔からダラムサラにいるウツァンの人びとは本当にひどい。私たちがいなければ、「中国が悪い」という彼らの主張を証明する人間はいない。それに、支援を引き出そうとする時は、いつも新難民の孤児を支援者に見せるんだ。なのに、「新難民だから」という理由で彼らは私たちについていろいろいうんだ」（二〇一一年九月三日、カム出身の男性の語り）。

(96) ウツァン出身の男性の語り。二〇一一年九月六日。

(97)「日常生活と、その急速に変化するグローバルな背景とのあいだを媒介しているのは、いくつもの不安や不確実性である。マイノリティーは、そうした不安を発動させる引火点なのである」［アパドゥライ　二〇一〇：六五］。

(98)「支配としての服従と服従としての支配という生きられた同時性は、主体が現れる可能性の条件なのである」［バトラー　二〇〇〇：九〇］。「主体が法に向かって振り向いたり駆け出したりするということは、その主体が法の呼びかけてくれるのを激しく待ち望みながら生きていることを示唆する。だがそのような愛は呼びかけを超えるものではない。むしろそれは、主体が自らの属す国家によって陥れられる、受苦の円環を形成する」［バトラー　二〇〇〇：九八］。

(99)「呼びかけの成功が「阻止」されるのは、……呼びかけが人間の構造的な領域を決定できないためだ。もし良心が存在への激しい愛着の採るひとつのかたちであるならば、呼びかけの失敗は、呼びかけの作用を可能にもするまさにその激しい愛着のうちに見出されるはずである」［バトラー　二〇〇〇：九八―九九］。

(100) マッケラスのこの定義は本来、チベット人のチョダグが書いた文章であるが、マッケラスは、チョダグの論考を参考文献に掲載していない。

(101) ダムニェンに関する詳細な説明としては、佛教大学小野田俊蔵教授のホームページを参照（http://www.bukkyo-u.ac.jp/mmc01/onoda/works/essay_j9.html）。

(102) 副弦を含めれば六弦だが、説明を簡素化するため、三弦として表記していくこととする。

(103) たとえば、音の高低を表現するチベット語としては「男声」「女声」があるが、それはピッチやオクターブの高低と完全にリンクするものではなく、きわめて曖昧である。

(104) なお、ハーモニーやユニゾン、リズムという分類は、ＴＩＰＡの演者にも用いられている。

(105) 太鼓用のリズム譜は存在するが、ダムニェンを演奏する際のリズムに関する記述はない。

(106) 「チベットの文脈において歌や踊りの大半は参加型であり、演者と観客のあいだを区切るものはない」［Henrion-Dourcy 2005: 199-200］。

(107) 亡命後十年を節目として一九六九年に刊行されたダライ・ラマ事務所の出版物は、ＴＩＰＡを以下のように位置づけている。「文化を保存するという我々の苦闘の一部として、チベットの踊りや劇、音楽という伝統を維持することが不可欠であった。また、我々が世界の大半から隔たっていたこともあって、これまで神秘的な存在でありつづけた我々の比類なき文化を人びとに知らしめる必要があった」［Bureau of H.H. The Dalai Lama 1969: 251-252］。

(108) 時計回りに仏塔や寺院など、神聖な存在の周りを回る実践。

(109) 「彼らは音楽を通して亡命者社会を束ねることを期待され、彼らの海外公演は存在主張をかねた政治的宣伝活動である」［北中　二〇〇七：三四二］。北中は亡命社会で音楽の求心力が持続しているものの例としてＴＩＰＡのそれを挙げている。また、ブロックスは、八〇年代以降、「たとえば、ＴＩＰＡはチベット文化を国際的な舞台で広める重要なグローバルな使節となった。チベット文化は海外でうまく受けいれられ、独特で保護する価値のあるものと認められたのである」と語っている［Brox 2006: 93］。

(110) ＮＥＤホームページより（http://ned.org/node/1451）。

(111) 行政部で働く人びとの大半は、もともとTIPAとは無縁の仕事をしてきた人ばかりである。大体数年ごとのもちまわりで亡命政府から配属されるため、そういった人びとにとって、TIPAは一時的な止まり木でしかない。そのため、TIPAの団長すら演目に通じていないということはままある。たとえば、こんなエピソードがある。友人が仕事でTIPAの団長へのインタビューの通訳をしていた時のこと、TIPAの団長は友人にこういったという。「私はチベットの伝統のことは詳しくないから、他の人に聞いてもらったほうがありがたいのだが……」。

(112) ランニングは、八〇年代ジャムヤン・ノルブが代表を務めていた当時に奨励されていた。いつごろ義務ではなくなったのか詳細は不明。バレエは、ボランティアの指導者が在籍していた二〇〇七年頃まで若年演者を対象に指導がなされていた。

(113) TIPAのメンバーは日常的にカルチャー・スクールという呼称を用いている。

(114) TIPA所有のホールや各難民居住地で開催される公演でのチケットの価格は、五〇ルピーから一五〇ルピーである。

(115) この年は海外公演をおこなっていないため、国内での公演回数のみ。

初めての海外一人旅であった。

回顧すれば、英語がさっぱりだった当時（現在もかなりいい加減だが）、かなりこみいっているインドのバス事情を「素人」の目で正確に把握できるはずもなかった。チケットを売る男性もこちらの余裕のなさを見透かしたのか、適当にあしらおうとする。食いさがりながら「ダラムサラ」の名前を連呼した結果、なんとかチケットを手にいれることができた。十六時発の一番安い各駅停車バスになんとか乗り込み、喧騒に包まれたオールドデリーをタータ社製のおんぼろ車両であとにした。安堵して車内を見回してみると、チベット人と思しき顔は見当たらない。本当にこのバスは十二時間もかけてダラムサラに到着するのかと不安になるほどインド人の乗客で混雑している。彼らも私のような観光客が車内にいるのが珍しいのだろうか、しきりに私を見つめてくる。日本ではまず経験することのないすさまじいまでの目力だ。視線にさらされた私はあちこち落ち着きなく見回すこととなる。しかし刺激されるのは視覚だけではない。車内では、食べ物や身体から染み出るいろんなにおいが混ざって、なんともいえない空気が立ちこめている。名も知らず、これから一生会うこともないであろういろんな人がぎっしり詰まった車内を、大声で意味不明な言葉を叫びながら動き回る者がいる。花輪やアイス、なにやら得体の知れない果物を売っている。乗客をかきわけて進む彼らは、いつの間にか現れ、またいつの間にか姿を消す。窓から外を眺めると、夕日が沈もうとしているにもかかわらず、気温が下がる気配はない。大勢の乗客が風の行き場をふさぎ、車内は熱を帯びたままである。座っているだけなのに、身体中の汗腺から汗が吹き出ているのがわかる。水を口に含んで、一気に飲み下した。なんとか冷静さを保とうとしたが圧倒された。これが私にとってインドの原風景になった。私が「インド」を思う時、夕日が沈みかけたバイパスを爆走するバスの車内での記憶が今でも真っ先に浮かびあがる。

バス停でもない場所で、バスはたびたび停まる。人びとがバスから液体のようにこぼれ出したかと思うと、瞬時に満杯になる。いったい何人の人があのバスに乗っていたのだろう。バスはクラクションとエンジンの轟音を立てながら、容赦なく走りつづける。

寒さで目が覚める。朝の四時過ぎ。どうやら気づかないうちに眠っていたようだ。身体が震えている。前日のデリーの暑さとは大違いである。ダラムサラに近づいているのを実感する。かばんから上着を取りだし、急いで着る。見回してみると、乗客は私も含めて三人だけ。チベット人と思しき顔が見える。若者だ。眠っている。ダラムサラに確実に近づいているのだな、と少しだけ安心した。曲がりくねった道を、バスは轟音を立てて進んでいった。

外を見てもまだ真っ暗だ。だというのに、バスは廃校の校舎のようにどこか薄気味悪い建物の車止めに停車した。たくさんのバスが停留しているからバスセンターらしい、という見当はついた。どうやらここが終点のようだ。運転手が、早く降りろ、と私を急かす。荷物をなんとか整理して、急いでバスを降りた。降りたものの、どうしたらいいのだろう。ダラムサラに関して大雑把な記述しかしていないガイドブックを恨んだ。バス停で途方に暮れていると、一人の男が「どこに行くんだ」と声をかけてきた。「マクロード・ガンジに行くんだ」と告げると、彼もマクロード・ガンジに行くとのこと。ここからは乗り合いジープで行くのだそうだ。彼は、「ネパールから仕事のためにここにやってきたんだ」、とチャーイをすすりながら話しはじめた。私もチャーイをすすりながら、「日本から旅行でやってきた」、と、とりあえず多くの人類学者がするであろう無難な自己紹介をした。空腹で腹が鳴った。そういえば、バスに乗ってから何も食べていなかった。今思えば臆病な選択であったが、下痢をしたくなかったからだ。横を見てみると、彼も腹が減っていたようだ。売店に売っていたビスケットを買ってきて、半分私にくれた。口のなかをぱさぱさにしながらも、空腹を満たすために半ば無理やりビスケットを飲み下し二人でジープを待った。

三十分ほど待っただろうか。一台のジープが停車した。私と彼が乗りこもうとすると、どこからともなく乗客がぞろぞろやってきた。最初はゆったりしていたように見えたのだが、ジープは昨日のバスの乗客の量と同程度か、と思うくらい瞬く間にぎゅうぎゅうづめになった。一台十二人乗りである。かなりきつい。曲がりくねった道を結構な速度で進む。彼が何かを話しかけてくるが、聞こえない。エンジン音がうるさすぎるのだ。時に強引なギアチェンジで、ギアがガリガリと悲鳴を上げる。ガードレールもなく、落ちれば即死だろうという山道をジープはすいすいと、いや、びゅんびゅんと進む。エンジン音に負けじと、「インド」という感じの音楽が車内にけたたましく流れている（今思えば、あれはラタ・マンゲシュカールの声だったろうか）。日の出前のまだ薄暗い渓谷に響く甲高い女性の声とタブラの音。ノスタルジックな雰囲気の音楽に対して、未踏の地に向かう私の心地は落ち着かず、心臓の鼓動はいやでも高鳴ってくる。その鼓動の高鳴りは、運転に対する不安だったのだろうかもしれないが、今となってはよくわからない。

三十分ほどして、ジープはマクロード・ガンジに到着した。まだ薄暗く、寒い。第一印象は、「思ったよりインドだ」、ということ。というのも、ここでも牛が我が物顔で町を練り歩いていたからだ。狭い道をオート・リクシャと牛がお互い自分の好きなように動き回る。しかし、喧嘩でも始めるかのようにクラクションを鳴らして追いはらおうとするも、当の牛がまったく動じないところを見ると、牛のほうが一枚上手のように思える。一緒にここまで登ってきた男性に別れを告げ、「さて、何をしていいやら」と途方に暮れた私は、大きな荷物を背負って歩きだした。宿の客引きが寄ってくるが、デリーでしていたようにとりあえず無視する。無視して歩きだしたものの、どこに向かっているのかわからない。とりあえず寺に向かおう、と決める。重たい荷物を背負ったまま、道をどんどん下っていった。しばらく歩くと、大きな建物を見つけた。地図のうえではここらあたりが寺のはずだが、まさかこれは寺じゃないだろう、という判断でまた道を引き返してしまった（後日それが寺だったと判明）。このままだと、バス停に引き返すことになってしまう、とまたもや途方に暮れていると、白髪交じりの男性が坂道を上がってくる。私がこの地で会う初めてのチベット人だ、と緊張しつつ、「タシデレ（こんにちは）」とうろ覚えのチベット語で話しかける。すると、「おはようございます」という返事。「観光ですか」とその人は問うてきた。日本人だったのだ。恥ずかしさで頭がくらくらした。しかし、気を取りなおして、ダラムサラにやってきた理由を説明する。すると、「ああ、ＴＩＰＡなら私の知り合いがいるよ。紹介してあげるよ」と、想像だにしない返事が返ってきた。まさに僥倖だった。

聞いてみると、その方はここに長期滞在している日本人の一人であった。チベット人の友人も多く土地勘もあり、宿やこの町の作りなどを懇切丁寧に教えてもらった。私が観光でやってきた人に土地案内をする時の基本的なやり方は、この時の経験に則っているといっても過言ではない。

彼との出会いがマクロード・ガンジでの生活、そしてTIPAとの出会いのすべての始まりだった。そんなに早くことが進むと思っていなかったが、到着したその日の午後、一緒にTIPAに行くことになった。山道を十五分ほど歩く。町が一望できるようなところをどんどん進んでいく。山道の中腹あたりに、ぽつんとそれは建っていた。門をくぐると、いきなりバスケットコートが視界に入ってきた。そこらじゅうに犬が寝そべっている。肝心の演者たちだが、周りを見回しても練習をしている気配がない。彼はあっけにとられている私をおいてどんどん先に進んでいく。私は遅れてはならん、と我に返り、彼のあとを必死についていった。ある建物の手前で彼は立ちどまり、「ここに私の知り合いが住んでるんだよ。彼女の作る飯がうまいんだ、これが」といった。建物のなかに入るには、まず階段を上り、さらに暗い通路を通りぬける必要があった。暗闇のなか、一番端の部屋にたどり着くと、彼はドアをノックした。すると、なかから一人の女性が出てきた。痩身で身長もそこそこある。年齢は大体三十代後半といったところだろうか。彼の横にいる私を見てびっくりしたようだ。よくわからない二十代のあか抜けない男がなんの前触れもなく突然目の前に立っていたら、それはびっくりするだろう。突然の来客に戸惑いながらも、「こんにちは」とその女性は笑顔で挨拶してくれた。私はたどたどしく「タシデレ」と答えた。まず、彼が彼女に私を紹介してくれた。私もたどたどしい英語で彼女に自己紹介した。話していくなかで、彼女は、元演者で、現在はTIPAの年長演者の妻として家を切り盛りしているということがなんとかわかった（とにかく、そこにいない人の固有名詞がどんどん出てくるものだから、家族関係の理解がかなり難しいのだ）。私の目的が伝わったのだろう、彼女は「任せなさい！　チベット文化のことなら何でも教えてあげるわ。もちろんチベット語も！　私の旦那も演者だし、彼に頼めばあなたもTIPAで楽器を学べるでしょう！　今日から私を母親だと思っていろいろ頼りなさいね」と笑顔で返事を返してくれた。とりあえず、驚いた。初対面の私をこうも簡単に引き受けて

愛読者カード

本書をお買い上げいただきまして、まことにありがとうございました。
このハガキを、小社へのご意見またはご注文にご利用下さい。

お買上 **書名**

＊本書に関するご感想、ご意見をお聞かせ下さい。

＊出版してほしいテーマ・執筆者名をお聞かせ下さい。

お買上 **書店名**	区市町	書店

◆新刊情報はホームページで　http://www.hozokan.co.jp
◆ご注文、ご意見については　info@hozokan.co.jp

13.1.1.3

ご氏名《ふりがな》	年齢　　歳	男・女
〒□□□-□□□□ ご住所	電話	
ご職業（ご宗派）	所属学会等	
ご購読の新聞・雑誌名（ＰＲ誌を含む）		

ご希望の方に「法藏館・図書目録」をお送りいたします。
送付をご希望の方は右の□の中に✓をご記入下さい。　□

注 文 書

月　　日

書　　名	定　価	部　数
	円	部
	円	部
	円	部
	円	部
	円	部

配本は、○印を付けた方法にして下さい。

イ. 下記書店へ配本して下さい。
（直接書店にお渡し下さい）
－（書店・取次帖合印）－

ロ. 直接送本して下さい。
代金（書籍代＋送料・手数料）は、お届けの際に現金と引換えにお支払下さい。送料・手数料は、書籍代 計5,000円 未満630円、5,000円以上840円です（いずれも税込）。

＊お急ぎのご注文には電話、ＦＡＸもご利用ください。
電話 075-343-0458
FAX 075-371-0458

書店様へ＝書店帖合印を捺印の上ご投函下さい。

（個人情報は『個人情報保護法』に基づいてお取扱い致します。）

くれるとは。そして、彼女が住むアメリカと日本のあいだを手紙やメール、電話でやりとりしている今でも驚いている、こんな風に人と人の縁はできてくるものなのか、と。

二〇〇二年九月二十日、こうして私はＴＩＰＡに居場所を得ることになった。ＴＩＰＡの人びとは、時に面倒をもちこむ私を、どんな時でも優しく迎えいれてくれた。だが、そのなかでも、私のダラムサラでの生活、そしてチベット難民の人びととの交流は、今や「母」として慕う彼女と、「家族」抜きには語れない。本書に出てくる数々の事例のいくつかは、「母」が私に語ったものである。また、「母」が語ったものではない事例にしても、「母」を媒介にして知り合った人びととの会話に基づくものが大半である。

ダラムサラでの私の思い出は「母」を経由して浮かびあがるものばかりである。「母」が作ってくれる、そのおいしさを決して忘れることのできないカレーの香りと風味とともに。

第1部

伝統を生きる芸能集団

第2章　喪失の語りと創造の語りをめぐって

1　はじめに

五〇年代以前のチベット文化をナショナリズムの基礎とするチベット難民社会では、伝統文化はチベット人の存在を支える重要なものである。それでは、伝統文化の上演に従事する人びとにとって、伝統とは何を意味するのだろう。本章は、TIPAで用いられている伝統概念の分析を通して、これまでチベット難民研究が用いてきた伝統概念を再考することを目的とする。そして、TIPAの演者たちが保存・促進しようとしている伝統がいかなるものか、そして伝統に関して彼らが直面しているリアリティがいかなるものかを記述する。[1]

2　伝統言説の俯瞰

ディールが指摘するように、「伝統的で、再活性化されたチベット民俗音楽、中国風であると考えられているチベット音楽、インド映画音楽、西洋のロック、レゲエ、ブルーズ、亡命状況で作られた現代的チベット音楽、ネパールの民俗音楽やポップ」［Diehl 2002: 1］など、さまざまな音楽が難民社会には溢れている。こういった環境で、チベットの芸能がどのように語られているかを本節では見ていくこととする。

チベット難民社会とは、チベット本土から中国の侵略の手を逃れてやってきた人びとが形成した社会であり、その社会において、中国の手によって本土で破壊されているチベット文化を保存・促進するために設立された組織がＴＩＰＡである。破壊や喪失に対して強く危機感を人びとがもつ状況においては、変化を望まず否定的に捉える言説が幅を利かせるのは想像に難くない。たとえば、私が出会った以下のような語りが該当するものだろう。

> 我々の文化はチベットで破壊されている文化と違い、変化せずそのままのかたちで存続している。(2)

> 中国化された本土の文化は、我々の伝統とは大きく変わっている。我々の社会に生き残っているのはチベット文化そのものだ。(3)

これらの語りは「過去を真正化し、現在を低く見積もる公的なパラダイム」[Diehl 2002: 64](4)を反映し、このパラダイムのなかでもがく若者たちの生をディールは描きだしている。ディールいわく、このパラダイムは伝統文化の保存に重きを置くものであり、「今日、何が、誰が「本当のチベット人」なのかという本質主義的な思考が幅を利かせるよう導いている」[Diehl 2002: 63]が、皮肉にも、こうしたパラダイムが覇権を握った結果、演者たち自身が伝統的な演目に飽きてしまい、「文化的な死」へとその伝統を追いこんでしまうものでもあるという[Diehl 2002: 74](5)。

さて、私が調査した感想だが、このような語りは公的な場において幅を利かせていたが、実際のところ、発話の状況や文脈に大きく左右されるものである。日常生活で伝統芸能をそのままのかたちで保存することに頑なにこだわっている人はそれほどおらず、むしろ、多くの人が特にこだわりなく伝統芸能とその他の音楽のあいだを状況に応じて行き来しているようであった。もちろん、それを伝統に付随するイデオロギー性が自明化された状況である、とディールのように捉えることもまた可能ではあろう。とはいえ、そのような伝統の見方もある一方で、もっと開かれた伝統観が難民社会にあることも事実である。たとえば、ダライ・ラマのスピーチを聞いたＴＩＰＡ演者が私に語ったような以下の語りがある。

ダライ・ラマ法王は「伝統だからといって変化せずそのまま保存することは無益である。伝統のなかから何かを生みだすことが大事だ」とおっしゃっていた。自分もそう思うよ。大事なのは、これから何を伝統としていくかだ。(6)

また、ある指導者は、もっとあからさまにチベット伝統文化の異種混淆性を指摘し、それを根拠に伝統に手を加えつつやりくりしていくことの重要性を語る。

チベット伝統文化とはいうけれど、もともとチベットにあった食べ物はツァンパ(7)、楽器なんてダムニェンくらいのものだ。他の料理や楽器は中国から伝わってきたものだよ。アムドのモモ(8)に至っては他の地方とかたちまで違う。こうやって見ると、伝統というものはそれ自体何かと混ざっている。だから、この伝統をそのまま守るのではなく、ちょっと手を加えつつ推し進めていくのがいいと自分は思う。今は百年前じゃなくてテクノ

ロジーが溢れる現代なんだから、それを考えればまったく同じ型に押しこめるほうが無理だよ。(9)

このように、難民社会における伝統に関する言説は、ディールが指摘するほど保守的・本質主義的ではなく、ダライ・ラマや演者といった、伝統の護持を主張する職に就く人たちがむしろ異種混淆的な伝統観を提示している。このような意見をもつ人が多くいるとは一概にはいえないが、少なくとも、TIPAの内部においては少数派ではない。(10) 一見したところ異種混淆性を肯定し、称揚しているかに見えるこの語りには、考察でもう一度戻ってくることとしよう。次節では、ここで挙げた演者のいうような伝統観が、どのように彼らの提示する伝統芸能に表れているかを記述する。

3　TIPAによる伝統の使い方

伝統の保存・促進を目的とするTIPAだが、TIPAに属する演者たちは単純に過去の演目を変更もなしにそのまま演じているわけではない。議論の要点を先取りしていえば、亡命以前から存続する伝統芸能をまったく変化させず、維持し保存しようという保守的な姿勢とは異なり、伝統を過去・現在・未来という時間の絡まりのなかで捉え、彼らなりに工夫しながら上演している、ということができるだろう。TIPAの演者たちがステージ上で演じる演目を注視すれば、演者たちが聴衆に受けいれられるよう創意工夫し、演目を磨き上げてきたことがうかがえる。(11) 以下では、彼らの創意工夫を大まかに四分し、各パターンを提示する。

①隊列組みなおし型

まず、「ステージ映えするように、演目の隊列を組みなおす」というパターンから見ていくことにする。ここではキーロン地方の演目である「キーロン」を事例とする。キーロンをはじめ、ＴＩＰＡが現在ステージ上で演じている演目の大半は、もともと、酒や祝いの席、畑仕事などの機会に歌い、踊られていたものであり、ステージ上で踊られていたものではなかった。そのような演目の大半は、演者同士が手をつないで円形を作って舞う、円舞であった。キーロンは、仲間内もしくはそこに突然やってきた人びとを円のなかに加えて、ゆったりとした導入部から活発な後半部の踊りへと展開していく緩急のついた円舞であった。しかし、円舞をステージ上で演じるとなると不都合が生じる。円舞は常に演者たちが円になって舞うものであるため、顔が円の内側を向くことになり、聴衆側の演者は聴衆に対し常に背を向けることになるからである。聴衆に背を向けたままでは表現方法に限りがあり、結果、魅力的なものと感じられない恐れがあるため、ＴＩＰＡは円として閉じていた隊形を解体し、手をつないで並んで踊ることにしたのである[12]。これによって、円舞の時は単調に演者が回転するだけだった踊りが、ステージを縦横無尽に利用できるものに変化した。また、この隊列の組みなおしによって、背中を聴衆に向けるため見えなくなっていた顔が聴衆側へと向くことになり、演者の表情を効果的に使うことができるようになった。

ある時、私が顔見知りの聴衆と一緒にキーロンを観ていると、彼がこう感想をいった。

自分もキーロン出身だけど、これはキーロンの踊りそのものだ。ＴＩＰＡはきちんと伝統を保存しているね。もともと円舞だった演目を、こうやってステージ向けにして素晴らしいなと思う[13]。

図2-1　歌謡曲と激しい踊りの合体

ちなみに、円舞の解体はTIPAの伝統的な演目のほとんどで採用されている変更である。

②接合型

隊列組みなおしのパターンが演目そのものには手を入れていないのに対し、このパターンは、異なった演目を組み合わせて新しい演目として作りなおし、伝統的な演目として演じるパターンである。ここではダムニェン・シャプトという舞踊スタイルのなかの楽曲であるリンジン・ワンモを事例として取りあげる。

ダムニェン・シャプトは、TIPAの演目のなかでも技術的に難易度が高く、公演の際にも聴衆から拍手喝采を博する演目の一つである。ダムニェンを弾きながらシャプトというすばやく細かいステップを踏み、ステージ上を華麗に歌い踊るさまは圧巻である。ここで取りあげるのは、そのなかでも二〇〇七年に演奏されていたリンジン・ワンモという曲である（図2-1参照）。

リンジン・ワンモという曲は、本来現代的なチベット音楽で、二十年ほど前に難民社会で流行ったものが数年前ラサを中心に流行し、それが再び難民社会に還流してきた楽曲である。この曲は多くの人びとに愛されたラブ・ソングであった。問題は、この曲はあくまで歌謡曲であり、振付が存在していないことであった。演者たちが公演で演じる演目は、歌だけのものはほとんどなく、どこかに振付や踊りが入っている。ある男性演者がダムニェンを弾きながらリンジン・ワンモを演目としてアレンジしたものの、踊りのないゆったりとしたこの曲は、今のままではステージ用の演目として活用できない。試行錯誤の結果、彼はこの歌謡曲にシャプトを接合させることにした。前半部の歌謡パートには簡単な身ぶり手ぶりを導入し、後半部に激しい踊りであるシャプトを合体させる。これによって、歌と踊りが分離している問題は解決するのである。

演目が始まるのは、ゆったりとした曲調のリンジン・ワンモからである。リンジン・ワンモを演奏しながら歌うあいだ、彼は踊らない。せいぜいステージ上を移動し、聴衆に対して身ぶりで何かを訴えかける程度である。しかし、ゆったりした曲が途切れるや否や、彼が抑揚をつけてダムニェンから弾きだすパキッというパーカッシヴな音と、シャプトが生みだす躍動感溢れるリズムが場内の和やかな空気を切り裂く。それはリンジン・ワンモのゆったりとした旋律がもたらした、のんびりとした牧歌的ともいえる雰囲気のなかに、シャプト特有の小刻みなステップが生みだすリズムと静と動の抑揚をつけたダムニェンの響きによって、突然転調をもたらすものであった。異なった演目の接合により、静と動のコントラストを有効に生かした「伝統演目」ができあがったのである。

③異種混淆型

このパターンも、接合の事例と同様、演目そのものに手を入れるものである。しかし、これはチベット文化以外の要素を加える点で、接合の事例とは大きく異なる。ここではレルパを参照する（図２-２）。

図2-2　レルパの見せ場

レルパという演目は、チベットの流浪の民たちが物乞いの際の見世物として踊っていたもので(14)、太鼓とシンバル、そしてベルを打ちならして踊る激しい演目である。衣装はカム地方のものが用いられていることから、カム界隈で踊られていたものをＴＩＰＡでは踊っていると考えられる。この演目の特徴は、男女とも身体全体を駆使する生き生きとした、アクロバティックなまでの振付であり、それは、遊牧民たちのもっていたといわれる身体能力のすさまじさを我々にまざまざと見せつけるものである。しなやかに跳躍する男性陣の踊りはいつ見ても躍動感に溢れ、手打ち太鼓をもちながら身体を激しくくねらせる女性の踊りが見せつけるなまめかしさには思わず見入ってしまう。この演目は聴衆からの人気も非常に高く、各公演の演目に必ずといっていいほど組みこまれている。

レルパの楽曲テンポは速く、かつ挑戦的である。聴衆は、「前乗り」のリズムで演じられるアグレッシヴな踊りに興奮を抑えることができない。その興奮をさらに高めるものとして、演目の真ん中あたりに登場するパートがある。これは、（振付自体は決まっているが）個々人が自分の能力を聴衆に披露するための時間である。ここがレルパのクライマックスといっても過言ではない。このパートをより魅力的にして聴衆を引きつけるために、見た目が派手で、観る者を圧倒するような踊りを演者たちは工夫してここに組みこんだ。具体的には、いわゆるコサック・ダンスやブレイク・ダンス、パンジャーブ地方の踊りなどを導入した。それらは技術的にかなりの難易度を誇る舞踊であり、観る者を魅了するには十分なものである。これらを組みこんだ結果、聴衆から大きな反響を得ることができたため、以後、これがレルパの踊りの型となり、現在も踊られている。さまざまな要素を加えつつも、彼らにとってこれはまごうことなきチベット伝統文化として理解されている。

ここまでＴＩＰＡの演者たちが伝統に手を加えて「新たな伝統」を生みだす具体例を見てきた。だが、彼らは無分別に伝統に手を加えているわけではない。聴衆の反応に配慮しつつ、彼らが日々の練習や公演のなかで身につけてきた踊りや歌が、チベット伝統文化を定める際の一種のフレームとなっている。たとえば、ある演者は以下のように語る。

どうやってチベット文化かそうでないかを見分けるかって？　それは簡単だ。自分たちの仕事だからね。いつも自分たちのやっていることと、自分が見分けようとするものを比較すればすぐわかる。(15)

この語りは、隊列を組みなおしたキーロンや、二つの要素を組み合わせたリンジン・ワンモには当てはまるが、他文化の踊りを導入したレルパには当てはまらない、とする意見もあるだろう。しかし、レルパのそれにしても、レルパの踊りそのものに変化を加えるのではなく、あくまで見せ場となるパートへのみ手を加えている。つまり、踊りの隊列や見せ場を加工することはあるが、歌唱や振付、ステップには手が加わることがない。次は、この視点を補強する事例として、コンポ地方に伝わる演目を見てみよう。

④補塡型

TIPAで毎年開催されている紅白戦形式の演目比べは、いまだTIPAによって発見されないままになっている伝統的な演目を調査し、再構成する機会となっている。ここで挙げる事例は、コンポ地方に伝わるスタイルであるコンシェーの一つであり、この紅白戦で探し当てられたものである。

演者たちが紅白戦に向けてコンシェーの調査をしていた時のことだった。その時点でも、聞きとりを通して演目の大部分は再現できていた。しかし、どうしてももう一パートが見つからないという。演目の再現はもちろん、それをいかにたくみに演じるかが問われる紅白戦では、練習時間の確保がモノをいう。彼らのチームでは、数日後から演目の練習にとりかかることになっていた。彼らはその期日に間に合わせるように粘りに粘って聞きとりをし、調査しつづけてきたものの、そのパートだけは結局発見することができなかった。

ついに練習日当日がやってきた。

件のパートを発見できなかった、と演者たちが落ちこむなか、年長の演者がやってきて、「わからなかったところを見つけたぞ！」という奇跡のような報告をした。その報告を聞いて、彼らは沸きに沸いた。勢いに乗って練習に取りくんだ結果、彼らの所属するチームは紅白戦において見事勝利を収めたのである。

後日、私がその演者と話をしている時、以下のような種明かしをしてくれた。結論からいえば、当該パートは聞きとりを通しては見つからなかった。彼も、練習開始前日まで粘ったものの、結局発見できなかった。そこで彼はこう考えたという。「自分たちは日頃いろんなコンシェーを演じているんだから、その型に則って作ってしまえ」。彼が「作りだした」パートは、全体のなかに何の違和感もなく見事にはまっていた。彼は「そのパート自体は何の問題もなかったよ。おかしいって誰もいっていなかったからね。でも、『あれだけ自分たちが探して見つからなかったのに、どうやって見つけたんだ？』とは聞かれたけど。笑いがこみ上げてきて大変だったけど、なんとか乗りきれたよ」とニコニコしながらことの顛末を語ってくれた。

「そもそもなかったもの」に創意工夫によってパートをつぎたしたこの事例においても、演目の型自体は演者が「伝統だ」と思うものを踏襲しており、ステップや歌唱など、型として把握されるものに特に何か手を加えたわけではない。そして、その結果、このコンシェーは伝統として受容されたのである。

ここで挙げた四つの事例は、ＴＩＰＡの演者による伝統的な演目に対する創意工夫を示すものであった。これらの伝統的演目のなかでは、古さと新しさが見事に共存しているといえる。こういった共存は聴衆にもある程度理解され許容されており、それが伝統文化として人びとに伝えられているのである。このように、ＴＩＰＡが提示する伝統とは、不変のものではなく、手入れ可能な領域をもつものであることがわかる。確かにここには、我々から見て「伝統の生成」と呼べるものがあるといえるだろう。

４　ＴＩＰＡが直面する「伝統の喪失」

前節では、ＴＩＰＡの演者が、加工に対して伝統を開かれたものとして捉えていることを指摘した。そこで見えるものは、伝統に独自の趣向を凝らして演じている姿であった。だが、彼らは伝統に手を加えながら前に進めていくことだけを考えているわけではない。伝統を創意工夫しながら機能させているその一方で、「伝統の喪失」という側面が彼らを悩ませている。本節では、その喪失の側面を記述する。

前節で指摘したように、演者たちは毎日の練習や公演のなかでチベット文化を判別する型を習得、理解している。もし伝統文化に加工して新しさを付加する場合には、練習や公演において培ってきた知識や経験を参照軸にして改変をおこなっている。そこでの加工対象になるのは、その型に当てはめてみて問題のない部分、すなわち踊りの隊列や見せ場であった。本節が考察する喪失の対象となるのは、彼らの型から見ると、「正しさ」という評価が生じる次元である、歌唱や振付、ステップである。また、歌唱や振付、ステップに起こっている変化を認識できない世代においては、型そのものが変化してきているといえる。

こうした伝統の喪失は、演者にとって由々しき事態となっている。本節も具体例を見ながらその喪失を見ていこう。

①歌唱

ＴＩＰＡの演者が上演する伝統的な演目で、歌唱を伴わないものはほとんどない。ゆえに、歌と踊りが伝統を上演するうえでの一つの生命線となる。彼らの伝統的な歌唱スタイルは、男性が低音域の、女性が高音域のパートに分かれ、ユニゾンで歌うものである。歌唱法としては、腹式ではなく、咽頭部からの発声を用いている。伝統民謡はマイクもない山間部で歌われていたため、基本的には声を目いっぱい張って歌うことになるが、演目によっては時に強弱の抑揚を挟んでいく。また、ビブラートがかけられることはあまりなく、中国の歌劇における歌唱法とは異なっている(16)。こうした歌唱法を用いてユニゾンで歌われると、旋律のなかに倍音が形成される。倍音を含んだ歌声がもたらす響きのぬくもりは、西洋の合唱隊の生みだすハーモニーの感動的な響きに勝るとも劣らぬものであり独特の温かさをもっている。彼らの公演を観るたびに、軽い身震いとともに、えもいわれぬやすらぎを私は得ている。

だが、現在、こういった歌唱法の基盤が崩れてきている。具体的には、高音域での歌唱法の変化が特に女性の演者のあいだで顕著となっている。高音域かつ目いっぱい声を張る歌唱でありながらも耳触りのよかったこれまでの歌唱法とは異なり、現在の演者が見せる歌唱法は耳を劈くようなけたたましさがある。八〇年代に演者として活躍し、現在は主婦をしている元演者はこう語る。

> 今の女性の歌い方は昔の歌い方とぜんぜん違う。昔はもっとまろやかで、高い声で歌っていてもうるさく感じなかった。でも今の歌い方は、高い声でひたすら歌っていて、うるさく感じることがある。伝統的な歌唱法ではなくなりつつある。悪いほうに変わってしまった[17]。

また、ある男性演者はこういう。

> 昔からいる女性演者はいいんだけど、若い人たちの歌い方は耳障りでうるさい。声に力があるのはいいことだけど、常にうるさい声で力いっぱいなのはよくない[18]。

現在、ＴＩＰＡはある指導者に歌唱指導を一任しており、その人物がすべてを取りしきっている。私もＴＩＰＡ

在籍時、他の演者とともに彼女から歌を習っていたが、メロディや歌詞に関する指導はあったものの、呼吸法など、技術論に関する指摘はなかったと記憶している。身体化されたものを言語化することの難しさと、当時と現在の学習環境の差異がこうした思わぬ変化を生んでいる。

②振付

舞踊とは、振付がどのようなものかで印象が変わってくるものである。振付によって、言葉では表現できない朴訥さや力強さ、慎ましやかさ、艶かしさといったものが身体を通して表現される。TIPAの演者が上演する伝統的な舞踊においてもそれは同様である。歌とステップ、それに衣装と連動して「チベットの伝統的な舞踊とはどのようなものであるか」を表現するのに決定的な位置づけを占めるのが、この振付である。ゆったりしたものから、道具を用いつつ激しく身体を動かすものまで、さまざまな種類の踊りがTIPAには存在している。

しかし、これらの踊りが少しずつ変化してきている。ここでは、レルパ、特に女性のパートを事例としてその変化を見てみることとする。

私が病気療養中のある演者とレルパを観ていた時のことである。ある女性演者の激しい踊りに見とれていた私は、身体をくねらせるその艶かしいまでの身体の用い方を絶賛していた。これまでレルパを数えきれないほど観てきた私であったが、彼女の舞踊ほど引きつけられる踊りは観たことがなかった。それを同席していた演者に伝えると、彼は若干決まり悪そうにしていた。私がどうしたのか尋ねると、彼はこう答えたのである。

演者　お前はあれを褒めているけど、彼女の踊りは伝統的な踊り方ではない。あれは間違っている。本当のレルパは、あんなに身体をくねらせることはない。あれじゃまるでインド映画の踊りだよ。

私　でも観ているほうには魅力的に見えるけれど。

演者　それはわかる。でも、我々は伝統を守ることと見せることのバランスを適切にとらなければならないんだ。なにせ伝統を守るのがＴＩＰＡの目的なんだからさ。あれは止めさせなければならない。(19)

インドのその他の都市の例に漏れず、ダラムサラでもインド映画の音楽が大人気である。若者たちは挙って新作映画に出てきた踊りを練習し、ダンス・パーティやディスコでその腕前を披露しあう。ＴＩＰＡの演者の多くもその例外ではない。多くの演者がインド映画の音楽や舞踊に興味を示し、自由時間にはインドの歌を歌い、踊っている。演者たちは普段から舞踊の研鑽を積んでいることもあって、インド映画のダンスを踊らせても相当な腕前である。ＴＩＰＡの私的なパーティで女性演者がインド映画のダンスを踊るといううわさを聞きつけて、観に来ようとする一般聴衆がいるほどである。

だが、私見では、チベットの伝統的な舞踊とインド映画のダンスでは身体技法が大きく違う。前者が体幹に意識を集中させ、体軀を直線的に維持しつつ、そこに下半身のステップとともに大きな動きを導入している（＝つまり力強く見える）のに対し、後者は身体をしならせ、柔軟性を前面に押しだそうとしている（＝つまり艶かしさを前面化する）ように見える。私が見とれていた女性演者の舞踊は、先の演者の指摘に則れば、チベットの伝統的な舞踊の身体技法のなかにインド映画のダンスのそれが知らず知らず入ってきたものである、ということである。それは、苦言を呈した演者の習得した型から見れば許容できないものである。(20)

だが、彼と同じくＴＩＰＡで研鑽を積んできた彼女は、まさに自らのしぐさの基盤となるものが身体化されているがゆえに、そのことに気づいていない。

現在、TIPAの演者は若返りが着々と進んでいる。彼女たちが踊っている仕方で、レルパも次の世代にもうじきバトンタッチされるのであろうか。

③ステップ

チベットの伝統的な舞踊において、ステップは生命線である。特に、ウツァン地方の舞踊においては、ことさらにステップに意識を向けることが指導者によって強調される。ステップが刻むリズムが、歌や振付に躍動感をもたらす。そのステップは、女性に比して男性により大きな動きを要求するものである。数人の男性が大きな動きでステップを刻み、一糸乱れぬ正確なリズムで床を踏み鳴らすさまは圧巻である。上半身の振付がどう見えるかは、下半身の動き、特にこのステップの動きに大きく拠っており、踊り自体が迫力あるものになるか、美しく見えるかどうかもステップにかかっているといっても過言ではない。

ここで取りあげるステップの変化や喪失という問題は、大きな動きが要求される男性演者にとってより大きな問題となる。そして、近年、男性陣のステップに変化が見られる。現在、足の上げ方が昔よりも低い演者が多いため、振付が小さく見えてしまい、踊り自体がこぢんまりとしたものになってしまっている。そこで、指導者や年長の演者は、ことあるごとにステップのことを演者たちに指摘し、踊りの際にステップへ注意を喚起するよう呼びかけている。以前、ある指導者はステップに関してこういっていた。

自分たちが若かった頃は、かなり無茶な練習をさせられたよ。上げた足のくるぶしのうえにレンガを置いて、それが落ちないように姿勢を維持する訓練をよくしていたもんだ。だから、自分たちはバランスが崩れることもなかったし、よく足が上がっていた。今はこんなひどい練習はしていない。でも、その結果、今の演者たちは身体のバランスがあまりうまくとれていないし、足が上がっていない。今となっては自分たちが昔やっていたそういった訓練がよかったんだろう。(21)

舞台が終わったあと、年長演者が若い演者たちをねぎらう。ＴＩＰＡの指導法は、いいところを褒めて伸ばしていく傾向にあるのだ。この日も、あの動きが良かった、いい感覚で踊れていた、などと称賛から話は始まっていた。しかし、やはり以下のような指摘がその日も出てきていた。「もう少し足を上げないと」「ステップが低いと動きが小さく見える」。指摘された若い演者たちは「そうだった」とその時は答えるが、なかなか改善されず、毎回のように注意を受けている者もいるのが実情である。

低いステップの問題は、特に若年層に多い。(22)ＴＩＰＡの練習法が変化し、なおかつ子供の頃からの育成、という方向を曲げざるをえない現在の状況において、この問題は「喪失」という方向に向けてさらに大きくなっていくかもしれない。(23)

④社会的環境

これまで挙げてきた事例に関連して、伝統喪失の要因となるものがある。それが、演者たちの海外への流出である。これは、特に、何が正しい伝統かを判断する型の変化に大きな影響を及ぼしている。海外公演の機会が多いこともあり、ＴＩＰＡの演者たちは、海外へのコネクションが一般の人びとよりも強いといわれている。(24)また、ＴＩ

PAに在籍する人びとの経済的状況は、二〇〇〇年代半ば頃まではお世辞にも良いとはいえなかった。[25] そのため、経験を積み年齢を重ねた演者ほど海外志向が強くなる。そのなかには、海外に自ら望んで向かう者もいれば、子供の養育費などを稼ぎだすためにそのチャンスを活用する者もいる。しかし、海外に移住してからもTIPAで身につけたチベット伝統芸能に関連する仕事に従事する人は決して多くない。TIPAから海外へ向かった元演者の多くが、工場労働やピザの宅配、ベビーシッターなどの仕事に従事している。

こういった人員の流出は、社会的状況を鑑みれば不可避ではあるものの、TIPAからすれば大きな損失である。しかも、伝統芸能に熟達した人ほど海外へ呼ばれる傾向があり、若年層に彼らが体得したものを伝達していくという、彼らが本来全うするはずの職務がなされぬまま彼らを失っていく。こういった状況は指導者不足に直結し、型の変化という問題を生みだすことになる。現在TIPAで指導している人びとの大半はそれぞれが技術的に熟達している人びとではあるが、彼らだけでは演者全体の指導に手が回らない。[26] その結果、若年層は演目を自習せざるをえず、演目の適切な継承に支障を来たしている。先に挙げた事例は、その氷山の一角に過ぎない。

以上のように、TIPAにおいては、「伝統の創造」という側面と同様、「伝統の喪失」もリアリティのあるものとして受け止められている。それは、歌唱、振付、ステップという三つの要素に特に認められるものであり、それに付随して、「何を正しき伝統とするか」判別するための型そのものも変化を被っていた。それらの変化は、かつて演者だった人びとには変化として認識されており、彼らなりの修正を施そうとする動きもあるが、経済的要因が引き金となって指導者層が海外に移住することによって、修正すら困難になってきている。次節では、本節での事例に基づいて、考察を展開する。

5　おわりに——考察とまとめ

5－1　考察

これまで、本章ではＴＩＰＡを事例に、チベット難民社会において伝統概念がどのように考えられ、用いられているかを見てきた。本節では、まずブロックス［Brox 2006］と坪野［二〇〇四］やディール［Diehl 2002］の伝統概念と本章の事例とを比較することで、先行研究が提示してきた伝統観に欠けていた視点を提示することとする。

チベット仏教をチベット文化の中心に据えることが引き起こす現象を政治的な視点から分析したブロックスは、本章がいうところの伝統を「文化」と解釈し、以下のように述べる。

時空間に所属するものとしての文化の物質的な表現が「海外」「近代」の影響によって絶えず変化を被るようなときに、こうした文化の定義が亡命チベット人にきわめて重大な手段を付与することになる。それにより、文化的所属に関わる外的な装いはたいして重要視されず、チベットに住んでいない者たち、チベットの衣服をもはや身に纏わない者たちがいまだに文化的にもチベット人であることを保証するのである。［Brox 2006: 100］

ここでのブロックスの議論は、仏教を内面化した亡命チベット人こそが真のチベット文化の担い手であり、中国人や本土のチベット人とは異なる、という議論を前提にしたものである。難民社会のチベット人や文化にとってもっとも重要なのは、内面化された仏教の存在であり、それこそが芸能を下支えしている、と彼女は主張する。主張の正当性を争う道具としての文化の例を示すために、ブロックスはところどころでＴＩＰＡの存在を援用する。しかし、彼女が語るのはあくまで言説としての伝統文化であり、演者たちが実際にどのように伝統文化に接しているのかは分析されることはない。彼女の分析が暗に示すのは、「伝統文化に関わる実践は、ダライ・ラマや亡命政府のレヴェルにおいておこなわれるものであり、ＴＩＰＡはそれを体現する存在である」、という前提である。

それに対し、チベットで音楽を学び、伝統に親しんできた坪野は、以下のような伝統観を提示する。

一方、難民側でも西欧などでステージを重ね、異民族にもわかりやすいオーバーアクションがついたり、また中国の教育を受けたことのある新難民の団員が加わったりしたことで、（難民側と本土側の劇は）かなり類似し、接近したものとなってきた。エンターテインメントである総合芸術は、もっとも時代に敏感であり、伝統を保存しにくいのだということを証明しているようである。［二〇〇四：一九二］

坪野の考える伝統においては、あくまで過去から連綿と続くものが想定されていて、伝統の保存とはそれを変わらず保持することである。この指摘からわかるように、彼女の記述は「消えていく伝統文化」という喪失の語りを抱きこんだものである。

一方、ディールの伝統観は、「たいていの伝統を、単に「保存」や「喪失」として算定するのは難し」く、それらは「完成された対象というより、伝統とは、継承された知恵との対話において歴史的に位置づけられた諸個人が決断することで絶え間なく再創造されるものである」［Diehl 2002: 99］という姿勢であり、「伝統は変わっていくものだ」という伝統における創造の語りを伴ったものである。私は、現在に生きる人びとを伝統という名の狭い鳥かごに閉じこめて羽ばたく力を奪ってしまうように見える坪野の立場ではなく、伝統において創造性を発揮することを称揚するディールのそれに近いスタンスをとっている。

だが、両者に欠けているのは、チベット難民社会での伝統概念の文脈に合わせた考察である。両者とも、あくまで自分たちの伝統概念を議論のとっかかりにして議論を始めてしまっている。前者は手を加えることによって失われるものとして、後者は保存、喪失といった単純なものではなく、手を加えることで創造を可能にするものとして伝統を考えている。実際には、チベット難民社会の伝統概念においては加工を許容するところと許容しないところがあるということを本章では見てきた。にもかかわらず、両者は自らの前提とした定義がチベット難民社会の伝統の特質でもあると仮定し、チベット難民社会における伝統概念を平板な、単層的なものとして前提してしまっている。

これまでの事例を見ると、チベット難民社会における伝統概念は、先行研究が設定する単層的なものとは異なり、創造や加工、変化が許される層と、許されない層という二層に大まかに分けられることがわかるだろう。具体的には、踊りの隊列や見せ場が前者であり、歌唱や振付、ステップ、そしてそれらの正誤を判別する型が後者となる。ＴＩＰＡの演者の創造性が発揮されるのは前者であり、ＴＩＰＡは後者を保存することに尽力しているのである以上、そこに手を加えることはない。

このように見ると、坪野の「一方、難民側でも西欧などでステージを重ね、異民族にもわかりやすいオーバーアクションがついたり、また中国の教育を受けたことのある新難民の団員が加わったりしたことで、(難民側と本土側の劇は) かなり類似し、接近したものとなってきた」［二〇〇四：一九二］という語り口は、伝統保存の難しさを語るのには十分ではないということになる。オーバーアクション云々というのは、歌唱や振付、ステップの変容という彼らの伝統観の根幹に関わるレヴェルでの変化ではなく、むしろ加工可能とされる領域で彼らが聴衆を意識しつつ試行錯誤して生みだした創造であると考えるべきである。こういった加工を問題としているのは、チベット難民社会の当事者というよりも、むしろ外から眺めている者たちのほうではないだろうか。

同様に、新難民のTIPAへの参加に関する坪野の指摘も、少々不可解に映る。新難民が難民社会にもたらした伝統文化をそのままTIPAが受けいれることは考えにくく、私の調査［山本 二〇〇五］が示すところでは、むしろ、新難民のほうがTIPAの考える伝統に歩み寄ることを要求されている。(27) また、仮に新難民の団員が加わったことによる本土の文化との類似、近接という現象があるとしても、それが起こるのは加工可能な領域の話であって、歌唱や振付、ステップというTIPAがこれまで築いてきた伝統の根幹を揺るがすレヴェルの話ではないだろう。難民社会のチベット伝統文化の特徴と、現在のチベット本土のそれとの差異は、比較的わかりやすいものであり、多くの演者がその差異を指摘できる。(28)

また、伝統をそのまま保存しようという姿勢に対してなされた、「たいていの伝統を、単に「保存」や「喪失」として算定するのは難し」く、それらは「完成された対象というより、伝統とは、継承された知恵との対話において歴史的に位置づけられた諸個人が決断することで絶え間なく再創造されるものである」［Diehl 2002: 99］というディールの指摘も、先の事例から考えるとそぐわないものである。もちろん、「伝統を固定されたものではなく、常に再創造のプロセスに置く」という指摘は、我々記述する側の倫理的な立ち位置に対する指摘として重要である。しかし、TIPAにおいて、伝統の創造と同時に喪失は現実的な出来事としてある。そこには伝統における「完成された対象」「そのままの伝統」の喪失に対するリアリティがあるのだ。それが、事例における加工を許容しない層である。ここで、冒頭に引用したある指導者の発言を改めて見直してみよう。彼は「伝統自体何かと混ざっている。だから、この伝統をそのまま守るのではなく、ちょっと手を加えつつ推し進めていくのがいいと自分は思う。今は百年前じゃなくてテクノロジーが溢れる現代なんだから、それを考えれば伝統に押しこめるほうが無理だよ」と語っていた。事例を通してこれまで考察してきた伝統概念からこの語りを見直してみると、彼が語る「そのまま守るのではなく」「手を加えつつ推し進めていく」伝統とは、伝統における加工可能領域であって、歌唱やステップなどのそれではない。再創造のプロセスに置かれているのは、加工可能領域である踊りの隊列や見せ場であり、喪失のプロセスに置かれているのは歌唱や振付、ステップ、そして加工の判断そのものを司る型、という加工の対象とならない領域なのである。このように、TIPAの演者は「保存」や「喪失」という算定を伝統の特定の領域においておこなっているのである。彼らの伝統概念においては、創造と喪失がともにリアリティをもっているのであり、そのまま保存か変化を肯定するか、の二項対立では理解できるような性質のものではないのである[29]。この点で、クリフォード［二〇〇三］的な「創造の語り」の視点を採用し、若者の創造性を見いだそうとするディールの主張は、TIPAの演者たちの語りに見えるような伝統概念には適さない。もちろん、クリフォードの指摘は非常に重要であり、私は、記述者としてクリフォードの主張に賛同する。しかし、「生成の語り」「創造の語り」という視点は、記述者に求められる（動態性を捉えるための）理解枠組みかつ（創造における対象の主体性を奪わないための）倫理的視点であって、現地で起こっている事象を捉えるには、それだけでは十分な視点ではない、と私は考えている。伝統の喪失がリアリティをもつ当該地域において創造や生成を過度に重視することは、ともすれば現地で語られる純粋性や伝統の喪失という側面を軽んじてしまうこととなる。よって、「消滅」「生成」図式を無批判に対象に当てはめることで「喪失か創造か」という二項対立のなかで考えることよりも、当該社会の文脈において伝統概念を考察することこそが重要なのではないだろうか。

特に、チベット難民社会のように、政治的な理由から亡命を余儀なくされ、チベット亡命政府が「「チベット文化」をチベット難民により想起され、再生産され、模倣されるべきものであると表明」[Moran 2004: 46] するような状況に置かれた社会では、本章が示した伝統の二層性の存在はきわめて重要である。なぜなら、伝統研究や観光研究で着目され、強調されてきた「伝統や文化の商品化」という側面に加えて、チベット難民社会で保存され主張される伝統は、国際社会における自らの存在そのものに決定的な意味をもつ点で他の地域以上に政治的な意味あいを帯びざるをえないからだ。関心を引きつけるために改編すること、そして伝統を保存することが等しく政治的な行為となる。「創造力を発揮して伝統を改変するという主体性」が問われるとともに、「チベット本土で失われている伝統を難民社会において保持するという主体性」が問われるのが、TIPAの演者たちが置かれている状況なのである。

もちろん、TIPAの演者たちの海外移住がさらに加速し、TIPAの指導環境がさらに変化すれば、二層の伝統の層の境界や中身そのものが変化していくこともあるのだろう。そうした意味において、本章で提示した伝統の二層性自体も動態的プロセスのなかにある。もしくは現在、TIPAの演者の語りにおいて伝統概念の二層性が顕在化しているのは、その層そのものの変化が起ころうとしているからなのかもしれない。

しかし、そうなったとしても、チベット問題が解決せず、チベット本土の伝統文化が新難民を通じて、また、テレビなどでTIPAや難民社会に配信され、TIPAの提示するチベット伝統文化の比較対象として表れつづける限り、伝統における創造が施される層と、伝統の保存と喪失が問題となる層からなる伝統の重層性は生きつづけるのではなかろうか。

５－２　まとめ

本章は、ＴＩＰＡの演者たちの伝統観がどのようなものであるかを提示した。本章が事例で示したのは、純粋文化の喪失か、伝統の創造かという単純で単層的な二項対立では割り切れない、それらが同居する二層的な伝統概念であった(30)。ＴＩＰＡの演者たちは、伝統の創造と喪失の双方にリアリティを感じているのである。

註

（1）伝統というチベット語は、ケルサン・タウワ編纂の辞書［二〇〇三］によると、srol gyun であるが、ダラムサラでは、文化を示す言葉である rig gzhung が伝統（tradition）の訳語として当てられていた。言葉が使用される文脈を考慮すれば、適切な訳語は伝統文化ということになるため、本書が用いる伝統概念はこの rig gzhung である。

（2）二〇〇三年六月三日、チベット人男性の発言。

（3）二〇〇三年三月七日の発言。

（4）類似する指摘として［Anand 2002: 21; Harris 1999b: 15; Palakshappa 1978: 98］。

（5）ディールの指摘に対して、私の調査によると、演者たちのマンネリは伝統芸能をやりつづけることからくるというよりも、演目構成が変化しないためにマンネリに陥る、という傾向があった。

（6）二〇〇三年九月一日の発言。

（7）麦焦がし。バター茶など液体と混ぜて手でこねて食べる。

（8）チベット餃子。蒸したものと揚げたものがある。本来ヤクやヤギの肉で作られていたが、現在では野菜モモなどが現れ、デリーではモモバーなる店まで現れており、インド人にも人気である。ネパールにもモモはあるが、ソースがかかったネパールのそれとは違い、チベットのモモは、餃子のように醤油や唐辛子などをつけて食べる。

（9）二〇〇六年三月二十五日の発言。

(10) TINに掲載された難民社会の写真家ロブサン・ワンギェルの発言も、チベット伝統文化の異種混淆性を指摘しているものである［TIN 2004: 194］。

(11) 蛇足めいているが、ここで私が語る創意工夫や創造性は、文脈から切り離されたものではない。いかなる創意工夫や創造性も、経済的状況やさまざまな言説という時間的空間的制約を通して表れるものである、ということを指摘しておきたい。このスタンスは、のちの主体性をめぐる議論においても同様である。

(12) 橋本が引いている曹［一九九八］による中国少数民族の研究にも、円舞を解いて行列舞踊になる事例が示されている［橋本　一九九九：一六五］。

(13) 二〇〇六年三月九日の発言。

(14) レルパは遊牧民ではなく、演技をすることで物乞いをしていた流浪の民だと考えられている。英語では「ジプシー」と訳されている。

(15) 二〇〇五年八月九日、男性演者の発言。

(16) ただし、ラモで用いられるナムタルという旋律や、カムなどで歌われる山歌ルーに関しては、ビブラートと近似する技術が用いられている。

(17) 二〇〇五年六月十八日の発言。

(18) 二〇〇六年三月十八日の発言。

(19) 二〇〇七年三月十八日の発言。

(20) レルパにおける女性舞踊の変化を指摘したのは一人だけではない。たとえば、元演者の女性は次のように語る。「今のレルパはくねくねしていて、まるで中国の踊りみたいになっている。変わってしまったなぁ」（二〇〇五年八月十九日の発言）。本章では詳しく立ちいらないが、前記の演者がこの女性と同じものをインド映画のダンスだと指摘したことを思いおこせば、実際その変化がインド的な変化なのか中国的な変化なのかは彼らにとって大きな問題ではないことがわかる。むしろ、演者や元演者たちが、伝統における望まれない変化を理解する際に、中国やインドを引きあいに出していることに着目することが必要だろう。彼らは、自分たちが忌避する変化を示すレッテルとしてインドと中国を用いていることから、こういった態度は、それらにチベット文化が同化していくことに対する危機感の表れであるといえるだろう。

(21) 二〇〇五年八月二十八日、男性指導者の発言。

(22) 旧来、TIPAは十歳以前の子供たちを寄宿させ、伝統芸能の上演に必要な知識をじっくりと時間をかけて教育してきた。しかし、演者の減少もあり、即戦力が必要とされる昨今では、ある程度成長した人材が求められる。そのため、二〇〇四年にTIPAに新しく加わった演者たちは、全員が一定程度成長した状態でTIPAに合流した。

(23) 付言しておけば、舞踊の指導者以外はこの問題を「時代の流れのなかで仕方のない」ものとみなす傾向にある。

(24) 山本［二〇一一a］を参照。

(25) 実際、月当たりの給料はかなり低いといえる。当時の私の調査によれば、学校教師の月給が五〇〇〇から七〇〇〇ルピー（約八〇〇〇円から一万円）であったのに対し、TIPAのなかでもいい給料を貰っている指導者の月給は三四〇〇ルピー（五五〇〇円程度）であった。現在ではかなり改善され、指導者は一万二〇〇〇ルピー（一万九二〇〇円程度）の収入がある。

(26) TIPAに残った指導者は、TIPAの将来を憂慮してあえて海外に行かない人びとばかりである。しかし、そのなかにおいても海外志向の人がいないわけではない。

(27) 以下の論者は、ここでの私の指摘を補強する事例を掲載している［TIN 2004: 186; Wang & Shakya 2009: 215］。

(28) 具体的には、中国的といわれるビブラートを駆使した歌唱、やたらにターンを繰りかえす舞踊、柔軟性を強調した舞踊が、チベット本土でチベット伝統文化としてテレビなどで表象されているものである。また、衣装にしても、女性がハイヒールを着用していたり、かなり濃い目の化粧をしていたりする。後者はともかく、前者はステップに大きく影響し、動きが小さくなっていることもあるという。

(29) アナンドは、チベット難民社会において、異種混淆性が全面的にではないが受けいれられている事例として、インド音楽や西洋音楽の普及、中華料理やインド料理など各国の料理を扱うレストランの共存を指摘し、それを特にマクロード・ガンジで発展しているコスモポリタン文化の反映であると見ている［Anand 2002: 27］。とはいえ、物質的な異種混淆性に着目するアナンドの指摘は、これら物質性の起源が特定可能で名指しうる枠組み同士の混淆を論じるものであるのに対し、伝統文化内における純粋性と創造性の二層的混在を主張する本章の議論は、起源がるものである。

特定可能で名指しうる枠組みとは異なったレヴェルでのいわば「生きられた異種混淆性」を論じる点で大きく異な

(30) ここで見られた伝統観は、その二層性という点から、アイデンティティに根本的な同一的起源を求める本質主義でも、アイデンティティを社会構築の産物として分解していく反-本質主義でもなく、社会構築を認めつつ、集団内の類似性や集団性のリアリティを捨象せずに、「変わっていく同じもの」という視点から、黒人のアイデンティティに対して「反―反本質主義」を提示したギルロイの議論［二〇〇六］に近いものとなっている。

第3章　交錯するまなざし
——演者たちの主体性と被拘束性

1　はじめに

チベット亡命政府は、チベット難民や国際社会を舞台にして活動を展開している。亡命政府傘下の機関であるTIPAもまた、伝統芸能を各地で演じ、アイデンティティやナショナリズム構築に貢献している。本章では、難民社会で活動するTIPAの演者たちが、状況に応じて多様な仕方で発揮している主体性に焦点を当てる。鍵となる問いは、「どのように自分たちや他者を見ているのか」「どのように他者からまなざされていると考えているのか」であり、それは第1章で述べた「まなざし」の問題と結びつくものである。順序としては、まず、難民社会でともに活動する他のチベット伝統芸能集団との関係において、TIPAの演者たちがどのように自分たちを位置づけているかを分析・考察する。続いて、TIPAの演者たちがチベット本土の芸能集団に対してどのような態度を表明しているのかに注目し、亡命政府による評価やチベット難民社会に生きる一般の人びとの受容と絡まりつつも、独自の見解を提示し活動するTIPAの主体性を記述する。さらに、TIPAが各地で頻繁におこなう伝統民謡の公演に注目し、そこで彼らが伝統を聴衆たちにどのように提示するのか、その使い分けを記述・分析し、公演戦略に見える彼らの主体性を提示する。とはいえ、彼らの主体性は、どこまで主体性として評価できるのだろうか。最終節では、これまで主体性として評価してきた現象に両義性を見いだし、主体性のみならず、そこには特定の実践を導き出すある種の強制力が存在すること描きだす。

2 TIPAと亡命下の他の芸能集団との関係

現在、チベット難民社会には、チベット歌劇の祭典ショトンにやってくる歌劇集団から、学校での出し物に出演する学生たちの集団、大きな式典で演じる有志の集団まで幅広い芸能集団が存在している。だが、ステージ上で伝統文化を演じる芸能集団となるとその数は限られてくる。そのなかでも、本節では、TIPAの演者が比較的高い頻度で名前を挙げているチャクサムパ、タントン・ルガー（以下タントン）、アクペマの三集団とTIPAとの関係を記述し、演者が自分たちをどのように位置づけているかを考察する。

チャクサムパは、アメリカに拠点を置いて活動するチベット人芸能集団であり、一九八九年、サンフランシスコで結成された。渡米に際して、TIPAを脱退した元演者たちがアメリカで活動を続行するために、チャクサムパは結成されたのだ。とはいえ彼らはTIPAのように常に上演活動をしているわけではなく、一種の余暇活動として仕事の合間を縫って活動する「パートタイマー」である。TIPAとの関係は良好で、TIPAと合同でワークショップや公演を開催することもある。(1) また、演者間の私的な紐帯として、TIPAの演者がTIPAを脱退してアメリカに出稼ぎに行く際の身元引き受け先のような役割を果たすこともある。彼らの演目は基本的にTIPAに在籍していた当時に演じていたもので、それらを引きつづき上演している。そして、チベット伝統芸能に関わるC

Dを販売するなど、メディア面での活動も積極的におこなっている。公演に際し、アメリカの聴衆の需要を勘案したうえで演目に独自の工夫を凝らすことは彼らもしているが、新しい演目の調査や再構築はしていない。

タントンは、二〇〇〇年に創設された新しい芸能集団である。タントンの代表者および調査当時、主要な役割を果たしていた演者も元TIPAの演者である。演者は調査当時では生徒・教師を含めて十五人と少数であったが、現在は規模が拡大し、多くの演者を抱えている。ダラムサラ近郊に拠点を置くため、TIPAに代表者がやってくることはあるが、TIPAとの関係はそれほど円滑ではなく、基本的には独自に活動している。タントンがチャクサムパと異なる点は、TIPAと同様、職業集団として活動することを目指している、という点である。たとえば、代表者はTIPAに在籍していた頃から海外との強固なパイプを築いており、タントンとしてすでに海外公演をおこなっている。代表者いわく、タントンの存在はダライ・ラマにも認知されているようで、ダライ・ラマは「チベット文化のさらなる発展のための起爆剤だ」と語ったという。

代表者がTIPAで演者としての生活を送ってきたこともあって、タントンはTIPAから学んだ運営方法を採用している。たとえば、調査部を設け、各地に埋もれたチベット文化を収集する点は、当時のTIPAのスタイルを踏襲している。舞台衣装なども自分たちで手がける方向で計画を進めているが、時にTIPAに発注、購入するなど、TIPA時代の繋がりを活用している。二〇〇七年には組織を完全に立ちあげ、チベット歌劇の祭典ショトンにも参加する予定であったが、今のところ参加するに至っていない。

ここまで見たところ、TIPAとタントンに大きな違いを見いだすことは難しい。しかし、タントンは演目でTIPAと差異化を図ろうとしている。タントンが独自に設けた調査部を活用することで、TIPAのそれとは異なる演目を演じることをモットーにしている。また、彼らは現代的な領域には手を出さず、伝統芸能しか扱わない、と宣言している。彼らのいう伝統文化は、保存に留まるものではなく、現行のチベットの楽器に改良を加えることで伝統音楽の領野を広げていこうとするものであり、TIPAが伝統文化に加工するやり方や、後述するチベタン・ポップのバンド「アカマ」で切りひらいていこうとする領野とは異なる方向性を志向している。

それでは、タントンの標的とする聴衆はいったい誰なのだろう。タントンの代表者は、チベット人の若者に対して伝統芸能は演じられるべきである、と主張しているが、あくまで伝統芸能の上演に固執し、また海外からの観客を積極的に呼びこもうとしていることから、事実上、海外の聴衆を対象としているといえる。(2) タントンは、海外からのチベット音楽学習者を積極的に受けいれており、ダラムサラにチベット音楽を習いに来る人びとは、多忙によりなかなかきちんと指導してもらえないTIPAよりも、指導が充実しているタントンを選んでいた。とはいえ、海外からやってくる人びとの認知度の高さとは逆に、現段階において難民社会での知名度はそれほどではない。また、存在を認知されていても、寄付金集めにまつわる代表者の姿勢などによって、批判の対象となることもある。確かに、海外から寄付金が集まってきてはいるようだが、タントンの経営が波に乗るにはまだ時間が必要であるように見える。

チャクサムパ同様「パートタイマー」からなるアクペマは、前述の芸能集団とは毛色が異なる芸能集団である。設立当初はデリーのマジュヌカティラに拠点を置いていたアクペマは、二〇〇〇年代初頭にダラムサラに活動拠点を移したものの、二〇〇三年にデリーに再度戻り、現在は資金難のため活動を停止している。アクペマはチベット本土出身の新難民で、特にアムド地方出身者で構成されている芸能集団である。そのため、彼らの扱う演目はアムドのものに限定される。さらに、彼らは三つの点で他の集団とは異なる。まず、TIPAや前述の芸能集団は、舞台上で楽器を自ら演奏するが、アクペマは自分たちでは演奏せず、再生した音源に合わせて上演する。次に、TI

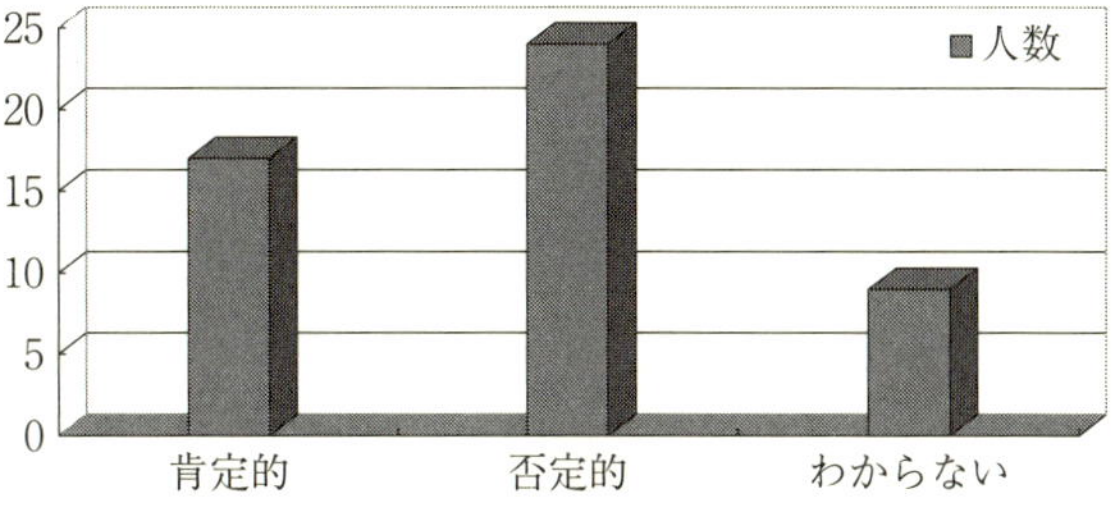

図３-１　TIPA の演者たちの他集団についての回答

ＰＡやタントンが公演を催す際には、現代的なものと伝統的なものを演目内に混在させることはないが、アクペマの公演でおいては、一公演内でインド音楽や西洋音楽が、チベットの伝統的な音楽や現代的な音楽とともに上演される。最後に、ダライ・ラマが亡命して以降、中国が破壊してきたチベット文化を保存・促進することを目的とするＴＩＰＡやタントンから見て、アムドの演目のみを扱う彼らのチベット伝統文化の上演は「中国風であり、過剰に現代化されている」と考えられている。

以上、三集団の簡単な紹介をしたが、これらの集団に対するＴＩＰＡの演者の反応は以下のとおりである（図３-１参照）[3]。

まず、チャクサムパとタントンについては、ＴＩＰＡの元演者から構成されているということで、集団のあり方については「よい」「まあまあ」という回答が大半を占めていた。その代表的な理由は、「彼らも同じチベット難民であり、チベット文化の保存の義務を担うのはＴＩＰＡだけでない。彼らもそれを共有するのはいいことだ」というものである。だが、「彼らが経済的利益を得ることを目論んで演じているなら、それは許されない」と、営利目的で活動することに釘をさす人もいた。また、他集団を積極的に評価する回答として、「彼らがいることで、海外へのチベット文化の伝達が容易になる」というものがあった。アクペマに関しても、「彼らもチベット難民であり、チベット文化を乱すのではなく、我々と同様、チベット文化を保存することを目標とするのなら、それはとてもよいことだ」という回答があった。

次に、他集団の上演の質についての質問では、「ＴＩＰＡのほうが良い」という回答が有効回答者全員から得られた。その理由は、「ＴＩＰＡは公の機関で、プロとして演じているが、他の機関はあくまで「パートタイマー」に過ぎないから」というものである。実際、亡命政府の公務員であるＴＩＰＡの演者は亡命政府とインド政府によって生活を保証されているが、タントンを除く二集団、特にアクペマは、生活のために本業をこなしたうえでの副業というかたちで運営されている。そのため、不安定な収入や公演機会の少なさなどの要因によって演者の出入りが多くなり、機関として恒常的に存続できる保証がない。現に、アクペマは資金難で活動停止を余儀なくされている。また、練習や公演の機会を常に確保できるわけではないので、常に練習し公演に臨んでいるＴＩＰＡと比較した場合、上演の質に問題が出てくる。タントンに関しては、「伝統芸能を本業とした集団作り」を目指しているが、知名度や評判といった社会的名声の蓄積が十分になされておらず、公演の需要はＴＩＰＡのそれとは比べ物にならない。加えて、タントンの演目や公演自体がＴＩＰＡの上演を基盤としていることから、ＴＩＰＡの演者およびタントンの代表双方がＴＩＰＡの公演に対して優位性を認めている。ＴＩＰＡの演者たちは、自分たちが演じているものがタントンやチャクサムパの演目の起源になっていると考えているため、これら二つの集団の演目を同列に配する傾向にある。それに対し、アクペマの演目に関しては、ＴＩＰＡの演者たちの語り口は辛口である。たとえば、「彼らの演目は中国風で、チベット文化のものではない」というものや「公演に生気が感じられない」というものが挙げられる。また、彼らの演目自体「間違っている」という指摘をする声もあった。

他集団に関するＴＩＰＡの演者の意見は、以上のようなものであった。ＴＩＰＡの演者たちの語りとタントン側の語りから見えることは、他集団のあり方に対して条件つきではあるが肯定的な姿勢を示すと同時に、ＴＩＰＡのチベット伝統文化の演目が占める絶対的な位置であった。この絶対性は、亡命政府の公的機関という足場と、それに起因する社会的経済的地位の安定、そして、チャクサムパとタントンの演目がＴＩＰＡの演目に起源をもっていることに起因する。対照的に、ＴＩＰＡが演じる演目を起源にもたない新難民の集団アクペマがダラムサラにもちこんだアムドの伝統的な舞踊は、「中国風で現代化されすぎたもの」としてＴＩＰＡの演者から切り捨てられている。こうした言説からは、チベット難民社会から発信されるチベット伝統文化と、中国支配下のチベット本土から発信されるチベット伝統文化のぶつかりあいが垣間見える。このように、演者たちは他集団と自分たちを積極的に差異化することで、自分たちの立場を位置づけしている。

また、設立後五十年以上の歴史をもつため、ＴＩＰＡの存在やＴＩＰＡが演ずるチベットの伝統芸能は、チベット難民やそれ以外の人びとのあいだでも当然のものとして認知されている。また、ＴＩＰＡがこれまで蓄積してきた名声が他集団に比して大きいということも、難民社会におけるＴＩＰＡの上演における絶対的優位と彼らの積極的な自己形成に貢献している。

３　ＴＩＰＡとチベット本土の集団との関係

現在、チベット文化は、チベット亡命政府と中国政府両者にとって自己の主張を裏づけるために、非常に重要な存在となっている。先行研究が示すように、中国側は、チベット文化に中国風の要素を注入し、その結果を海外で聴衆に提示することで、「チベットはもともと中国の一部であった」という、彼らの政治的主張を納得させ、正当性を裏づけようと試みてきた(4)。それに対する亡命政府の主張は「チベットは以前から独立した国家であった」というものであり、亡命政府機関であるＴＩＰＡはこの主張に基づいて、チベット独自の文化を聴衆に提示するために活動してきた [Calkowski 1997: 52; Diehl 2002: 94]。また、亡命政府による「時間を基盤とした権威づけ」、すなわち、一九五〇年代以前のチベット人の実践こそが「伝統的」かつ「真正な」ものである、という評価を亡命政府が制度化してきたことをディィールは指摘している［Diehl 2002: 94］。アナンドによると、ダライ・ラマもまた「純粋なチベット文化は本土ではなく難民社会にあると指摘している」［Anand 2002: 21］ため、難民社会の文化こそが真のチベット文化であるとする認識は、亡命政府内で広く共有されているものであるといえる。こうして、ダライ・ラマや亡命政府は、本土の芸能集団と対照づけることで、真正なるチベット文化の真の担い手はＴＩＰＡである、と位置づけるのである［Brox 2006: 100］。

また、チベット難民社会と中国政府の「表象をめぐる対抗」を論じるカルコウスキは、チベット難民社会に暮らすに人びとのあいだで、「新しい何か」「チベットからの何か」として本土からの音楽が受容されている現象を指摘する。しかし、難民社会で本土の音楽が受容されていることに対し、「長い目で見れば、中国化されたチベット文化の混入は、文化的へゲモニーを獲得するのかもしれない」［Calkowski 1997: 56］とカルコウスキは悲観的な意見を述べる。そして、カルコウスキの指摘は、伝統を表象するＴＩＰＡから切り離されたところで民衆が本土の文化を消費しているかのように読めるのである(5)。

だが、果たしてＴＩＰＡの演者たちはディィールがいうところの亡命政府が制度化してきた評価をそのまま受容し活動しているのだろうか。また、演者たちの表象する伝統は、カルコウスキの論述から読めるように民衆の消費と遊離しているのだろうか。そして、本土文化の消費は、カルコウスキの語るように悲観的な結末へとチベット難民社会を誘うのだろうか。本節では、演者たちの語りや実践を見ることで、チベット本土のチベット文化がどのように位置づけられ、消費されているかを考察する。

演者たちのチベット本土の芸能集団についての回答は以下のとおりである（図3-2参照）。回答を演目に限定し

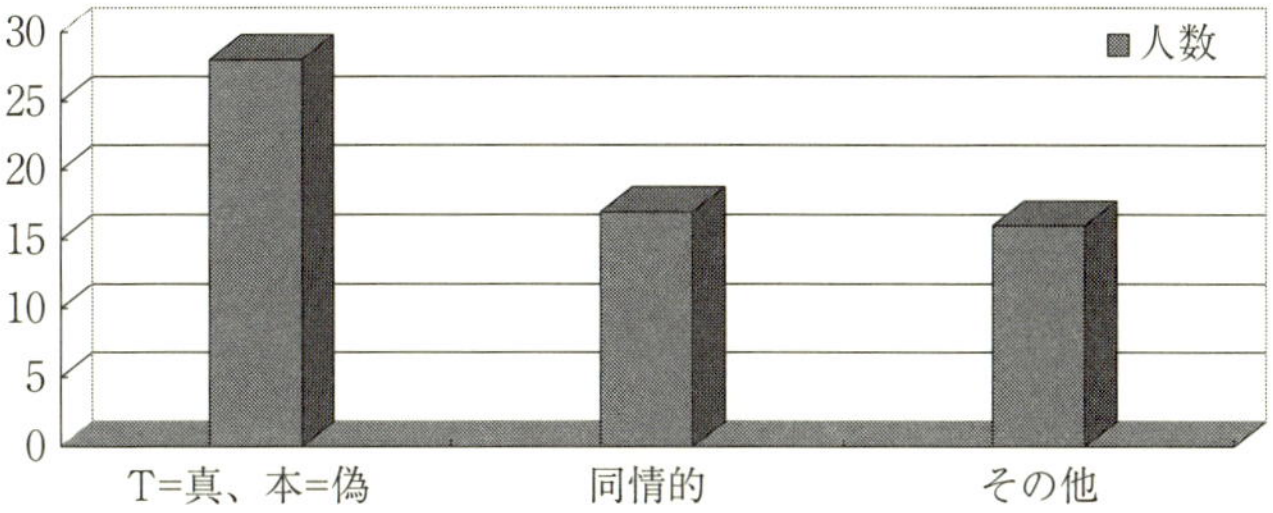

図３－２　TIPA の演者たちの本土芸能集団についての回答

た場合、「本土側のやっている上演は中国の要素が入っており、チベット文化ではない」というものが、インタビュー集計の結果大半を占めていた。そして、自分たちの演目を「真のチベット文化」と位置づけるのに対し、本土の芸能集団のそれは「混ぜ物をされた偽物」であり、ＴＩＰＡのやっていることと正反対であると唾棄する。

だが、同時に、彼らは本土の集団の置かれた状況に同情的である。そのなかでも主流な意見は「中国政府がチベット文化を撹乱するために、意図的に変更した演目を本土の芸能集団に押しつけており、演目自体のみならず衣装や装飾品といった細かいところまで中国のものに換えられている。しかし、彼らは本意でそれを演じているのではない」というものである。本土の芸能集団に対して「何が本物で何が偽物かを認識しておくべきだ」という意見をもっている演者もいるが、批判の矛先はあくまで中国政府に向けられ、本土の芸能集団で活動しているチベット人たちに対しては同情的である。

また、本土から亡命してきた演者は、インドで育ってきた人びととは異なった視点から本土の芸能集団について語っている。彼らは、ＴＩＰＡの演目が「真のチベット文化」であるという大前提は共有しているが、ＴＩＰＡと本土の芸能集団のあり方を比較することで、ＴＩＰＡの欠点を指摘する。たとえば、本土生まれのある年少演者はこう語る。

TIPAが彼らから学ばねばならないこともある。それは、彼らが演じている時の表情の豊かさだね。TIPAの公演にはそれがない。TIPAがやっている舞踊や音楽はもちろんチベット文化そのものだけど、我々には客を引きつけられるような表情が作れていない。それに、チベット本土では小さい時から舞踊なら舞踊だけ、というかたちで、自分の担当を専門化するけど、TIPAの場合、たとえば、一年目は音楽、次の年は舞踊、といった風に一年でいろんなものを詰めこもうとする。これでは、時間が経つにつれて以前やったことが曖昧になっていってしまう。これでは、その道のプロになるのは難しい。チベット本土では、やることを特化することで余所見をする必要はないからね。こういった体制は間違いなくTIPAのものより優れている。(6)

また、ある年長演者はより辛辣にTIPAの欠点を指摘する。

彼ら（本土側の集団）には自由がないから、本来の演目を適切にやることができない。でも、彼らのやる気はTIPAのものとは比べ物にならないくらい高い。インドで安穏とやっている連中は口では独立、独立といっているが、そんな気持ちなんてまったくない。

本土の芸能集団の演目は、はっきりいってチベット文化ではない。でも公演自体のレヴェルはTIPAよりもはるかに高いと思う。(7)

この他にも、本土の芸能集団の置かれた上演環境はTIPAより恵まれており、それをうらやましがる声があった。本土の芸能集団についての考えを聞くことで、TIPAの内部での差異が浮かびあがる。その差異は、「TI

ＰＡの演者全員が、ディールがいうところの亡命政府の尺度に従って中国化された本土の演目を貶めているわけではなく、評価する者もいる」というかたちで表れた。特に、本土からやってきた演者は、インド出身者よりも本土の芸能集団の置かれた状況を具体的に把握している。演者たちはＴＩＰＡと本土の芸能集団双方を比較することで、ＴＩＰＡの抱える欠点を浮かびあがらせ、それが、ＴＩＰＡの演目や公演をさらに向上させる再帰性をもたらし、修正や加工を生みだしているといえる。彼らは、中国化されたチベット本土を批判する視点を一定程度は亡命政府と共有するものの、本土側の集団の運営方法にＴＩＰＡの制度などを是正する可能性を見ているのだ。ここに、伝統表象に実際に従事する演者なりの主体性が表れているといえる。

ＴＩＰＡの演者たちの主体性が表れているのはチベット本土の芸能集団の評価だけではない[8]。中国化された本土の芸能集団を批判しつつも、ＴＩＰＡの演者たちは、中国側の主張、つまり、「チベット文化の真正さ」をめぐる本土の空間的要因についての主張を、自分たちの主張に合致するように読みかえることで、一定程度認めている。特に際立つのが「本土には我々の知らないチベット文化がまだまだたくさんあり、その点、我々の携わっている文化は幅が狭い」という意見である。ここで、毎年開催される紅白戦を例として挙げてみよう。紅白戦は、難民社会に埋もれた演目を調査し、再構成する絶好の機会である。ここでは、中国から入ってきたチベットの伝統芸能に関するＣＤやＶＣＤも参照の対象となり、彼らが身体化したチベット伝統文化像によって必要なものをそこから分類し、抽出し、使用するのだ。そして、紅白戦を経て、それらの曲はレコーディングされ、チベット伝統文化の演目として上演されるのである。つまり、必要とあらば、自分たちの伝統文化を表象する際に、ＴＩＰＡの演者は積極的に本土で演じられているものを取りこんでいるのである。そこには亡命政府が想定するものとは異なった伝統の理解や本土に対するまなざしがあるといえるし、カルコウスキが指摘した民衆による本土文化の消費と同様の現象がここにも見いだされる。しかし、その消費に際しては、自分たちが日常の訓練において身につけてきた尺度によって、演者たちは取捨選択をおこなっている。つまり、カルコウスキの悲観的指摘とは対照的に、自分たちの伝統をさらにバージョン・アップするための資源として、TIPAの演者たちは本土の伝統文化に積極的にまなざしを向けているのである。亡命政府の機関でありつつも、文化表象に対するTIPAの演者たちの主体性はここでも発揮されている。

以上のように、チベット本土集団の表象するチベット伝統文化を偽とすることで自らの表象する伝統文化の真正性をTIPAの演者たちは確保する一方で、TIPAの演者たちは、本土集団を通して自分たちの欠点を再帰的に認識したり、本土から発信されるチベット文化から自分たちが本物と認識するものを採用したりと柔軟な姿勢をとっている。これは亡命政府の主張する、ともすれば「五〇年代以前の伝統を保持する難民社会＝本物」「チベット本土＝偽物」と解される文化にまつわる二項対立的な枠組みのなかには収まりきらない姿勢である。TIPAの演者たちによって打ちだされた姿勢は、亡命政府の主張をある程度受けいれつつも、それと完全には一致しない点で、相対的に自律したものと位置づけられる。そして、難民社会に暮らす者として、彼らもまた本土からの文化を消費しているのだ。しかし、演者たちは本土からの文化を単に消費するのではなく、取捨選択し、自分たちの演じる伝統をより魅力的なものとするための糧としているのである。彼らは、自分たちなりのやり方で、チベット本土から発信されるチベット伝統文化に向きあっているのである。

４　ＴＩＰＡの公演戦略

ＴＩＰＡの演者が上演する伝統文化は、さまざまな聴衆を抱えている。具体的には、インドやネパールに在住するチベット難民をはじめ、ダラムサラにやってくる観光客、海外のＴＩＰＡファンやチベットに興味のある人びと、そして地元のインド人やネパール人などを挙げることができる。そのため、ＴＩＰＡの公演地は、ダラムサラ公演、海外公演、インド国内（およびネパール）公演と多岐にわたる。現在、各公演地に向けた戦略をＴＩＰＡ側は用意しており、臨機応変に対応している。本節では、ＴＩＰＡの伝統文化表象が多方向に開かれていることを示すために、公演地ごとの戦略をそれぞれ見ていくことにする。

４－１　ダラムサラ公演

まず、ＴＩＰＡの本拠地であるダラムサラから見てみよう。ダラムサラでの公演は不定期ではあるが、スポンサーや政府の要人がダラムサラを訪れた際には必ず演じられる。一方、固定された公演機会はロサルとショトン、または紅白戦の演目のお披露目公演程度で、ダラムサラのチベット人へ向けて演じられる機会は数少ないといえる。後述するインド国内のチベット難民居住地公演と同様、チベット人の若者たちにチベット文化を理解してもらい、難民という現在の状況を再認識させることがダラムサラ公演では目指されているが、ロサルとショトンの際開かれる公演を除いて若者が伝統的な演目の上演を観にくることはほとんどなく、海外からの観光客が座席の大部分を占めることになる。

ダラムサラでの公演戦略で中心的なものは、対チベット人、特に若者用のものである。特に、ロサルやショトンの夜に開催される公演でその表れが顕著である。チベット人の聴衆に対して、演者たちは公演のプログラム内に即興のコメディや漫才を多く織りこむ戦略をとる。こうすることで、聴衆を公演へ呼びこみ、自分たちのほうへ関心を引きつけようとする。以下では、ロサルの際に催された公演を事例として挙げる。

〈事例〉ロサルにおけるダラムサラ公演(9)

ロサルが始まってから一週間程度が経過し、そのどんちゃん騒ぎもそろそろ収束に向かおうかという頃、TIPAで伝統舞踊の公演が催されることになった。この日の公演については数日前から町でアナウンスされていたので、当日、多くの人びとがTIPAのホール前に集まってきた。見渡すと、ダラムサラで普段おこなわれている公演とは異なり、チベット人の聴衆が多いようだ。老若男女問わず、大勢がホール前で談笑している。海外からの観光客も散見される。地元のインド人やインド人観光客は見当たらない。開場すると、人びとはどっとホールのなかに流れこんだ。

例のごとく、開演は十五分ほど遅れていた。聴衆が早く始めろ、と手拍子で急かすのを見て、演者たちもそろそろ始め時だと思ったのだろう、ようやく開演の運びとなった。舞台上では、いつものようにチベット各地の伝統舞踊が高いレヴェルで披露される。だが、客席のほうに目を向けてみると、後ろのほうに陣取ったチベット人の若者たちはおとなしく観賞せず、せわしなくホールから出たり入ったりしている。海外からの観光客たちは目の前に繰りひろげられる華美な衣装や舞踊に魅せられたのか、カメラやビデオの撮影に忙しそうである。ステージ上で踏まれるダンッ、ダンッ、というステップに、合いの手でも入れるかのように入り込むカシャッ、カシャッ、という客席のシャッター音。

公演が始まって三十分ほどが経過しただろうか。次の演目の支度をするでもなく、二人の男性演者がマイクの前にやってきた。そして、二人でおもむろになにやら喋りだした。気がつけば、先ほど落ち着きなく出入りを繰りかえしていた若者もおとなしく着席していた。先ほどまでの賑やかさが消えて、聴衆たちはステージ上で繰りひろげられる会話を聞くのに集中しているようだった。すると、演者二人のやりとりのあるポイントで聴衆がどっと沸いた。ホールのなかで笑い声が反響して、ちょっとした地響きが起こり、振動が身体に伝わってきた。どうもこれは漫才らしい。斜め前に座っている小さな老婆は身体を捩じって、目に涙を浮かべ大笑いしていた。漫才の内容は、猥談や日常の些細なことに対する風刺などであった。だが、これは完全に観光客を置いてけぼりにする展開であった。同席していた日本人男性はチベット語を理解できず、あっけにとられていた。海外からの観光客たちも同じような反応を示していた。先ほどまで撮影で忙しそうにしていた人びとは手の動きを止めていた。そして、困惑したように、同伴者と会話したり、一人でやってきた人は聴衆を見たりしていた。

結局この漫才はオチがよくわからないまま約三十分後に終了した。チベット人聴衆は大きな拍手や口笛で満足感を示していた。再び通常どおり伝統的な演目が始まると、若者たちはまたホールから出たり入ったりしはじめた。しばらく伝統的な演目の時間が続き、カメラ撮影者たちにとっては至福の時がやってきた。先ほどの漫才で無駄になった時間の分も、と思ったかどうかは定かではないが、思いのままに通路を移動し撮影する者まで現れる始末であった。そんななか、次の演目についてのアナウンスがなされた時、私は耳を疑った。また漫才である。今度は違う二人が出てきて、先ほど以上の下ネタを披露し、それにチベット人聴衆は大喜びしていた。同席していた男性はさすがに我慢ができなかったようで、途中で席を立ってしまった。客席を見ていると、彼と同じ判断をし、席を立つ観光客が散見された。それにしてもすごい笑いの量であった。マクロード・ガンジにまでこの笑い声は響いているのではないだろうか、と感じたほどである。

漫才が終わると、後ろのほうにいた若い聴衆たちは示し合わせたかのように席を立ち、もうホールに帰ってくることはなかった。それでもホールの八割はチベット人聴衆たちで最後まで埋まっていた。漫才のあとは、再び伝統演目の時間が訪れ、数演目が演じられた。ウツァン地方の演目に偏り気味だったプログラム(10)がすべて演じられ、演者たちがステージ上でチベット国歌を斉唱したあと、公演の終了がアナウンスされた。漫才の話題に沸き立ちながら、聴衆たちは帰路についた。

このように、演目において漫才を戦略的に用いることで、この公演では多くの聴衆を呼びこむことに成功した。参考までに述べておけば、普段の伝統民謡の公演にはチベット人聴衆はほとんどやってこない。ひどい時には前二列も埋まらなかったことがある。だが、この時は勝手が違った。漫才だけで一時間程度費やしてしまい、チベット語の理解できない観光客たちの多くが退屈して途中で帰ってしまったのに対して、チベット人たちは大喜びだった。後日話を聞いてみると、漫才が目当てで見に来た人びとも多かった。漫才終了後に帰っていった若者もおり、チベット人聴衆の全員が最後まで残っていたわけではないが、漫才をネタに客を呼びこみ、動員数を稼いだ、という点でこの戦略は成功しているし、途中で帰ったチベット人聴衆も、漫才に至るまでの上演を見ることで、ＴＩＰＡが示すチベット伝統文化を見ていることから、現在難民社会でチベット伝統文化と考えられているものを（受けいれるかどうかは別として）結果的に目にすることになる。

このように、チベット人の若年層に対して「普通に伝統的な上演をしても聴衆は観に来ないし、公演に引きつけられない」と想定するＴＩＰＡの演者たちは、若者をはじめとしたチベット人聴衆にチベット伝統文化を提示するための戦略として漫才を用いている。

4-2　海外公演

ＴＩＰＡの前身である The Tibetan Music, Dance and Drama Society 時代に遡れば、海外公演は一九七五年に始まったが [Information Office of His Holiness the Dalai Lama 1981: 234]〔11〕、ＴＩＰＡとして初めて海外公演に行ったのは一九八五年のことである。これ以降、海外公演はほぼ毎年おこなわれており、ＴＩＰＡに対する寄付額が多い国ほど公演頻度が高くなる傾向にある〔12〕。

海外公演は二つの意味でＴＩＰＡにとって絶好の機会である。まず、演目の上演だけでなく、インタビューなどを通してチベットの状況について語ることができる。チベットの存在や現状を知っている人を増やすことで、チベット問題を局地的なものからグローバルなものにしようという意図がある。次は、海外公演を通して得られる経済的利益である。国内公演では思うような利益を稼ぎだすことができないが、海外公演は一公演ごとに価格設定されており、しかも移動費、宿泊費、食費などあらゆる出費を招聘側が負担するため、ＴＩＰＡには損失は出ず、利益しか入らないことになる。それに加え、招聘者以外の人びとからの寄付を獲得する重要な機会でもあり、ＴＩＰＡにとってだけでなくチベット難民社会にとっても、現在では海外公演はなくてはならない資金獲得手段となっている。

演者にとって、海外公演の目的は、チベット文化がいかなるものかを示し、公演を通じてチベット問題について知ってもらうことである。そのため、演者たちは短い時間のなかでできるだけ効率よく自分たちの意図や主張を伝達しようと努める。まず、演目のなかで各地方の特色がわかりやすいもの（たとえば、衣装など、見た目で差異を判断できるもの）や仏教儀礼色の強い演目、普段チベット人に向けては演じられない演目をプログラム内に配置する。そして、聴衆の意識を舞台上に引きつけるために、台詞の一部をチベット語ではなく公演地の言葉で演じることで、聴衆に語りかける。こういった努力をすることで、聴衆のチベット文化に対する理解が容易になる、と彼らは考えている。以下では、二〇〇六年の東京公演を事例として取りあげる。(13)

〈事例〉二〇〇六年七月の東京公演(14)

ＴＩＰＡが日本にやってくるのは、この時で五回目であった。演者がかなり入れ替わり、私と同年代の友人たちが今回の公演では演者としてやってきていた。開演まで、バックステージでその日の早朝おこなわれていたサッカーのワールドカップ決勝戦のことや最近のダラムサラのこと、日本で美容院に行くにはどういう手順を踏む必要があるのか、などなど、とても公演前とは思えない話題で私たちは盛りあがり、旧交を深めていた。

彼らが最終リハーサルをおこなうというので、ホールのほうに戻ってみると、公演案内が配布されている。そこには、公演次第に加え、ＴＩＰＡの設立目的や、中国がチベット文化を破壊していることなどが記載されていた。また、ダライ・ラマ法王日本代表部事務所が招聘しているだけあって、見る人が見ればチベット問題を想起するであろう物品も売られていた。公演の手伝いをしている人びとが忙しそうに、だが生き生きとホールのなかを準備で動き回っていた。そのなかにはダラムサラで会ったことのある人もいて、挨拶などをする。聴衆をざっと見渡してみると、大半が日本人と思しき女性であったが、日本に移住し生活を営んでいるチベット人たちの姿も散見された。

公演では、司会を務める日本人女性が、コミカルで熱い思い入れを盛りこんだ趣旨説明をした。説明が終わると、聴衆は拍手で演者たちを出迎えた。いざ踊りが始まると、拍手がぴたっとやみ、水を打ったように静まりかえるのは、よくいわれることだが日本の聴衆の行儀のよさゆえなのだろう。配布された演目表を見てみると、ウツァンの演目が多いが、普段の公演よりも地方ごとのバランスはとれていた。

演目が進むにつれて、聴衆たちもだいぶ伝統演目の「緩い」リズムに慣れてきたのか、ぼんやり観ている印象を受けた。私の前の座席に座っていた女性などは、身体を前後にふらふらと不規則なリズムで揺らしはじめた。どうも居眠りを始めた様子であった。だが、TIPA側のプログラムはしっかりと流れを把握しているようで、私が間延びしてきたな、と感じていると、いつもメリハリをつける演目を入れてくる。たとえば、こういったメリハリづけに最適なダムニェン・シャプトなどの激しい演目が始まると、演者たちはおとなしい聴衆たちを「乗せる」ために、手拍子を要求し、たどたどしいながらも日本語で語りかける。すると、先ほどまで借りてきた猫のごとくおとなしかった聴衆たちが手拍子を始めたのだ。こっくりこっくり頭を垂れて居眠りをしていた女性も何ごとかと思ったのか、はっと目を覚まし、周囲の聴衆に同調するように手拍子を始めた。

また、チベット人向けの公演ではほとんど演じられないシャ・チャムやヤク・ツェ、チベット歌劇ラモの一部であるンゴンパ・リンガが演じられた。シャ・チャムとは、本来僧侶が演じるチャムの一演目で、TIPAの演者は普段ラモの一部の演目のなかでしか演じない。また、ヤク・ツェは、チベットの国獣ヤクをめぐるコメディタッチの演目である。これも、ダラムサラではインド政府の要人や海外からのゲストを招いた時に演じられるものの、普段の公演ではめったに演じられない。ンゴンパ・リンガに関しては、インドではショトンでラモ全体を観劇することが可能であることから、完全に海外向けであるといえる。また、ヤク・ツェは、劇のような構成になっているため、チベット語を簡単な日本語にして演じられていた。チベット人演者が日本語で演じていることが、その台詞の素っ頓狂さと相まって不思議な雰囲気をかもし出したのだろう、聴衆は大きな反応を示していた。

ンゴンパ・リンガを終えると、今回の公演に参加した演者が全員集合し、チベット語から日本語に翻訳された、感謝を示す歌を合唱した。そこからなだれこむようにチベット国歌が斉唱されると、人びとは大きな拍手で演者たちの上演を讃えた。先ほど居眠りをしていた前列の女性も、「すごくよかったね」と公演が終了して席を立つ際に友人に話していた（表3-1参照）。

	演目	種類／地方
1	シャナク	儀礼舞踊（ラサ）
2	ロケイ・シェーチェン・リンカル・トゥ	ラサ
3	タシ・ショルパ	ウツァン
4	ドメ・セルティ・ンガソェ	アムド
5	トェシェー・ガムパ・ラモ	ウツァン
6	レルパ	カム
7	スキ・ニマ	ラモ（ウツァン）
8	ダムニェン・シャプト	ウツァン
9	コンシェー	コンポ（ウツァン）
10	シャ・チャム	チャム
11	ヤク・ツェ	ラモ（ウツァン）
12	ンゴンパ・リンガ	ラモ（ウツァン）

表3-1　東京公演のプログラム

以上のように、TIPAの演者たちは、チベット難民居住地では普段演じないような演目を海外公演ではプログラム内に組みこみ、公演地ごとにチベット語の台詞を現地の言葉に変えるという戦略をとることで、聴衆を積極的に取りこんでいる。

また、これ以外の戦略をTIPAがとることもある。今回の日本公演では採用されなかったが、僧侶による読経を演目に組みこむのである。[15] こういった要請は特にヨーロッパ公演の際に多いという。いずれにせよ、海外の人びとが望んでいるチベットらしさを示すことで、自分たちの上演に対して理解が生まれ、経済的利益も得られる、と演者たちは考え、戦略として実行している。たとえば、海外の聴衆、特にヨーロッパの聴衆に対して、ある演者は「西洋は、進歩していくなかで自分たちの真の文化というものを失い、今も変化しつづけているが、チベット文化は変わることがない。西洋人は歴史をもった純粋な文化に憧れているから、我々の上演を現在に残る真の文化として喜んで受容している(16)」とインタビューで語っている。

4-3　インド国内での公演

TIPAがインド国内の難民居住地を回る公演の機会は驚くほど少なく、事実上海外公演に行けなかった際の穴埋めとなっている。そのため、頻度としては二、三年に一度、という程度である。難民居住地をめぐる公演は、海外公演と異なり経済的利益を度外視しておこなわれる。そして、対象としては主にチベット人の若者が考慮されている。これはダラムサラと同様である。以下ではまず南インドはカルナータカ州にあるチベット難民居住地ムンドゴッドでの公演を取りあげる。

〈事例〉南インドのチベット難民居住地での公演(17)

ムンドゴッドでの公演は難局を極めた。ガンデン寺の僧院を宿舎として滞在していた我々は、そこから二十分ほど歩いたところで公演をおこなっていた。日中の照りつける太陽により、三月のこの地はうだるような暑さに覆われる。だが、夜の帳が下りると、様相は一変する。気温が下がり、夜露が大量に降りはじめるのである。気がつけば、衣類や、寝床に敷かれたマット類は、湿気により、しっとり、というレヴェルを超えて、びしょぬれになった。こういった状況での体調管理はきわめて困難であった。ムンドゴッド出身者はさておき、ダラムサラやラダック方面の出身者ら数人が風邪や脱水症状などでやられ、ダラムサラへ帰ることを余儀なくされた。脱水症状に陥らずとも、多くの演者が体調不良を訴えるなかでおこなわれた過酷な公演であった。

さて、チベット難民居住地というだけあって、インド人との住み分けは比較的はっきりしている。インド人を見かけるのは、ココナッツジュースやスイカ売り、オート三輪の運転手にほぼ限定される。だが、公演やイベントがあるとわかると、どこからともなくインド人商人たちがいろんな物を売りにやってくる。

公演前にホールで作業をしていると、食べ物や飲み物を売りにチベット人やインド人たちが次々にやってきた。しばらくすると、聴衆たちもクッションやレジャーシートをもってやってきた。ほとんどがチベット人だが、なかにはソーシャルワーカーとしてここに滞在している海外出身者もいた。やはりインド人は見当たらない。今回、トラブルを避けるために僧院間が話しあった結果、僧侶の観劇は禁止されたため、聴衆はすべて俗人であった。地方でこういった公演があること自体珍しいようで、ホールは満員御礼状態となった。

ほぼ定刻どおり、ステージを覆っていたカーテンが開けられた。じりじりと照明が照らし、灼熱の度合いがさらに増したステージで、公演の火ぶたが切って落とされた。だがここでも、演目が始まっているにもかかわらず、聴衆は落ち着きがない。レーザーポインターで演者の顔を照らしたり、子供は走り回るなど、客席は常にざわついていた。だが、自分たちの出身地方の演目になると、一緒に歌いだすなど、ダラムサラではお目にかかれないような素晴らしい反応を示していた。ダムニェン・シャプトでは手拍子を要求した演者自身がびっくりするほどの反応が返ってきた。聴衆は、ＴＩＰＡの伝統的な演目を大いに楽しんでいるようだった。

この公演では、日本公演で特に海外向けの演目であるとして私が挙げた演目は含まれていなかった。代わりに、漫才が一本演目として組みこまれた。今回の題材は、吉祥のスカーフとして名高い「カタ」に関するもので、ダラムサラのそれとは違い下品なものではなく、むしろ教育的な漫才だった。それでも、例のごとく、長い漫才にもかかわらず、聴衆は食いいるように目を向け（耳を傾け）、演者が笑いを取りにいったところでは大笑いしていた。漫才が終わっても帰る者はおらず、多くの人びとが演目を最後まで観ていた。国歌斉唱の際、人びとは起立し、TIPAの演者とともに合唱していた。

今回のプログラムもまた、やはり他地方よりもウツァンのものが多く、バランスを欠いていた[18]。それが、ウツァンに偏りつつも適度にバランスを保っていた海外公演のプログラムとの違いであった。

以上のように、インド国内のチベット難民居住地公演においては、公演自体が珍しいこともあって多くの人びとを動員していた。また、ダラムサラでの公演ほど大げさにではないが、漫才を導入することで聴衆をさらに引きつけていた。

インド国内公演の際、TIPAは各チベット人居住地だけでなく、インド人主催の祭典に参加することがある。その場合対象はチベット人のみならずインド人にももちろん広がる。この場合、インド人に対しては、チベット人向けの公演と同じことをやっているわけではない。調査当時は、TIPAがここ数年インドのフェスティヴァルに参加する機会がなかったため、具体的な事例を挙げることはできないが、演者たちからの聞き書きに基づいて演者たちが採用する戦略を以下に整理する。

まず、演者たちは、インド人と良好な関係を築くことは非常に重要であると考えている。その理由として、彼らの居住地がインドであること、そしてインドと中国の関係を勘案して、インドは対中国という点に関してよき味方であると考えているから、ということが挙げられる。そのため、公演において、チベット人はインドから仏教をはじめ、さまざまな文化を輸入したこと、以前から両者の関係が良かったことを強調する。そして、インドにいるチベット人の置かれた状況についての理解や、政治的な力添えを得ようと考えている。

主にインド人に向けて上演する際は、ＴＩＰＡがインドのさまざまな祭典に出向き、無料で公演する。そして、彼らの本業であるチベット伝統文化の演目に加え、インド音楽や舞踊を混ぜこみ、舞台上に聴衆の注意を引きつけようとする。インド人に対して、演者はおしなべて「インド人は自分たちの文化には興味をもつが他人の文化にはまるで興味をもたない」と想定している。そのため、インド人にとっての身近なヒット曲をチベット文化の演目に挟むことで、自分たちの本来の演目を見てもらおうという、セット販売的戦略がとられている。先ほどの例で指摘したように、ダラムサラや難民居住地で開催される公演にインド人の姿はまずない。このように、インド人のほうから積極的にＴＩＰＡの公演を見に来ることは考えにくいため、両者の関係を良好なまま維持するために、自分たちからインド人に歩みよってチベット文化を提示し、チベット人の置かれた状態を理解してもらう、という方法をＴＩＰＡは採用している（図３‐３参照）。

図３－３　インドのイベントに TIPA が参加することを告知するポスター

実際のところ、現時点でＴＩＰＡの文化表象に対して興味をもっているインド人はほんの一部であり、かなり限定されるといえる。[19] しかし、なかにはＴＩＰＡのことを知っている人びともいて、そういった人びとが中心となって働きかけることで、大学や軍の学校などの催しにＴＩＰＡが招聘されることもある。その場合は、フェスティヴァルに参加した時とは異なった戦略を採用することになる。フェスティヴァルのような機会では、インド映画のヒット曲を演目に入れるなど、インド人聴衆の好みに自分たちを合わせていくのに対し、TIPAが州政府の要人を招聘したり、TIPAが軍や大学の催しに主役として招聘されたりした場合は、インドとチベットの友好性や繋がりを訴えるようなスピーチで幕を開けつつ、TIPAが海外公演でやるような、チベット文化を前面に押しだしたものに演目を設定する。以下では、ヒマーチャル・プラデーシュ州知事をTIPAに招聘した時の公演を取りあげる。

〈事例〉ヒマーチャル・プラデーシュ州知事夫妻をTIPAに迎えた際の公演(20)

この日のTIPAホール前はあわただしかった。銃を構えたボディーガードたちが大勢ホール前を歩き回っていた。この日の公演の一般への開放は当然なしであった。ボディーガードたちに守られながら、州知事夫妻ががらんとしたホールに入場した。

今日はVIP公演ということで、州知事夫妻が着席し、落ち着いたところで公演前のスピーチが始まった。TIPAの団長が、挨拶として、TIPAの公演に来てくれたことの感謝を述べ、仏教を介したチベットとインドの昔からの繋がりを強調し、中国によってチベットを追い出され難民になった今もインドが受けいれていること、その状況でもお互いが平和に共存しており、また、これからもそうあることが重要だ、と述べた。その挨拶に続いて、州知事がチベット難民の政治的状況に配慮した発言をし、これからも仲良くやっていこう、ということを壇上で述べると、演者たちは大きな拍手で応えた。

聴衆は州知事夫妻（とボディーガード）のみだったため、演目数は普段よりも少なめであった。この日の演目は、海外公演のそれと同様に、ウツァンに偏りつつも普段のものよりバランスのとれたものであったが、ここでも普段演じられないンゴンパ・リンガやヤク・ツェが演じられた。ヤク・ツェでは、演者は台詞をヒンディー語にして演じていた。

TIPAの公演に感動したのだろう、州知事夫人は公演終了後、「チベットを離れたあとでも、こんなにきちんとチベット文化を保存しているなんて素晴らしいことだ」と、ステージ下からその日の公演を通して得たチベット文化に対する感動や政治的苦境に対する理解、TIPAに招待されたことに対する感謝を、ステージ上の演者たちに情感たっぷりに（そして比較的長時間）語っていた。

以上のように、TIPAは、インド人の要人の前では、スピーチで長期にわたるインドとチベット友好の重要性を説き、公演においては海外公演同様、チベット文化としてわかりやすい要素を前面に押しだして演じている。

これまで本節で見てきたように、TIPAの演者は公演地または聴衆に応じて公演のプログラムを操作している。カルコウスキの議論［Calkowski 1997］は、TIPAの文化表象を西洋と難民社会のあいだにのみ設定しているが、TIPAの文化表象は西洋に向けてのみなされているのではない。難民社会はもちろん、インド国内にも向けられているのだ。

本節の議論をまとめよう。本節が描いたのは、演者たちが用いる公演戦略であった。チベット難民社会では、漫才を加えることで若者を取りこもうとし、海外では意図的に、バラエティに豊み、また儀礼色の強い演目をプログラムに組みこみ、時に読経を組みこむことで、相手の望むチベット人像に同調し、欧米を中心とした国々に歩み寄る。そしてインド人聴衆に対しては、フェスティヴァルなどに参加した場合、インド人に歩み寄ってインド音楽を組みこみ、主賓として要人を招いたり、軍や大学で演じたりする際には、冒頭の挨拶で両者の関係を強調しつつ、演目は海外公演のそれに近いものを演じる。これらの公演戦略は、ＴＩＰＡが公演地の状況や拘束のなかで編み出した、「主体性の産物」と解釈可能なものである。そして、これらの戦略をもって演じられるチベット伝統文化は、チベット問題に対する理解の獲得と運動への参加、すなわち、中国からチベットを政治的に解放するために、チベット人だけでなくさまざまな人びとが織りなす「もう一つの公共圏」［ギルロイ　二〇〇六］に参加するよう促すものなのである。表象する対象はさまざまではあれ、組織としてのＴＩＰＡが表象によって達成しようとする目的は同じなのだ。

とはいえ、ここで記述してきたような主体的な側面にのみ注意を払うことは、状況の複雑さを見えなくしてしまうことにもなるだろう。たとえば、オリエンタリズム的な消費を進める西洋に対して危惧の念を表明しているドレイファスは、西洋が「チベットを理想の社会として支持することによりチベットは周縁化され、純粋な理想や空想の領域に祀り上げることによって、実際の政治的行動というアリーナからこの国を取り除いてしまう」［Dreyfus 2005: 19］と指摘する。目的を達成するためにＴＩＰＡの演者たちが創意工夫しながら活動しているさまを知れば、チベット人たちの政治的な働きかけの意味を無化するドレイファスの指摘は少々大げさに思えるが、彼が指摘するようなアリーナのなかにＴＩＰＡの演者たちが位置づけられているのは、紛れもない事実である。次節では、ここで記述した主体性を異なった視点から考察する。

５　主体性のパラドックス

ここまで、ＴＩＰＡの演者たちが発揮する主体性について記述してきた。それは、他集団と比してＴＩＰＡという組織の独自性を打ちだすものや、亡命政府の枠組みに完全に当てはまらず、また、本土からの伝統文化を選択的に取りこむスタンス、そして公演戦略のなかで表れたものであった。そして、そういった工夫を私は主体性として記述してきた。こうした視点は、旧来の議論が想定していた「西洋的表象の犠牲者としてのチベット人」[Bishop 1989; Lopez 1998] 表象を脱するために、アナンドが主張する以下の論点、すなわち、「表象に関わる言説に対立したり自律的なものではなく、それら言説の一部をなすとともに、特定の表象に関わる言説により消耗してしまうものではなく、さまざまな言説やそれら言説が共有する隙間との創意に富んだ交渉から生まれてくる」「チベット人の集合的エイジェンシー」[Anand 2007: 88] に関する議論に与するところがある。(21) だが、「犠牲者からエイジェンシーへ」という議論の変遷は、あくまで現象を捉える側のまなざしの変遷でしかない。同様に、エイジェンシー論がもちあげるその主体性は、ヴィトゲンシュタインの「ウサギ–アヒルの反転図形」のように、見る者の志向性によってそう見えているのに過ぎないかもしれない。真に重要な議論は、言説レベルで「犠牲」「創造性」を問うだけではなく、グローバル資本主義に依拠した国際政治のアリーナにおいて、チベット難民がどのような状況を生きているかを提示することではないだろうか。本節では、特に公演戦略に表れた主体性にもう一度注目し、そこに見えるもう一つの相貌を描きだす。

「主体性の物語」には、主体性の称揚に疑問を付すような裂け目がえてして生じているものである。たとえば、TIPAのある年長演者は、公演ごとに違うことを考えているか、という私の問いに以下のように答えている。

もちろん違うことを考えている。ダラムサラのチベット人はTIPAの公演を見飽きているから、彼ら向けに何か新しいことをやることに頭を使わなければならない。しかし、南インドに住んでいるチベット人、特に僧侶は喜んで伝統的な公演を観てくれる。外国人にはチベット文化はユニークなものとして受けいれられる。なぜなら、西洋は、進歩していくなかで自分たちの真の文化というものを失い、今も変化をしつづけているが、チベット文化は変わることがない。西洋人は歴史をもった純粋な文化に憧れているから、我々のパフォーマンスを現在に残る真の文化として喜んで受けいれている。(22)

私の問いに対し、この演者は、自分たちの積極的な働きかけを主張しているように見える。また、こういった事例に対し、アナンドのみならず、文化の客体化論やポストコロニアル研究などの議論は、限られた状況で発現する主体性を見いだし、評価してきた。もちろん、主体性を見いだし評価することは、旧来の議論が現地の人びとを犠牲者扱いし、そこでの多様な実践を評価しなかったことに対する一種の反論であることは私も承知している。だが、一方で、こういった議論は、そもそもなぜ当の人びとはそのような働きかけをしなければならないのか、という問いを十分に問い、記述しているだろうか。また、人びとの働きかけを評価するあまり、そこにある社会的文化的な拘束性やグローバルな状況を過小評価していないだろうか。

たとえば、自転車にまつわるこんな話がある。私たちは自転車で前進する際、自転車を漕いでいる、と考えるが、実は、自転車に漕がされてもいるのだ、と。ここから学ぶべきは、自転車が前に進むという出来事は、漕ぐ、漕がされる、のどちらかではなく、そのどちらでもある、という事象の両義性である。主体性の話もこれに当てはめることができるのではないか。つまり、主体的かつ戦略的にふるまっているように見えるが、それは同時に、そうふるまわされているのでもある、ということである。主体性と被拘束性がそこでは重層的に絡まりあっているのである。

前記の視点をもってすれば、ＴＩＰＡの演者が意識する公演戦略はどのように見えるだろう。まず、ダラムサラ公演では、漫才を演目のなかに導入することで聴衆の関心を引きつけていた。私も前節ではそれを公演戦略として積極的に評価している。だが、それは、伝統的な演目に興味のない聴衆の要求に迎合するというかたちで発揮された主体性であることはいうまでもない。海外公演やインド国内でインド人の聴衆に向けておこなわれる公演において、それはより露骨になる。たとえば、海外公演では、儀礼色の強い演目をプログラムに組みこんだり、招聘先の要求によって僧侶の読経を組みこんだりするなど、海外の聴衆が何を望んでいるかに自分たちが応える、というかたちをとっている(23)。インド人向けの公演では、演目にインド音楽を導入し、また、状況によっては、インド文化とは異なったものとしてチベット文化を前面に出すなど、ここでも聴衆に迎合することからＴＩＰＡの公演戦略は始まっているのである。このように見てみると、ＴＩＰＡの公演戦略は、一方で聴衆を取りこむためになされる主体的な働きかけであると同時に、聴衆が望んでいる、と演者たちが想定しているまさにその「思いこみ」に拘束されたものでもある。これを単純に主体性の発露であると称揚することは、そこに表裏一体に存在している文化的社会的拘束力を看過することに繋がってしまう。

演者たちが演じる状況は、鈴木が指摘する、アイロニーを生きるジャマイカのレゲエ・ボーイズの状況と類似する。鈴木は、「力関係において劣位にある者、劣った者は自分自身にかんしてのイメージをどのように持つのか。強い者がその劣った者を見おろす時のまなざしを通じて、劣った者は自己にかんするイメージを形作る」ものとしてアイロニーを定義する［鈴木　二〇〇〇：一二］。もちろん、ＴＩＰＡや演者の置かれている状況は、ジャマイカのそれとも異なった文脈をもつゆえ、若干、鈴木によるこの定義に修正を加える必要がある。それは以下のようになるだろう。舞台上に立ち、また亡命政府の職員として他者に常にまなざされる演者たちにとっては、チベット伝統文化の保存と促進という組織としての目的を達成するために、演者たちが望む望まないにかかわらず、聴衆の「望むもの」を自らのまなざしのもとに先取し、進んで実践において取りこまねばならないということがアイロニーなのである。そして、このアイロニーは、第5章で述べるようなジレンマを演者たちにもたらすことになる。公演戦略を立てるということは、聴衆を取りこむためにおこなわれる主体性の発露でもあり、同時に、まなざしへの強烈な意識というチベット難民ハビトゥスが生みだす「聴衆たちの要求の先取り」によって自分たちの行為が拘束されていることの証しでもあるのである。能動と受動が同時的に生起する中間態的状態が、ＴＩＰＡの種々の戦略においては見いだされるのである(24)。

6　おわりに

これまで見てきたように、ＴＩＰＡの演者たちは自らが置かれた環境のなかで、発言や活動をしている。本章で見てきたのは、それらの発言や活動を通して作りあげられてきたＴＩＰＡの地位や姿勢であった。

まず、難民社会で活動する他の芸能集団に対し、ＴＩＰＡの演者たちは自らの優位性を主張している。その根拠として、ＴＩＰＡが公演で演じるチベット伝統文化こそが、ＴＩＰＡを出自とするチャクサムパやタントンといった集団が上演する演目の根源である、とし、そういった傍流よりも本家のほうが優れていると主張する。また、新難民の芸能集団としてチベット難民社会で活動しているアクペマに関しては、ＴＩＰＡの演者の上演するチベット伝統文化の流れのなかに彼らの演目を位置づけられないことから、「中国風で過度に現代化されている」として否定的な評価を与えていた。こうして、ＴＩＰＡの演者は難民社会における自らの位置を、他集団との差異化を通して積極的に構築していた。

難民社会の他集団に加えて、中国の支配下にあるチベット本土で活動している芸能集団にも、文化の真正性をめぐって亡命政府と中国政府が対立している以上、同じ文脈に属するTIPAの演者たちは注目することになる。TIPAの演者たちが本土の芸能集団に与える評価も、本土の演者たちに対しては同情的であるも、その上演そのものは偽物でTIPAの演者の上演するチベット伝統文化こそが本物である、という主張がなされ、自分たちの真正性を確保していた。しかし、その一方で、チベット本土の芸能集団のほうが自分たちよりも優れている点を再帰的に認識し、改善していこうとする姿勢や、本土から発信されるチベット伝統文化から、自分たちが本物のチベット伝統文化であると認識するものを積極的に採用する姿勢は、五〇年代という亡命以前のチベットに真正性を見いだす亡命政府の枠組みが暗に示す「難民社会の伝統文化＝真、中国支配下にあるチベット本土の伝統文化＝偽」という二項対立的な図式に収まらない。亡命政府の主張をある程度受けいれつつ、それに完全に同調することなく独自に伝統文化に向きあうTIPAの演者たちの姿勢は、彼らの主体性の表れとして評価されてしかるべきであるし、悲観的にのみ捉える必要もないだろう。

これらの記述を通して明らかになったTIPAの演者が演ずるチベット伝統文化には、多種多様な聴衆がいる。それは彼らが活動の拠点を置くダラムサラ、インドやネパールに点在するチベット難民キャンプのみならず、海外の多様な聴衆など、多岐にわたる。演者は、こういった公演地に応じて、表象戦略を実践している。特にチベット人の若者を呼びこむことを意識したダラムサラ公演では、海外からの聴衆を犠牲にしてでもかなり長編の漫才をプログラムに組みこむことで、多くのチベット人聴衆を集客することに成功した。

海外公演では、地方色を前面に押しだすこと、儀式的演目の組みこみ、普段難民社会では演じない演目の導入など、チベット伝統文化の特色がわかりやすいようなプログラムを組んでいた。また、公演地で使われている言葉を積極的に演目内に導入して聴衆を引きつけていた。時には、自分たちの演目には直接関係しない、僧侶による読経をプログラム内に動員するなど、海外から彼らに向けられたまなざしを彼らは内面化しつつ、公演戦略として利用する。

インド国内公演では、チベット難民居住地向けとインド人の要人に向けた戦略を取りあげた。前者では、ダラムサラ公演ほど露骨でないにせよ、プログラム内に漫才を取りいれ、ダラムサラ公演以上に積極的に聴衆に働きかけることで聴衆の関心を引きつけていた。後者では、冒頭のスピーチにてインド人とチベット人の友好の重要性を説き、プログラムは海外公演のそれに近い、インドとは違うチベットらしさを前面化した演目を多く採用していた。結果、要人の興味関心をうまく引きつけることに成功したということができる。

とはいえ、こういったかたちで発露される主体性は、決して手放しで主体性として評価されるべきものではない。公演戦略を練りあげることで聴衆を取りこもうとする行為は、演者たちの主体性の表れとして見える一方で、聴衆の要求こそが彼らにその行為を促している点で、ＴＩＰＡの公演戦略には主体性と拘束性という両義性を見いだすことができる。そして、聴衆の要求の先取りを演者に強いているのは、チベット難民社会において強く要請される他者のまなざしの内面化という社会的文化的な強制力であり、チベット難民ハビトゥスなのである。

次章では、本章で述べた主体性／拘束力の両義性を、チベット歌劇ラモとその祭典ショトンを例にとって、もう少し違った角度から描きだしていく。それは、難民社会におけるラサ的なものの称揚と密接に結びついたものである。

註

（1）たとえば二〇一一年十月にはTIPAの指導者を二名アメリカに招聘し、チベット歌劇のワークショップをおこなっている。

（2）たとえばタントンの代表者は、海外旅行者を見ると寄付金の呼びかけをすぐにおこなうことなどからわかるように、彼らの活動の生命線は海外からの人びとであると考えているといえる。

（3）延べ人数で計算。なお、本章のグラフは、二〇〇三年三月二十日から九月三日にかけて演者全員に対しておこなったインタビューをもとに作成した。

（4）なお、チベット本土の芸能集団の上演は、ダラムサラではケーブルテレビを介して視聴可能である。

（5）難民社会において本土の音楽が受容されていることに対して、「演者のなかには、チベット音楽のなかに「中国ウイルス」が侵入すると語り、こうした音楽が受けいれられることによって伝統的な音楽と中国化されたチベット音楽の区別ができないチベット人の子供たちを「文化的に同化させる」ことになってしまわないか、という恐れを表明する者もいる」[Calkowslki 1997: 56] と語り、演者がこうした音楽に対して距離を取っている様子が示唆されている。

（6）二〇〇三年七月十三日の発言。

（7）二〇〇三年六月十四日の発言。

（8）第1章で指摘したように、TIPAの公演における意思決定は教師部の責任者がおこなうが、演目の再構成などに関しては、彼は最終的に修正するだけで、基本的には、演者たちが自分たちで構成していく。

（9）二〇〇七年二月二十七日。

（10）ウツァン以外の演目は、カムのギャロン地方の演目「ニマ・ダワ」のみだった。

（11）興味深いことに、七六年の海外公演の後、海外公演の頻度を落とすようダライ・ラマが提言した、とカルコウスキは述べている [Calkowski 1997: 55]。

（12）海外公演の頻度が高いのはフランスやドイツなど、ヨーロッパ諸国、またアメリカである。

（13）この公演の模様はDVDで販売されている。

(14) 二〇〇六年七月十日。

(15) その模様は未見である。二〇〇三年の日本公演の際にもこの読経が組みこまれていたらしい。また、公演ではないものの、海外で発売された『ダルマ・スナ（Dharma suna）』というCDにはTIPAの音楽の合間に僧侶による読経が挟まれている。この読経の組みこみは、配給元であるワーナー・ブラザーズの要求によるものである。

(16) 二〇〇三年四月四日。

(17) 二〇〇七年三月六日。

(18) 日により演目は異なったが、ウツァン中心の演目のなかにカムのレルパ、アムドのセルティ・ンガソェのどちらかが配分されるというものであった。

(19) しかし、近年、TIPAに興味をもち、映画に起用する映画監督もいる。たとえば、『なれそめ（Jab We met: 二〇〇七年公開）』（二〇〇七）や『ロック・スター（Rock Star: 二〇一一年公開）』にTIPAの演者が参加している。

(20) 二〇〇三年七月三十日。

(21) 西洋の想像力に乗ったがゆえに脱政治化される側面をもちつつ、戦略的に言説を用いるチベット人のエイジェンシーを評価するマウントキャッスル［Mountcastle 1997］や、再帰的にアイデンティティを問いなおすチベット人の姿を描いたモラン［Moran 2004］の議論にも類似した点が多々見られる。

(22) 二〇〇三年三月十三日の発言。

(23) 演目に読経が含まれていないものの、二〇〇六年の東京公演もその内面化を示すような演目構成であった。たとえば、最初の演目はシャナクという儀式舞踊であったし、最後に演じられたンゴンパ・リンガにしても、ラモの儀礼舞踊であった。公演案内でも、双方とも儀式舞踊という側面が強調されている。

(24) 「主体が他から受けとめること（受動）も、主体が他に働きかけること（能動）も、その局面だけ取り上げれば、受動あるいは能動と判別できるかもしれないが、過程全体のなかでは「あざなえる縄のごとく」複雑に入り組んでいるのだ」［中岡　二〇一二：一三八］

Interlude 2

カンカンカンカンカン！

けたたましく鳴りひびく鐘が、ダラムサラ特有の、朝のひんやりした空気を引き裂いた。無遠慮にも鳴りつづける鐘の音は、惰眠をむさぼる私に、また新たな一日の活動を開始するよう強制しているかのように感じられた。まだ布団のなかから出たがらない身体に重みを感じつつ、ドアを開けて深呼吸した。新鮮な空気を透過して見える朝焼けが美しかった。

ふと見おろすと、寝起きのよい数人の演者たちが朝食を確保するために早速食堂に向かっていた。身支度を整えて、私も食堂のほうに向かっていくことにした。ＴＩＰＡにいる時、私は基本的に朝食をとらなかった。というのも、食堂から提供されるパンは、あまりにも脂っこかったからだ。パンをもつだけで、手が油のぬめりに覆われ、それが朝の陽光に反射して独特の「てかり方」をするのだ。私にとって、それはたいそう胃にもたれる朝食なのだ。この日も、友人と朝の挨拶をしながら、お茶を飲むだけの朝食だった。みんな寝ぼけ眼で、普段のような高いテンションで喋る様子もない。思い思いに、適当に食堂前のベンチに座って朝食をとっている。お茶をゆったり飲みながら過ごす朝の時間は、独特の歩み方で過ぎていく。平和だなぁ、と感じていたそんななか、カンカンカンカンカン！とまたもけたたましく鐘が鳴らされた。しかも今回は至近距離からだ。この鐘は食堂のすぐ近くにあって、当番が、タイムテーブルを明示するために打ちならすのである。そこらでお茶を飲んでいた人びとは、みんな耳をふさいでいた。さすが、場慣れしているだけのことはある。だが、私は、ちょうど余所見をしていたため、耳をふさぐタイミングを逸してしまった。耳のなかにぶぉーんという残響音が鳴っていた。

ぶぉーん、ぶぉーん。なかなか鳴りやまない。私の頭のなかでその音はぐるぐる回っていた。

今の鐘は、授業が始まる前におこなわれる読経の開始を告げるものだった。さっきまでゆったりとお茶を飲んでいた人びとも、ひとたび鐘が鳴ると、お茶を置いて、動きはじめた。「めんどくさいなぁ」と口に出して重い腰をあげる者もいれば、何もいわずに率先して読経部屋に向かう者もいる。この読経だが、特に若年演者に関しては義務化されており、これに参加しないと五〇ルピーの罰金が科せられる。「行かないと罰金払わないといけないから」、と私と話していたイシ・サムドゥプは冗談めかして、読経部屋に向かっていった。とはいえ、その場から私以外の皆が姿を消したのは、鐘の音が開始を告げてからだいぶ経ってからであった。

正直に告白しておけば、私は読経に参加したことは数えるほどしかない。それは、猛烈に眠気を喚起する時間であった。彼らの唱える経文は、私にとってあたかも子守唄であるかのように作用し、せっかく鞭打って起こした身体はまた数時間前の惰性体に戻ろうとするのだ。そのため、読経に参加せずに、私はベンチに座っていろんな人と話をすることにその時間を費やした。運の良いことに、そこは人びとの通り道にあたるのだ。片言のチベット語を喋る私をおちょくりに多くの人がやってきた。彼らとの会話のおかげ（そして、おそらく読経に参加しなかったおかげ）で、今の私は拙いながらもチベット語で会話をすることができるようになった。

ベンチに座って年長の演者と喋っていると、見つからないようにこそこそ読経部屋のほうに向かっていく者がいた。タシである。彼は宵っ張りで、いつも朝寝坊をしている。特に前日の晩、サッカーの放送がある時は遅くまで大きな音でテレビを観ている。やはり、今日もまた起きられなかったのだ。人目を盗んで、なんとか読経部屋に入りこもうとしていたタシだったが、無情にも読経は終わり、部屋のなかからすでに人びとがぞろぞろ出てきていた。「また寝坊したのか。罰金だな」。タシを見つけた年長の演者は笑いながらいう。

読経の時間を終えた演者たちは練習場のほうへ向かっていく。ある者はだるそうな身体を伸ばしながら、ある者はエンジンがかかってきたのか、大声で騒ぎながら。各方面から人がぞろぞろとやってくる。それとともに、鐘叩き当番がこちらに向かってくる。左手につけた時計に目をやると、彼女は鐘に向かって鉄の棒を振りかざした。

カンカンカンカンカン！

今度は耳を見事にふさいだ。何事も反復学習である、と私は実感する。

鐘が告げたのは、今から演技の練習が始まる、ということだった。彼らにとっての反復学習としての練習は、このような日々のなかで積み重ねられていく。ただし、異なった密度と強度をもって伝統芸能は身体化されていき、皆、いっぱしの演者になっていくのである。

第4章　構築されるハイカルチャー
――チベット歌劇の光と影

1　はじめに

ある演目が、チベット文化を代表するものとして語られるとは、どういう事態なのだろうか。そして、その演目が代表となることで、文化を基軸とするナショナリズムにどのような帰結をもたらすのだろうか。前章の最後に指摘したように、本章では包摂と排除の両面を伴った「チベット文化」がいかに構築されていくか、そのプロセスを見ていくこととする。具体的には、本章は、チベット難民社会で演じられる歌劇ラモ（図4-1）と、ラモが催される祭典ショトン（図4-2）がチベット難民社会において変容し、再構築されてきた過程を、英語文献の分析と、参与観察で得たデータを通して明らかにする。ショトンとは、亡命政府が毎年主催している春の祭典で、「チベット人のアイデンティティを維持するための祭典[(1)]」である。そこで演じられるのが「チベット文化や伝統のアイデンティティを表象するのに特に重要」［TIPA 1996: 10］な歌劇、ラモである。ダライ・ラマ十四世はラモを愛好し、「チベットの文化や伝統の保存において、ラモが非常に重要」［TIPA 1993: 8］で、「何世紀ものあいだ、その原初的な形態で生き残ってきた芸術として、それはチベットの人びとの信仰や好みをはっきりと示している」［TIPA

図4-1　ラモの一場面

図4-2　ショトンに集う人びと

1996: 10］と語っていることから、難民社会におけるその重要性の一端を慮ることができるだろう。ショトンが開催されると、各地から多くの人びとがやってきて、会場となるTIPAへ向かう道には出店が軒を連ね賑わいを見せている(2)。もはや年中行事になった観のあるショトンは毎年三月から四月にかけて開催されており(3)、インドやネパール各地の歌劇集団がラモを演じるためにダラムサラにやってくる(4)。ショトンには世界各国のスポンサーたちも参列し、初日にはダライ・ラマが、最終日にはカルマパが観劇に訪れるなど、仏教行事以外の難民社会の年中行事において突出した重要性をもっている。

だが、以下に述べるように、ラモが「チベットにおいて特に重要な文化」、ショトンが「チベット歌劇の祭典」と定義づけされるようになったのは比較的近年のことである。この客体化の過程には、チベット難民社会の内外を問わずさまざまなまなざしと記述が関係してきた。いわば、外からのまなざしと記述、難民社会における社会構造や実践が絡まりあって客体化が発生するのである。このような客体化の過程において、そこから排除されるものが存在すると本章は指摘するが、それは単純に隠された事実を暴露し現状を批判するためではない。私自身がここでおこなっているものも含め流用は常に選択的であり、一見一枚岩に見える人びとの語りのなかにもさまざまな可能性を見いだすことができるのだ。

本章では、チベット歌劇ラモとその上演空間ショトンの位置づけの歴史的変遷を、それらをめぐる記述や言説を通して考察する。ラモやショトンの位置づけの変遷を見るなかで、本章は、記述が現実を構築するうえにおいて果たしうる役割、文化の客体化において生じうる負の側面に着目し、そこに生じているものがチベット難民研究において指摘されてきた二通りのラサ中心的な視点を結合させたラサ中心主義であり、それこそがチベット難民社会におけるナショナリズムの中心を構成してきたことを指摘する。そして、こうした傾向に閉じられることのない人びとの語りにも着目し、そこに新たな文化への胎動を見る。

2　ラモおよびショトンに関する諸言説

2－1　ラモを保存し広める組織としてのＴＩＰＡ

難民社会の伝統文化の保存・促進を担っているＴＩＰＡが特に力を入れているのがラモである。チベット難民社会において、ＴＩＰＡがチベット歌劇ラモの保存・促進に関する全責任を担っており、各難民居住地へ行脚し、細心の注意をもってラモを人びとに指導する。ＴＩＰＡが位置づけるところによると、ラモは、「チベット文化や伝統のアイデンティティ表象で特に重要」[TIPA 1996: 10] な演目である。そして、ＴＩＰＡが保存、指導したラモを難民社会で演じる機会がショトンである。

亡命政府が運営する学校でもラモは重要視されており、近年毎年開催されるショトンには生徒たちが学年ごとに日替わりで観劇にやってくる。そして、生徒たちが学校の出し物でラモを演じる際には、ＴＩＰＡの演者が指導する。この指導は通常の舞踊では見られない。

このように、現在のラモやショトンは、特に重要な文化としてＴＩＰＡが上演と伝達を担っている。だが、ラモとショトンは旧くから特に重要な文化として考えられてきたのだろうか。次項では、ラモとショトンの語られ方を見ることで、その歴史的変遷を記述する。

2-2　ラモとショトンの歴史的変容

本項ではラモとショトンの歴史的変遷を記述する。ここでの記述は、第4項で取りあげるテクスト間で大体意見が一致している記述および私の参与観察に基づいている。

ラモは主にラサ周辺で演じられた世界最古とされる歌劇で、一般的にはチベット歌劇として受容されている。物語の大半はインドの仏教説話を基盤とする芸能である。ダライ・ラマ十四世は、ラモについて「チベットの人びとの信仰や気持ちをはっきりと映しだすものである」[TIPA 1993: 4] と語り、ショトン開催期間中に歌劇集団を前にしたスピーチでも「ラモはチベット人のもつあらゆる感情を物語のなかに封じ込めたもの」「チベット文化を一つに凝縮したもの」と語っている。また、演者たちは、ラモのなかで表現されるチベット人像こそが「あるべきチベット人」であると語っている。(5) ダライ・ラマはラモに対して格別の思いいれをもっているようで、ことあるごとにラモを演じる人たちをねぎらい、その重要性を説いている。

チベット歌劇ラモの歴史は太古にまで遡る。一般的には、六世紀から九世紀のあいだ、チベット王朝で儀式的見世物として楽しまれていたものを、十四世紀に仏教徒として活動していたタントン・ギャルポ（thang stong rgyal po）が布教の際に体系化したものであると考えられている。(6) 布教の旅において、タントンはチベットじゅうの主要な河川に橋を渡そうとしたが、何度橋を渡してもたちまち崩落した。それまでパトロンに建設費用を依存していたが、これ以上の金銭交渉に引け目を感じたタントンは、歌と踊りに秀でたお供の七人姉妹の踊りで必要経費を稼ぎ、橋の建築費用を賄おうと考えた。タントンは宗教的格言に基づいた詞と歌劇のメロディーを作り、姉妹たちに歌と踊りを教えこんだ。それにタントンはドラムとシンバルで伴奏をつけ、見世物として供した。これを見た人びとが「女神たちが踊っている」と称賛したことから、女神を意味するラモという名前がつけられ、現在に至っている。

亡命以前のラサ近郊には、数々のラモの上演集団が存在していたという[7]。そのなかでも主要なものとして挙げられるのが、ギャンカルワ、シャンパ、チュンパ、キョルモルンパの四つである[8]。これら各劇団ごとに歌唱法や踊りは異なり、扱う物語も異なっていたが、現在ではすべての物語がスタイルの別なく踊られている。難民社会では、バイラクピー居住地の劇団が採用するギャンカルワのスタイルとともに、ＴＩＰＡが積極的に推し進めるキョルモルンパのラモが残っているが、公的に演じられているのは後者である。

ダライ・ラマ十三世の統治期以降から一九五九年以前は、ラサ政府が夏の終わりから初秋までの七週間に上演を限定したことで、ラモの公的な上演の時と場は大きく制限されていた[9]。演者が政府からラモの上演を許されたのは、ショトン、ダライ・ラマの家族や政府向けの公演と、その後の短期間のみであり［Tsering 1999: 10］、その後はラモの伴奏を務める太鼓を叩くことも許されなかった［Ross 1995: 28］。毎年一週間前後の期間で開催されるショトンは、その代表的上演空間であった。ここでは、さまざまな上演集団がラモを一日がかりで演じ、演技をラサ政府への納税の代わりとしていた［Ross 1995: 19; Tsering 1999: 10］。

当時、特にデプン・ショトンと呼ばれていたショトンは、僧侶の慰安のためにチベット仏教三大寺院の一つ、デプン寺で催されていた[10]。当時は、現在の「歌劇の祭典」という形式とは異なり、仏画の開帳など、仏教的な催しを中心として構成されていた[11]。夏の修行を終えた僧や尼僧にヨーグルトをふるまう際に、余興にラモを演じたことでいつしかラモの上演機会となり、以降祭典に組みこまれたという［Ross 1995: 21］。

とはいえ、デプン・ショトンは、僧侶と貴族など一部の人間だけが楽しむものであり、一般聴衆とは隔たりのある祭典であった。しかし、一般の人びとからラモの観劇を要望する声が上がり、少なくとも二十世紀初頭、デプン・ショトンと同時期にダライ・ラマの夏の宮殿であるノルブリンカで一般大衆向けにラモが演じられるようになった。ラサに住んでいるチベット人はもちろん、ラモを観にカムやアムドなど他の地方からやってくる人びとや、行商人としてチベットに来ていたインド人など大勢の人びとで会場は賑わった［Richardson 1986: 8; Ross 1995: 22］。

亡命以降も、ラモは絶えることなく単発的に演じられていた。たとえば、亡命して間もない一九五九年には、西ベンガル州のカリンポン在住のチベット人がインド人の意識啓発のためにラモを演じていたのに加え、アッサム州のブクサでラモ好きな人びとが集まってラモを演じ、翌一九六〇年にはヒマーチャル・プラデーシュのダルハウジーにてダライ・ラマの前でラモが演じられたという。映画『クンドゥン』でもわざわざ描かれているように、ダライ・ラマ十四世のラモ好きは有名であり、亡命して初めてラモを観たダライ・ラマは、難民社会においてラモをきちんと保存するよう通達を出したという。その通達もあって、人びとは細々とラモの上演を続けていくことになる。特にＴＩＰＡは七〇年に一度、自分たちだけでショトンを開催してラモを演じ、それ以降においても単発的にラモを演じていたという。また、六三年以降、ダライ・ラマの言葉を酌んだ志ある人びとが集まって、難民居住地でもラモを演じる芸能集団がいくつか立ちあげられた。しかし、それらの組織も生きながらえられず、どんどん姿を消していった。また、財政難もあって、現在のように数々の劇団が集まるショトンは長期にわたって開催されることはなかった。

そんなさなか、ＴＩＰＡは七六年におこなわれた海外公演で、二時間に短縮されたラモを演じることになる。難民社会発のラモが初めて西洋で演じられたのである。しかし、ラモの上演時間の短縮化という決定や演出、プロダクションの主導権はＴＩＰＡになく、招聘側のディレクターが率先しておこなった(12)。つまり、ラモが海外に触れるそもそもの段階において、すでに海外からの影響を大いに受けている。以後、ＴＩＰＡはこの指導を受容し、自分たちの公演に活用していくことになる。海外公演も成功したあと、勢いに乗ったＴＩＰＡは、当時の団長ジャムヤン・ノルブの呼びかけで、一九八二年に再度ショトンを開催した[13]。とはいえ、祭典への当時の参加者は七〇年のそれと同様TIPAのみであったがゆえ、小規模なものであった。その後、一九九二年に現在のかたちで公式に再開され、一九九六年以降は、ほぼ毎年開催されている。二〇一二年のショトンは第十七回にあたる[14]。

再開以降、デプンの名を外し、ショトンとしたその祭典において［TIPA 1996: 17］、構成上も大きな変化が起こった。亡命以前は、本来僧侶の慰安のためにデプンで開催されていたショトンだが、亡命後は、僧侶たちに対する慰安、という文脈は重要視されなくなり、チベット伝統文化の保存・促進のための機会として位置づけられた。たとえば、ショトン再開の理由には、若い世代間へのラモに対する興味の創出が挙げられ、ショトンが人びとのあいだに文化的な意識を生みだすことも期待されている［TIPA 1993: 3］。また、ショトンは、難民をはじめ、特に本土から来ている人びとに「彼らの伝統を生で目にする機会を提供」する［TIPA 1996: 9, 15］場でもある。現在のショトンは、僧院での祭典ではなく、大タンカの開帳も姿を消し、歌劇を上演するための場となった。亡命時に中断されて再開されるまでのあいだに、「チベット人たちのアイデンティティを維持するための祭典」に姿を変えたのである。このように、ラモやショトンはチベット人のアイデンティティと密接な繋がりが主張される以上、難民社会におけるナショナリズムとも関連することとなる。

加えて、現在のショトンは観光客を集める観光資源でもあり、また、寄付金にその存続を依存している。すなわち、チベット難民としてのアイデンティティやナショナリズムを下支えするのは、グローバルな政治的経済的力学である。二〇〇〇年代以降、ダラムサラへの交通手段は大幅に改善され、さらに多くの人が集まるようになっている。公共交通機関の充実に恩恵を受ける観光客や後援者の数はさらに増加し、結果、ラモを観るためにダラムサラにやってくる人も増えていく。

このように、僧侶の慰安のための演目からチベット人の理想像が描かれた演目に変化したラモと、僧侶の慰安の場から伝統文化の保存・促進の場に変化した上演空間ショトンは、亡命以前と以降で構成を異なったものとしている。以上の位置づけは公式的な立場からのものであるが、では、ダラムサラで生活する人びとはラモやショトンをどのように語っているのだろうか。次項では、人びとによるラモやショトンの位置づけを記述する。

２－３　語られるラモとショトン

それは昼食の席でのことであった[15]。行きつけの食堂でチベット人の友人と話していると、顔見知りのチベット人ウェイターがやってきた。彼は数年前にラサからやってきて、比較的最近ダラムサラに腰を落ち着けた人間である。私がＴＩＰＡに居座ってチベット文化を勉強している人間だと誰かから聞いたのだろう、こんな質問をぶつけてきた。

「チベット文化を勉強しているそうだね。チベット文化で一番重要なものは何だい」

私は答えに窮した。なぜなら彼がどのような文脈でチベット文化を語っているのか、戸惑ったからである。私が悩んでいる時、その店のオーナーもこちらにやってきた。ダラムサラ生まれの彼の家族はもともとラサに住んでいた。

「おいおい、本当にチベット文化を勉強しているのか。一番重要なものはラモに決まっているだろう」

「ぜんぜん知らないじゃないか。ＴＩＰＡの連中はラモのことを教えていないのか」

おろおろしている間に、ウェイターとオーナーに私は「不勉強だ」などと散々いわれる羽目になり、彼らの「講義」が始まった。二人はラモを観に行かないものの、ラモがチベット文化にとっていかに重要かということを昼食中とうとうと説いてみせた。

また、TCVで日本語を教えていた時のこと、ある女生徒とTIPAの話をしていたら、「ラモは大好き」という。[16] 彼女はラサから幼少の頃亡命し、多くの時間をダラムサラで過ごしてきた高校三年生の女学生だった。私が理由を聞くと、「ラモはチベット文化でもっとも重要なものだから」と答えた。

先の二つの事例に登場した三人は、ラサ出身であり、ラモをチベット文化でもっとも重要なものと語っていた。これに対し、私が違和感をもった事例がある。まず、アムドから数年前に亡命してきたTIPAの男性教師との会話である。他の演者たちがラモの練習をしている時、私が「練習しないのか」と彼に聞くと「自分はラモの演じ方を知らない」と答えた。[17] その後の会話で、彼は「中国はチベット文化を壊そうとしているが、その標的は特にラモだ。なぜならラモはチベット文化にとってもっとも重要だからだ」と語っていたが、彼が生徒にラモを教えることはなかったし、演者としても参加しなかった。

次は、ダラムサラに約十年前に亡命してきたカム出身の男性である。ショトンが開催されていた頃、何気なく「ショトンへ行くのか」と私が尋ねると、彼はこう返してきた。「ショトン？　行かないよ。だって何のことだかさっぱりわからないし。チベットにいた時私は田舎にいたからラモのことなんか知らなかった」。[18]

また、ラサからそう遠くない村の出身で、十歳頃インドへ亡命してきたあるTIPAの演者と話していた時のことだった。彼は、歌唱力と演奏力を買われてTIPAに中途採用された大変能力の高い演者である。ショトンが近くなり、演者たちはラモの準備を始めていた。その際、私がチベットにいた頃もラモを観に行っていたのかと問うと、彼はこんな風に答えた。「チベットにいた時、ラモのことすら知らなかった。[19] うちは田舎だったから」。

これはどういうことなのだろうか。この段階で、私はヘンリオン・ドルシー［Henrion-Dourcy 2001］（以下ドルシー）の記述に出会っておらず、その他の文献から得た情報で状況を理解していた。また、それらの記述のとおり、ラサ出身者や学校、政府機関に関係する人びとはラモをチベット文化のなかでも特に重要な要素として私に語り、お互いにまたそう語っていた。しかし、アムド出身の教師はラモの演じ方を知らず、カムから来た彼はラモを知らなかった。そして、ウツァン出身者でもその存在を知らなかった者がいる[20]。

不思議に思った私は、カムの男性の話をＴＩＰＡの友人たち三人との酒の席で聞いてみたところ、ある年長の友人がこう語った。「それはそうだろう。カムにラモはなかったっていうから」。それを聞いて驚いた私は、ラモやショトンに関する従来の論考の多くが情報源としてきたノルブ・ツェリン氏に話を改めて聞いた[21]。すると、ラモはラサを中心としたウツァン地方のものであり、カムではラモの代わりにチャムやケサル王の劇が演じられていた、と彼は語ったのだ[22]。

これらを踏まえて、私は、これまでの文献を再読した。すると、そこでの記述には見逃せないずれがあったのである。次項では、ラモやショトンに関する記述を見てみたい。

2-4　記述されたショトンとラモ

これまでラモやショトンにさまざまな人びとが言及してきた。記述間の相違を確認するため、本項では海外、難民社会を問わず、英語で書かれたラモやショトンに関する論考を検討する[23]。英語に限定する理由は、チベット人が英語で記述した文章は英語を読める人、特に海外に向けてなされた表象である、という点が明確であり、また、同一言語を分析対象とすることで、チベット難民社会側の主張と海外の記述の相違がより明らかになると考えたからである。また、高学歴者でなければチベット語がすらすら読めず、「チベット語よりも英語の本のほうが読みやすい」とＴＩＰＡのある演者や旅行代理店の友人が語るように、英語教育をチベット語教育よりも重視してきた難民社会の事情も考慮に入れた[24]。本章が扱うのは、ラモやショトンをめぐるチベット難民社会の実践や記述と西洋側からの記述が開く空間である[25]。ちなみに、本書が扱うテクストは現地で入手可能であり、時に参照もされている[26] [Calkowski 1991: 645]。

まず、管見ではこれがラモに関する初の英語論文である、ノルブによる「ラモ――チベットの歌劇」[Norbu 1972] を取りあげる。この論文は、旋律の名称や衣装など、ラモの各パートを説明し、また、亡命以前に活動していたラモ上演集団などを記している。ここでノルブはラモを「チベットの伝統的な歌劇」[Norbu 1972: ページ数不詳] と定義し、「秋のチベット、特に首都ラサは、歌劇、すなわちラモのシーズンである」[Norbu 1972: ページ数不詳] という記述によりラモ上演の時期、地域を明示する。ちなみに、この論文にはラモ上演の場としてのショトンという名称がまったく登場しない。

次は、ラモに関する西洋最初期の論考の一つ、スナイダーの「ラモの序論的研究」[Snyder 1979] を取りあげる。この論文は、当時キョルモルンパに所属していた当事者たちのインタビューをノルブの論考 [Norbu 1972] に加えてラモ上演集団を概括し、ラモをインド音楽の分析枠組みのなかへ位置づけたものである。冒頭で、スナイダーはラモを世俗的なチベットの歌劇として定義し、もっとも近いものとしてオペラを挙げている [Snyder 1979: 23]。そして、ラモを演じる集団はチベットの多くの地域で定期的に上演していた [Snyder 1979: 23] と記している。また、この論文は初めてショトンに関して言及し、ショトンはラサで開催される歌劇の祭典であり、まずデプン寺で最初に開催されることから、デプン寺は今でも歌劇集団にとって重要な場所であると記述している [Snyder 1979: 29]。また、結論でスナイダーは、本文においてまったく述べていないにもかかわらず、こんなことを記し、筆を擱いている。「チベットの芸術的・知的生活のさまざまな側面同様、ラモには、あらゆるチベット人にとってのある種の価値」があり、「とても重要な芸術」［Snyder 1979: 53］である、と。

八二年、ＴＩＰＡの会報誌に、同年ＴＩＰＡで単発的に開催されたショトンについての記事がある［TIPA 1982］。内容は、公演内容、デプン・ショトンの紹介と、そこでのラモの進行、パトロン宅でのラモの上演、ラモの成立過程や参加劇団の紹介、ラモの風刺的側面を記述している。ここには、ショトンに参加したラサ出身者が感涙したという記述があり、ラモはあくまでラサのものであるということが示されている。また、退屈な日常にファンタジーをもたらしたことから、人びとがタントンを愛していることが記されているが、歌劇の祭典としてのショトンという記述、ラモの重要性を説くような記述はない。

八四年には、ドルジの「ラモ――チベットの民俗歌劇」［Dorjee 1984］という論文が、後述するジョセイマによってチベット語から英語へ翻訳された。この論考は僧院で踊られるチャムとラモの違いを比較し、ラモの特質を描きだす。そこでは、ラモは世俗のなかから生まれ、登場人物に特質があり、リズムや使用する楽器がチャムと異なるという。そして、ラモは、六百年以上も前に起源をもち、多くのチベット人に愛されているチベット歌劇であると定義される［Dorjee 1984: 13］が、「その後、ラモは中央チベットじゅうに広がっていった」と中央チベットのみへの普及を指摘している［Dorjee 1984: 17］。この論文はラモを上演する集団などにはまったく触れず、ラモの伝統や、物語で用いられる台詞を記述したものであることから、ショトンにもまったく触れていない。

八二年のショトン開催もあってか、ジョセイマはショトンに注目し、「ショトン」論文を書いた［Josayma 1986］。この論考はショトンをラサという一地点に結びつけ、歌劇の祭典としてのショトンの進行、当時の上演環境を再現する［Josayma 1986: 12］。この論文以降、キョルモルンパ以外のラモ上演集団の記述がなくなり、キョルモルンパの語りがラモ上演集団一般の語りであるかのように描かれるようになる。

文化人類学的劇場論の見地から、カルコウスキの「チベット歌劇の一日」［Calkowski 1991］は、ラモが権威をあてこすり、日常世界を変革する可能性をもつものであると論じている。カルコウスキは、ラモがラサ近郊で演じられたことに言及せず、難民社会においてラモが演じられる文脈を記述したあと、以下のように記述している。「歌劇に対して、チベット人たちはある特別な愛情を共有している。そして、それを彼ら独自の文化的アイデンティティの永続的な象徴と見なしているのである」［Calkowski 1991: 646］。

九〇年代になると、TIPAから英語、チベット語からなるパンフレット『ショトンフェスティヴァル』［TIPA 1993］が登場する。これは、九二年に開催されたショトンをさらに広めるためのパンフレットであり、その性格は、九一年の国際チベット年以降増加した観光客に向けられた概説書、というものである。その点で、ここにはラモに関する公式的見解が記されているといえる。たとえば、当時のTIPAの団長は、ラモを「チベット独自の遺産」［TIPA 1993: 3］とし、「草の根レヴェルで、共同体をベースとした若い世代間のラモに対する興味の創出」［TIPA 1993: 3］をし、「人びとのあいだに文化的な意識を生みだすことも期待されている」［TIPA 1993: 3］場としてショトンを位置づける。そして、ダライ・ラマ十四世は、ラモは「チベットの人びとの信仰や気持ちをはっきりと映しだすもの」であり［TIPA 1993: 4］、「亡命以降、我々の喫緊の関心は精神的文化的なチベット人アイデンティティの保持にある。TIPAの全演者やさまざまな居住地の人びとは、チベット文化や伝統のなかでラモが非常に重要であることをはっきり認識すべきだ」［TIPA 1993: 8］と語っている。このパンフレットには、ラモはチベットじゅうで観られていたという記述も見られる［TIPA 1993: 5］。

ロスの『ラモ』［Ross 1995］は、ラモを単独の対象として扱った最初の本であり、その時点でのすべての物語を文章化したという点で画期的である。また、ＴＩＰＡの団長による、特に重要な文化としてのラモに関する序言が添えられている。スナイダーやジョセイマ同様、ロスはラモの中心的指導者ノルブ・ツェリン氏にインタビューをおこなうとともに、前記論者たちの論考を参照し、ラモやショトンを再構成している。そして、ロスは、ダンカンが一九三〇年にカムに行った際に目撃した祭典への回顧を引用し［Ross 1995: 19］「ラモはチベット全土に広がっていた」［Ross 1995: 18］、とスナイダー同様結論する。そして、本書では、スナイダーの文章では見られなかったラサで開催されたショトンについて、「ラサに住んでいるチベット人はもちろんのこと、ラモを観賞するためにカムやアムドといった他の地方からやってくるチベット人や行商人としてチベットに入ってきていたインド人やその他大勢の人びとでショトンは賑わっていた」という記述が表れている［Ross 1995: 22］。

ＴＩＰＡが一九九六年のショトン開催時に配布した『ショトン九六年』［TIPA 1996］のラモやショトンに関する主張は、基本的に九三年の記述に依拠するとともに、ロスの論考を頻繁に引用している。そこでは、ラモは「チベット文化や伝統のアイデンティティを表象するのに特に重要」［TIPA 1996: 10］であると改めて主張されている。

二〇〇〇年には、アッティサーニによる「ラモの研究における学際的協調への提言」［Attisani 2000］が書かれる。この論考はラモの解釈をめぐる認識論的な拘束や劇場論に関する議論がなされており、ラモの研究に対して学際的なアプローチをとることを呼びかけている。しかし、物語や空間に関する抽象的議論が主眼であり、ラモそのものが時空間的にどのようなものであったか、ということには記述が割かれていない。冒頭に「私はラサ歌劇の集団（the company of Lhasa Opera）に出会った」［Attisani 2000: 4］という記述が登場するが、その後ラモは当然のように「チベットの演劇」として扱われている。

『ルンタ（*Lungta*）』二〇〇一年冬号でのラモ特集[27]におけるドルシーの序論［Henrion-Dourcy 2001］はラモの研究

に新しい風を吹き込んだものといえる。このなかで、ドルシーは、ラモは「古代チベットの慣習を要約した」[Henrion-Dourcy 2001: 3] ものではなく、「中央チベットで一般的であり、東チベットの一部(カム)に広がっていたとはいえ、ショトンの大いなる壮麗さにより、ラサの歌劇上演者がもっとも洗練され、磨かれていた」[Henrion-Dourcy 2001: 6] とし、これまでの汎チベット的な定義からラモを切断する。そして、ラモが各地で知られる伝統的民俗として復活したのは、「社会的記憶への(ほとんど意識的、操作的な)働きかけから切り離せない」[Henrion-Dourcy 2001: 4] という視点を提示する。

同様に、J・ノルブは難民社会でのラモの再生過程を記述する。ノルブは、ショトンについても「一九五九年以前、ラサで毎年おこなわれていた歌劇の祭典」[Norbu 2001: 150] と記述し、「難民としての生活において、古きチベットの雰囲気をある程度再構成することができる」[Norbu 2001: 153] 場として位置づけている。

この論考では、新たな視点をノルブが導入する。彼は「チベット歌劇は、その外見において率直にいってラサ中心的であり、恥ずかしげもなくその古風さをさらして」[Norbu 2001: 151] おり、主要な登場人物がラサの貴族の衣装をまとい(主人公がラサ出身者でなくともラサの貴族の衣装を着ていること)、悪役や無教養な人間をチベットの周縁部出身者と表象している(カム出身者を死刑執行人や猟師として表象し、アムド出身者は歌劇に登場さえしない)ことを批判している [Norbu 2001: 151–152]。そして、「ラサの外部出身の慎ましやかな世俗的チベット人が重要な登場人物となったチベット歌劇が少なくとも一つあればいいのに」[Norbu 2001: 152] と苦言を呈し、彼は『鉄の橋(chaksam)』という物語を制作したという(28)。この物語はアムドとカム出身の貧しい巡礼を登場させた点で新しかったが、結局、アムド出身者を乞食として描くことはアムド出身者への侮辱だ、と批判されたという [Norbu 2001: 155]。彼はまた、ラモが難民社会において多様性を失っていることを、本土の記述と並行して吟味することで指摘している［Norbu 2001: 155］。

二〇〇二年には、チャムとラモを比較するパールマンの本が出版される［Pearlman 2002］。パールマンは「十九世紀終わりまでには、どの主要な地域にでもラモの劇団は存在し、宗教的文化的祭典において趣向を凝らしたパートとなっていた」と述べている［Pearlman 2002: 120］。パールマンの書籍は、九二年のショトンにおけるダライ・ラマの「ラモは他のよくある見世物と同じように扱われ、民族の文化的遺産や考え方、生活習慣や社会的な礼儀作法を表象するようなものとは考えられていなかった。……亡命してからというもの、チベット人としての精神的文化的なアイデンティティを護持することが我々の最大の関心事となった。それゆえ、一九五九年以来、チベットの芸能に関心を示し、注意を払うようになったのだ。……ラモはチベット人に独特のものである。なぜならチベット人以外の誰にもそれを正確に真似することすらできないからである」［Pearlman 2002: 165］という挨拶文を掲載している点で、本章の議論にとって重要である。(29)

最後は、彼女の研究では副次的な記述だが、ディールの記述を取りあげたい。ディールは、ラモを演じる場ショトンを「毎年夏にラサで伝統的に催された」［Diehl 2002: 70］ものとしている。そしてラモのような演目を演ずることは「彼らがホームにいないことを思い出させることで、チベット人演者と聴衆を地理的に「位置づける」」［Diehl 2002: 14］と主張する（表4-1参照）。

このように、ラモとショトンの定義はテクスト間で亡命以前と以降で大きく姿を変えている。この記述の揺れ動きの発端に、チベット人のノルブによる英語でのラモに関する初めての客体化がある。次いで、ラモの論考でスナイダーがショトンに初めて言及すると、TIPAが八二年に開催したショトンとラモについての記述を会報に載せた。そしてドルジの論考をジョセイマが翻訳し、そのジョセイマがショトンからラモを描く論考を出した。カルコ

著者名 (○印はチベット人)	ラモの位置づけ	ショトンの位置づけ	アイデンティティ記述
ノルブ（1972）○	中央チベット／ラサの劇	記述なし	記述なし
スナイダー（1979）	チベットの多くの地域	ショトン＝ラモの祭典、デプンの登場	あらゆるチベット人にとってある種の価値がある
TIPA（1982）○	ラサ	デプン・ショトン	記述なし
ドルジ（1984）○	中央チベット	記述なし	記述なし
ジョセイマ（1986）	ラサ	ショトン＝ラモの祭典	記述なし
カルコウスキ（1991）	記述なし	記述なし	特別な愛情の共有。文化的アイデンティティの永続的象徴
TIPA（1993）○	チベット全土	ショトン＝ラモの祭典	チベット人の信仰や気持ちをはっきり映しだすもの
ロス（1995）	チベット全土	ショトン＝ラモの祭典	記述なし
TIPA（1996）○	チベット全土	ショトン＝ラモの祭典	チベット文化や伝統のアイデンティティを表象するのに特に重要
アッティサーニ（2000）	チベットの演劇	記述なし	記述なし
ドルシー（2001）	中央チベットと東チベットの一部で演じられていたチベット歌劇	デプン・ショトン	記述なし
ノルブ（2001）○	中央チベットと東チベットの一部で演じられていたチベット歌劇	デプン・ショトン	記述なし
パールマン（2002）	チベット歌劇	デプン・ショトン	ダライ・ラマの発言の引用
ディール（2002）	チベット歌劇	デプン・ショトン	彼らがホームにいないことを思い出させることで、チベット人演者と聴衆を地理的に「位置づける」

表４－１　記述間の相違一覧

ウスキの儀礼分析的な論文がそれに続き、ＴＩＰＡによるパンフレット、ロスの本、先の二冊を下敷きにしたＴＩＰＡの二冊目のパンフレット、アッティサーニの論考、ドルシーらによるラモ特集、パールマンの著作、ディールのダラムサラの音楽世界をめぐる作品が登場した。これらのテクスト間において、ラモは、ラサ近郊で見られていたローカルなものから、汎チベット的で、チベット人にとって特別なものとされ、定義上ラモが演じられる範囲が拡大する一方で、ショトンは、ラモ上演の空間として、祭典に関する語りの幅が縮小される、という変遷が生じている。次節では、本項で取りあげたテクストで提示されたラモやショトン概念の変遷を分析し、人びとが認識する現実といかに交錯し、またずれているかを記述する。

3　拡大されたラモ、縮小されたショトン

3－1　現実化を扶助する記述、記述を流用するＴＩＰＡ

本項では、前節で記述したテクスト群の定義と、演者による語りのずれやそこで生じる矛盾に注目する。ラモとショトンの定義を概観すると、テクスト間に四つの大きな断絶が表れている。まずノルブとスナイダーのあいだに、次はＴＩＰＡ、ドルジ、ジョセイマのあいだに、三つ目はジョセイマとカルコウスキのあいだにある。そして、四つ目の断絶は、アッティサーニとドルシー、ノルブのあいだにあるといえる。これらを一つずつ見ていこう。

まず、ノルブとスナイダーのあいだに生まれた差異は、スナイダーがラモをショトンに接合したことで「ショトン＝ラモを演じる場」と記述される原点を生みだしたことである。そして、ノルブがラモはラサ近郊の秋の風物詩

であると記述する一方で、スナイダーはラモをチベットじゅうに普及していたとし、「あらゆるチベット人にとってある種の価値」があり「とても重要な芸術」と記述した。いわばスナイダーの記述によって、ラモはあらゆるチベット人に結びつくものとして現れたのである。また、キョルモルンパの演者であったツェリン氏への聞き書きから再現する手法はスナイダーの論文から始まり、そこから「ラモ＝キョルモルンパのラモ」という定式が始まったといえる。ノルブの記述でラモは海外に向けて開かれ、それを承認するかたちでスナイダーら後の研究者がさまざまな語りを生みだすことになった。

次は、TIPA、ドルジ、ジョセイマの三者間にある。ドルジは、ノルブ同様ショトンからラモを切り離していた。また、TIPAは、ショトンで演じられたラモを記述したが、ラモの祭典とは記述していないのに対し、ジョセイマはショトンをラサで開催されるラモの祭典とし、ショトンとラモの結びつきを強調した。また、ジョセイマは、キョルモルンパの語りをラモ上演集団の体験へと一般化した。

三つ目は、ジョセイマとカルコウスキのあいだにある。ジョセイマはその記述でショトンとラモの結びつきを提示したが、スナイダーが主張するようなアイデンティティ関連の議論をもちこまなかった。カルコウスキは、スナイダー同様、ラモとショトンを独自の文化的アイデンティティの象徴としてチベット人に愛されているものとして記述している。

また、カルコウスキ論文以降、ラモは完全にチベット全土に見られる歌劇として記述されている。これまでの議論がラサ、もしくは中央チベットとラモの繋がりを記述してきたのに対し、カルコウスキは、ラモとショトンをチベット人のアイデンティティと結びつけ、汎チベット的なものとしてのラモ、という語りの流れを作った。以降、ラモやショトンがあらゆるチベット人に非常に重要なものであるということが自明化された。

四つ目は、アッティサーニとドルシーらのあいだにある。ショトンの定義自体は、前述の流れのなかに完全に位置づけられ、自明のものとなっている。しかし、ドルシーはラモをチベット全体に普及していたものではなくラサ近郊の文化要素である、と再定義し、ノルブはラサ中心的な表象上の偏りを指摘し、ラモが抱える問題を提起する。これまでの記述では、ラモが偏りを内包するものとして表れたことはなかったが、ドルシーやノルブの記述を通して、ラモが提示するラサ中心的な側面が明らかになった。

ドルシーらの記述が登場するまでは、ラモはチベット全土に共有された歌劇だということ、ジョセイマ以降のテクストで中心的な位置を占めているのはキョルモルンパのラモであり、それが今やチベット人のアイデンティティのよりどころとして特に重要な文化的要素となっていることがいわば自明化されていた。ドルシーやノルブの記述は、そこにおける新たな胎動として位置づけることができるだろう。

これらの記述に対して、ＴＩＰＡの演者数人やツェリン氏の語りをまとめると、ラモはウツァン、それもラサ近郊で主に演じられていたが、ショトンはカムでも開催されていたらしく、デプンやノルブリンカに限定された祭典ではなかった、というものになる。

これら二つの見方を照らし合わせると、以下のことがわかる。まず、テクスト間のずれは主にチベット人論者と海外の論者のあいだで発現している。たとえば、チベット全土でラモが演じられていたとも、あらゆるチベット人にとって重要であるとも、当時のノルブは記述していない。また、ノルブとドルジはラモを論じる際、あらゆる芸能集団に言及し、ショトンには触れていないが、ジョセイマは芸能集団のなかでキョルモルンパを中心化した。また、ＴＩＰＡはショトンでラモを演じた際にもショトンをラモの祭典とは記述していないのに対し、ジョセイマはラモを演じる場所としてショトンを設定した。スナイダーやジョセイマの論文は、ショトンを「チベット歌劇が演じられる場」と位置づけ、後の議論の流れを作っている。つまり、西洋の論者の記述が、局所的な演目であったラモを汎チベット的なものに拡大し、一芸能集団だったキョルモルンパをラモ上演全般へと一般化し、同時に、チベット各地で広く開催されていたショトンをラモの祭典とすることで、ラサのデプン寺とノルブリンカに縮小した。そして、それらはチベット人のアイデンティティに関わるものになった。この図式や語り口を流用し、自らのものとして語っているのが、九三年のＴＩＰＡのパンフレット、ロスの記述を大部分そのまま流用している九六年のパンフレットである。ここでは、スナイダーによって導入された「あらゆるチベット人にとってある種の価値がある芸術」という流れと、後述する、中国との衝突のなかで見いだされた独自性が出会っている。そういった記述の揺れのなかで問題提起しているのがドルシーとノルブの論考である。

ただ、ここで誤解を避けるために記しておく必要がある。本書の目的は、ラモやショトンに関する旧来の記述を誤りとし、今回の調査で明るみに出たもう一つの語りを事実として打ちだすことではない。むしろ、難民社会が置かれた状況とその状況が生んだ実践、さまざまな人びとの記述の混淆によって、ラモが重要な文化であると認識される現実が立ちあがった点を強調したい。以下では先のような記述と実際のずれを認識しているＴＩＰＡの演者やツェリン氏、そして町の人びとのスタンスを見てみよう。

彼らは、ラモが汎チベット的な演目ではない、ショトンがラモの上演に限定されたものではないと知りつつも、記述が生みだした汎チベット的なラモ、デプンやノルブリンカで開催されたラモの祭典ショトンという枠組みを肯定・流用し、チベット人にとってのよりどころとなるような「チベット文化」を表象し、または消費している[30]。中国との文化政治を介した対抗において、ラモは他の文化要素同様、中国のプロパガンダの餌食となり改作されたが[TIPA 1984; Norbu 1986]、中国側が完全には模倣・流用できなかった唯一のチベット文化要素であったという[31]。たとえば、ツェリン氏の著作には、ラモを習っていた中国人が結局それをマスターできなかったことが記され、チベット文化におけるラモの独自性が主張されている［Tsering 1999: 62］し、演者たちもこの語りを共有している。同時に、彼らはラモを伝統的に唯一の「チベットの舞台芸術」であったと位置づけ、高く評価している。(32)

また、中国による「世界の屋根」の文化破壊という背景は、西洋のまなざしを引きつけずにはおかなかった。前述のように、一九七六年に初めてラモが海外で演じられたのは西洋のまなざしの管理下においてであり、それはチベットで、そして亡命したインドで演じられていたそれとは姿を変えることになった。しかし、西洋社会がラモを評価したという事実は揺るがず、以降、ラモに関する記述は飛躍的に増加していくことになる。

これらを根拠にして、ＴＩＰＡの演者はラモにチベット文化の独自性を見いだし、ある演者が「ＴＩＰＡのラモは中国に滅茶苦茶にされたチベットのラモとは違う」と語るように、両者の主張の正当性が争われるアリーナとして設定した。(33)ラモは「チベットの人びとの信仰や気持ちをはっきりと映しだすもの」であり［TIPA 1993: 4］「チベット文化や伝統のアイデンティティを表象するのに特に重要」［TIPA 1996: 10］であるという今日のＴＩＰＡの主張は、八二年当時には存在しないことから、スナイダーらの語り口を自分たちの状況と組みあわせ、流用し、ラモの独自性を補強したものといえるだろう。そして、前述のウェイターたちの事例が示すように、この主張は、学校教育やショトンなどで言明されることで、人びとにもある程度共有されている。

以上のように、演者たちは、テクストのなかで生じた、特別なものとしてのラモや、その受け皿としてのショトンという語り口を肯定・流用し、ラモやショトンをチベット文化の独自性を映しだすものとして位置づけている。だが、ラモとショトンを「チベット文化において特に重要な要素」とすることで形成された状況は重層的であり、問題も孕むことになる。次項ではその問題を検討する。

3-2 膨張する「ラサ文化」、キョルモルンパのラモ

現在もなおチベットから多くの人びとが世界各地に流出している状況では、人びとをまとめ、国際的な承認を勝ちとるためによりいっそう「チベット文化」の形成が亡命政府やその傘下にあるTIPAにとって不可欠である。こうした要請がなされるなかで、ダライ・ラマが愛好し、また世俗文化でありつつ「仏教徒としてのチベット人」という表象とも緊密な繋がりをもつ文化要素として現れたのが、一九七〇年代以降の海外公演や記述で客体化された「チベット文化において特に重要な要素」であるラモであり、ショトンであった。しかし、ラモやショトンの「チベット文化において特に重要な要素」としての位置づけ、およびそれに基づいた「チベット文化」の形成は、ラサ近郊の慣習・習俗、つまり「ラサ文化」の正典化に繋がり、それに立脚したチベット・ナショナリズムを形成し、チベット難民としてのアイデンティティを立ちあげることとなる。本書は、「チベット文化」の構築に伴う「ラサ文化」の正典化を、難民社会の文脈や実践と、外部からの記述という複合的な実践が生みだしたもう一つの側面であると主張する。以下では、「ラサ文化」の正典化が難民社会で生じた文脈を記述する。

第1章で指摘したように、一九五九年にダライ・ラマ十四世が亡命した際、多くの人びともインドやネパールに亡命したが、その大半が、富裕層か、インドやネパールの国境近くに住んでいるウツァン出身者であった。彼らは、亡命後、ラサ中央政府の体制を継承した亡命政府を立ちあげ［Saklani 1984: 277; Diehl 2002: 67］、現在に至る難民社会の礎を作りあげた。彼らの歴史は、伝統の保守を通して中国の文化政治へ対抗するために人びとをまとめようとしてきた悪戦苦闘の歴史であり［Diehl 2002: 80–85］、人びとをまとめるために掲げられたのが、地域的なアイデンティティに優先する汎チベット的なナショナル・アイデンティティであった［Nowak 1984: 65］。難民社会の人口構造の大部分をウツァンが占めていた当時は、地域間の差異よりも汎チベット的アイデンティティを強調したことも

あって、難民社会の多様性は比較的見えにくいものであった。しかし、時が経つにつれて、八〇年代の大量流入に続いて九〇年代以降は徐々にアムドやカムからの難民も増加し［Diehl 2002: 34］、これまで以上に状況が複雑になった。こうしたなか、九一年に国際チベット年を迎えて脚光を浴び、チベット文化の名のもとに資金調達することが格段に容易になったＴＩＰＡは、世界からの注目のなかで、中国との文化政治におけるラモの独自性の喧伝とその政治的ポテンシャルに着目するに至り、九二年についに今のかたちでショトンを開催することになった。以降、九二年、九三年のダライ・ラマ十四世の発言やパンフレットの記述を通して、難民や本土から来ている人びとに「彼らの伝統を生で目にする機会を提供」［TIPA 1996: 9, 15］するものとしてラモやショトンを扱い、チベット世俗文化の象徴としたのである(34)。

しかし、チベット人統合のための「チベット文化」を構築する過程で、「ラサ文化」であるラモを特に重要なものとすることは、アムドやカムといった非ラサ、非ウツァンの文化的要素を劣位に置く傾向をあからさまに提示することになった。そして、アイデンティティに関わるものとしてある文化的資源が象徴化されるということは、その文化的資源がナショナリズムの中心に鎮座するものとなる。そのため、ディールやヘスが指摘するように、「ラサ文化」の正典化によって、東チベットのものが「あまりにも中国風（＝ラサのものではない）」と位置づけられ、排除される状況が生じることとなる［Diehl 2002: 64, 67; Hess 2009: 145］。つまり、現在のチベット難民社会におけるナショナリズムとは、チベットの三地方全体を包含するものであるという論を張るものの、結果的にはアムドやカムを重要視せず排除するものである(35)。その結果、事例で挙げたカムの男性のようにラモをもっとも重要なものだとは認識しない状況が存在し、ラモが代表として措定される「チベット文化」が支えるナショナリズムにはそういった人びとを包含することができていない。

さらに、ラサ中心主義によりアムドやカムの文化を軽視する態度は、チベット難民社会において新難民を排除する態度と結びついてしまう。「演者のなかには、チベット音楽のなかに「中国ウイルス」が侵入すると語り、こうした音楽が受けいれられることによって伝統的な音楽と中国化されたチベット音楽の区別ができないチベット人の子供たちを「文化的に同化させる」ことになってしまわないか、という恐れを表明する者もいる」[Calkowslki 1997: 56] とカルコウスキが指摘するように、新難民がもたらす文化や慣習は、時に難民社会に議論を巻きおこすこととなる。しかし、新難民もまた一枚岩ではない。ウツァン出身の新難民は、ラサ中心主義的ナショナリズムへと比較的容易にアクセス可能であるのに対し、アムドやカムの人びとは、ラサの文化へのアクセスが容易ではない。結果的に、アムドやカムからの新難民は、アムドやカム出身者であるがゆえに難民社会のナショナリズムから地域的に軽視され、また、新難民であるがゆえに周縁に位置づけられることになる。

だが、文化やナショナリズムを取りまくかような状況の原因は、亡命政府の政策のみに帰すべきではない。特に記述という方面から考察を展開すれば、グローバルな規模と亡命政府のローカルな規模の実践との関連を見いだすことができる。すなわち、ラサ文化の正典化とそれに依拠するナショナリズムとは、ラサやウツァン出身者が基盤を作った難民社会の状況や政策の選択(36)と、海外からのまなざし、本章においていえば研究者によるラサの習慣・慣習の記述がそれらを「重要なチベット文化」としてきたことによる副産物的なものである。ジェフリー・サミュエル [Samuel 1993] はラサに偏った研究者の記述をラサ中心的視点であると暴きだしたが、何もラサ中心的視点は研究者側だけに還元されるものではない。難民社会、特にＴＩＰＡの演者をはじめとした「エリート」たちによる、ラモをめぐる記述の流用と、作家や研究者の記述との複雑な絡みあいが、ラサの習慣や慣習であったラモをチベット文化において際立ったものとして位置づけ、その副産物としてラサ中心主義的「チベット文化」表象が立ちあがったのである。本章が対象としたラモやショトンはその一例である。

3－3　綻びを内包する記述、納得しない人びと

前項までは、中心的な文化を構築する過程において副産物的に立ちあがったラサ中心主義的「チベット文化」、そして難民社会のナショナリズムを下支えするものとして、ラモやショトンを見てきた。しかし、実体化された文化は恒常的なものではない。本項では、記述における矛盾や人びとの反応に着目し、そこに新たな文化への胎動を見る。

前項では、ラモやショトンに関する記述を取りあげ、ラサ周辺の実践から汎チベット的な実践へのラモの拡大、仏教的儀礼であったショトンのラモの祭典への書き換えという推移があり、そこにおいてＴＩＰＡがラモに関する外部の語り口を流用していることを見てきた。しかし、その記述において、汎チベット的な実践が、なぜラサのデプンで開催されるショトンにのみ閉じこめられるのか、なぜラサ近郊だけが注目されるのか、という疑問が生まれる。汎チベット的な実践であるラモに、ラサ近郊のショトンのみの記述しかないのは矛盾している。ラサ近郊のショトンでラモが演じられていたという記述は、各地でのラモの上演を何も補完しないからだ。

また、「ラモはチベットじゅうで見られるものであった」［TIPA 1993: 5］という記述のあとに登場する「ショトンは高度に洗練され、規則づけられた催しであり、ラサのあらゆる人びとが熱狂的に出席していた」［TIPA 1993: 6］という記述は、ラモがラサ近郊に特化した実践であったことを提示し、テクスト自体が「チベット文化」表象を内側から食い破る潜在性をもっている。

テクストが提示するそういった潜在性は、一部の人びとによってすでに酌みとられている。たとえば、ウツァン

のンガリ地方出身のあるソーシャルワーカーの男性は、ラモに代表される亡命政府のラサ中心主義に対して批判を展開する。ラサ中心主義的なナショナリズムにおいて、彼らの地域の伝統は重視されず、消滅の危機にさらされている点を憂慮するその男性は、亡命政府の政策に頼らず、自らが当該地域の文化や伝統の保存に積極的に乗りだしている。具体的には、アルナーチャル・プラデーシュ州の難民キャンプに赴き、TIPAや亡命政府が十分に注目していないと彼が感じる舞踊や民謡を記録し、保護しようとしている(37)。彼がおこなっているのは、いわば草の根から模索されるナショナリズムである、といえる。この男性のように働きかけをせずとも、先のアムドやカムの人びとに代表されるように、大チベットにおける包摂を装った文化的排除を経験する人びとこそが、現在のチベット難民社会の問題点を正確に指摘するのである。ラモが特に重要なチベット文化であると定義される現状において、彼らの育った地域の伝統はさほど尊重されない傾向にある。このような状況において、ラモへ参加しない（できない）、という姿勢は、ラサ中心主義的な「チベット文化」やナショナリズムが抱える問題点を浮びあがらせる一つの実践なのである。

このような活動が現れはじめたタイミングと重なりあうかのように、ショトンのあり方も変化してきている。ダラムサラ以外の難民居住地での開催に加え、入場料も二〇一二年より無料となるなど、これまでのような確固たるラモとショトンのあり方に変化が見えはじめている。ラモの位置づけが言説レヴェルとは違った次元で揺らぎを見せつつあるのが見てとれる。また、特に若年層においては、TIPAをも巻きこんで、文化的出自が問題となりにくい現代的なチベット音楽(38)の制作というかたちで新たな「チベット文化」が現れ、人気を博している。

また、ラサ中心主義の再考とは異なったところで、ラモそのもののあり方をめぐって行動を起こそうとする者もいる。ラモを「特に重要なチベット文化」と位置づけるなかで、TIPAの一部の演者や、TIPAで教育を受けた難民社会の音楽教師たちは、伝統保存の視点からラモのスタイルを事実上キョルモルンパが占有することに疑問を感じていた。亡命以前はキョルモルンパのほかに数々の集団、スタイルがあったが、一九六八年以降、ＴＩＰＡがキョルモルンパのラモを追究した結果、そのスタイルには精通したものの、他のラモのスタイルはほとんどわからない、という状況にある。

そうしたラモの総キョルモルンパ化に対して、ネパールのチベット人学校のある音楽教師は、歯止めをかけるための活動をしている(39)。もともと、ネパールのチベット難民居住区ではキョルモルンパとは異なるスタイルのラモを演じていたが、ショトンへの参加以降、彼らはそのスタイルを放棄し、キョルモルンパのそれに変えようとしてきた。現在は演者も入れ替わり、誰も当時のスタイルで上演していないため、そこでのラモもキョルモルンパのもののみになりつつあった。しかし、こういった状況に危機感をもったその教師は、当時の演者たちの話を聞いて、そのスタイルを再構築し、保存しようとしている(40)。

このように、テクスト自体が提示する変革の潜在性や人びとの違和感や語りを媒介にして、ラモやショトンが示したラサ中心主義的なナショナリズムや、キョルモルンパに独占されたラモは、変化する潜在性を伴っている。そこには新たな文化的状況の胎動を見いだすことができる。

4　おわりに

ここまで、「ラサ文化」を正典とした「チベット文化」や、その文化に立脚したナショナリズムの一例として、さまざまな実践や記述の結果ラモやショトンがチベット文化において特に重要な文化資源となる過程を見てきた。

そして、前節の事例が示すように、現在「ラサ文化」に偏った「チベット文化」表象とナショナリズムは、固定されたものではありえず、変化していっているのも確かである。ラモやショトンが記述によって意味を変化させていき、特に重要なものとして自らを主張するテクストの主張と現実のあいだに見える矛盾を酌みとり、下からの働きかけをする者やショトンへの参加を拒否する者、キョルモルンパが独占するラモのスタイルをなんとか多様化させようとする人びとの実践が、新たな文化表象を生みだすドライブとしてそこにある。記述と難民社会の状況の複雑な絡みあいのなかである程度拘束されつつも、人びとは実体化された文化のなかで実践を繰りかえすことをやめない。ラモを知らなかったカムの男性やアムドの教師のような、包摂を装った排除に納得せず、ラサ中心主義的なナショナリズムに包摂されない人びとがいる限り、ラモやショトンが特に重要な文化、という語りから切り離されていく潜在性は常にある。本章が提示したラモとショトン像はあくまで「いま・ここ」のものであり、その限りにおいて、ホールのいうアイデンティフィケーションの実例でもある。本章の記述も、難民社会やラモおよびショトンの現状を客体化する一実践であることは免れえず、「現象を書くこと」に伴う想像力／創造力をもつものであるだろう。

註

（1） 二〇〇三年三月二十三日の演者たちの発言。ショトン開催前。

（2） 本来は夏の祭典であるショトンだが、難民社会では新年の行事に連動させておこなわれている。本土では旧暦で開催されている。また、近年では二〇〇五年のバイラクピー、二〇〇七年のムンドゴッド、二〇一一年のオリッサなど、ダラムサラ以外の難民居住地で開催されることもある。

（3） チベットの旧暦六月三十日に開催される。

（4）海外ではダラムサラでのラモ観賞ツアーが組まれているが、日本ではチベット本土のショトンツアーはあるものの、ダラムサラへのショトンツアーはないようである。
（5）二〇〇三年四月六日、四月二十六日の男性年長演者の発言。このインタビュー時期は、前者はちょうどショトン開催中、後者はショトンの約二週間後であった。
（6）ラモ創設に対してタントン・ギャルポが果たした役割についてはタシ・ツェリンからの反論がある［Tsering 2001］。また、研究者と演者のなかには、十五世紀に始まったという説を唱える者もいる［たとえば Henrion-Dourcy 2005: 216］。チベットにおけるラモの概説としては、三宅・石山訳［二〇〇八］を参照のこと。特に、十七世紀後半において、アチェ・ラモと呼ばれていた演劇とタントン・ギャルポの考案したものは別のものであり、時代を下るにつれて同一視されるようになったという三宅による指摘［三宅・石山訳　二〇〇八：二六四］は興味深い。
（7）ジョセイマはラモを上演する集団は十二あったと記述している［Josayma 1986］。
（8）これ以外にもタシ・ショルパというスタイルがあり、それがさらに四つに分類される。
（9）当時、ショトン後、パトロンのために私的にラモを上演していた［Tsering 1999: 10］。
（10）セラ寺で開催されていた非公式のショトンについては、「セラでは、チャムが演じられていた」というリグジンの記述がある［Rigzin 1993: 50］。セラはラサ市街地から約五キロのところに立地している。
（11）通常、ショトンは大タンカの開帳と歌劇の双方を結びつけて語られる。たとえば海外の旅行代理店は、ショトンはラモの説明に始まり、最終的に大タンカ開帳の説明に至る（http://www.everesttrekking.com/tibet/ShotonFestival.html 二〇〇八年一月閲覧）。しかし、日本の旅行代理店はデプンで催される大タンカの開帳をショトンと位置づける傾向にある。たとえば、以下を参照 http://travelsekai.com/tour/tourDetail.php?tour_id=549（二〇〇八年一月閲覧）。
（12）二〇一二年五月十五日の発言。
（13）とはいえ、一九七〇年のショトンも一九八二年のものもＴＩＰＡのショトンとして数えられていない。
（14）十七回という回数は、九二年以降のもの。ちなみに、チベット本土でも一九八六年以降、再開されているが

［TIN 2004］、二〇〇三年当時、TIPAの演者の多くは本土でショトンが再開されたことを知らなかった。
(15) 二〇〇三年五月十三日の発言。
(16) 二〇〇五年八月二十七日の発言。
(17) 二〇〇三年三月十八日の発言。
(18) 二〇〇三年四月十一日の発言。
(19) 二〇〇五年十月三日の発言。
(20) アジズも都市部を離れるとラモは知られていないと記述している［Aziz 1978: 37］。
(21) 二〇〇三年八月三日の発言。
(22) しかし、一部の高齢者はカムでもラモのようなものを観たことがあると語り、また、アムドにおいても「ルガル」という名称でラモのようなものが踊られていた、と語る人もいることから、さらなる研究が望まれる点である。
(23) 黎明期には、二〇〇一年に英訳されたシュー［Schuh 2001］のドイツ語論文がある。
(24) 辻村は亡命政府の文書を分析し以下のように指摘している。「一九九八年の調べによると……識字率は七四・四パーセントとされているが、何語についてかは記載されておらず、チベット文字に関してはずっと下回ると思われる」［辻村　二〇〇七：五九］。その反動で、近年はチベット語の読み書き力の向上に力が注がれている。
(25) そのため、今回は中国語やチベット語の文献を分析対象としなかったが、そこでは他の視点が提示されている可能性もある、ということをここで触れておきたい。それらの分析は今後の研究にもちこしたい。
(26) 私がラモについて何も知らなかった当初、TIPAの友人に渡されたのはロスの本であり、別の友人はディールの本を読んでいた。さらに、指導者のなかにはドルシーの論文を読んでいる者もいた。TIPAの演者たちは関係する英語文献を予想以上に読んでいる。
(27) この特集号においてもラモの定義づけに意見の一致がない。それはドルシーと後述のノルブの定義を比較すれば明らかである。さらに、特集号に寄稿しているTIPAのサムテンは「チベットにおいてもっとも洗練された俗人文化」［Samten 2001: 61］とし、タシ・ツェリン［Tsering 2001］は定義そのものをしていない。
(28) 『鉄の橋』を書いたのはノルブではなく、ネパールのラモ上演集団であり、この主張は正しくない、という説もある（二〇一二年四月二十七日、バイラクピーのラモ上演集団へのインタビュー）。
(29) しかし、パールマンの書籍には事実誤認が散見される。たとえば、「チャムとのもっとも大きな違いは、ラモの演者の多くが女性であることである」［Pearlman 2002: 112］という記述は、男性俳優が女役をやってきたラモの歴史を考慮すれば、首をかしげたくなるものである。
(30) たとえば、ＴＩＰＡの団長による二〇〇三年のショトンでのスピーチを参照。「ラモには、チベット文化のすべてがあります。ラモを観れば、私たちチベット人がどんな人びとか学べるでしょう」。
(31) 二〇〇三年八月三日の発言。
(32) ラモ以外の演目の大半は舞台で演じられておらず、あくまで農作業などの合間に歌われていた。そのため、本来の意味での舞台芸術に該当するのはラモだけということになる。
(33) ラモの政治的利用において難民社会と中国の政策を同列に語り、難民社会における文化の政治的利用を批判する論文としてアフマド［Ahmed 2006］がある。
(34) たとえば、最近ではラモで装着されるお面の模造品が土産物として販売されている。
(35) 歴史や現実の構築に関して外部の記述が及ぼしうる影響をそれほど考慮していないきらいがあるものの、「歴史の停止」という観点から公定の歴史が顧みない歴史が人びとのあいだで細々と語られ、それが現実に作用するさまを描いたマックグラナハン［McGranahan 2005］の議論も参照。
(36) ここには、六〇年にラモの保護を呼びかけたダライ・ラマ十四世も含まれる。ダライ・ラマ十四世自身、ラサで自己形成をしており、アプリオリに身体化されたラサ中心主義的な傾向から自由ではない。
(37) 二〇一二年四月二十八日の発言より。
(38) しかし、チベット本土からやってくる現代的なチベット音楽に関してはアムドとカム出身の歌手が多く、言語的に明確な差異を抱えたままであり、この限りではない。
(39) 二〇一二年二月四日の発言より。
(40) また、彼は、これまで漫然と旋律や歌詞、物語の筋を教えるだけであったラモの教育方針に異を唱え、二〇一二年現在、細部にわたる説明を授業のなかで取りいれている。

第5章　伝統芸能は誰のものか
——演者が向きあうアポリア

1　伝統上演を拘束する社会環境

本書ではこれまで、ＴＩＰＡが上演する伝統文化に関してさまざまな角度から記述してきた。そこには演者たちの創意性とともに、彼らが直面している困難も表れていた。そのなかでも特に難民社会にとって大きな問題として表れているのが前章で取りあげたラサ中心主義であり、ラサ中心主義に立脚したナショナリズムである。本章は、問題含みのナショナリズムの伝播に関わる彼らが直面する問題を記述するものである。

ＴＩＰＡは、チベット伝統文化を保存・継承し、難民社会に伝えていくことに力を注いでいる。だが、この試みに対し、大きな障害として立ちはだかっているのが、チベット歌劇ラモに見えるような、ラサ中心主義によって偏ってしまった伝統表象のあり方である。ＴＩＰＡの伝統表象は、チベット文化における特に重要な文化資源として他の演目からラモを差異化することで、特権化してしまっている。それによって、ラモ以外の演目の重要性は相対的に低下してしまい、特に、ラサやウツァン以外の地方に伝わる演目をさらに低く見積もることで、アムドやカム、そしてこれらの地方からやってきた新難民を排除する状況になっている。

だが、これはＴＩＰＡがそういった方向性を主体的・積極的に選択してきたためだとは一概にいえない。もちろん、ラモの社会的意味の移りかわりに見えるように、ＴＩＰＡの選択が、現在の難民社会の言説空間の形成にある程度関与していることは確かである。しかし、ＴＩＰＡがこういった選択をするそもそもの発端は、難民社会が抱える社会構造にある。

第1章でも記述したことだが、ＴＩＰＡの演者の大部分は現在でもラサを中心としたウツァン出身者であり、近年チベットから亡命してきた演者に至っては、全員がラサ近郊出身者である。ダラムサラを中心としたチベット難民社会は、そもそもラサに拠点を置いたチベット中央政府を基盤としたチベット亡命政府が仕切っている。政府の形態だけではない。ダライ・ラマとともに亡命してきた人びとの大多数が、インドやネパールの国境に比較的近いウツァン出身者であった。出身地の分布からして、その発足当初から、難民社会はラサ近郊やウツァン出身者によって形成されていたのであり、ラサに拠点を置いていたチベット中央政府がチベット難民たちをまとめてきたのである。チベット文化を護持する組織であるＴＩＰＡがカリンポンで設立されたのは、まさにこの文脈においてであった。そして、ラモにノルブが注目し、その後、チベット文化において特に重要な位置を占める文化としてその語られ方を大きく変えていったことに関しては、当初、ラサやウツァン出身者が難民社会の人口の大部分を占めていたという状況をしっかり押さえておく必要がある。

一九五九年の設立以降、ＴＩＰＡが現在まで絶えることなく続けているその活動は、評価して余りあるものである。だが、チベット伝統文化に携わる彼らの活動は、そもそもから大きな困難に直面していたのである。このような人口分布で構成された難民社会では、ラサやウツァンの演目は数多く調査・保存することができた一方で、カムやアムドの演目の収集は十分だったとはいえなかった。また、そもそも収集者の志向自体がラサやウツァン的な文化に規制され、中立的な立場から演目を収集できたとは考えにくい。

こういった社会的状況は、難民社会における認識枠組みや、それに依拠するナショナリズムをも形成していった。人びとの好みが社会的に構成され、階級的な差異を前面化することを指摘したのはブルデュー［一九九〇］だが、難民社会に住む人びとによる「何がチベット文化か」という問いかけに対する回答や認識の形成に、ラサやウツァンに偏った人口構成は大きな影響を及ぼすことになる。こうした認識に立脚して、ラサやウツァンの文化こそがチベット文化として語られ、ラサやウツァンこそがチベットであると考えるチベット・ナショナリズムが生まれてきたのである。その結果、難民社会ではアムドやカムなど東チベットの伝統文化は、包含の対象であると語られつつも、中国化されたものであるかのように排除され、その文化を生きる人びともナショナリズムに包摂されず、排除されてしまうのである。

また、「中国化されたチベット文化」という批判とは異なった次元で、TIPAの公演においてアムドやカムの伝統芸能は上演の頻度が限定されている。たとえば、TIPAの公演ではラサやウツァンの演目が大半を占めており、カムの演目に関してはまだしも、アムドの演目の少なさは如何ともしがたい。私はこのことをTIPAの指導者に直接指摘したことがあるが、その時、彼は以下のように答えている。

それは仕方ないよ。アムドやカムにはもともと舞踊や歌が少なかったからね。だからラサやウツァンの演目を多くやっている。(1)

もちろん、「演目がもともと少ない、という状況も伝統だ」と捉えて、それを公演で再現している、という風に解釈すれば、この主張の筋が通らないこともない。だが、その論理では、アムドやカムの伝統芸能に対する演者たちの注目の度合いの低さを説明することはできない。実際、アムドやカムの伝統文化を劣位に置くことによる影響は、紅白戦での演目調査において「どの地方の演目を再構成するか」という判断にまで入りこんでいる。たとえば、伝統的な演目の調査をおこなう際に、ある演者はこのように語っている。

私　今回はどこの地方の伝統的な演目を取りあげるつもり？
演者　まぁ、カムはないかな。踊り自体緩慢で退屈だし、いつでも探せるからね。今回は、コンシェーかな。ちょっとした情報を手に入れたんだ。
私　アムドの芸能は取りあげないの？
演者　アムドのはないな。インドにいるアムド出身者の演じる伝統文化は中国化されすぎているから。(2)

こうして、演者たちはアムドとカムの演目を自分たちが演じ保護する対象から外していくこととなる。結果的に、ＴＩＰＡが保存・継承するチベット伝統文化は、アムド、カム、ウツァンという三地方から構成されるチベットの伝統文化の保存・継承である、という主張に反し、ラサとウツァンのそれにますます偏り、ひいてはアムドやカムからの新難民に対する目配りを失っていくことになる。

以上のものが演目をめぐる困難だとすれば、以下に挙げる事例は、芸能に向きあう姿勢そのものにおける障害といえるかもしれない。現在、伝統的な演目を演じることに対して、一部のＴＩＰＡの演者がマンネリ感を覚えている。このマンネリズムは、大まかにいって二種類に分けられる。第一のものは、演目が固定されることによって生じるものである。たとえば、年長の女性演者は、自分が上演を楽しめなくなってきた理由を以下のように語っている。

女性演者　いつも同じプログラムで退屈する。自分がもしお客だったら間違いなくそう思える。

私　なぜプログラムを毎回変えないのですか？　ＴＩＰＡには演目の数はやまほどあるでしょう？

女性演者　アーティスト・ディレクターが全部決めることだから。もし、毎回違う演目で公演をやったら、聴衆も観ようと思うはずなんだけれど。自分がアーティスト・ディレクターなら毎回変える。自分がパフォーマンスしていて、知っている聴衆を見つけると、毎回同じようなプログラムをやっていて恥ずかしく感じることが時々ある(3)。

彼女が語るように、ＴＩＰＡの演目は、一年を通してほとんど固定されている。彼らの公演演目は戦略的に組まれているため、海外公演やインド人向けの公演がある場合にしても、各公演で上演される演目自体は、ほぼ固定されているからである。そのため、新しい演目を身につけることで生まれる緊張感、といったものはほとんど皆無であり、演者自身、毎回同じ演目にかなり飽きてしまっている。また、演目が固定されることで、思いもよらぬ弊害が出てくる。ある男性演者は以下のように語る。

いつも決められた演目ばかりだから、それに慣れてしまうと以前に習ったものをどんどん忘れていってしまう。たとえば、急に以前やったことのある演目を踊れ、といわれても、結構困ってしまう。そういわれたら、また最初からやり直さなくちゃならない。もちろん、伝統的な舞踊には各地方ごとに一定の型があるから、それを習得していたらすぐに応用はできるけど、今ＴＩＰＡにあるすべての演目を踊れる人間なんていないと思うよ。(4)

この演者が指摘するように、演目が固定されることで、他の演目の習得がおろそかになってしまう、という弊害が生まれてくる。第2章で指摘したように、現在、ＴＩＰＡの熟練した指導者たちが海外に流出していく結果、生徒一人一人にまで指導が行き届かなくなってしまい、授業が自習になることが多い。そういった状況で、他の演目の習得がおろそかになるということはＴＩＰＡの伝統保存において死活問題である。

伝統的な演目における第二のマンネリズムは、一部の演者が伝統的な演目をそれほど好んでいないことから生じる。これは若年層に特に見受けられる。近年ＴＩＰＡに入団した演者たちは、最低でも中学校卒業程度の学歴を有している。全員ではないにせよ、彼らの多くが伝統的な演目に関してはあまり興味をもっておらず、カルチャー・スクールからＴＩＰＡに入った演者と比較すると、積極的に取りくんでいるとはいえない。たとえば、ある若年演者は、伝統的な演目について以下のように語った。

伝統民謡？　ああ、退屈だね。でも仕事だから踊っている。いつも演目を数えているよ。ああ、あと一つ踊れば仕事が終わる、ってね。(5)でも伝統民謡はまだいいよ。ラモは丸一日の演目だし、しかも自分の出番が少ないからすごく退屈だ。

彼らは試験を受けてＴＩＰＡに入ってきたが、その目的はさまざまである。そのため、人によって伝統的な演目に対する動機づけがまちまちである。時に、伝統的な演目に対する意欲は、人生のステップアップのための建前として示される。新しくＴＩＰＡに入ったある演者は、次のようにその目的を語っている。

ＴＩＰＡに入ったのは、将来アメリカに行くため。今が二十歳くらいだから、ここで三十歳半ばまで働いて、チャンスがあればアメリカに移住したい。そのくらいの年齢がアメリカに行くにはちょうど適していると思う。ＴＩＰＡで頑張って、四十代からは自分のために時間を使おうと思っている。(6)

伝統保存をその活動理由とするＴＩＰＡにおいて、こういった発言がしばしば聞かれることに対し、一部の年長演者たちは半ば憤り、半ば諦めてもいる。その一方で、一部の若年層演者たちのなかには、自分たちのほうが年長演者よりも学歴が高いことから、自分たちを積極的に登用しない年長演者たちのやり方を先進的ではないとして批判する者もいる。そのため、演者たちのあいだには微妙な温度差が生じてきている。

以上をまとめると、伝統芸能に対する演者たちの姿勢や認識は、難民社会の社会的な背景に大きく拘束され、ラサ的なものに偏ってしまっている。現在のＴＩＰＡは、難民社会が設立当初から抱えていたその偏りを背負って活動しているのである。

また、ＴＩＰＡ内部において、伝統芸能に対するマンネリ感が生まれている。それは、演目の固定から生まれるマンネリズム、伝統的な演目そのものに対するマンネリズムの二種類であった。特に後者においては、演者間の年代的・社会的背景の相違が重なって、ＴＩＰＡ内部に温度差を生みだしてしまっている。

こういった状況で活動するＴＩＰＡだが、現在、その伝統芸能の上演に大きな転機が訪れている。次節ではＴＩＰＡの伝統芸能の上演が直面する聴衆離れについて記述する。

２　ＴＩＰＡへ向けられるまなざし

五十年以上ものあいだ、難民社会において真のチベット伝統文化の上演をＴＩＰＡが一手に担ってきた。そういったことの積みかさねが、他集団よりＴＩＰＡは優位にあるという主張を生みだしていたのであった。だが、ダラムサラのチベット人聴衆が、その優位性をそのまま受容しているわけではない。ダラムサラには高齢者から子供まで幅広い年齢層のチベット難民が住んでいる。彼らは皆チベット文化の担い手であることが想定されていることから、潜在的にＴＩＰＡが対象とする聴衆である。そして、設立以降、ＴＩＰＡは彼らのためにチベット伝統文化を演じ、理解してもらうことを一つの目的として活動していたのだった。しかし、彼らは必要なものを取捨選択する消費主体でもある。彼らが消費する対象には当然違いが見られるし、消費に対する考えも大きく異なる。

まず、五〇年代以前のチベットでの演目と難民社会での演目の違いを指摘する声がある。たとえば、ディールによると、高齢者のなかには、自分たちの記憶にあるものとＴＩＰＡが手がけているものの差異を指摘する者がいる[Diehl 2002: 72]。こういった聴衆は、ＴＩＰＡの上演にチベットでのそれとの同一性を希求しているが、ＴＩＰＡがそのニーズに応えられていないと判断し、ＴＩＰＡを批判している。

演目の質的差異ではなく、公演におけるＴＩＰＡの姿勢に対して批判的な聴衆もいる。私の知人は、私がＴＩＰＡの一員であることを知っているにもかかわらず、ＴＩＰＡによる伝統文化の上演に対し、以下のように歯に衣着せぬ批判をする。

ＴＩＰＡの連中の踊りよりも、うちの子供たちの踊りを観ているほうが楽しい。子供たちの踊りには感情がこもっているけど、ＴＩＰＡの踊りにはそんなものはない。退屈そうに踊っているのがすぐにわかる。だいたい、いつも同じ演目ばかり演じているだろう？　観ているこっちも退屈だよ。そんなのばっかり観てきたから、気持ちをこめて踊っている子供たちのほうがうまく思える。お金を払ってＴＩＰＡの伝統文化公演を観る気になんてもうならないよ。(7)

世代的相違に注目すれば、若者たちの伝統文化離れはかなり深刻である。彼らも学校の音楽の授業などを通してチベット伝統文化を学んでいるが、彼らのほとんどは伝統的なものよりも現代的なものを好み、ロックやレゲエ、ヒップホップなどの西洋音楽や、テレビ画面を占拠しているインドの映画音楽を愛聴している。こういった若者たちは、伝統文化の公演にやってくることはほとんどない。

また、難民社会の人口分布や社会構造にも変化が生じてきている。ダラムサラで生活してきた古参たちがダラムサラを離れ、アメリカやヨーロッパでの生活を始めるのと入れ替わりに、アムドやカム出身者が大部分を占めている新難民がダラムサラに次々やってきている。それによって、ＴＩＰＡにとっての潜在的な聴衆には、アムドやカム出身の聴衆が多く含まれるようになってきたのだ。しかし、ラサとウツァン的な社会状況によって拘束されてきたＴＩＰＡの公演は、アムドやカムの出身者の増加にうまく対応することができていない。カム出身のある若者は、こう語っている。

ＴＩＰＡの公演？　行っても仕方ないだろう。自分の出身地の演目をやってくれるわけでもないし、ウツァンの演目ばかりで、ぜんぜん面白くない。それに、チケット代だって安くないから、別に行きたくないよ。(8)

また、アムド出身の中年男性は、ＴＩＰＡに対する憤りをぶつける。

ＴＩＰＡは自分たちの踊りを馬鹿にした。前にアムドの踊りを観た若いＴＩＰＡの演者が、「あれは中国のものだ。チベット伝統文化じゃない」と指をさして笑っていた。彼らにとってはそう見えるかもしれないが、自分たちにとっては、大事な伝統文化なんだ。彼らにはそれがわかっていない。(9)

十一年前、ラサからやってきた女性も、ＴＩＰＡの公演に対しては興味を示さない。

別に、行きたいとは思わないなぁ。チベットからもってきたテープを聴いているから、私はそれで十分。(10)

一般聴衆にしても、ある中年男性は、「ＴＩＰＡの上演が社会にとって重要であると認めているが、観に行くほどの興味がない」と語る。また、ＴＩＰＡよりもアクペマやタントンの公演に評価を与える者もいる。

一部の聴衆たちは、ＴＩＰＡの演者に対して、演目に関する具体的かつ一理ある理由とは別に、きわめて特異な仕方での批判を展開する。実際にはＴＩＰＡの演技や内実に触れることなく、「ＴＩＰＡの人間は偉そうにするから嫌い」「踊ってるだけで楽な生活をしていて、自分たちのしんどさが理解できない」「自分のような才能のある人間を受けいれなかったのに、今のＴＩＰＡは役立たずが踊っている」などと、あることないことをさも自明のことであるかのように吹聴し、批判する。これらは要約してしまえば、「目立つこと」に対する嫉妬と引きずりおろし、とでもいえるものである。どこの世界でもある程度共通することであるが、演者とは往々にして、性格や志向において一般の人たちとは異なった存在であり、逆に他から突出しているからこそ演者になっている。これに対して、一部の人びとは内実を見ず、ＴＩＰＡの演者たちの評判を落として自分たちのほうに引きずりおろそうとする。(11)また、人口に膾炙する批判としてよく聞かれるのが、一部の演者も内面化してしまっている「ＴＩＰＡの演者は海外に容易に移住できる」という言説である。(12)チベットの伝統文化を世界中に広めるために海外公演に派遣される演者たちは、海外に行きたいにもかかわらず行くチャンスのない人びとから嫉妬と憎悪の入り乱れたまなざしや悪態を日常的に向けられている。そして、こうした人びととの批判や実践こそがＴＩＰＡがまがりなりにもこれまで守ってきた伝統芸能を貶めるに至るのである。ある男性演者は、ダラムサラを散歩している時、人ごみのなかで殴打された経験すらある。しかし、演者たちは亡命政府の一員として、伝統を保存し、また舞台に上がることを生業としており、この種の批判を耐え忍び、文化を守る活動を継続していかねばならないのである。このように、グローバルなレヴェルで難民社会の伝統保存に邁進するがゆえに、顔見知りからも批判されるＴＩＰＡの演者は、難民社会においてきわめてアンビヴァレントな立場に置かれているのである。

難民社会における容赦のない批判から観光客のほうに目を向ければ、海外からダラムサラにやってきたチベット愛好家たちは、ＴＩＰＡではなくタントンに指導を求める傾向にある、という現象も生じている。私自身、ＴＩＰＡでチベット音楽を少々学んできたが、指導はほとんどされず、ほったらかしであることに対して苦々しく感じ、行政部にたびたび改善を訴えたことを覚えている。それに対し、タントンは人前での上演機会がそれほどないため指導に時間が割けるのであろう、きめ細かい指導をおこなっているようであった。私の滞在時でも十人ほどの生徒がいたことを確認しており、彼らはタントンでの生活に満足しているようであった[13]。

とはいえ、伝統民謡の公演に関しては、海外からの観光客にＴＩＰＡは非常に好意的に受けいれられている、といえる。公演があれば、彼らはデジタルカメラやビデオをもってホールにやってくる。彼らは、チベット人の若者がやるように途中で抜けることも騒ぎ立てることもなく、ＴＩＰＡが演じるチベット伝統民謡を見守っている。チベット難民の聴衆が公演にほとんどやってこない今、海外からの観光客のおかげで伝統公演はもっているといっても過言ではない[14]。目下のところ、ＴＩＰＡが表象する伝統文化の最大の消費者は、チベット難民たちではなく、海外からの観光客である。誤解を恐れずにいえば、ＴＩＰＡの演じる伝統文化は、今や「本物のチベット文化を観たい」海外からの観光客のためにある。それは、チベットの自治獲得や独立という目的に向けて、さまざまな人びとを動員する「新しい社会運動」［メルッチ　一九九七］という視点からすれば、認知獲得という意味では一つの役割を果たしている。しかし、肝心のチベット難民たちをＴＩＰＡは動員できていないのが実情である。

以上のような状況において、ＴＩＰＡの演者たちは、チベット人聴衆に対して「公演に来ない」と不平を語る。現在、他の芸能集団や消費対象が現れてきたことで、確固としたＴＩＰＡの位置づけが難民社会において揺らいできている。設立から五十年あまりが経過した現在だが、ＴＩＰＡと聴衆の関係は、蜜月期とは程遠い。

３　行き詰まった伝統？——第１部のまとめとして

第１部では、五〇年代以前の文化の保持を根拠とするチベット難民社会のナショナリズムや、チベット難民としてのアイデンティティの拡大に寄与するＴＩＰＡの伝統的な演目に焦点を当て、それがどのように表象されているか、また、表象のプロセスに何が起こっているかを分析してきた。以下では、第1部のまとめとして、各章でおこなってきた議論を振りかえりたい。

第2章では、ナショナリズムの基軸であるチベットの伝統文化の内実を分析し、それがどのように生きられているかを分析した。ＴＩＰＡの演者たちが表象する伝統文化は、旧来のチベット難民研究が前提としてきたような喪失か創造かという二項対立的伝統観のどちらかに収まるものではなく、その双方がリアリティをもって生きられていることを提示した。彼らの表象する伝統は、ある部分ではいわゆる創造に向けられ、ある部分は喪失に瀕している。もちろん、どこが創造、もしくは喪失に該当する領域かは動態的なものであり、今後も変化していくだろう。だが、創造と喪失を含みもつ伝統観自体は、それが中国との国際政治という文脈のなかに位置づけられている以上、チベット問題がある程度の解決を見なければ変化することはないだろう。

第3章では、ナショナリズムの基軸であるチベット伝統文化の表象におけるＴＩＰＡの演者たちの主体性に着目し、第2章で提示したような伝統がどのような状況でどのように表象されているか、を記述・分析した。ＴＩＰＡが現在難民社会をはじめとした各地域で演じている伝統文化は、難民社会においてある種の優位性を獲得している。それは、ＴＩＰＡの演者たちの認識のみならず、他の集団からもＴＩＰＡの演目の優位性が認められて初めて可能になるものである。現在、ＴＩＰＡはその優位性を獲得することに一定程度は成功しているように見える。

また、ＴＩＰＡがその伝統の正当性・真正性を競うのは難民社会の他の芸能集団とだけではない。中国政府の圧力下で、チベット本土で活動する芸能集団ともそれは争われるものであった。だが、ＴＩＰＡと亡命政府を同一視し、本土側のチベット人芸能集団と対立させたような旧来の研究の前提とは異なり、ＴＩＰＡの演者たちは亡命政府の見解とは少々異なる実践をおこなっていた。彼らは、チベット本土側の芸能集団のなかにある種の真正性を見いだし、自分たちに有用な要素を抜きとって活用していたのであった。それはまさに、亡命政府に対する演者たちの相対的自律性、という主体性が表れている実践であった。

また、演者たちは公演ごとの目的を設定し、そこにやってくる聴衆に向けて具体的な戦略を用いて働きかけている。そこには、聴衆に対する演者たちの計算があり、それを成就するため試行錯誤する主体性が表れているといえる。

このように主体性を発揮する演者たちであったが、それは、限られた状況で発揮される主体性であり、見方によっては主体性と呼ぶことがためらわれるものでもあった。彼らの演じる状況や演目は、きわめて限定的であり、果たしてそれをやっているのかやらされているのか、なんともいえないアイロニカルな事態に陥っている。彼らの置かれている状況は「主体的なものである」とのみ称揚されるべきものではなく、難民社会が抱える社会的文化的要因も考慮に入れられる必要がある。その状況とは、主体性と被拘束性が入り乱れた重層的な状況、中間態を通して語られるべき状況なのである。

また、彼らの演じる伝統芸能の演目はある種の偏りを内包しており、無色透明ではありえない。第4章では、難民社会で特に重要なチベット文化資源として語られているチベット歌劇ラモとその祭典ショトンに注目し、それらがいかにして特に重要なものとして語られるようになったのか、その過程を分析した。そこで見えてきたものは、難民社会の社会構造や、亡命政府やＴＩＰＡの政策実践と、研究者たちの記述実践に代表されるまなざしの絡まりによって立ちあがったチベット文化像であった。ラサの演目であったラモがチベット全土に関わるものとなったこと、それは他の地域のチベット文化の要素を相対的に劣位に置く状況を反映するものとなった。現在、難民社会ではラサの文化が正当なものとしてもてはやされると同時に、アムドやカムといった東チベットの文化は中国風であると批判され、新難民たちの生きてきた文化は軽視される。そうしたラサ文化、そしてチベット文化の頂点に立っているのがラモなのである。それは、サミュエルが指摘した記述者側の偏りとしてのラサ中心主義と、ラサを最上位に置く難民社会の実践が不可分に絡まったものとして立ちあがった、まさにラサ中心的な社会現象であった。そして、ラサ中心的な傾向こそが、難民社会のナショナリズムを彩ってきたのである。ラサをヒエラルキーの頂点としたチベット・ナショナリズムは、汎チベット人アイデンティティを謳いつつ、アムドやカムの文化を軽視し、新難民を排除してしまうのである。だが、現在、東チベットからの難民流入に伴った人口比率の変化とともに、ラモを評価しない視点が表れてきてもいる。それは、新しいかたちでのチベット文化の語り方やナショナリズムを生みだすきっかけとなる動きなのである。

こういった状況下で、ＴＩＰＡがどのように活動し、また、聴衆にどのように語られているかに着目したのが本章であった。ラモに代表されるＴＩＰＡの演目は、難民社会の社会構造に大きく影響されている。たとえば、それはＴＩＰＡの演者たちの出身地を見ても明らかである。演者の大半がウツァン出身者から構成されているＴＩＰＡは、結果的にラサをはじめとしたウツァンの文化を特に評価することとなり、アムドやカムの演目は、新たな演目を見つけだすための調査からもはじかれることになる。チベットのあらゆる地域の伝統文化を保存するために設立されたＴＩＰＡに蓄積されていくのは、ウツァンのものばかり、という状況になってしまっている。

また、第3章で取りあげたアイロニカルな状況が如実に反映されているのが、演者に見られる伝統的な公演に対するマンネリ感である。演目が固定されることで生じるマンネリズムは、演者のモチベーションのみならず、演目の習熟度をも下げることになった。また、一部の若年演者たちは伝統的な演目そのものにマンネリ感を覚え、特に興味を示さない。それにより、演者間で温度差が生じてしまっている。

こういった問題を抱えているTIPAに対する聴衆の反応はどうだろう。私が話すことのできた聴衆たちは、往々にしてTIPAの公演や演目に対して批判的であった[15]。彼らの多くが、TIPAの公演を観に行くに値しないものと語っている。難民社会の社会構造自体が変化しつつある今、TIPAの伝統芸能公演は、消費の多様化とTIPAの演目に見えるラサ中心主義の問題、そして海外移住言説と結びついた根も葉もない嫉妬や憎悪に根差した批判もあって、チベット難民社会において求心力を失いつつある。現在では、TIPAがこれまでの歴史のなかで保存・促進してきたチベット伝統文化は、海外からの観光客のためのものとなってしまっている。

本来、チベット文化を真っ先に教化する対象であるべきチベット難民の聴衆にそっぽを向かれるかたちとなったTIPAだが、それでも、チベット問題が終わりを告げない限り、彼らはチベットの伝統文化との関わりを手放そうとはしないし、手放すことができない。聴衆がどれだけ離れ、TIPAを批判しようと、彼らは続けるしかない。彼らの実践は亡命政府の政策と結びついたものである以上社会性を帯びているため、伝統文化を守るという生業をやめることなどできないのだ。今や彼らを熱烈に受けいれているのは、海外からの観光客であり、それに反比例するかのように、チベット難民の聴衆は減少していっている。今では、本来ならチベット難民たちが第一の聴衆であるべきTIPAの伝統芸能は、海外からの観光客のために演じられるものになっている、といっても過言ではない。伝統を通して、チベット人の若者たちのあいだにナショナリズムを根づかせることは困難であり、逆に、海外からの観光客が望む「五〇年代以前のチベット文化」を演じることで、TIPAの演者たちの生活は成りたち、伝統公演も存続している。残念ながら、チベット人の聴衆の大半は、もはや伝統芸能を目当てに積極的に公演にやってくることはない。そこで、彼らは、チベット難民の聴衆を引きつけるために、別の方向に一つの活路を見いだすことになった。それが第2部で取りあげる現代的なチベット音楽、チベタン・ポップであり、彼らのバンドである「アカマ」であった。後述するように、アカマはチベット難民の多くの若者たちを魅了してきた。若者たちはアカマが作りだした音楽に熱狂し、日々の生活のなかで口ずさみ、アカマの影響を受けて自ら音楽に取りくんでいる者もいる。しかし、そういった若者たちは、チベタン・ポップに魅了されこそすれ、伝統芸能にはさらに目を向けなくなった。TIPAの演者たちの思惑とは裏腹に、チベタン・ポップが若者たちの伝統離れをさらに助長することになってしまっている。だが、どのようになろうと、彼らは伝統芸能を手放すことはできない。彼らにとってアカマはTIPAの下部組織に過ぎず、伝統文化の保存・促進を主たる目的とする機関に所属する以上、彼らの生きる術は、伝統芸能を中心とするしかないのだから。そしてアカマが活動できるのは、TIPAがこれまで築いてきた伝統芸能の上演があってこそなのだ。伝統を求めるのは、主たる標的であったチベット難民ではなく、海外からの観光客であるということ、また、チベット人聴衆は伝統よりもチベタン・ポップを求めており、演者自身も今を生きているにもかかわらず、TIPAの組織的な理由から、伝統芸能のほうこそを重要なものとして上演せざるをえない、というところにこそ、現在彼らが直面するアポリアがある。

註

(1) 二〇〇七年三月十三日の発言。
(2) 二〇〇七年三月二十八日の発言。
(3) 二〇〇三年七月十八日の発言。
(4) 二〇〇七年三月六日の発言。
(5) 二〇〇七年三月二十四日の発言。

（6）二〇〇七年三月十六日の発言。
（7）二〇〇五年十月三日の発言。
（8）二〇〇五年九月十六日の発言。
（9）二〇〇五年六月十八日の発言。
（10）二〇〇五年十一月二日の発言。
（11）こうした実践は、大衆の啓蒙が時に生むシニシズムがファシズムの動員対象となる、と論じるスロータ―ダイクの『シニカル理性批判』［一九九六］および『大衆の侮蔑』［二〇〇一］における大衆の姿と重なるところがある。
（12）TIPAの演者の海外移住に関するものとしては山本［二〇一一a］を参照。
（13）二〇〇八年、タントンの代表者であるソナム・プンツォク氏は、小野田俊蔵佛教大学教授らの招聘によって来日し、単独公演をおこなった。これは、チベットに関する認知度が高まった時期であるにもかかわらず、TIPAの来日公演がおこなわれなかったことと対照的な出来事である。
（14）演者たちも海外からの観光客を聴衆として好意的に受けいれている。たとえば、ある演者は、「一番やりやすい聴衆は海外からの観光客だ。チベット人の若者と違っておとなしく自分たちの公演を観てくれる。間違えても彼らにはわからないしね」と語っている。
（15）ここで会話を参照させてもらった人びとは皆、私がTIPAの関係者であることを当然知っている。私のようにTIPAに出入りしている関係者に対して前記のような歯に衣着せぬ物言いが飛び出すこと自体、TIPAが置かれた状況の異常さを物語っている。

第2部

現代を生きる芸能集団

　焼けつくような日差しの下で、私はＴＩＰＡの演者たちとともに、ラモを上演するための会場を設営する作業をしていた。南インドでの一カ月にもわたるツアーで最初に訪れたこの地は、亡命以前、寒くて乾燥した地に住んできたチベット人がこんなところに住めるのか、と思うほどの苛烈な環境であった。湿度気温ともに高いこの難民居住地は、乾燥し標高もそこそこあるダラムサラの生活に慣れきった演者たちには厳しい環境だったようだ。到着して二日しか経っていないにもかかわらず、すでに三人が脱水症状などで病院に運びこまれている。京都の気候に慣れている私ではあるが、ただでさえ汗かきであるのに、暑さですぐにのどが渇いてしまう。そのため、水分を頻繁に摂ることを余儀なくされる。普段それほど水を飲まない友人ですら水をがぶ飲みしている。だが、その水分もすぐに汗となって体外に排出される。暑さで毛穴が開いているのがわかる。

　暑さにやられたのか、やる気を失った演者たちによって会場設営はだらだらと進んでいく。日差しでカチカチになった地面をならすために水をぶちまけるが、私たちののどと同様、南インドの大地も相当乾いていて、あっという間に水分がなくなっていく。水を地面にぶちまけると、もわっとした熱気と、なんともいえない土の甘い香りがする。

「あー、めんどくさいな。日陰に行ってサボろうや。どうせ誰もまともに働いてないし、二人くらいいなくたって問題ないよ」と友人が私にささやく。確かに、周りの人びともへたっていて、仕事は進んでいない。人目を盗んで、会場を抜けだすことにした。会場近くにいたスイカ売りからスイカを買って、木陰でかぶりつく。香辛料と、スイカの甘さが混じって、複雑な味わいが口のなかに広がる。いくら日陰とはいえ、気温が高いため、スイカはぬるかった。だが、のどを潤すには十分だ。ひとしきりスイカに集中したあと、友人が語りだした。

「明日明後日はいいんだよ。伝統公演は二時間しかないし、自分の出番は大体半分だから。しかも夜だから、気温も下がってる。だけど、ラモは朝から丸一日だろ？　こんな暑いところで丸一日踊るなんて地獄みたいだよ。お前はいいよなぁ、アカマだけだもん。今回のツアーにしたって、アカマの公演目当てで来る聴衆ばっかりじゃないか？ どうせ伝統公演のほうはそんなに人は来ないよ。俺もアカマに入りたいなぁ」

ＴＩＰＡの演者のなかでも、アカマで演奏することは一つのステータスになっている。アカマは、伝統表象に従事する演者にとって、創造性を発揮できる場所であると同時に、その音楽を通して、今を生きる自分たちを肯定できる場所でもあるのだ。だが、アカマに入るのは非常に難しい。リーダーのンガワンのお眼鏡にかなって初めてアカマに入る権利を得ることができるのである。したがって、アカマに入ることのできない演者はたくさんいる。

そして、アカマに入れないことで、一部の演者たちは不満を募らせている。ある演者などは、声高にアカマの今のやり方を批判する。

「ンガワン兄さんは確かに年上だけれど、俺のほうが古くからＴＩＰＡにいるんだ。だから、俺のほうが先輩になるはずだ。なのに、彼はアカマのリーダーをやって、誰がアカマに入るべきかを決めている。アカマはＴＩＰＡの一部なんだから、本当ならみんながアカマで演奏するチャンスをもらえるべきなのに」

リーダーのンガワンも、アカマを取りまくこういった状況を把握していないわけではない。だが、アカマの名に泥を塗らないために、一定の厳しい基準を設けるという彼なりの哲学を貫徹しようとする。そんな彼が、じきじきに私にアカマに参加するように頼んできたのは、二〇〇五年の八月頃だったろうか。彼は私のところにやってきてこういった。「アカマは確かに成長している。だけど、バンドとしての経験値は少ない。だから、日本でバンド活動をしていたお前からいろいろと学びたい。ぜひ参加してほしい」。私はこの申し出を快諾したが、それに対して一部の演者が不満をもたないか心配になった。ＴＩＰＡ内での中立を装おうと私がアカマを非難する一部の演者の語りに耳を傾けると、ンガワンはいつも決まってこういう。「誰が正しいかは見ていたらわかる。お前が信じるべきは、俺だ。他のやつらにはいわせておいたらいい」。

アカマのステージで演奏する自分を想像しているのだろうか、暑さでうんざりしているのか、友人は遠い目をして野原を見つめている。私のような突然やってきた人間が、彼らの憧れであるアカマにすんなり入ってしまっているということに、私は若干居心地の悪さを覚えている。彼らはアカマに入りたくても入れないし、チャンスすらなかなかもらえないのである。そこに簡単に入ってしまった自分はどう思われているのだろう。思いきって聞いてみた。

「全然問題ないだろう? だってお前はＴＩＰＡの手助けをしてくれてるんだから。自分たちがわからないこと、不得意なことを教えてくれる人がいるなら、そこから積極的に学ぶべきだよ。お前が後ろめたく思う必要なんかないさ。悪くいうやつがいたら無視したらいい」

ンガワンと同じようなことを友人が口にした。彼がアカマでギターを弾きたがっていることを知っている私はなんともいえない心境になった。私は、自己欺瞞であると思いつつもンガワンや彼の発言を真に受けて、職務に徹することにした。ここにいるあいだは、私は文化人類学徒であると同時に、アカマのギタリストでもあるのだ。その職務を忠実に遂行するために、気持ちを切りかえることにした。

遠くから私たちを呼ぶ声がする。サボっていたのがばれてしまったのだ。作業が終わる気配のいっこうにない会場に私たちは走って向かった。

南インド・ムンドゴッドでの会場設営風景

青空のなかで容赦なく照りつける南インドの日差しは、
まだギラギラしたままだった。

第6章　新しい文化
――若者たちによるチベタン・ポップの創出

1　はじめに

本章では、老若男女を問わず、難民社会で大きな支持を得ている現代的なチベット音楽であるチベタン・ポップが形成されてきた過程、ＴＩＰＡのバンドであるアカマの紹介および、アカマの置かれている社会的文脈を記述する。この「新しい文化」は、紆余曲折を経ながら、難民社会で生まれた文化であるがゆえに、これまでとは異なった仕方で人びとをまとめうるチベット・ナショナリズムの新たなかたちへの可能性を秘めたものとなっている。ここで私は、チベタン・ポップとは、チベット語の歌詞を伴った現代的な音楽一般である、と緩く定義しておきたい(1)。以下ではチベタン・ポップの歴史、それへの意味づけ、そして第２部が対象とするアカマの構成について見ていくこととする。

2　今日のチベタン・ポップができるまで

今日、マクロード・ガンジを歩いていると、いろんな音楽を耳にすることができる。インド人男性が経営する掘立小屋のチャーイ・スタンドからは流行のインド映画の音楽が、ヒッピーがたむろしているカフェからはイーグルスやガンズ・アンド・ローゼスがけたたましく流れている。そして、土産物売り場に行けば、「オンマニペメフム」という真言のCDが再生され、町に数箇所あるCD屋や人びとの住居からは、最新のチベタン・ポップが流れている。町の壁という壁には、新しいチベタン・ポップの作品の発売を告げるポスターが何枚も貼りかさねられている。今でこそこういった状況は当たり前だが、ほんの数年前まではこれほど大手を振ってチベタン・ポップのポスターが貼られたり、新譜が同じ発売日に数枚出されたりすることはなかった。

ダラムサラにおけるチベタン・ポップの歴史は、一九七〇年代から始まった。もちろん、それ以前にもインドの映画音楽や西洋の音楽はすでに難民社会にも入っていただろう。ここでいう「始まり」とは、インドのチベット難民社会、特にダラムサラにおける、チベット語で歌われる現代的な音楽の登場である。

ディールによる整理［Diehl 2002: 178–186］に依拠すれば、難民社会に初めて現代的な音楽が導入されたのは、ノルウェー（もしくは日本）に亡命していたチベット難民の学生たちが、ダラムサラを一時的に訪問した際のことであった。ダラムサラのチベット人を前にして、これらの学生がある曲を歌ったことが聴衆たちのあいだで大いに評判を呼び、それは現在に至るまで語り草となっているという。その曲は「親愛なるラモ」という曲で、人びとのあいだに広まった(2)。

「親愛なるラモ」がダラムサラに広まるのと同時期に、ダラムサラでも自分たちでアレンジや作曲をする人びとが現れていた。それはやはりＴＩＰＡのメンバーのなかからだった。「親愛なるラモ」と同様、人びとはこういった曲を喝采とともに受けいれ、そのなかでもジャムヤン・ノルブが作詞した「祖国は我々皆のもの」は現在でも難民社会の学校で学ばれているという。(3)「麗しのリンジン・ワンモ」というチベット難民社会での最初のヒット曲が難民社会に登場したのもこの時期である。

一九八〇年代に入ると、仏教の修行にやってきた一部の西洋人仏教徒たちがダラムサラで「ダルマ・ブム」(4)というバンドを始める。従来ダラムサラで聴くことができた音楽とは異なり、彼らは大々的にロックを取りいれ、政治的な歌詞を乗せたのである。これによって、ダラムサラに住む多くのチベット難民が現代的な音楽に触れることができるようになったのだ。

とはいえ、西洋的な音楽に大きく影響を受けた現代的な音楽が、カセットという媒体でインドやネパールのチベット難民社会に登場したのは一九八五年になってのことだった。(5)『ランゼン・ショヌ』と名づけられたその作品は、ダージリン方面出身で当時ダラムサラに在住していた三人組の男性組バンド、ランゼン・ショヌによって作られたものであった。そのうちの一人が、のちにディールが所属することになるヤク・バンドのメンバーであった。彼らは、音楽は自分たちで作曲するも、歌詞に関してはダージリン方面に在住する高僧に作詞してもらうという、現在でも一部のミュージシャンやグループが採用している分業スタイルをここで打ちだしたのである。

一九九〇年になると、一九八九年にダライ・ラマがノーベル平和賞を授与されたのにあわせて、ＴＩＰＡからも西洋音楽に大きく影響を受けた作品が『チベットの歌（*Tibetan Songs*）』の名でリリースされる。(6)これが現在のア

図6－1　町に貼られたチベタン・ポップアーティストのポスター

カマの前身であり、ここではすでに、現代的な音楽を志向しつつも、伝統的な楽器や伝統的歌唱法を導入し伝統的なチベット音楽の要素を取りこむという、現在でもアカマが追求している方向性が打ちだされている。

一九九五年には、チベット難民社会における二つの金字塔的作品がリリースされる[7]。一つは、ディールが所属していたヤク・バンドの『ランゼン』、もう一つが、アカマ名義のデビュー作『現代的チベット音楽（*Modern Tibetan Songs*）』である。ディールのジャンル分けに依拠すれば、そこで志向されている音楽性は、両者ともロックン・ロールのそれに分類できるものである。これらの作品は、現在の難民社会の音楽シーンのあり方を一定程度決定したものであるといえる。結局、ヤクはこの一枚で解散してしまうが、アカマは二〇〇六年まで、七枚のアルバムを大体隔年間隔でリリースしてきた。

アカマやヤクといったグループが活動していく一方で、チベタン・ポップは新たな展開を見せる。グループではなく、アーティストとして個人を前面に押しだす方向性が際立ってきたのである。たとえば、ＴＩＰＡに見習いとして一時在籍していたツェリン・ギュルメイ（Tsering Gyurmey）や、海外で活動するプルブ・Ｔ・ナムギャル（Phurbu T. Namgyal）らは、現代的チベット音楽界を代表するビッグ・スターになっている。彼らの志向する音楽性自体はプログラミングを多様するダンス色の強いポピュラー音楽であるが、伝統に対するスタンスを除けばアカマとそれほど大きく変わるものではない。だが、彼らは、アカマやヤクのようなバンド形式の生演奏にこだわらずに、音源を背にしたカラオケ形式の公演をおこなう。彼らが採用する公演手法は、以降多くのミュージシャンにも採用されるようになり、チベタン・ポップのスタンダードとなっている。現在、チベタン・ポップの新作を告げるポスターなどが貼り巡らされるのを見ても、バンド形式のそれを目にすることは困難であり、大半が個人名義、そしてそのミュージシャン自身の写真のみのポスターとなっている（図6-1参照）。

以上のような歴史的変遷のなかで、チベタン・ポップは形成されてきた。次節では、こうしたチベタン・ポップがどのような聴衆に、どのように受けいれられているのかを記述する。

3　チベタン・ポップに与えられた「意味」

前節で記述したように、チベタン・ポップの流れは、バンドから個人へと移行しつつある。だが、こと公演に関しては、バンド形式のもののほうを聴衆は好んでいるようだ。たとえば、ある聴衆は以下のように語る。

CDを流して歌を歌う演者がいるけど、あれはよくないね。なんていうんだろう、音に力がないよね。その点、バンド演奏に合わせて歌う演者は見た目も豪華だし、力強くて良い。(8)

こういった聴衆の存在に支えられて、少ないながらもダラムサラではいくつかのバンドが活動している。(9) CDを対象とした場合、チベタン・ポップの聴衆は幅広く、しかも潜在的なので、どのような層が聴衆なのか判然としない。(10)

そのため、本節では、アカマの公演にやってくる聴衆たちを代表的な聴衆として分析する。

地元のチベット人がやってくることがほとんどない伝統公演とは対照的に、アカマの公演には若者を筆頭に、チベット人が大挙して押しよせてくる。また、海外からの観光客は、彼らが好む伝統的な演目の公演とは対照的に、アカマの公演にはあまりやってこない。つまり、アカマの公演の聴衆は、基本的にチベット人により構成されている、といえる。そういった聴衆のなかでも、男女を問わず、若者が大部分を占めている。アカマの公演がある日は、バイクにまたがった若者たちが（奇声をあげながら）ＴＩＰＡへ向けて次々にやってくる。こういった来客によって、ＴＩＰＡのバスケットコートは一時的にバイクのための駐輪場へと変貌する。アカマの公演は、男女を問わず、多くのチベット人の若者たちが一堂に会する機会となっている。

こういった若者たちだが、ウツァン出身者のみならず、アムドやカム出身者たちもいる。伝統公演に関しては、あるアムド出身者などは演目の偏りなどからＴＩＰＡを批判して観にくることを拒絶していたが、そういった人びともアカマの公演にはやってくるのである。アムド出身の男性にアカマの公演に行く理由を聞くと、こう答えてくれた。

> そりゃあ、今の音楽をやっているからね。聞いてもわからない歌詞もたくさんあるけれど、いい曲があるなら問題ないよ。それに、アカマのやっている音楽はみんなが難民になって以降の音楽だから、そこに「これはウツァンのだ」「カムの音楽だ」みたいな偏りはないだろう？　アカマを観ても、それは現代的な音楽だから、「アムドの踊りをあまりやらなかった」とか、伝統舞踊の公演で出てくる不満は出てこないよ。だからアカマの公演には行くんだ(11)。

また、ウツァン出身のインド軍で働くある男性は以下のように語った。

アカマを観てると、すごく誇らしい気分になるんだ。海外からの観光客は、何かあると俺たちに「伝統、伝統」っていう目を向けてくるけれど、俺たちだって、彼らと同じように二〇〇六年を生きているんだ。伝統的に生きつづけることなんかできないよ。ここはチベットじゃなくインドだし、今は二〇〇六年なんだから。アカマは、現代的な音楽をやることで、それを身をもって示してくれているから、俺はすごくうれしいよ。だから、アカマの公演があると、応援しに行かなきゃ、っていう気になるんだ。彼らは俺たちの誇りだよ(12)。

もちろん、こういったことを考えずに、単に一つのイベントとしてやってくる聴衆もいる。たとえば、ラサ出身の女性の語りはそのケースに当てはまるだろう。

ダラムサラって、狭いし、イベント自体少ないから、アカマの公演を観にくるくらいしか暇つぶしがない。特にアカマがどう、ってわけではないけど他にやることもないし、いろんな人が行くだろうから、自分も公演に行く。インドやネパールの曲も聴けるし(13)。

このように、出身地域に縛られず、さまざまな聴衆がその音楽を楽しめるものとしてアカマの公演はある。多くの人が、多様なものを求めて、アカマの公演にやってくるのである。そこで演じられる音楽は伝統的な舞踊とは異なり、明確な地域性に縛られるものではない。また、その音楽は、亡命以前のチベットに結びつけられ、現代的なものを排除する傾向にある伝統的な舞踊と異なり、今を生きる難民たちが自分たちで生みだした音楽であり、文化である。

聴衆たちがチベタン・ポップやアカマの公演に見いだした意味は、演者たちも共有している。彼らにとって、チベタン・ポップは紛れもない一つの文化になりつつある。それは自分たちがいわゆる創造性を発揮した結果表れた音楽であり、彼らが難民社会で生を営んでいるからこそ生まれた音楽である、と彼らは考えている。ある演者は、力強くこう語っている。

現代的な音楽は、自分たちにとって、自分たちも世界で人びとが聴いているような音楽をやれるんだ、ってことを示すことができる大切なものなんだ。自分たちが積極的に現代的なチベット音楽を生みだすことで、自分たちの音楽を聴いているチベット人のみんなにも「自分たちはやれるんだ」っていう確信を与えたいんだ。(14)

また、アムドの聴衆が指摘した、時に足かせとなる地域性から現代的チベット音楽が自由であることに関しても、また別の演者はこう語っている。

伝統的な舞踊は、やはり地域性を前面に出すから、結局「自分たちはラサ出身だ」というような違いを生みだしてしまうことがある。でも、現代的な音楽は、難民社会で生まれた音楽だから、出身地域は関係ない。ここにいるチベット人はみんな難民なんだから、そこで生まれた音楽を通して「自分たちはチベット難民だ」っていうことができる。(15)

もちろん、この演者が語るほど、チベタン・ポップは社会的状況の拘束から自由ではないだろう。特にアカマの場合、伝統的な要素を積極的に採用したチベタン・ポップを嗜好する以上、何を伝統とするか、また、何を伝統的な要素として採用するか、という判断に当然偏りは生まれてくるだろうからである。

とはいえ、この演者がいうように、難民という、難民社会に生きる人びとが等しく直面せざるをえない状況で生まれた音楽だからこそ、チベタン・ポップのもつ包容力は強いものとなりうる。楽曲は単一の意味に押しこまれることはなく、さまざまな意味が読みとられるだろうとはいえ、チベタン・ポップを媒介にして、難民社会にいる人びとが「自分たちで何かを生みだすことができる」という自信をもつことができるようになるだろう。

現在、難民社会において、ＴＩＰＡは伝統的な舞踊でチベット難民の人びとを引きつけることが非常に難しくなってきている。しかし、彼らの職務は、チベット文化の保存と促進である以上、チベット文化の上演をやめるわけにはいかないのだ。そんななか、新たな「チベット文化」として台頭してきたチベタン・ポップが、伝統とは違ったかたちでチベット文化の保存と促進の媒介になり、人びとを呼びこんでいる。確かに、アカマの公演にチベット人が来れば来るほど、伝統的な公演にチベット人が来なくなる、という悪循環が存在してはいる。若者たちが望んでいるのは現代的な音楽であり、伝統芸能を担っていたＴＩＰＡの一部門であるアカマがそれを供給してしまっているからだ。だが、同時に、アカマの公演を通して、ＴＩＰＡはチベット文化の重要性を伝えることもできるだろう。ある年長演者は、アカマに抱いているそんな希望を語っている。

チベット文化についてよく知らない若者たちに対して、独立についての歌を歌ったり、チベットの伝統衣装を着てステージに立つことでチベット文化を見せることができる。彼らは現代的な音楽を扱うバンドだから、そのためにもちろん現代的な楽器を使うけど、それによって奏でられるのはチベット文化に典型的なメロディーだ。つまり、彼らがやっていることは、現代的なんだけど、チベット文化なんだ。これを通じて若者たちにチベット文化がどういうものかを紹介することができるんだ。(16)

4　アカマ・バンドの構成と状況

チベタン・ポップは多種多様な領域から影響を受けている。ディールによれば、ダラムサラを取りまくサウンド・スケープは、チベット民俗音楽、西洋のロック、レゲエ、ブルーズ、インドの映画音楽、ネパールのポピュラー音楽、チベット本土から入ってくるラサのポピュラー音楽から構成されている [Diehl 2002: 27]。

しかし、現在は、九〇年代にディールが体験し、記述した以上の音楽がダラムサラを取りまいている。たとえば、台湾や韓国のポピュラー音楽、チベット本土各地から届くチベタン・ポップ、そして、世界各地に住んでいる若いチベット人の制作したチベタン・ポップが町中に溢れ、また、現在全世界を席巻しているといえるであろうヒップホップの流行ときたら大変なものである。エミネムもどきが町を闊歩し、横を見ればK-POPのアイドルの髪形をまねた女性が通りすぎる。

このような音楽的環境のなかで、ダラムサラでもさまざまな人びとがチベタン・ポップに携わっている。ある者は西洋音楽に準じた楽曲を演奏し、またある者はチベット本土のポピュラー音楽の影響を大いに受けた楽曲を書いている。そのなかで、アカマは少々特異なバンドであるといえる。まず、アカマは政府の管轄下にあるバンドであって、具体的にはTIPAの一セクションとして活動している。とはいえ、アカマは政府が意図的に作りだしたバンドではない。アカマの結成は一九八〇年代初頭に遡る。当初、アカマの結成目的は個々人が伝統的チベット音楽を現代風にアレンジして楽しむためのものであり、自分たちが現代的な音楽を媒介にしても自己表現をできるということを示すための媒体であった。そこにはなんら政治的・商業的な目的も付されていなかった。それが、時代の流れとともに、政府のバンドという位置づけを与えられ、種々の目的を付与されていったのである。たとえば、二〇〇三年調査時には、伝統的なチベット音楽に対し、若者の興味を引くためのものであると同時に、ＴＩＰＡの財源確保の場であるとアカマは位置づけられていた(17)。しかし、二〇〇五年調査時に至っては、財源確保の話は引きつづいているも、日頃伝統的な演目の上演をしている個々人の現代的な表現の場としてアカマは捉えられていた。つまり、二〇〇五年以降は、より積極的な意味あいを込めてアカマの活動は語られている。

なぜこのような意見の変遷が生じうるかというと、それにはさまざまな要因があるのであろうが、特にアカマの場合は他のバンドとは大きく異なる点があり、それがこのような位置づけの変遷に一役買っていると考えられる。通常、バンドという言葉でどのような組織体が連想されるであろうか。音楽的な意味あい、特にアカマが属するロックやポップ・ミュージックという文脈でバンドを考えた場合、ある程度音楽的な興味や嗜好の共通した個人が集まって音楽活動に勤しむというものであろう。その途中で若干のメンバーの入れ替わりがあっても不思議ではないが、当初の発起人の何名かは残っているのが普通であろう。また、バンドのメンバーとバンドそのものがある程度一体化した関係であることも特色である（たとえば、バンドのファンとそのバンドのメンバーのファンであることが連続して考えられることなど）。つまり、ここでのバンドとは、固定されたメンバーによって作られる集団である。

ところが、アカマは名前だけが存続し、メンバーが非常に流動的で、当初のメンバーが誰も残っていない。つまり、入れ物の名前としてアカマという同一性は保っているものの、メンバーのみならず、人数、使用楽器とその編成など、時期によって大きく異なっているのがアカマの特色なのである。こういった事情から、二〇〇三年時点と二〇〇五年時点では中心人物までもが替わっていて、それによってアカマに対する発言すらも大きく変化した、と考えられる。

また、メンバーが流動的である、ということは、音楽的な方向性が一点に定まらない、ということでもある。今日、アカマで何か特定のジャンルを演奏したい、というよりも、人前で演奏したい、楽器に触りたい、キャリア向上のために演奏能力を身につけたい、というような動機でメンバーは参加する。こういったメンバーを選別し、音楽的な方向性を大枠で定めるのは、その時期リーダーとしてアカマを指揮する人物である。つまり、リーダーが変われば、音楽的な方向性も変化することになる。こういった事情のため、時期によって音楽性や構築された音楽がまったく異なるのがアカマの特色である。たとえば、八〇年代のアカマは、アコースティック・ギターで弾き語り、もしくはドラムなどのリズム楽器を導入することで、伝統的なチベット音楽を現代風にアレンジして演奏するものであった。しかし、九〇年代以降は、「現代風」の意味あいが変わってくることになる。この時期のアカマが志向する音楽は、ダムニェンなどの伝統的な楽器を使いつつ、エレクトリック・ギターやベースといった楽器を導入し、新たに楽曲自体をメンバーが作曲したキーボード主体のポピュラー音楽へと変化した。それに対し、二〇〇〇年代では、九〇年代にアカマが志向した音楽に対する反動もあってか、キーボードを極力抑え、ロックやカントリーなど、ギターをより多く取りあげた楽曲に嗜好が移りつつあるといえる。

このように、一方では、アカマの大枠での方向性は、リーダーがどのような方向性を志向するかに大きく依存する。しかし、他方では、リーダーが行使できる方向性の設定はあくまで大枠でしかない、ともいえる。現に、アルバム一枚を通して聴けば、そこには共通するものがあまりなく、音楽的には非常に拡散した作品であり、よくいえばバラエティに富んでいるが、悪くいえば、音楽的にはまとまりがない。

しかし、ディールも正しく指摘しているように［Diehl 2002: 218–233］、チベット難民社会ではチベット語を正しく話すことが非常に重要視されていることから、音楽においても楽曲そのものよりも歌詞に重点が置かれる傾向がある。(18) 確かに、歌詞がきちんと聞きとれるかどうか、という点にアカマのレコーディングではかなり力を注いでいた。この点で、チベット語へのこだわりという側面から見れば、アカマの諸作品には一本筋が通っているといえるのだろう。(19)

このように、アカマ・バンドにおける「バンド」という言葉は、特定の音楽的方向性に向けて結成され、メンバーが比較的固定的でメンバーとバンド自体がある程度一体化しているバンドを意味するのではない。たとえば、時期や流行に応じて演奏する楽曲の色合いが大きく変化し、演奏者自体もバンドそのものと結びつけて捉えられることのない集まりであり、演奏者が流動的に変化していくブラスバンドのような意味あいのものと考えたほうが適切であるといえる。

以上、結成後三十年弱活動してきたアカマの歴史を概観してきた。その間、メンバーも目的も長い歴史のなかで変動してきたが、彼らが演奏するチベタン・ポップは、自他ともに認める新たなチベット文化として、人びとのあいだに浸透している。

5　おわりに

本章では、新たな文化として難民社会を席巻しているチベタン・ポップと、第２部でこれから描いていくことになるアカマ・バンドについて記述してきた。七〇年代に衝撃的な「出会い」を迎え、八〇年代以降、難民社会でチベタン・ポップは確実に聴衆を獲得してきた。今や、ダラムサラを歩いてチベタン・ポップを耳にしない日は（停電の日を除いて）ありえないといっても過言ではない。難民社会に生きる人びと自身が生みだした新しい文化は、人びとの出身地域を問わず、多くの聴衆を獲得し、その意義が積極的に捉えられている。そんななかにあって、アカマは、チベタン・ポップ界を代表するバンドの一つである。メンバーが変わりつづけ、その活動目的も変わりつづけてきたが、今では彼らの演奏する音楽は立派なチベット文化であると考えられており、公演には多くの人びとがやってくる。そして、彼らの音楽は、伝統公演にやってこない聴衆たちに対して、一定の教育効果をもつことが期待されてもいる[20]。それがどの程度成就されているかは第8章で論じるが、公演における彼らの音楽の共有を通して、人びとがいろんなかたちで繋がっていることだけは事実である[21]。

さて、ここまでチベタン・ポップやアカマについて記述してきた。そのアカマにひょんなことから私がギタリストとして加入（参加）することになったのは、遡れば二〇〇三年、調査のためにＴＩＰＡに在籍していたことに端を発する。当時、ＴＩＰＡの友人に誘われてついていった先にあったのはバンド・ルームであった。そこではギターの指導や簡単なジャム・セッションのようなことをしてそれでおしまいだったが、後日、コンサートで演奏してくれ、という要請を受けた。実際は、ＴＩＰＡ側の日程的な関係で話が流れてしまったものの、二〇〇五年にダラムサラに行ってギターを教えていた際、その話は俄然本格化してきた。こちらの都合にお構いなく日程や段取りが目まぐるしく流動していったなか、最終的に私はダラムサラでステージに立ち、その後、ダージリン・ツアーや一カ月にわたる南インド・ツアーにもメンバーとして同行することになった。次章では、ダージリン・ツアー終了後におこなわれたレコーディングを記述・分析する。そこでは、現在のチベット難民社会に生きる若者たちが、どのような認識枠組みで、発言・実践しているかが浮かびあがってくるだろう。

註

（1）先行研究としてはディールの議論がある。彼女は、自由への闘争、強欲な「赤」中国への非難、厳粛だった過去への回顧主義的想起の三点を基本的な構成要素とし、「チベット人の愛国的感情からなり、上演によってそれらの感情を確認、増幅し、共同体に共有された記憶や目標を強化するものである」として現代的なチベット音楽を定義している［Diehl 2002: 222］。それはギルロイ［二〇〇六］による達成の政治学と変容の政治学という二分法を理解するうえで、達成の政治学を歌詞に割りあて、変容の政治学を音楽に割りあてることで詞のもつ可能性を軽視する浜［早尾ほか　二〇一二：一四二］の理解とも通底する理解である。本書はそれに対し、愛国的感情など、政治的な側面にのみ拘束されない詞や音楽のあり方を含意する視点を導入していきたい。こうした現代的なチベット音楽をひとまとめにしてチベタン・ポップと位置づけることとする。

（2）これには諸説ある。たとえば、私とのインタビューで、ジャムヤン・ノルブはダラムサラを訪れたチベット人がダラムサラの聴衆を前にして歌ったのは、坂本九の「上を向いて歩こう（Sukiyaki）」であり、歌ったのは日本からの一時帰郷したチベット人であったと語っている（二〇一二年六月三十日の発言）。

（3）原曲はアメリカのカントリー歌手ウディ・ガスリーの「This land is Your Land」である。

（4）ジャック・ケルアックの同名小説から得たもの。ジョンソン［二〇一一：一七七］を参照。

（5）スイスではティンコル（Tringkhor）が一九八五年と八八年にカセットを発売している。

（6）チベット本土でも、チベタン・ポップは八七年のダドンのデビューを機に、本格的な受容が始まる［Henrion-Dourcy 2005: 236; Dhondup 2008: 294］。

（7）別稿ではディールは一九九四年と記述している［Diehl 2004: 10］

（8）二〇〇五年七月五日、カム出身のチベット人男性の発言。

（9）アカマとともにダラムサラで有名なのは、ＪＪＩバンドという兄弟により構成されているバンドである。チベット伝統音楽の要素を残しつつポップ色の強い音楽を志向するアカマとは異なり、西洋音楽からの影響が一目でわかるブルーズ調の音楽をやっている。

（10）　また、チベット難民社会ではCDの違法コピーが横行しており、CDの売り上げはきわめて悪く、CDをもっておらずともMP3プレイヤーに落としている例が多い。そのため、CD保持者から聴衆を特定するのは難しい。

（11）　二〇〇五年十月四日の発言。

（12）　二〇〇六年三月三日の発言。

（13）　二〇〇五年九月十七日の発言。

（14）　二〇〇五年十月十五日の発言。

（15）　二〇〇五年十月二十九日の発言。

（16）　二〇〇三年三月二日のインタビュー。またツェリン・ギュルメイも「自分たちの音楽を通じてチベットの闘いに関するメッセージを送ることができるはずだ」と発言している［Tibetan World 2004: 30］。

（17）　二〇〇三年七月十八日、年長女性演者の発言。

（18）　ツェリン・ギュルメイの発言も参照［Tibetan World 2004: 32］。

（19）　とはいえ、アカマの創始者は、現在のアカマのあり方を評価しつつも、その歌詞が公共性をもたず、自分語りに閉じられていくことに疑義を呈している（二〇一二年五月二日の発言）。

（20）　サイモン・フリスの「集合的なアイデンティティに関する直接的な経験を、音楽は表象し、象徴化し、提供することができる」［Frith 1987: 140］という主張は、こうした側面を大づかみに把握する点においては正当性をもつ。

（21）　音楽を通じた時空間の共有による繋がりの形成は、何も肯定的な側面に限定されない。それが否定的なかたちで発現したものが第8章で取りあげるような事例である。

第7章　接触領域で生まれるチベット文化
――CDレコーディングの現場から

1　はじめに

現在、チベット難民社会で受けいれられているチベタン・ポップは、若者たちに、チベット・ナショナリズムやチベット難民としてのアイデンティティを浸透させる可能性をもつ「新たな文化」である。この「新たな文化」が生まれる現場は、チベット難民の若者たちの、そしてナショナリズムの伝播を担う演者たちの生きる現在の世界の一端を垣間見せることだろう。

本章は、アカマのCD制作過程に着目する。その際、プラットや林の接触領域概念(1)［Pratt 1992, 林 二〇〇二］を参照軸として、「テクストとしてのCD(2)」が完成していくレコーディングの過程で生じた出来事を記述・分析することで、現在のチベット難民社会に生きる若者たちによる異種混淆的な現状の見取り図の一つを明示する。ここでは接触領域概念を拡大解釈し、「異なる複数の個体」間の接触、「異なる複数の文化」の接触、「先取りされた接触」という三点に分節し、記述していく。この過程を描くことで、チベット難民社会の現状が可視化され、また、それら現状が再認されていく動態的な状況を提示することができると考える。

本章は二〇〇五年十一月六日から十一月十七日までの北インド、デーラードゥーンのスタジオにおけるＣＤ制作期間を特に対象とするものである（図7-1参照）。

以下、当時レコーディングに参加した人びとを紹介する。

図7-1　レコーディングの一風景

今回のレコーディングは、北インド、ウッタランチャル州デーラードゥーン（Dehradun）のギャウェロン（Gyaweylon）スタジオにおいて総勢十二名によっておこなわれた。演奏者は、プロデューサーのサー・アニル、スタジオ・ミュージシャンでキーボード奏者のヴィダン、同じくドラマーのヴィノド、以上三名がインド人男性であった。

アニルはチベット語ラジオ放送の制作を手がけていると同時に、これまでさまざまなチベット人ミュージシャンのレコーディングを手がけてきたプロデューサーである。アカマとは最初のアルバム以来の付きあいがある。彼は、ラジオ放送で使うためのマスターテープを彼の手元に残すことを交換条件に、ミュージシャンに無料でレコーディングをさせている。能弁で冗談好きだが、独断で作品を作ってしまうという難点が指摘されている。

ヴィダンとヴィノドはインドの学校で音楽のコースを修了した演奏者である。二人は同じバンドに在籍し、スタジオの仕事のない時はホテルのバーなどで演奏しているという。両者ともインドの映画音楽の演奏を主とし、比較的ソフトな音楽を嗜好している。ヴィダンは物腰が柔らかく、一生懸命意思疎通を図ろうとするタイプだった。対してヴィノドは無口で、コミュニケーションをとることはあまりなく、指示に従って黙って演奏していた。基本的にヴィダンの発言（編曲に対する意見や修正など）は絶対的なものとして考えられていた。ちなみに、アニルはチベット関係の仕事に従事するもチベット語を話さず、ヴィダンとヴィノドと会話する時は、私以外の人びとはヒンドゥー語で話し、私は英語で話すか、もしくはチベット語を通訳してもらっていた。

チベット人の演者は八名で、内訳はリーダーのンガワン、ベースおよびピワン(3)演奏者のテンノル、ギタリストのウォエブムとプルブ、ダムニェン担当のユンテン、ボーカルのノルブ・サムペルとダルケ、そして唯一の女性参加者でボーカルのアチャ・パサンである。ちなみに、このなかでレコーディング経験があるのはンガワン、ダルケ、アチャ・パサンの三名のみである。

リーダーのンガワンはコンサートではドラムを担当するが、レコーディングではスタジオ・ミュージシャンを雇っているため今回彼はドラムをまったく演奏せず、アニルの仕事を補佐したり、楽曲の方向性を指揮したりしていた。つまり、副プロデューサー的な役回りを演じていた。普段からロックに興味を示し、今回のレコーディングではキーボードを減らすことを大きな目標としていた。一曲を私と共作、ほぼすべての曲に編曲者として参加した。テンノルはＴＩＰＡでも音楽演奏を担当しているほど楽器演奏に長けた人物である。音楽的嗜好としてはンガワンと同様ロック寄りの人物である。しかし、同時にバラード調の楽曲制作にも多大な興味を示す。しかし、当時は演奏を除いた制作の内情にはあまり関与しなかった。唯一のベーシストであるため、今回のレコーディングですべての楽曲を演奏したただ一人のチベット人である。二曲の作曲・編曲に携わった。

ウォェブムはアカマ最年少のギタリストである。ギターを始めて二年程度であるものの、リズム・ギターの腕前はかなりのものである。リード・ギターに興味をもつものの、今回は私がいたためリズムのみを担当した。彼個人の現在の音楽的嗜好はギター音楽よりもヒップホップである。そのためか、リードに興味をもちつつも、今回のレコーディングにリードが多いことに不満を呈していた。六曲に参加し、三曲の作曲・編曲に携わった。

プルブはアカマのサイド・ギタリストに相当する。私が弾かない楽曲では彼がギターを担当した。インド音楽やヒップホップに関心をもつ。自分の演奏を除いた制作にはあまり関与せず、録音ブースそのものにあまりやってこない。演奏待ちの場である談話室の住人だった。ンガワンは、今回彼と後述のユンテンを経験を積ませるため連れてきた、と語り、レコーディングの途中でこの二人はダラムサラに戻っていった。一曲に参加し、二曲の作曲・編曲に携わった。

ユンテンは、本来キーボード奏者であるも、ヴィダンが全曲で演奏したためダムニェンのみで参加したが、大半を待ち時間で過ごすこととなった。プルブとともに談話室の住人であり、制作途中でダラムサラに戻っていった。音楽的にはヒップホップを愛好し、後日TIPA関係者としては初のヒップホップのCDを制作した。一曲に参加し、二曲の作曲・編曲に携わった。

ノルブ・サムペルはアカマの筆頭ボーカルである。インドの有名な歌手であるラッキー・アリにそっくりな声をもつことから、「アリ」という愛称でファンに親しまれている。とはいえ、アカマ以外で彼が歌唱力を発揮する機会は限定されている。TIPAが本職とする伝統的な演目では歌や踊りを担当することはなく、テンノル同様、伴奏を主に担当する。チベット音楽のリズムが体に染みついてしまっているからか、レコーディングの際、それが大きな問題を招く。日常的にゆっくりとしたテンポの音楽を愛聴している。五曲に参加し、一曲を作曲、二曲の編曲

番号	名前	国籍*	性別	役割
1	アニル	インド	男性	プロデューサー、編曲（ほぼ全曲）
2	ヴィダン	インド	男性	キーボード、編曲（ほぼ全曲）
3	ヴィノド	インド	男性	ドラム
4	ンガワン	チベット	男性	副プロデューサー、作曲（1曲）、編曲（ほぼ全曲）
5	テンノル	チベット	男性	ベース、ピワン、編曲
6	ウォェブム	チベット	男性	ギター（６曲）、作曲・編曲（3曲）
7	プルブ	チベット	男性	ギター（1曲）、作曲・編曲（1曲）
8	ユンテン	チベット	男性	ダムニェン（1曲）、作曲・編曲（2曲）
9	N・サムペル	チベット	男性	ボーカル（5曲）、作曲（1曲）、編曲（2曲）
10	ダルギェル	チベット	男性	ボーカル（3曲）、編曲（2曲）
11	アチャ・パサン	チベット	女性	ボーカル（2曲）、作曲（1曲）、編曲（1曲）
12	山本達也	日本	男性	ギター（7曲）、作曲（1曲）、編曲（4曲）

＊ 国籍という表現は、便宜上のものであることを断っておく

表７－１　レコーディング参加者の構成と役割

に携わった。

ダルギェルは普段アカマのメンバーではないが、コンサートやレコーディングの際ボーカルとして参加する。どんな音楽にでも興味を示し、非常にストイックで、みんなが簡単に自分の演奏に納得するアカマのなかではある意味浮いた存在であった。今回のレコーディング参加者のなかでＴＩＰＡ在籍歴が一番長く、指導者もかねている。三曲に参加し、二曲の編曲に携わった。

アチャ・パサンは今回唯一の女性参加者である。インド在住のチベット人に絶大な人気を誇り、二〇〇三年度のチベット音楽大賞において女性最優秀シンガー賞を手にした。先日制作したＣＤはかなりの売り上げを記録したと聞く。モダンな楽曲を好むも、あくまでそれを伝統的なチベット音楽のスタイルに同化させる方向を好む。近年はタバコの吸いすぎか、ベストの状態で歌うことが少なく、それが今回も問題となった。一曲を作曲、一曲を編曲し、二曲に参加した。

そして私である。私は一曲をンガワンと共作、四曲を編曲し、主にリード・プレイヤーとして七曲に参加した（表7-

1参照)。
今回のアルバムは、ンガワンがアカマのリーダーとなって初めての作品である。このアルバムまでに、アカマは六枚のアルバムを出しているわけだが、メンバー自体が大きく変わっており、今回のアルバムは生の演奏をできる限り使用していることもあって、電子音楽の様相を呈していた従来の作品とは大きく異なっている[4]。

図7－2　『アカマ　2005』のジャケット（表紙と裏表紙）

2　個々人間に生じる接触領域

2－1　作品の方向性

『アカマ　2005（*Aakama 2005*）』（図7－2）は、先述のように、十二人の作りだした作品である。そのなかでも、特に重要な役割を果たしたのがアカマの中心的メンバーである八人のチベット人である。本節では、二項にわたって作品に関する個人の判断などをめぐって生じる接触領域を見ていくこととする。それにより、チベット難民の若者たちの嗜好やふるまい、また彼らを取りまく環境の一端が看取されるだろう。

まず、この作品の基本的な路線を決定しているのは、いうまでもなくリーダーのンガワンである。たとえば、彼には、今回の作品を、従来の作品とは違って、ギター色を強めたものとしたい、という意思があった。作品の最終的な出来についてはさておき、基本的には彼の主張が反映された作品が完成した、ということができる。

だが、当然のことながら、他のメンバーが皆同じような嗜好や意思をもって作品制作に臨んだわけではない。たとえば、アカマが志向する音楽の方向性自体にそもそも共鳴しないにもかかわらず、アカマのメンバーとして今回のレコーディングに参加したユンテンは次のように語る。

アカマでは聴衆のことを考えてばかりで自分の思うようなことができないから、自分のＣＤを作りたい。アカマの音楽は自分の本当にやりたい音楽ではないからね。

ユンテンが志向する音楽性は、アカマの志向するようなバラエティ豊かなポピュラー音楽ではなく、昨今チベット難民社会を席巻しているヒップホップである。後述するように、聴衆のことを想定して作品を制作するアカマでは、彼が志向するような音楽をやることはできない。そのため、彼は自分を殺しつつ作品制作に取りくんでいた。

作品の志向性という点では、ンガワンに対し、ノルブ・サムペルが提起した問題も重要である。伝統的な音楽を現代風にアレンジした楽曲「コンシェー・デモリ」をレコーディングしている際のことである。インド人ミュージシャンも私もチベット音楽のもつ理不尽なまでの不規則性を理解できず、なかなかレコーディングが終わらなかった。この状況を見かねたノルブ・サムペルは、ンガワンに対して次のような発言をしていた。

ノルブ・サムペル　こんな歌、別にいい曲でもないし、いっそのことなくしてしまおう。どうせ誰も聴きはしないよ。だから、他の曲をレコーディングしよう。

これに対し、ンガワンは聴衆を引きあいに出し、ノルブ・サムペルの主張を退け、レコーディングを続行させた。ンガワンは今回の作品をギター中心の作品とすることを志向していた。だが、ンガワンが志向するギター中心の方向性に合意しつつ、リード・ギターを多くの楽曲に導入することにウォェブムは反対していた。彼はどちらかといえば楽曲志向のギタリストであり、今回の作品のほとんどの曲にリード・ギターが導入されることに対して好ましく思っていなかったようだ。

ンガワン よし、この曲にもリード・ギターを入れよう。（私に向かって）じゃあリードを弾いてくれ。

ウォェブム ちょっとこの作品自体にリードが多すぎると思う。そんなにたくさんいらない。誰もそんなにリードを求めてない。

ンガワン 何いってるんだ？ 最近のバンドやシンガーの作品の大半にリードがたくさん入ってるじゃないか。だからリードは入れる。

このように、基本的にはンガワンの意思決定が作品の方向性を決定し、それに同調しないまでも、個々の嗜好を維持しつつ演者たちはレコーディングを進めていく。その点では、意思決定における絶対的な力関係の差があり、ここで取りあげた事例は接触領域に発現しうる相互交渉性が見えにくい。しかし、次の事例は、その相互交渉性が表れたものとして考えうる。

ウォェブムとノルブ・サムペルが作詞・作曲を担当した「ツェリン・ワンモ」という曲での話である。その楽曲自体、チベットからやってきたある楽曲の盗作、といわれても仕方がないくらい似ているものであった。ウォェブムもノルブ・サムペルも、楽曲の盗作に関する意識は希薄で、私や他のメンバーが諌めても聞く耳をもっていなかった。しかし、レコーディングをするにあたって、ンガワンと衝突する。

ンガワン　この曲は、本土から来た曲の盗作じゃないのか？
ウォエブム　確かに、このパートはそうだけど、コーラス部分は違うメロディーだから盗作じゃない。
ンガワン　それでもこれではまずいだろう。聴衆がどういう反応をするかわかるだろう？
ノルブ・サムペル　大丈夫。歌詞も違うから。

結局、ンガワンはノルブ・サムペルやウォエブムに楽曲自体の書きなおしまでは求めなかった。コーラス部分のアレンジを変更することで双方が合意した。

ここでは、ンガワンがウォエブムやノルブ・サムペルの主張をある程度受けいれ、双方が納得するかたちで問題の解決を図っている。力関係におけるンガワンの優位は揺るがないまでも、話しあいのなかで、ンガワンが望むものと、ウォエブムやノルブ・サムペルが望むものを融合させた楽曲形態が完成したのである。そこには、一つの接触領域における交渉のあり方を見てとることができるだろう。

また、ダルギェルとンガワンのやりとりも、同じ視点から考察できる。「英雄テンジン・デレク」(5)をレコーディングしようとしていた時のことである。ンガワンとインド人ミュージシャンのヴィダンとヴィノドが中心となっておこなっていたアレンジもほぼ終了し、あとはレコーディングを開始すればいい、という段階になって、ンガワンが突如、この楽曲をロック調にしてはどうか、という提案をした。ダルギェルもそれに同調し、さまざまなアイディアを提出したことで、それによって楽曲は大きく様変わりを始めたのである。楽曲構成の主導権を握ったのは、ンガワンではなく、年長者ダルギェルであった。彼は録音機器が置かれている部屋にまで進出し、演奏の指揮を執りはじめたのである。それによって、コード進行はいうまでもなく、楽曲の形態自体が先にアレンジしたものとは大きく変わった。それはンガワンが望んでいたもの以上の変化であったのだろう、ンガワンからは不機嫌さがうかがえる。そこでは、リーダーであるンガワンの立場が、チベット難民社会でも根強く残っている年功序列の傾向に侵食されていた。インド人ミュージシャンたちもダルギェルの主張に同意し、楽曲構成に積極的に関与しはじめた。結果、「英雄テンジン・デレク」は、その完成において、当初ンガワンがロック風にアレンジすることを望んだ以上の変化を見せた。さまざまなアイディアがぶつかった結果、思わぬものができあがったのである(6)。

これもまた、接触領域の相互交渉性の発現形態とみなすことが可能である。

2－2　演奏の意思決定

本項では、演奏の出来をめぐるぶつかりあいを一つの接触領域が発現する時空間と捉え、そこで起きた出来事を記述・分析していく。ここでは、演奏者側と、可否の判断を下すアニルやンガワンとのぶつかりあいがその分析対象となる。

まず、ウォエブムの事例を見てみよう。ウォエブムは、多くの楽曲でリズム・ギターを担当していた。この事例は、そのなかでも「ツェリン・ワンモ」という楽曲に関するものである。この曲は、ウォエブムが作曲を担当したものであり、今回のレコーディングで最初に取りくまれた曲であったため、以降のレコーディングの流れを決定する重要なものであった。ウォエブムは、アニルに指示された手順どおり、レコーディングをおこなっていく。途中、何度か止められ、そのつど演奏をやり直していた。しかし、彼は辛抱強くレコーディングを終わらせた。他のパートのレコーディングも順調に進み、ベーシック・トラックが完成した時のことである。ウォェブムは、自分のギターの音がまったく聞こえないことに気がついた。そこで、ウォェブムはアニルのもとに行って話しはじめた。

ウォェブム　なんで自分の弾いたギターの音が聞こえないのか？

アニル　君の弾いたリズム・ギターはよくなかった。だから消してしまったよ。

これを聞いたウォェブムはたちまち不機嫌になり、レコーディング・ルームから姿を消した。そのままレコーディングは進められ、この曲はキーボードがバックの演奏の大半を占めるものとなってしまった。

同じようなことは、私とアニルとのあいだにも起きた。私自身が作曲とアレンジを担当した「ティーチャーズ・デイ」のレコーディングでのことである。私がベーシック・トラックを演奏し終わったあとに、ヴィダンがキーボードの録音を始めた。私自身、どうもヴィダンが弾いているものと自分が弾いたものとのリズムがぶつかっているな、という感覚をもってはいた。だが、まさか自分の弾いたものが消されるだろうとは思いもしなかった。そのため、ベーシック・トラックを録り終えた時点でのミックスを聴いて啞然とした。ウォェブムのそれと同様に、自分の弾いたパートがごっそり消されていたのである。さすがにこれにはンガワンも反論をした。彼が望んでいる方向性は、キーボードよりもギターを前面に押しだしたものだったからである。

アニル　ギターのパートとキーボードのパートはコードが一緒だからギターはいらないと判断して消したよ。

私　キーボードのパートは自分のパートに被せられたものだから、それはおかしい。

ンガワン　それに、ギターのパートを消したら、キーボードばかりになってしまう。

両者の主張が一応歩み寄りをみたのか、アニルはあとでリズム・ギターを違ったフレーズで弾くことを提案してきた。私たちは了解し、リズムの準備をしていたのだが、結局それは録りなおされることはなかった。

また、今回のレコーディングでは、西洋音楽的な譜割で楽曲を構成していくことが志向された。従来のアカマの作品は、どこに各パートの区切りが入るかがきわめて不明瞭で、本人たちの曖昧な了解のみで演奏も楽曲構成もなされていた(7)。このやり方では、ライブで演奏する際に大きな問題を引き起こすことになる。そのため、今回は、はじめからンガワンは西洋的な十六小節の譜割のなかで楽曲構成することを決めていたようだ。とはいえ、今回のレコーディングでそれを最初に提案したのはンガワンではなく、プロデューサーのアニルであった。レコーディング作業が始まってすぐ、彼は開口一番こういった。

アニル　君たちが作ってきた楽曲には規則性というものがない。これまでのレコーディングではそのままにしてきたが、新しいリーダーと新しいメンバーで新しいアルバムを作るのだから、この際、譜割のなかできちんと楽曲をアレンジしてみよう。

ンガワンはその提案に全面的に賛成し、ヴィダンとともにアレンジ作業に取りかかった。録音が始まってみると、やはりチベット人メンバーはリズムに対して違和感をもっているようだ。なかなか規則性が理解できず、ウォェブムは文句ばかりいっている。とはいえ、楽器陣のレコーディングは徐々に完成に近づいていった。
いよいよボーカルの録音が始まった。録音ブースにノルブ・サムペルが入り、甘い声で歌いあげている。いよいよアレンジにより西洋的な譜割に変更されたパートがやってきた。しかし、予想どおり、ノルブ・サムペルはそのタイミングに合わせられない。何度も失敗を繰りかえし、アニルから叱責が飛ぶ。ンガワンも何度かサポートを入れる。

アニル　何度説明したら歌えるんだ？　そこはそうじゃないっていっているだろう。
ノルブ・サムペル　でも、本当はこういう歌なんです。
アニル　そんな規則性のないリズムで歌ってどうするんだ。いわれたとおりに歌え。
ンガワン　手で合図を送るから、それを見て歌ってみろ。

ンガワンの合図というサポートがあったにもかかわらず、ノルブ・サムペルはなかなか西洋的な譜割になじめない。これまで自分のなかに蓄積されてきたチベット的なリズムが邪魔をしているのであろう。結局、同じパートを二時間にわたって間違えつづけた彼は、最後の最後でなんとか理解にたどり着けた。しかし、この曲がライブで演奏されたことはこれまでのところ一度もない。
ここまでの流れをまとめれば、本節では、接触領域を文化間のやりとりとして解釈するのではなく、まさにその場にいる当事者たちのあいだにも生じるものである、という視点を採用し、個々人のあいだに生じた出来事に焦点を当てた。特に、作品に関する意思決定と演奏に関する意思決定に注目し、そこで人びとがいかにやりとりをし、意思を通そうとしているかを見てきた。多くの場合、他のメンバーの主張に対してアカマのリーダーであるンガワンの意思が尊重されていた。そこでは、「非対称な力関係」そのものを揺さぶるような相互交渉性が発揮されていたとはいいがたかった。しかし、時にはンガワンの意思や主張を他のメンバーが覆し、それが楽曲というかたちで完成していった事例もあった。これらの場面では、接触領域が孕む可能性の一つである、非対称な力関係における相互交渉性が発現していたといえる。

また、プロデューサーのアニルとのやりとりをめぐっては、さまざまなぶつかりあいがあった。ンガワンが望むようなギター中心の作品ではなく、アニルがキーボードを重用した作品を志向したことで、私を含めたメンバーたちとのあいだでちょっとしたいざこざがあった。ここでは、ンガワンとアニルのあいだに意見の対立を見ることができる。しかし、西洋的な譜割の導入に関しては、ンガワンも賛成しており、これまでの規則性を欠いたアカマの音楽とは異なった新たなかたちでのアカマ作品ができあがったのである。

3 異文化間という枠組み

3-1 異文化的接触の諸相

前節では、個々人の嗜好や作品に対する志向性のぶつかりあいのなかで、接触領域が発現するさまを見てきた。本節では、個々人のぶつかりあいもまた接触領域を構成する、という大前提は維持しつつも、個々人がその出来事を位置づける際に「文化」という枠組みを用いて理解しているものを特に取りあげていく。ここでは、個々人の嗜好による区別よりも、文化的な広がりのなかで自己と他者を位置づけ、区別していく実践が垣間見られる。その実践は、自分を集団のなかに位置づけると同時に、時に他者を自分たちから排除していくものとなる。

3－2　チベット的なものに対する自己理解

今回はチベタン・ポップのアルバムのレコーディングであるとはいえ、そこにはチベット的な要素、つまり伝統的な要素が加えられている。具体的には、伝統的なチベットの楽器を用いることで、その色合いを押しだしている。これらの演奏において、チベット文化という枠組みがまさに立ちあがってくるのである。

アカマのメンバーがレコーディングの出来に異常なまでのこだわりを見せたのは、ダムニェンや、ピワンを演奏した時のことであった。それまで、ベースやギターの演奏内容に関しては、彼らの判断は相当に甘いものであり、事実、以下のように語っていた。

テンノル　自分たちはこういった楽器のプロフェッショナルではないから、別にうまく弾けなくてもいいんだよ。聴衆も演奏がうまいかどうかなんてどうせわからないからね。

それに対して、ダムニェンやピワンに対する位置づけや判断はきわめて対極的なものであった。ここでは二つの事例を取りあげ、そのこだわりぶりを見ていくことにする。

ダライ・ラマ十四世の誕生日を祝った楽曲でのことである。この曲では、冒頭部のプルブのギターによるイントロのあとに、ユンテンによるダムニェンのソロが挿入されている。プルブのギターのレコーディングは、周囲のメンバーからは出来の問題などあまり省みられることはなかったものの、プロデューサーのアニルの指摘で三回程度録りなおし、レコーディングを終了した。プルブがレコーディング・ルームから出ていくと、ユンテンがチューニングなどの準備を始めた。私はアニルとともに録音機器の置かれたコンソール・ルームにやってきたのである。そして、チベット人メンバーがどっとコンソール・ルームでそれを見ていた。すると、口々にユンテンへ向かって指示を出しはじめた。ユンテンはそれらを了解し、レコーディングを開始した。演奏は上々で、早くもユンテンのパートの録音（テイク）は終了したかに見えた。しかし、私の判断とは裏腹に、ンガワンをはじめとしたメンバーたちはユンテンの演奏にさまざまな角度から注文をつけたのである。そうこうしているうちに四度目の録音が終了した。それまでのテイクで指摘された点をクリアしたと判断したのだろう、アニルが録音を終了しようとした時のことである。以下のようなやりとりが生じた。

アニル　もうこのテイクでいいだろう。よく弾けているし、それに時間がない。
ンガワン　まだまだだめです。チベットの伝統文化に関しては私たちはプロです。納得のいかない出来で満足するわけにはいきません。

ンガワンやテンノルは、アニルに演奏の可否を判断させず、自分たちが演奏の判断をする、という姿勢を崩さなかった。結局、ユンテンは十六小節のフレーズを弾くのに一時間以上費やした。これは、ギターやベースに対して見せた納得の早さとは大きく異なるものであった。それは、演奏していたユンテン自身がぼやくほどの厳しい判断基準のもとに監督されていたのである。ユンテンやンガワンは以下のように語っている。

ユンテン　チベットの伝統文化を担っている自分たちがちゃんと弾けなければ、誰がちゃんと弾けるんだ？　これがチベットの伝統文化だ、というところを示さないといけないからね。とはいえ、あれだけ注文をつけるなら自分たちが弾けばいいのに、と思うけどさ。

ンガワン　バンドの楽器は自分たちの専門じゃないけど、ダムニェンに関してはプロだからきちんと弾かないといけないし、さもないと、一部の人間が悪口をいうからね。

西洋音楽のそれとは大きく異なった判断基準や理由のもと、伝統的なチベット楽器は録音されたのである。

これは次の事例に、より顕著なかたちで表れる。高僧パンチェン・ラマについて歌った楽曲でのことである。楽曲構成や判断に関してダルギェルがまたも積極的に入りこむので、本来それを担っていたはずのンガワンを脇に押しやることとなり、ンガワンは不機嫌になっていた。そしてついに、ンガワンはこの曲のレコーディングに関与することを放棄した。すべてのジャッジに関与しない、と宣言したのである。そして、雰囲気はきわめて悪いながらもンガワン不在のままでレコーディングは進展していった。この曲でレコーディングを担当していなかった私は、お茶飲み部屋でンガワンの愚痴を聞いたりしながら一日を過ごしていた。そして、テンノルがピワンをレコーディングする準備に取りかかった。テンノルはＴＩＰＡの演者の誰しもが認めるピワンの名手で、このレコーディングはすんなり終わりそうに見えた。テンノルの準備が整うと、ユンテンのレコーディング時ほどではないが、多くの人がアニルの部屋にやってきた。テンノルのレコーディングが始まった。すると、先ほどまで「ジャッジに関与しない」と宣言していたはずのンガワンがテンノルに、音程やビブラートの速度などについて、積極的に注文をつけはじめたのである。ンガワン以外のメンバーも、演奏に対するコメントを口にする。結局、テンノルのレコーディングは一時間にわたっておこなわれた。この事例は、西洋的な楽器に関してはジャッジを放棄するも、チベット伝統文化の楽器に関してはどうしても口出しをしてしまう、という彼らの性向が垣間見えたものであるといえる。

こうしたこだわりは、自分たちが担っているチベット文化に対する誇りがあるからこそ生じてくるものである。このアルバムのレコーディングが終了した時、スタジオに残っていたのはアニル、ンガワン、私の三名だけだったが、その時、「次のレコーディングをするにあたって、ダムニェンに関してはもう少し努力が必要なのではないか」と、アニルが今回のレコーディングの総評をした。ンガワンはとりあえず相槌を打って見せていたが、アニルと別れたあと、私にこうこぼしている。

ンガワン　サー・アニルはああいうけれど、彼はチベットの伝統文化が何かをよくわかっていない。それが何かを本当にわかるのは、自分たちだけなんだ。

このようにチベット伝統文化に関わる判断に関しては彼らはアニルの意見を聞きいれなかった、西洋的な楽器の演奏時には見せなかった彼らのチベット音楽に対する情熱を考察するためには、特定の楽曲の成りたちについても指摘しておく必要があるだろう。アカマ演者がチベットの伝統的な楽器を用いた楽曲は全部で四曲である。それは、前述の二曲と、「コンシェー・デモリ」、そして「心地よい故郷」という曲であった。前述の二曲と「心地よい故郷」は、ＴＩＰＡの紅白戦の際に作られた楽曲であり、タイトルからもそれらには政治的な主張が読みとれる。そして、「コンシェー・デモリ」は、伝統的なチベット音楽として語り継がれてきたものを現代風にアレンジしたものである。他の曲ではチベットの楽器を入れようとしなかったにもかかわらず、これら四曲には相当念入りにチベット的な旋律を組みこんだことからも、『アカマ　２００５』のなかでも特に重要なものであったことがうかがえる[8]。そしてその四曲は、彼らがアニルへの妥協を許さなかった楽曲であった。

3-3　インド的なものという枠組み

チベットの伝統文化的な枠組みと、それを共有するアカマのメンバーの姿が前項で確認されたが、それはあくまで自分たちの同一性を確認するものであった。それに対し、今回のレコーディングでは、アニルやヴィダン、ヴィノドらインド人を他者化し、区別するような語りも見られた。

ンガワンが今回のレコーディングでギター中心の音作りを志向していたのには理由があった。もちろん、これまでのアカマとは違ったことがやりたい、という気持ちもあっただろうが、なにより、その理由は彼の次の言葉からよくうかがえる。

ンガワン　キーボード主体の音楽は、チベット人の現代的な音楽によく見られるけど、それが自分にはインド音楽みたいに聞こえる。今回はそういうところを少しでも減らしていきたい。

つまり、キーボード主体の音楽はインド音楽的だ、という認識をンガワンはもっていたことになる。それを裏づけるものとして、先述のように、ウォェブムや私の録音したトラックに対して、ヴィダンの演奏したキーボードをアニルが重用した、という事実がある。また、インドの映画音楽を耳にしたことのある人ならわかるように、楽曲の演奏のほとんどはキーボードによるプログラミングで構成されているものである[9]。今回、ンガワンが打破したかったのはこの流れだった。

「ツェリン・ワンモ」を録音している時のことである。ヴィダンがキーボードのパートのレコーディングを終了し、チェックしていると、ンガワンとノルブ・サムペルがヴィダンのところに集まってなにやら話している。どうも、今ヴィダンが弾いたものが気に食わなかったようだ。ヴィダンはンガワンとノルブ・サムペルのいうことを了解し、再度レコーディングに取りかかった。どんな話をしたか気になったので、私はことの仔細をンガワンに尋ねてみた。

私　なぜヴィダンはもう一度レコーディングをしているのか?

ノルブ・サムペル　ああ、今ヴィダンが弾いたのはあまりにもインド音楽風なフレーズだったから、やり直してもらっているんだ。

ンガワン　自分たちが作っているのはチベット音楽なのであって、インド音楽ではないからね。

こうして、ヴィダンはンガワンやノルブ・サムペルが納得するような演奏をし、レコーディングは進んでいった。

とはいえ、今の例はンガワンたちがうまくインド風の要素を排除できたものである(10)。次の例は、そのままアニルに押しきられたものである。「平和」をレコーディングしている際にそれは起こった。私がこの曲のアレンジを担当し、また、アコースティック・ギターで演奏したため、最初にレコーディングを済ませた。ヴィダンがレコーディングに取りかかったのはその後である。キーボードに向きあい、ヴィダンが音を奏ではじめた。演奏された音の配列は、私たちが話しあって作ったアレンジを台無しにするものであった。ンガワンは演奏をやめさせようとアニルに詰め寄った。

ンガワン　これはだめだ。アレンジが台無しだし、なによりも、インド音楽的過ぎる。

アニル　いいじゃないか。曲に合っているし、このままにしよう。

アニルはンガワンの静止を無視し、そのまま録音を続行させたのである。こういった楽曲に関しては、彼はレコーディングしなれているのだろう、相当な自信をもってレコーディングを進めていった。結局、私たちの主張もむなしく、アレンジは台無しとなり、そのインド風の演奏もそのまま採用されている。その結果、この楽曲は一度もライブでは演奏されないこととなった。

先の二つの例は、演奏内容がインド風であるために生じた問題であった。だが、レコーディングでインドが問題になったのはそれだけではない。アニルやヴィダン、ヴィノドといった参加者を通して生じたインド的な枠組みもレコーディングでは登場した。

まずは、アニルに関するアカマのメンバーからの発言から見てみよう。レコーディングが進むにつれてアニルと我々演奏者側の関係はギクシャクしていった。その原因として最初に挙げられるのは、彼が時に見せる驚くまでの適当さ加減と、演奏者の意向に関係なく自分が切りあげたいところで切りあげる、というある種の横暴さであろう。これにより、演奏者側はさまざまな不満をアニルに対して抱くことになる。

たとえば、ウォエブムと私のリズム・ギターを消去した件である。私のテイクが消去された前日、ウォエブムのテイクも消去されていたのだが、そのことについてウォエブムと話していた時のことである。私はまだ怒りが収まらない状態だったが、ウォェブムはもう諦めており、半ば冷笑気味であった。不満を語る私を見てウォェブムはこんなことをいってきた。

ウォェブム　インド人ってこんなもんだよ。こっちのことなど考えずに、問題ない（No problem）っていうんだから本当に迷惑だ。

また、「英雄テンジン・デレク」のボーカルをダルギェルがレコーディングしていた時のこと、ダルギェルがどうしても気に入らないところがあるらしく、そこだけをレコーディングしなおしたい、といっていた。すると、アニルは、それならば最初から歌いなおさなければならない、と答えた。そこで私が、パンチ・インという技術がレコーディングにはあるはずだ、という旨をアニルに伝えた。彼はしばし考えたあと、「ちょっと待って」といいのこし、部屋から出ていった。しばらくして、アニルが段ボール箱を手に戻ってきた。なかをあさって彼が取りだしたのは、なんとスタジオ機材の説明書だった。それを見たプルブは思わずこうつぶやいた。

プルブ　アマー（チベット語で驚きを表現する言葉）！　プロデューサーなのに、説明書を見なければこのインド人は自分の仕事ができないんだなぁ。

さらに悪いことに、説明書を見ながらでもアニルはきちんとしたかたちでパンチ・インをすることができなかったのである。この状況に、スタジオでは思わず冷笑がもれていた。

インド人を「下」に見るこうした傾向は、ヴィダンやヴィノドにも向けられていた。ヴィダンはさておき、ヴィノドの演奏は相当不安定で、スタジオ・ミュージシャンのレヴェルではなかったことは間違いない。たとえば、「祖国のほうへ」というロック調の楽曲において、ヴィノドが大ブレーキをかけた事例を見てみよう。彼の失敗でレコーディングは遅々として進まず、最終テイクにしてもミスが顕著なため、そのパートの音量が絞られてミックスされたくらいである。それ以外にも、コミュニケーション不足もあってヴィノドはミスを連発し、今回のアルバムにさまざまな傷跡を残している。

こういったインド人ミュージシャンを見て、ソロ・アルバムを作る予定があったユンテンは私にこんなことを漏らしている。

ユンテン　ネパールに行けば、インド人ミュージシャンよりもいい腕をもったネパール人が雇えるから、自分がＣＤを作る時はネパールに行く。今回のレコーディングでもよくその重要さがわかったよ。

ネパール人ミュージシャンをめぐる語りはユンテンからのみ語られたものではない。チベタン・ポップに関わる人間の大半が、カトマンドゥでネパール人ミュージシャンを雇ってレコーディングしているという現実があるため、多くの人びとがネパール人ミュージシャンを称揚している。たとえば、レコーディングに行く前、ンガワンは私にこんなことをいっている。

私　スタジオ・ミュージシャンを雇うならネパール人がいい、って知り合いがいってたよ。

ンガワン　それはそうだよ。ネパール人の演奏技術はすごい。それに対してインド人のミュージシャンのレヴェルはそんなに高くない。でも、カトマンドゥでレコーディングするのに一日いくら払う必要があるか知っているか？　ミュージシャン一人につき何千ルピーとかかるらしい。さらに、スタジオの使用料も必要だ。ＴＩＰＡにはそんな金はない。ミュージシャンのレヴェルは落ちるけど、デーラードゥーンでレコーディングすれば費用はただだし、（移動や食費も含めて）安上がりだからね。仕方がない。

このように、アカマのメンバーにはインド人ミュージシャンの質を低く見る傾向が当初からあったのである。

ここまでは、音楽に携わる者としてのインド人の序列を見てきた。しかし、次の例は若干特異である。「祖国のほうへ」のレコーディングが終了し、皆と家路についていた時のことである。ンガワンが突然「酒を飲もう」と私を誘ってきた。ンガワンはその日のレコーディングに満足したようで、酒を飲みながらいろんな話をしていた。会話のなかで、私がこの曲のなかで弾いたリード・ギターに話が及んだ。

ンガワン　あのリード・ギターのフレーズは何かの曲から借用したものなのか？

私　そんな泥棒みたいなことしないよ。自分で考えて作ったものだよ。

ンガワン　あのリードのメロディーは何かすごく懐かしい感じがする。自分がチベットにいた時に聴いたような気もするし、最近誰かが口ずさんでいたような感じもする。日本も中国もチベットも同じアジア人の国だから、いいものに対する感覚が似ているのかもしれない。

私　えっ、中国人も入れていいのか。

ンガワン　中国人も、政治的なことを抜きにすれば我々と変わりない。こういう感覚はインド人にはないと思うし、そういうメロディーを彼らから感じたことはなかった。彼らはアジア人ではないから、自分たちとは違う。

ここでは、思わぬ細分化がなされている。ンガワンの認識枠組みによると、インド人はアジア人から外されてしまっているのである。そして、その根拠として、音楽的なものに対する嗜好や感性がもちだされている。

ここまで述べてきたように、このレコーディングにおいて、アカマのメンバーは、インド人を「いい加減な人びと」「演奏能力の高くない人びと」「自分たちアジア人と異なり、好みや感性が異なる人びと」と位置づけている、ということができるだろう。

本節では、文化やそこに所属する人間という枠組みをもって理解されていた接触領域を取りあげた。アカマは現代的なチベット音楽を演奏するバンドだが、そこにチベットの伝統的な楽器を用いてチベット文化の色調を前面に押しだしている。そのレコーディングにおいて、西洋的な楽器のレコーディングの正確性は軽視されていた一方で、チベットの伝統的な楽器に関しては、細部に対してこだわりを見せるなど、これら二つの音楽に対する判断には大きな違いが見られた。前者の演奏に対しては、彼らは自分たちをプロフェッショナルである、などとは微塵も主張しないものの、後者に関してはプロフェッショナルであり、自分たちこそがチベット文化を知る者である、と主張するのである。また、前者のレコーディングに対する判断はアニルに委ねられていたのに対し、後者の判断に関しては、アニルの介入を許さず、アカマ演者たちが自分でおこなっていた。同じレコーディングであるとはいえ、そこには、両者の重要度における違いが垣間見られる。

また、今回のレコーディングにおいて、アカマ演者はインド人ミュージシャンとプロデューサーとともに作品制作に従事した。そのレコーディング過程において、アカマ演者はチベット人とインド人の違い、そして自分たちに対してのインド人の位置づけを言葉の端々で表していた。それは、インド人を自分たちと異なるもの、そして少々劣るものであるかのように位置づけるものであった。アカマの作品をレコーディングするという共同作業によって生じる接触領域のなかで、アカマのメンバーは、自分たちとインド人たちの異質性を強調する。しかし、ンガワンが「インド風すぎる」と主張するも、アニルの判断で結局は採用されたテイクがCDのなかに残っているように、アカマのメンバーが見るインド人の異質性は、作品のなかに否応なく刻印されてもいるのである。

4　先取りされた接触

4-1　聴衆という名の亡霊

これまで、個々人間の接触を中心に据えて、メンバー間で生じる接触領域、文化という名のもとで生じる接触領域を記述・分析してきた。それらは、人びとの出会いのなかで生じる出来事のなかに見いだせるという点で、きわめて具体的なものとして表れていた。しかし、本節では、これまでのような具体的な出会いとしては発現しないまでも、メンバーたちの実践を拘束するという点できわめて物質的なものとして聴衆を取りあげる。冒頭に記述したように、この聴衆は特定の誰かではない。本節が対象とする聴衆は、あくまで制作者側が作りあげた想像上の存在である。その聴衆とは、決して出会うことも話をすることもないのである。その点で、この聴衆とは、我々がいうところの化け物や亡霊といった存在とそう遠く隔たったものではない。しかし、メンバー、特にリーダーのンガワンは作品制作にあたってこの亡霊のような聴衆という存在にとりつかれ、レコーディング作業中にさまざまな自己規制をおこなった。本節では、聴衆に関する発言やレコーディング実践に焦点を当て、どのようにレコーディングがなされていったかを記述・分析する。ちなみに、本節のそれとは異なる、具体的な聴衆の反応は次章に譲ることとする。

4-2　亡霊にとりつかれた演者

アカマは、亡命政府傘下の組織であるＴＩＰＡの下部組織にあたるため、一般のチベタン・ポップの作品よりも聴衆の年齢層が幅広くなる傾向がある。アカマの新作が発売されれば、町のどこに行ってもアカマの楽曲を耳にすることになる。たとえば、私が老夫婦が経営するアパートに投宿していた際、旧正月の時期にちょうどあたっていた。旧正月を祝いながら、彼らは朝から大音量でアカマの新作を流していた。町を歩いていても、新曲を口ずさみながら歩く若者を多く見かけた。こういった幅広い聴衆の存在は、時に制作者側の行動を拘束することになる。具体的に誰かがいった意見が総意になることはまだしも、誰もいってもいないことが制作者にとっての現実となって立ちあらわれるのである。そして、聴衆の意見の先取りは、単に戦略的な判断であるのみならず、他者のまなざしの内面化・身体化の一例でもある(11)。

たとえば、「コンシェー・デモリ」のレコーディング作業でのことである。レコーディングがうまくいかないのにうんざりしたノルブ・サムペルは、この曲をアルバムから外してしまうことをンガワンに提案した。しかし、ンガワンはノルブ・サムペルの提案に対して次のように答え、レコーディングを続けることを宣言した。

ノルブ・サムペル　本当に退屈な曲だよな。なんで今回こんな曲をやろうと思ったんだろうな。自分はこんな曲はいらないと思うし、やるにしてももっと短くしたらいい。こんな歌、別にいい曲でもないし、いっそのことなくしてしまおう。どうせ誰も聴きはしないよ。だから、他の曲をレコーディングしよう。

ンガワン　聴衆は若者だけじゃなくて年配の人もいる。そういった人びとのためにこういう曲は必ず入れないと。

ここでは、亡霊としての聴衆の存在は、若者から年配までと大きな広がりを見せている。

また、女性ボーカリスト、アチャ・パサンをめぐっても聴衆の存在がンガワンを襲う。かつて、アチャ・パサンはチベット難民社会のボーカリストとしてはずば抜けた力量を見せていたし、二〇〇三年にはチベット人女性最優秀シンガー賞を受賞している。しかし、昨今、タバコの吸いすぎか、以前ほど声に張りがなくなったこと、そして、音程が取れないことが問題となっていた。しかし、本人には歌手としての自分の力量が大きく低下しているという意識がまったくなく、今回のレコーディングでも自信家ぶりを発揮していた。たとえば、自分の調子が悪いのを演奏者側のせいにする、厳しいジャッジによってＯＫが出ないのを、ンガワンの心の狭さに帰する、など、あくまで自分は絶対的に正しい、という立場からレコーディングに参加していた。そのうえ、レコーディングがうまくできないにもかかわらず横柄な態度をとる、ということで、スタジオは険悪なムードになりつつあった。アニルはその変貌ぶりに驚愕し、レコーディング期間中の喫煙をたしなめたが、効果はあまりなかった。私はたまらずンガワンにアチャ・パサンを使う真意を問うた。

私　自分の作品も出しているのに、アカマでアチャ・パサンが歌わなければならない理由があるのか。
ンガワン　バンドのなかに女性を含めないと、不平等だと批判されるからね。それに、アチャ・パサン目当てでCDを買う人間もいる。彼女はインドで名前が売れているためアカマにとって一つの宣伝になる。

ここでも、聴衆に対しンガワンはアカマのジェンダー・バランスを配慮し、また、アチャ・パサンの知名度が聴衆に対してもちうる宣伝効果を想定していた。だが、アチャ・パサンの能力の低下ぶりは顕著で、このレコーディングが終わってダラムサラに帰ったンガワンは、TIPAのオフィスからアチャ・パサンとともに再度、デーラードゥーンまでレコーディングに行くよう命じられることになる。そして、以降、アチャ・パサンはアカマの公演にも呼ばれなくなった(12)。

亡霊のような聴衆の存在を想定することによって、ンガワンはどんどん自己規制を強めていく。「ツェリン・ワンモ」は、「盗作ではないか」とレコーディング前に物議をかもすことになった楽曲だが、ンガワンが盗作を問題であると指摘したのは、聴衆たちが文句をいうかもしれない、という恐れがあったからである。ンガワンの作品に対する指示は、かくも聴衆の存在を内面化したものであったのである。こういったンガワンを尻目に、ユンテンのような若手のメンバーは以下のように語る。

ユンテン　アカマでは聴衆のことを考えてばかりで自分の思うようなことができないから、自分のCDを作りたい。アカマの音楽は自分の本当にやりたい音楽ではないからね。その際にはインド人はミュージシャンとしては採用しないよ。ネパールに行けば、インド人ミュージシャンよりもいい腕をもったネパール人が雇えるから、自分がCDを作る時はネパールに行く。

ユンテンはこのあと実際にネパールでレコーディングをおこない、TIPA在籍時にソロ・アルバムを発表した初のアーティストとなった。ヒップホップを前面に出したその作品は、売れ行き、話題性とも好評で、想像上の聴衆による規制の範囲を広げずにのびのびやった結果が垣間見られる作品となった。

本節では、「先取りされた接触領域」という視点から、リーダーであり、作品の方向性を設定するンガワンが想定している「聴衆」という存在が彼の実践を生みだしているさまを見てきた。これは、第3章などで指摘した、主体性に関わる問題とも重なってくる。聴衆の存在を想定するその行為は、一見、戦略的に見えるかもしれないし、私たちが日常において他者のまなざしを先取りしておこなう種々の実践と通底するものであろう。しかし、同時に、その想定は戦略的でありつつ、過剰なまでにまなざしを内面化することを強いられ、それが自明なものとなっているチベット難民社会が抱える社会的文化的な拘束力と結びついたものである。これらの不可分な絡みあいこそが彼を自主規制に走らせている。「聴衆が~するといけないから」という想定に出てくる聴衆は、実はどこにも存在しない。実際ンガワンがここで想定するようなことをこれまで本当の聴衆にいわれたのか、と問えば、それはない。彼は「~するといけないから」という、あくまで「もしもの場合」を想定して行動しているのだ。しかし、ンガワンはその「聴衆」という存在に拘束され、さまざまな工夫や実践をおこなった。彼にとりついて離れなかった「聴衆」という存在は、まなざされている側は視線を感じるも、そのまなざしの居場所を特定できない、ある意味で亡霊のようなものであるといえよう。

5　おわりに

これまでの記述は、『アカマ　２００５』というＣＤが作られた過程に生じた出来事についてのものである。本節ではここまでの記述を振りかえり、レコーディングの過程が露わにしたチベット難民としての認識や生き方を提示しようと思う。

本章では、『アカマ　２００５』という作品ができる過程を、接触領域を補助線として用いて描きだした。プラット［Pratt 1992］や林［二〇〇二］は、旅行記など、歴史的な視座から接触領域概念を展開していったが、本章は、それらの議論が想定してきた文化間での接触領域のみならず、まさに出来事が生じる個々人に焦点を当て、それを現在の、レコーディングという、さまざまな人びとが出会う時空間に応用した。レコーディング過程において明らかになったのは、特定のイシューをめぐる参加者による交渉であり、自他間の境界の引きなおしであった。

では、個々人に焦点を当てることで明らかになった点はなんだろうか。それは、難民社会を生き、ナショナリズムを担うことを期待される若者たちのふるまいや嗜好、そして彼らを取りまく社会環境の一端であった。個人の音楽的嗜好の相違とともにレコーディングの過程で見えてきたのは、意思決定をめぐる交渉や駆け引きであった。それら交渉や駆け引きは真空状態でおこなわれるものではなく、一定の社会的文化的拘束のなかでおこなわれるものである。ンガワンとダルギェルの例が示すように、時に、チベット難民社会やＴＩＰＡにおいても大きな役割を果たす年功序列的な価値観を前面化する契機ともなる。

また、このレコーディングは、いみじくもチベット難民社会の状況を示す見取り図の一つとして使用しうる。そして、この見取り図は動態的な交渉のありさまを見せつけるものである。たとえば、レコーディング作業において強烈なまでに前面化してきたのは、自他をめぐる境界を設定する実践であった。アカマのメンバーたちが見せたチベットの伝統的な要素への固執は、チベットの伝統文化こそがチベット難民としてのアイデンティティを支える重要な要素であることをまざまざと見せつける。このアリーナからはインド人プロデューサーのアニルは排除され、チベットの伝統文化を保持する者としての自分たちのプライドは保たれた、といえる。しかし、アニルが主導権を握る現代的な音楽の領野において、「インド的な」と名指される文化的要素がアカマの楽曲に浸透してくる。ンガワンをはじめとしたメンバーたちは「インド的な」ものの影響を避けようとするが、プロデューサーの権威をもって、アニルの意思決定はチベット文化を包囲する。その様子は、圧倒的な文化的影響力をもってチベット難民社会を包囲するホスト国インドの様相と重ねあわせることができるかもしれない。「現代的な」と形容されるとはいえ、チベット文化の一部を「インド的」な要素は不可避に構成することとなり、チベット難民としてのアイデンティティ形成の一部を構成することとなるのである。(13) 忌避されつつも浸透してしまう「インド的な」要素とは対照的に、同じようにチベット文化の一部として組みこまれることになった私の実践は、「日本的」として有徴化され排除されることなく、むしろ「アジア的な同一性」という彼らにとっての対抗軸である中国までをも含みこんだ壮大な枠組みのもと、チベット文化のなかにあることが許容されることとなった。(14)

また、レコーディングで参照された諸枠組みは、水平的関係に置かれることはない。ヒエラルキーが形成され、枠組みの優劣を明示することとなる。今回レコーディングに参加した二人のミュージシャンが、アカマのメンバーよりも演奏に秀でているという認識は、メンバーに共有されていた認識であったといえるだろう。しかし、彼らの演奏はネパール人ミュージシャンと比較され、批判される。ここで問題とされるのは、ミュージシャンとしての個々人の力量であると同時に、そのミュージシャンを呼びかける枠組みなのである。音楽に関連する作業を媒介として、インド人はネパール人よりも下位に位置づけられることとなる。

また、先取りされた聴衆の存在は、前述の他者認識とその階層化とは異なったチベット難民社会の現状を提示した。事例として前節で取りあげたのは、伝統的な楽曲の意図的収録、アチャ・パサンの起用、盗作に対する危機管理に関するものであった。伝統的な楽曲の収録は、老年層もまたチベタン・ポップの潜在的聴衆である、ということを示し、チベット文化としてチベタン・ポップが根づいていることを示している。また、歌手としての力量が低下したアチャ・パサンを起用したことには、売り上げへの関心とともに、ジェンダー・バランスへの配慮が示されていた。そして、盗作に対する注意は、コピー・ライトに対する権利意識が少しずつであるが難民社会に浸透してきていることを示している。ここから読みとれるのは、西洋近代的な要素のチベット難民社会への浸透であるといえる。現代的な音楽が老年層にもそれほどの抵抗なく消費されている、という状況認識は、チベタン・ポップのような現代的な音楽の存在が難民社会において自明のものとなっていることを示している。「性的不平等」に対する意識もまた、女性をめぐるこれまでのチベットの歴史や、チベット難民の自己イメージに対するフェミニズムの影響［Huber 2001: 358］を見れば[15]、十八世紀以降、「男女同権」を主張してきた西洋近代的な視点が、人権思想と共に難民社会に一定程度浸透したものである、と考えることができる。そして、創作した作品に対して自己の権利を主張するコピー・ライトに対する意識もまた、西洋的な言説が難民社会に着実に浸透しつつあることを示している。以上のように、聴衆の存在を通じて浮かびあがってきた事態は、難民社会における西洋近代的な要素の浸透度合いであった。

しかし、聴衆の意識の先取りは、西洋近代的な要素の浸透だけを示すのではない。先の三つの事例におけるンガワンの反応は、まなざしに対する意識の表れにほかならない。ここでもまた、チベット難民ハビトゥスが顔を出す。いうまでもなく、「〜しないように」という思考法は、聴衆からの批判を前もって避けるためのものである。そして、ンガワンの想定した聴衆は実在する聴衆ではなく、まなざしを意識するがゆえに作りだされた存在である。まなざしに対するンガワンの態度は、チベット難民社会におけるまなざしの問題を如実に表すものである、といえるだろう。

レコーディングの現場は、難民社会の価値規範や、自他認識、西洋近代の浸透や、他者のまなざしの問題など、現在のチベット難民社会を取りまく種々の要素が現出する場であった。しかし、CDとして完成した『アカマ　2005』という作品は、そのような過程を聴衆にさらすことなく、チベタン・ポップの一商品として、そしてナショナリズムやアイデンティティを刺激する媒体として流通することになる。次章では、完成したCDの受容と、『アカマ　2005』発売後におこなわれた公演の受容に着目することで、アカマがCDとして生みだし、ステージ上で弾きだされるチベタン・ポップが聴衆にどのように位置づけられているかを記述する。『アカマ　2005』は、制作過程がそうであったように、完成後も、接触領域として常にさまざまな賛美、批判に開かれた存在でありつづけるのである。

註

（1）接触領域とは、「植民地主義や奴隷制、または今日グローバルに生きながらえているそれらの結果のような、しばしば支配と従属からなるきわめて非対称的な諸関係のなかで、まったく異なる複数の文化が出会い、衝突し、たがいをつかみあう社会的な諸空間」[Pratt 1992: 4、林　二〇〇一：一二] を指す。

(2)「多様な出自と材質をもつ素材や異なる方向に走る繊維が絡まりあって、いつのまにか、誰の意図によっても統御されることなく、織り上がってしまったもの、これが「テクスト」です」[内田　二〇〇三：四三]。そして、内田はバルトのテクスト論を以下のように引用している。「すなわち、テクストは終わることのない絡み合いを通じて、自らを生成し、自らを織り上げてゆくという考え方である」[内田　二〇〇三：四三]。

(3)ピワンとは、我々がいうところの二胡のような楽器である。類似した楽器にテジンがあるが、テジンは中国経由でチベットに入ってきたと理解される。詳細は小野田俊蔵佛教大学教授による記述を参照（http://www.bukkyo-u.ac.jp/mmc01/onoda/works/piwang.pdf）。

(4)このレコーディングを本章の記述とは異なったスタイルで描いたのが山本［二〇〇七］であり、より物質的な側面を強調した分析が山本［二〇一一ｂ］である。

(5)ここでいう英雄は、殉教者という意味あいが強い。

(6)しかし、コンサートにおいてはダルギェルのアレンジは適用されず、アルバム収録の演奏とは異なったアレンジが施された。

(7)チベット音楽の特色に関しては、第1章での記述を参照のこと。

(8)「英雄テンジン・デレク」も紅白戦で作られた楽曲であったため、もともとのバージョンにはチベット的な楽器が使われていたが、曲調そのものがロック的だったため、先の経緯でアレンジが施された。

(9)映画音楽がプログラミング重視になっていったいきさつは、ブース［Booth 2008］に詳しい。

(10)「ツェリン・ワンモ」は最初のレコーディング曲だったので、こちら側の主張が通ったという可能性もある。「平和」がレコーディングされたのは、最後から二曲目であった。

(11)聴衆の存在を過剰なまでに内面化するのはアカマに限定された現象ではない。チベタン・ポップに従事する他のアーティストたちも、聴衆の嗜好に合わせる必要性を積極的に語っている。

(12)最終的に、ンガワンたちとアチャ・パサンの関係は相当険悪なものになる。結果、アチャ・パサンはアメリカへ移住した。

(13)ラウは、インド人と同化することの恐怖こそが、チベット人がインド人を敵視する要因となる、と指摘する

[Lau 2009: 85]。しかし、インド映画がチベット難民に及ぼす影響は大きく、チベット難民間では規範的な位置を占めるチベット人としての道徳的観念とともに、大衆文化的なインド映画への情緒的な愛着が見られ、彼らのアイデンティティの構築にとって大きな位置を占めていると指摘するラウの議論［Lau 2010］は、ここでの議論と合致するものである。

（14）マウントキャッスルは否定的な態度をみせているものの［Mountcastle 1997: 589］、日本人建築家のマリア・リンチェン氏と中原一博氏が手がけたノルブリンカを受けいれたチベット人の意識は、チベット難民社会のこうした自他認識を反映しているのかもしれない。

（15）「歴史的に、政治や政府のなかに女性の居場所はなかった」［Mountcastle 1994: 128］。

いったいいつ頃からだろうか、皆の手に携帯電話が行きわたったのは。記憶の糸をたどれば、二〇〇三年時点で携帯電話をもっていたのは長期滞在の外国人と、ごく一部のチベット人だけだった。確か二〇〇五年時点でも、以前よりも多くの人が携帯電話を手にしていたとはいえ、ダージリン公演に行った時にも多くの演者が恋人たちと甘い言葉を交わすために電話屋に駆けこんでいたはずだ。そう、あの頃はまだ電話屋があったのだ。「STD、ISD」と書かれた、今ではほとんど目にすることのないあの看板のもとに人びとは集い、電話機の取りあいをしていたのだった。しかし気がつけばいつのまにか皆が携帯電話を手にしていて、複数台所有している者もいるありさまである。そしてその携帯もスマートフォンで、日本で目にする光景と少しも変わらないかのように人びとは携帯電話に目を落として時間を過ごしている。私の携帯は旧式で、「それが一番丈夫でいいよな」と友人はいいつつも、彼が買いもとめるのは林檎がトレードマークのあの会社の携帯電話である。今日もTIPAでは着信を知らせる音楽が方々から鳴りひびき、携帯電話を音楽プレイヤー代わりにしてけたたましい音で音楽を聴いている。

思えば、ダラムサラにフィールドワークに来てからの十年間で、この町は劇的に変化した。古株の人びとにいわせれば九〇年代の変化も大きなものであっただろうが、二〇〇〇年代の変化は私自身が経験したこともあってきわめて大きいものであるように感じられる。それはホスト国インドの変化と歩みを合わせて劇的なものであった。その度合いときたら、ほんの十年前の記憶をこの町を新しく訪れた人びとに話すと、多くの人びとが驚きの声をあげるほどである。今ではブランド物以外の衣類や電化製品に人びとは価値を見いださず、時にずいぶん背伸びをした買い物すらしている。

携帯電話が一通り普及したあと人びとが目を向けたのは、ノートパソコンであり、インターネットであった。当時、パソコンをもっているというのは間違いなくステータスであった。タントンの代表者は、ダラムサラの町にWifiなどの公的なネットワークが開通していなかった当時でもパソコンをもちあるいては、これ見よがしに公の場で開いて見せていた。この時パソコンをもっていた人びとはパソコンの機能を活用しているというよりも、パソコンを保持することのもつ社会的機能を活用していたという印象がある。すなわち、文化人類学的にいえば、ノートパソコンは人びとの注目や尊敬を集めることのできる威信財であった。

しかし二〇〇〇年代中盤以降、次第にネットワークが整備され、ビジネスや趣味としてパソコンを保持する重要度が高まってくると、威信財以上の意味が生まれてくる。保持しているパソコンの機能を実際に使う、ということに意味が生まれてきたのである。ダラムサラの各地でパソコン講座が開講され、財務会計処理などでの活用もあって、パソコンができるということが就職にも必要な能力となってきた。ラッキーな一部の人びとは、「親切な」支援者たちからノートパソコンを譲りうけ、またその恩恵を被れなかった人びとは、給料を貯めたり借金をしたりしてノートパソコンを購入した。今では多くの人の手にパソコンは行きわたり、威信財としての価値は減少しているかに見える。しかし、林檎マークのあのパソコンに対する人びとの羨望のまなざしはいまだ強く、それを買うというのはまだ一つのステータスとなっている。

ＴＩＰＡの演者も、大方の者がパソコンをもっている。ソフトウェアを実際に活用する者、ソーシャル・ネットワークのみに活用する者などさまざまであるが、いずれにせよ、彼らはダラムサラの山腹にある狭い部屋のなかにいながらにして、世界とネットワークで繋がっている。

アカマのベーシストでもありアレンジャーでもあるテンノルの部屋にもパソコンはある。作曲活動に邁進する彼にとって、パソコンやネットワークの普及が彼の音楽的な嗜好に大きな影響を与えたのは想像に難くない。彼は夜な夜な動画サイトをネット・サーフィンし、いろいろな音楽に触れている。その結果、彼の音楽的感覚や作曲作業に大きな変化が表れている。二〇一一年にアレンジした曲のなかにチェロがもちこまれたのには、私も度肝を抜かれた。今の彼の目標は、オーケストレーションをチベット音楽に導入することである。

チベット音楽に新たな胎動がもちこまれつつある。それをもちこんだのはまごうことなくテクノロジーの浸透であ

る。ワールド・ワイド・ウェブで繋がれたパソコンは、テ
ンノルの身体を経由して新しい何かを生みだすのである。

第8章　消費される現代的音楽

1　はじめに

本章は、前章で記述したレコーディングプロセスを離れた『アカマ　２００５』がどのように語られているのか、また、公演という機会を通してアカマがどのように語られているのかを記述する。それにより、ダラムサラという空間内でアカマをはじめとしたチベタン・ポップをめぐる状況を浮かびあがらせる。チベット難民をまとめることが期待される「新たな文化」であるチベタン・ポップは、若者たちの心をどこまで捉えることができているのか。この問題は、アカマが目指したチベット文化の、そしてチベット・ナショナリズムの普及という問題と切っても切り離せないものである。

それに加え、アカマでの達成を演者たちがどのように捉えているか、また、アカマの演者ではないＴＩＰＡの演者たちがアカマをどのように見ているかを記述することで、アカマが置かれた状況を浮かびあがらせることを本章の目的とする。

２　『アカマ　２００５』に対する語り口

二〇〇五年に完成し、翌年にリリースされて以降、この作品は多くの人びとに聴かれている。ンガワンによると売れ行きはなかなか好調だそうで、積極的に各地にＣＤを送っているということだ。実際、ダラムサラをはじめとしたインドのチベット難民居住地でこの作品を耳にすることやＣＤを目にすることも多い。そして、この作品の供給先はインドだけに収まらない。ＴＩＰＡによるネット販売のみならず、インド在住のチベット人たちがＣＤを海外に発送することで、海外在住のチベット人の耳にもすでに入っている。現在のところ、この作品に対する感想は賛否両論だといえるだろう。本節では、歌詞への反応と音楽の反応という二つの方向から『アカマ　２００５』にまつわる語りを取りあげたい。

〈歌詞に対する語り〉

難民社会で語られるように、チベット語を保存してゆくことはきわめて重要なことだと人びとに考えられており、チベット音楽においても、歌詞はきわめて重要な役割を果たしている。ゴールドステイン［Goldstein 1982］によるラサのストリート・ソングがもっていた社会風刺的機能の研究からもわかるように、音楽における歌詞の重要性は亡命以前から認められる。ここでは、ダラムサラ在住の人びとが『アカマ　２００５』の歌詞をどのように受けいれているのかを記述したい。

『アカマ　２００５』に収録されている十曲の楽曲のうち、ダライ・ラマを含めた高僧や偉人を讃えるものが四曲、「チベットに戻る」系の歌詞が二曲、伝統的なものが一曲、仏教関連が一曲、恋人関係が一曲、童歌の改変版が一曲となっている。アカマにおける歌詞は何でもよし、というわけではなく、テーマや歌詞に用いられる言葉にかなりの自己規制が入っている。さらに、一部の歌詞は高僧に制作や添削を依頼していることもあって、一般的なチベタン・ポップの歌詞よりもレヴェルが高いといわれている。

そのせいもあってか、歌詞そのものに文句をつける者はあまりいない。特に、ダライ・ラマの七十歳の誕生日を祝う曲は、発売当初から難民社会の多くの人に歌われていた。また、パンチェン・ラマに関する曲も好意的に受けいれられたことから、高僧に関わる歌詞は、どんなに批判的な人からも一定程度評価されていたことがわかる。対照的に、独立に関する曲に関しては少々勝手が違う受容や解釈がなされていた。コーラス部分で「独立！」を連呼する曲に対しては、必ずしも好意的な評価がなされなかったのである。たとえば、以下のような語りが聞かれた。

歌手の連中は「独立、独立」って歌ってるけど、それさえ歌っていればいいと思ってるんじゃないか。中身はないし、こんな曲ばっかり聴かされても退屈する。(1)

また、独立や「祖国へ帰ろう」系の歌詞が歌われる際、必ずといっていいほど引きあいに出されるのがチベット本土のチベタン・ポップである。シェルテンに代表されるチベット本土の歌手たちは、中国政府の監視下にあって自由な表現を認められていないため、「独立！」などのわかりやすい表現ではなく、比喩を巧みに用いることによって自分の意志を伝えようとする、といわれている。(2)その点で、ゴールドステインの指摘する音楽の社会風刺性はチベット本土では生き残っている。歌詞は単純に理解される直接的な表現を用いたものではなく、社会風刺に代表されるように、練りに練られた精巧なものとして表れてくる。また、その歌詞を読み解く能力も聴衆に要求される。この両者が揃うことで、その歌詞に込められた感情がさらに高められるという相乗効果があると、ある作詞家は指摘している(3)。それに対し、容易に「独立！」と歌ってしまう難民社会の歌手たちの歌詞には厳しい言葉が浴びせられ、時にはそっぽを向かれてしまうことすらある。以下の発言はその一例であり、安易な表現に対する辛辣な批評となっている。

自由がある人間に「独立！」って歌われても何の重みもない。本土の歌手のように言葉を吟味しているわけでもなければ、感情がこもっているわけでもない。口でいっただけで気持ちのない歌詞にこちらの感情が引きだされることはないね(4)。

以上のことからわかるように、聴衆は歌詞をそのまま受容しているわけではなく、愛国的な歌詞がたとえ叫ばれようとも、容易にそれに応じるわけではないことがわかる。むしろ、安易なかたちで愛国心を煽ることに対して多くの人が覚めたまなざしを向けているといえるだろう(5)。

〈音楽に対する語り〉

チベット音楽においては音楽そのものよりも歌詞が重視される傾向にあるものの、それは楽曲そのものに評価を与えない、ということではない。むしろ、伝統の保持や西洋化が語られるのは音楽そのものである。以下ではダラムサラや海外でのチベット人の受容、非チベット人の受容を音楽という観点から見ていくこととする。

ダラムサラで私が『アカマ　２００５』のＣＤ購入者やＣＤ屋の店員に直接聞いた感想としては、「古い曲が多いのはいただけない」「音が悪い」「一部の曲はかっこいい」「よくできている」「まあまあ」といったものが挙げられた。最初の意見は、いわば制作段階で考慮されなかったものであり、この意見を聞いたンガワンは、次の作品からは過去に発表された音源を外し、新しく発表される曲のみを入れることを検討しはじめた。音質に関する意見は、結果的にできあがったＣＤが提示してくる問題である。音質が十分満足のいくものではないという指摘はアカマ内部でも出ており、スタジオ選びも含めてこれは今後考えていかなければならないことだろう。実際、今後はアニのスタジオではレコーディングをせず、ＴＩＰＡに新たに完成したレコーディングスタジオにおいてンガワンのセルフプロデュース形式で制作される見通しである。

聴衆からの作品に対する肯定的な意見は、制作過程および完成結果に対する一定の評価と解釈してもいいだろう。「一部の曲はかっこいい」という語りは曲の質そのものを評価するもので、カテゴリー化すれば、これは作品全体の評価として良か悪かを問う語りの形態の一つである。

こういったダラムサラ在住の人びと同様、チベット在住や海外在住のチベット難民たちも『アカマ　２００５』を聴き、感想を述べている。彼らはインド以外の地に在住している分、インド在住のチベット人とは異なり、より多彩な音楽に触れる機会がある。そのため、この作品に対する反応も大きく異なったものとなっている。以下に引用するのは、この作品に関するネット上での主な書きこみである。(6)このうちのいくつかは「議論」のような形式になっているが、大半が単発の書きこみである。

タシ（フランス）：ありがとう、ＴＩＰＡ！

ニューアルバム『アカマ　２００５』を発表してくれてありがとう！　私はチベット音楽が好きなあなた方の一ファンです。あなた方の曲を聴く機会が与えられていること、そして、私たちの伝統を純粋なままで維持してくれていることに感謝しています。

ンゴンパ（アメリカ）：ありがとう

私たちの子供たちに指導したり、こういったアルバムを発表したり、世界クラスの卒業生を生みだすことで私たちの文化を保存しつづけてくれていることに感謝します、ＴＩＰＡ！

私たちの文化を守ることにかけては、ＴＩＰＡ以上に信頼を置けるものは地球上に存在しません。

私の心からの願いは、あなた方が私たちの伝統にこだわりつづけてくれていること、ネパールでもインドでも中国でも、もちろんチベットのものでもないようないわゆる現代的なものの餌食にならないように、ということです。私たちのルーツに忠実であってください。このＣＤを手に取る日が待ちきれません。あなた方、ロックしてますよ！

ナムギェル（ミネアポリス）：アカマを発表したＴＩＰＡへ

私はあなた方の音楽が大好きで、あなた方が制作したＣＤやＶＣＤをすべてもっています。毎回同じ古い曲を演奏するのではない、という新しいアイディア、良いと思います。近い将来、ちょっとした劇や映画を作ってみるのはどうでしょう？　きっと成功すると思います。

ツェリン（ダラムサラ）：ＴＩＰＡ
新しい団長が数年前に就任して以来、ＴＩＰＡという機関は本当に堕落したと思います。伝統舞踊や楽曲に関する規準が、西洋やインドのものとゴタマゼになっています。実際、チベット文化に関するアイデンティティに対する意識は低下しつづけており、我々の遺産や文化にとってこれは計り知れないダメージです。チベット出身の芸能集団のほうがＴＩＰＡよりずっと良い。理由は簡単、ＴＩＰＡは海外の援助に頼りすぎているからです。

ソナム（アメリカ）：ツェリンへ
あなたがＴＩＰＡの情報をどこで得たかはわかりません。ＴＩＰＡは亡命政府下でもっとも偉大な機関の一つです。演者たちは安い給料で一生懸命働いています。ダラムサラにあるＴＩＰＡはチベットの芸能集団よりも良いと思います。チベットの芸能集団は、彼らの曲に大なり小なり中国の影響を受けています。というのも、もちろん、チベットにいるチベット人がどれだけ幸せかを世界に見せるために共産主義者たちが資金提供しているからです。ええ、おそらくＴＩＰＡの資金のいくらかは海外から来ているでしょう。では、他にどうやって彼らは存続していけるのですか？　あなたが彼ら、もしくは我々の無一文の亡命政府に寄付するというのはどうですか？

ダルギェル（アメリカ）：いいね！
ヤルキのＣＤが出ると、アカマってやっぱいいと思います。彼らの音楽に関していえば、西洋音楽とチベット音楽のブレンドという感じで、最近の社会においてはそれでいいんじゃないかと思います。彼らはその両方のバランスをきわめてうまくとっていると思います。ＴＩＰＡが多くの伝統的なものを生みだすと同時にある種の現代的なものを生みだしているのは大切なことだしいいことだと思います。ありがとう、ＴＩＰＡ。

ケルサン（ロカ）：アカマが一番だ！

皆さん、いい仕事をしつづけてください！　純粋なチベット音楽を歌い、インドやネパール、中国の音楽みたいなのを歌っているいわゆるポップシンガーたちみたいにならないって約束してください！　私たちはチベット人で、チベット音楽を歌うべきなんですから。

ゾンパ・ナムサン（カナダ）：アカマ

昔、このバンドをいいと思わなかったけど、最近、他のいわゆる現代的チベット音楽家たちよりもアカマがずっと好きです。ああいった連中は聴くに値しません。アカマのおかげです。少なくとも彼らはバンドだし、チベット音楽と西洋音楽の両方に関してちゃんとした知識をもっていますからね。

リアルチベット（ニューヨーク）：アハマって呼ぶべきだ

ＴＩＰＡバンドが西洋音楽の醜いコピーだっていうゾンパのコメントに同意します（註：意図的な誤読か）。彼らには、チベットの伝統、西洋の音楽、自身の性質においてオリジナリティというものが絶対的に欠けています。実際のところ、彼らははっきりとしたアイデンティティなんかもっていません。あのバンドをアカマって呼ぶ代わりに、アハマって呼ぶべきですよ。アハマってのはカムのテホール方言で醜いって意味なんです。

カルマ（チューリッヒ）：熟考せよ

ＴＩＰＡは伝統芸能に固執すべきであって、彼らが属していない世界に飛びこむべきではありません。機関として、ＴＩＰＡは現代的音楽に手を出すべきではありません。アカマがやっていることは、キーボードで何かやろうとしている個人のミュージシャンならいいですが、アカマが作りだしているものの規準は、ＴＩＰＡの名を背負うには安っぽすぎます。もしアカマのメンバーが本気で現代的音楽をやりたいなら、音楽学校に行って現代的な音楽を学ぶべきです。

ワンダク（ミネアポリス）：我々のＴＩＰＡ

ねえ、皆さん、チベットの豊かな文化的遺産を保存することに関していえば、ＴＩＰＡに対抗できるような機関はチベットのなかにも外にもないんですよ。ＴＩＰＡは四十年以上にもわたって世界中に我々の豊かな文化を広め、保存し、提示してきたんです。我々は彼らを非難する代わりに、誇りに思うべきなんです。ＴＩＰＡはいろんな浮き沈みを経験してきたけど、ダライ・ラマ法王も非常に誇りに思っている豊かな文化的遺産をいつも守ることができていると思います。だから、ポジティブに捉えて、このサイトで自分が何をタイプしているかを見てほしいです。元ＴＩＰＡの演者であることに誇りをもつ者より。

ここに引用した文を見れば、ダラムサラをはじめとしたインドの難民社会とは異なり、海外在住のチベット人聴衆は『アカマ　２００５』に関する評価を、単純に作品の良し悪しとしてのみならず、その存在意義という点で評価しているのがわかる[7]。その点で、ダラムサラで聞かれる作品評価が、楽曲や音質に対する評価であったのに対し、海外のチベット人は、その作品を評価する際に、チベット伝統文化のあり方、ＴＩＰＡのあり方、アカマのあり方という視点から、その作品を取りまく語りを生みだす傾向があるといえる。

これらの意見はチベット人聴衆の意見である。そこではいかに否定的な意見であれ、アカマがＣＤを制作するということがニュースとなる状況に不可避に関与する者たちが意見していた。そして、制作者もあくまでチベット人聴衆をのみ想定していたふしがある。しかし、『アカマ　２００５』という作品は、海外のチベット人聴衆同様、インド人、海外のチベット好きやダラムサラにやってくる海外からの観光客にも聴取される。そこでは彼らも聴衆となり、『アカマ　２００５』という作品に意見をする。たとえば、ある日本人女性は『アカマ　２００５』に関して、このように語る。

アカマの音楽はポップで聴きやすいと思う。でも、正直にいって、中国やアジアのポップ音楽とどこが違うのかわかりにくい。チベットらしさ、というものがあまり感じられない。これはこれでいいけれど、伝統のほうがいいかもしれない[8]。

海外からやってきた人びとは、このように、自分たちが普段聞く音楽を比較軸としてアカマを評し、率直に意見を述べる傾向にある。そして、チベタン・ポップにおけるアカマの挑戦をそれほど評価せず、伝統芸能や音楽をより積極的に評価している。こういった人びとが望んでいるのは、「物まね」の現代的なチベット音楽よりも、「純粋な伝統的チベット音楽」なのだろう(9)。

また、アカマに興味をもっているインド人の対応も注目に値する。次の事例は、作品に対する評価、というよりも、『アカマ　２００５』を聴いてアカマに接触してきたあるインド人女性ドキュメンタリストの話である。彼女は、アカマの作品を聴いて、ドキュメンタリーを作りたい、とアカマに接触してきた。ドキュメンタリーの内容は、インドで現在難民生活を送っているバンド、アカマの活動を中心に据えたものであった。その一環として、簡単なビデオクリップのようなものを作ることになった。ンガワンたちはこのクリップ制作に関して、バンドの意図する方向性などをいろいろ考えた結果、ロック色の強い楽曲と控えめな楽曲を一曲ずつ選び、彼女に提示した、という経過はあとで聞いた話である。そこで私も招集され、私は自分が日本人であること、彼らを手伝っていることを何も考えずに彼女に話した。すると、彼女の表情が少し変わった。どうもンガワンは私がチベット人ではないことを話していなかったようなのだ。そして、ンガワンに「自分はチベット人の現代的なバンドを撮りたいから、彼は出演させられない」というような話をしたようだ。結果、撮影のために私は呼びだされたものの、撮影のプロセスに入ることもなく傍観することになった。彼女は、「現代的な音楽にも積極的に取りくむチベット難民バンド」を撮りたかったのであり、日本人の私が混ざった混成体を撮ることを避けたのであった。このことからわかるのは、彼女は、海外からの観光客とはまた異なった「純粋さ」、すなわち、チベット難民のみで作られる現代的なチベット音楽を希求するまなざしでアカマを捉えている、ということである。

テクストは、ＣＤと聴き手の接触の結果、さまざまな印象をも生みだす潜在性を常に有している。ＣＤテクストとは、それが奏でる音と聴衆との出会いの結果、多様な印象や感想を生みだす接触領域なのである。たとえば、一方ではダラムサラや難民居住地のチベット難民たちは、『アカマ　２００５』を、音楽作品としての良し悪しで判断する傾向にあったのに対し、海外在住のチベット難民や彼らとネット空間で会話するダラムサラのあるチベット難民は、作品の良し悪しに加え、チベット伝統文化を守る機関としてのＴＩＰＡのあり方や、アカマの志向する音楽のあり方といったレヴェルから作品を論評していた。また、私が話を聞けた海外からの観光客たちは、アカマが取りくんでいる新たなチベット文化の創造をあまり評価しているとはいえず、それを西洋の模倣として捉え、伝統文化をより大事なものとして評価する傾向にあった。また、この作品を通してインド人女性ドキュメンタリストとアカマとの接触が生まれることになったが、彼女がそこに望んだのは純粋なチベット難民たちによる新たな音楽の創造であり、作品制作に関わった私のようなチベット人ではない者は除外されることとなった。このように、『アカマ　２００５』という作品をめぐって、難民社会を取りまく人びとのあいだに、多様な語りや実践が生まれている。

３　公演におけるアカマ

３－１　アカマの公演に対する内外からの位置づけ

本節は、アカマの公演における聴衆の聴取行動に焦点を当てることで、アカマが置かれた状況を浮かびあがらせる。

アカマの公演回数は決して多くはなく、年に数回おこなう程度である。しかし、ひとたび公演が決定すると、その反応はかなりのものとなる。たとえばダラムサラでは、伝統民謡の公演には海外からの観光客ばかりで、チベット人の姿はあまり見られないのに対し、アカマの公演にはチベット人の聴衆、特に若者が大挙して押しよせてくる。

図8-1　アカマの公演での一幕

公演の数日前からチケットは飛ぶように売れ、当日は立ち見が出たり、追加公演が決定されたりと、アカマの人気がかなりのものであることがわかる[10]。演者の顔はよく知られており、私もデリーからダラムサラに行くバスのなかで、見ず知らずの男性から「アカマのギター奏者だよね？」と突然話しかけられたことがあった。近年はアカマの活動は停滞気味で、公演機会がないため存在感が希薄になりつつあるものの、二〇〇六年あたりまでは他のバンドからのアカマに対する評価は高く、ダラムサラにおいてアカマは確固たる地位を築いていたといえる（図8-1参照）。

　チベット人の若者からはそれなりに評価されてきたアカマだが、海外からやってきた観光客からの公演の評価は、ＣＤへの評価同様あまり高くない。多くの観光客がＴＩＰＡに期待するのは、伝統芸能だからだ。たとえば、ＴＩＰＡとアカマの関係についてあまりよくわかっていない人がよくやってしまう間違いとして、伝統民謡の公演と勘違いしてアカマの公演にやってくる、というものが挙げられる。アカマの公演が始まると、そういった勘違いでやってきた観光客たちはあっけにとられた表情をする。伝統的な音楽ではなく、ギターやドラムで構成される音楽を耳にすることで、ある意味で期待を裏切られた人びとは、数曲終えたところでそそくさと会場をあとにすることが多い。

また、ＣＤに対する評価のところでも見られたように、海外からの観光客は、アカマのやっている音楽を軽く見る傾向にある。たとえば、私がレストランで相席になった男性は、前日の晩、ＴＩＰＡで開催されたアカマの公演に参加したのだが、私がアカマのメンバーとして前日そのステージに立っていたのに気づかなかったのだろう、その音楽を論評しはじめた。彼の主張を要約すれば、以下のようになる。

チベット人の若者のやっている音楽なんて、西洋のロックの物まねだろう？　たとえば、彼らはボンジョヴィみたいな風になりたいのかな。まぁ、演奏のクオリティも、楽曲のクオリティも遠く及ばないけど。自分が旅をしてきたところは、どこに行っても西洋音楽のコピーみたいな音楽にみんなが熱中している。でも、チベット難民は状況が状況だけに、あんなものに熱中するべきではないと思う。そういうことにかまけていると、チベットの伝統文化はどんどん失われていくと思う(11)。

こういった人びとから見ると、アカマの音楽はどこにでもあるような音楽で、所詮西洋音楽のコピーに過ぎないようだ。アカマによる現代的な試みは、伝統的なものを希求する海外からの聴衆の大部分を満足させることができていない。

こういった海外からの聴衆とは反対に、チベット人聴衆は積極的に公演にやってくる。だが、彼らの全員がいわゆる「模範的」な聴衆かといえば、それは違う。以下では事例を掲げながら、彼らの聴取行動のなかでも問題となる行動に目を向けてみよう。

3－2　女性演者に対する卑猥な野次

アカマの公演においてステージ上で演奏し歌うのは、基本的に男性である。その結果、男性中心で公演は展開し、女性がアカマの公演に関わる余地はほとんどない、というジェンダー・バランスの問題が浮上してくる。そのため、アカマの公演では、女性がステージ上に立てるように、二曲程度インド映画のダンスを演目に組みこんでいる。これは、女性の演者がアカマに関われる数少ない機会であるため、ここで踊る機会を与えられた女性たちは、相当張りきって練習に励んでいる。そして、いざステージに立つ際には、見栄えを良くするためセクシーな衣装を選ぶなど、かなり気を遣っている。だが、それが時に聴衆からの野次を誘うものともなる(12)。

ある晩の公演でのこと、我々がひととおり演奏し、女性たちによるダンスの順番が回ってきた。私たちは楽器類をステージの袖に寄せて、そこからダンスを見ていた。その晩の彼女たちの衣装は、身体のラインをかなり強調したもので、胸や臀部のかたちがくっきりと出るものであった。スピーカーからビートを強調した音楽がスタートする。ステージの照明がパッと点くと同時にダンサーたちがステージに飛びだしていく。ドンッ、ドンッというダンス・ビートに合わせて彼女たちが踊りはじめると、一部の男性聴衆は大歓声を上げ、口笛を吹き鳴らしはじめた。彼女たちはスピーカーから大音量で流れるインド映画のヒット曲に合わせて身体を捩じらせ、挑発するようなセクシーな踊りを大観衆の前で踊っている。すると、一部の聴衆がエスカレートしはじめたのだろう、卑猥な野次を飛ばしはじめたのである。そんなことにはお構いなく、ステージ上で彼女たちは身体をしならせながら踊りつづける。ダンスは佳境に入っていく。それに伴い、一部の聴衆のボルテージもさらに上がったのだろう、ついにはステージ上に避妊具を放り投げたのだ。「さすがにあれにはびっくりした。恥知らずな聴衆もいるもんね」と演者の一人が後日私に語っていたが、彼女たちはひるむことなく踊り終えた。

彼女たちが踊り終えてから私たちがアンコールでステージに立つまでには少し時間があった。私と一緒にステージ袖から避妊具が投げこまれるのを目撃したンガワンは、「聴衆のなかには、ＴＩＰＡの女性が踊ると野次を飛ばしたり、何か投げこむのを楽しみにしてやってくる人もいる。自分たちはチベット文化を提示しているのに、それに興味も示さないんだ」と苦々しい表情で口にした。野次を飛ばしていた男性たちは、笑顔のままで、まるで何事もなかったかのように我々の演奏を待っていた。

３−３　チベット音楽を拒否する聴衆

『アカマ　２００５』の収録曲は、ダラムサラのあちこちで流され、私の周りでは多くの人がＣＤを購入していた。また、結婚式やちょっとしたイベントなどでアカマの作ったＣＤに入っている曲を歌ったり、演奏したりする人もいる。ＣＤを聴く以外でもアカマの作品は難民社会に流通しているのである。

ところが、アカマの公演になると、話は違った様相を帯びることになる。アカマの公演は、インド映画のダンスに加え、演目のなかにインドの映画音楽やネパールのポピュラー音楽、西洋のロックなどを組みこんでいる。これは聴衆を喜ばせるサプライズであるとともに、演奏する本人たちにとっても一つの楽しみとなっている。彼らはどの曲を演奏するかお互いに議論し、曲が決まると、自分たちの耳でコピーし、演奏する。(13)こういった曲は公演ごとに新しく学ばれるため、アカマにとってのスタンダードとなっているものは今のところ見られない。いわば、こうした「お楽しみ」の曲は、インドの映画音楽やネパールのポピュラー音楽、そしてインドにおける西洋音楽のブームを反映したものとなっている。

こういった音楽は、アカマが生みだしたチベタン・ポップ群にとっての、いわば「おまけ」となるはずであった。

ところが、事態はそれとまったく真逆のものとなっている。聴衆たちは「おまけ」のほうを要求し、チベタン・ポップが演奏されることを拒絶しはじめたのだ。(14) 以下では、私が実際にステージに立った時に目にした光景を事例として挙げることとする。

それは私たちがある楽曲を演奏し終わった時のことであった。MCが次の曲を聴衆に告げにやってきた。聴衆たちは次の曲が何か、早く知りたいようで、歓声を上げている。MCがもったいぶりながら、次の曲名を告げた時、一部の聴衆から落胆とも取れるブーイングが起きた。そして、「チベット音楽は要らない」「インド音楽をやれ」「西洋音楽をやれ」と彼らは叫びはじめたのである。そういった怒号をかき消すように私たちは次の曲の演奏を開始した。だが、先ほどまでのような聴衆の反応は見られない。結局、消化不良のまま、その楽曲の演奏を終えることになった。MCが次の曲名を告げる。ネパールのポピュラー音楽のヒット曲「ティミ・アジャ・ボリ」だ。聴衆たちは拍手喝采でその楽曲の登場を迎えたのである。

話はこれで終わらない。公演がなかほどまで進んだ頃のことであった。その時、私とンガワンは出番がなかったため、楽屋で次の出番に備えて休んでいた。すると、聴衆の一人がこちらのほうへやってきた。見たところ、彼は四十代前半という感じだった。何の用だろう、と思いながら、私は彼に声をかけてみた。

私　どうされました?
男性　どうもこんにちは。一つお願いを申しあげにやってきました。
私　そうですか。どのようなお願いでしょうか?
男性　今皆さんはチベット音楽を演奏されていますが、私たちはチベット音楽ではなく古いインドの映画音楽を聴きたいのです。ですから、こういった曲を演奏してほしい、という我々の要望を取りまとめてここにやってきました。みんなのリクエストを演奏してください。

ンガワン　申し訳ありませんが、今日ここで演奏する楽曲はすべて我々が前もって準備してきたものです。そのため、皆さんのリクエストをお聞きして演奏することはできません。

男性　でも、みんなの意見を聞いてくれるのがあなた方の仕事ではないのですか。これらを演奏すれば、みんなもっと喜ぶと思うのですが。

ンガワン　残念ですがそれはできません。(15)

このあと、その男性は自分たちの要望を通そうと散々粘ったものの、結局諦めてしぶしぶ自分の席に戻っていった。「うちらはホテルで演奏しているバンドじゃないんだから、リクエストなんか受けられない。ましてやインドの映画音楽なんて無理だ」とンガワンは苦笑いしながらこぼしていた。

また、別の機会に開催された公演のあと、帰途についた私が、たまたま帰り道で耳にした論評は、以下のようなものだった。

アカマの公演っていまいちだよな。インドの映画音楽やネパールの音楽、西洋音楽が少なすぎる。あんなにたくさんチベット音楽ばっかやられたんじゃあ、退屈して仕方がない。こっちも安くない金を払っているのだから、(16) もっと聴きたいものをやってほしい。(17)

こうした聴衆にとってアカマとは、チベット文化に関連するものではなく、ジュークボックスのような意味あいしかもっていないことがわかる。

3－4　直接的攻撃、嫌がらせ

前述の二つの事例とは異なり、ここで挙げるものは、より物質的で具体的な暴力である。その矛先が向けられるのは、時にTIPA全体であったり、時に演者個人であったりする。また、その暴力はステージ上の演者に向けて発現したり、公演そのものをめぐって現れたりする。以下では二つの事例を取りあげ、そういった暴力がいかに発現しているか見てみよう。

とある公演でのこと、当の出来事が起こった時、私は出番を楽屋で待っていた。ステージでは楽曲を最後まで演奏していたので、事件が起こったなどとは露ほども思わなかった。その次の曲は私の出番だったので、楽屋からステージに向かおうとすると、メンバー全員が楽屋に引き返してくるではないか。そのメンバーのなかには、状況を把握していない者もおり、何がなんだかわからないまま楽屋に戻ってきたようだ。メンバーの一人に何があったのか聞いてみると、どうやら客席から巨大な石が、その曲でシンガーを務めていた演者めがけて飛んできたようだ。幸い彼にその石が当たることはなかったようだが、用心のためにいったんステージから引きあげて、公演自体を続行するか中止するかを判断しようとしているようだった。突如公演が中断されたことで、状況を把握していない聴衆たちは、何があったのか、とざわつきはじめている。そうこうしているうちに、ステージ上に難民居住地を取りしきる男性が上がり、状況を説明する。彼が犯人をつるしあげようとすると、場内は水を打ったように静まりかえった。結局名乗りでる者はいなかったが、彼は聴衆たちに、次に投石に及んだ者を見かけたら自分に告げるようかなりきつめに告げて、ステージを下りた。

結局、公演は無事再開され、盛りあがりも最高潮のうちに終幕した。公演終了後、ステージを掃除していると、投石されたものであろう、げんこつ大の石が転がっていた。ふと見上げると、トタンの屋根に大きな穴が開いていた。公演前にはなかった穴なので、まず間違いなくこの石がぶつかって開いたものである。もしこれが当たっていたら、と思うとぞっとした。ちなみに、この地で三年前に公演した時にも、同じ演者に向けて投石は発生していた。その時、彼の頭部を石が直撃し、八針を縫う大怪我をしていた。公演終了後、演者たちは冗談交じりに「ここに来るとあいつには声援も石も飛んでくる」といっていたが、個人的な恨みや妬みから派生する暴力がこういったかたちで発現することを物語っている。

次の事例は、公演そのものを妨害するケースである。これは、アカマの公演に特に発現しやすい。なぜアカマの公演に発現しやすいかといえば、その要因は単純ではないが、伝統芸能の聴衆は子供から老人まで観賞にやってくるのに対し、アカマの聴衆は基本的に若者が大部分を占めている、ということは考慮に入れられるべきだろう。

その公演は、ムンドゴッド居住地におけるアカマの公演二日目であった。日にちごとに演奏曲目が変わるため、その日も多くの聴衆がやってきていた。前日と同じように、公演そのものはスタートした。だが、私も少しずつ状況の違いを把握しはじめる。当時、コミュニティ・ホールでアカマの公演はおこなわれていたのだが、その日はホールのなかに入らずホールの周囲にたむろしている若者たちが多数いたのである。あとでわかったことだが、一部の演者たちは公演が始まる前からその日起こることになる出来事を予想していた。演目が数曲終わって私が楽屋に帰ってみると、楽屋のなかにいる演者たちは静まりかえっている。それとは対照的に、楽屋の窓の外からなにやら叫び声がする。また、ホール外から楽屋に通じるドアが終始ドンドン音を立てている。話によると、一部の若者たちが酒か何かに酔って暴れだし、公演を妨害しようとしている、というのだ。「TIPAのクソヤローども！調子に乗ってんじゃねぇ！」「そこの姉ちゃん、俺の相手をしてくれよ」などと、間断なく窓の外から叫び声が聞こえてくる。「こんなことしょっちゅうだよ。相手にしちゃいけない」とある演者がつぶやく。私はこれが聴衆に攻撃される初めての経験だったので、内心びびってしまった。叫び声やドアを叩く音は公演のあいだ続いていた。さらに悪いことに、公演途中、突如停電になり、公演は続行不可能となってやむなく終演を迎えることになった。

公演終了後、舞台上の機材の収容が終わってから見える範囲で掃除に取りかかった。すでに掃除に取りかかっていた友人に聞いたところによると、ホール内にシンナーのような臭いを放つ液体の入ったペットボトルが数本転がっていた、という。この事態を重く見た団長たちは、私たちに待機命令を出した。TIPAの団長と公演地の責任者たちが相談し、その後、携帯電話でなにやらやりとりをしはじめた。結局、真っ暗な宿舎まで夜道を歩いて帰ると襲撃される恐れがあるため、救急車などの緊急車両で私たち全員を宿舎まで送っていくことになった。トラックや救急車が我々の宿舎である僧房に列を成して向かっていくその光景は、異様なものと映ったことだろう。

アカマのメンバーとして（時にはTIPAの演者として）ステージに立つということは、以上のような直接的な暴力に不可避に向きあうこととなる。彼らは、こういった暴力にかなり頻繁に出会っているのである。その根っこにあるのは、一部の聴衆の無理解と、突出した人間を引きずりおろそうとする難民社会のムードである、といえよう。

ここまで、本節ではアカマが公演において直面する、聴衆の聴取行動のなかでもとりわけアカマに危害を及ぼすような事例を取りあげてきた。それらは、女性に対する卑猥な野次、チベタン・ポップに対する拒絶、投石や妨害行為などといった暴力的なものであった。聴衆からのこういった一連の反応に、アカマの演者は向きあっていかなければならないのである。

４　アカマが成しとげたこと、そしてそこからこぼれ落ちる者たち

前節までは、アカマに対する聴衆たちの語りを取りあげてきた。本節では、アカマのメンバー自身がアカマをどのように位置づけているか、また、アカマからこぼれ落ちたＴＩＰＡの演者たちがアカマをどのように見ているかを取りあげたい。

アカマというバンドの軌跡は、一九八四年に活動を開始して以降、幾度ものメンバーチェンジを経て現在に至っている。アカマというバンドで現在まで残っているのは名前だけであり、演者や志向する音楽性はそのつど変わっていく。そして、それに対する語りも当然ながら変化していく。たとえば、二〇〇三年に調査した時、アカマ結成時のあるメンバーは、アカマを単なる趣味として捉えていたことを告白し、現状を辛辣に批判していた。

はっきりいって、こんなつもりではなかった。自分たちがアカマを作った時、楽器はアコースティック・ギターとダムニェンだけにして、チベット音楽を演奏することを意図していた。それに、もともと自分たちがパーティで楽しむためのものだった。その後、バンドとして動いていくなかで、西洋音楽にスポイルされた若者たちにチベットの音楽へ興味をもたせる、ということを目標として設定した。だが、今ではどうだろう。ただの金作りのための道具になってしまった。たとえば、ＴＩＰＡで売られている音源を見れば、ここ最近はアカマのものばかりがリリースされる。逆に、伝統的なものは海外の会社からリリースされるという始末だ。つまり、伝統的なもののプロデュースを外国の他人に委ねるということになる。これははっきりいってよくない。

こういう状況に嫌気が差して、自分はアカマを離れた(18)。

また、当時アカマのリーダーだった男性も以下のように語る。

今、我々チベット人は世代ごとにさまざまな嗜好をもっている。なかにはチベット音楽に対して興味をもたず、西洋の音楽にしか興味がない人間もいる。こういった人びとにチベット音楽に対して興味をもってもらうために、西洋音楽とチベット音楽を混ぜて、人びとに示すことは大事だ。そうすれば、我々の現代的音楽を通して人びとはチベット音楽を習いたいと思うだろうからね。今は良くても、後々になって自分がチベット文化について何も知らないということを人は必ず後悔するだろうからね。

あと、世界の人びとが現代のチベット音楽を聴く機会をもてるように、というのもアカマの意図の一つである。

ちなみに、アカマがやっていることはＴＩＰＡがやっていることとはまったく別のものだ。なぜなら、アカマのやっている音楽はチベット文化ではないからね(19)。

そして、のちにアカマを率いることになるンガワンですら、当時はこういう語りをしていた。

ダライ・ラマ法王が「ＴＩＰＡの伝統的な舞踊は素晴らしい。でも、さらに改革していく必要がある。たとえば、海外の現代的な音楽のなかにはとても素晴らしいものもある。ＴＩＰＡがチベットの歌詞、心、スタイルで現代的なものをやれば、さらに前進できる。そして、現代的なものをやれば、世界中の人びとがチベットのことについてさらに知りやすくなる」とおっしゃった。それを遂行して、世界中のいろんな人びとにアカマの音楽を聴いてもらって有名になることが目標の一つ。もう一つは、金作りのための手段。たとえば、海外で公演する際、現代的なものと伝統的なもののどちらかを招聘側が選択する場合、彼らは決まって「現代的なものはいらない」という。彼らは伝統的な演目を望んでいる。確かに、海外にも伝統文化はもちろん存在しているが、それが今消えかかっている。でも、チベットはそういった文化がしっかりと残っているから、そういう我々を見て、彼らはその文化を非常に見たがっている。でも、インドでは状況がまったく逆で、アカマの公演に人びとは大挙して押しよせる。伝統舞踊の公演では座席の半分も埋まらないのに、アカマの公演はチケットが完売になる。伝統芸能ではお金が稼げないから、アカマの公演でお金を稼ぐことになる。この二つがアカマの目的だ。個人的には、伝統的なもののほうが好きだ。アカマで自分がやっているドラム、キーボードといったものは自分の人生においてそんなに長いことやってきたものではないけれど、伝統文化の演目は小さい頃からたくさんやってきた。現代的なものに興味をもつことはもちろんあるけれど、期間が一月とかで長続きしない。アカマはあくまでサイドビジネスで、伝統的な演目が我々の売り。現在、世界では現代的なものが力を握っているけれど、自分たちの演目は五九年以降変化していない、まさに伝統的なものだ。我々の目的は、伝統文化に手を加えることではなく、保存することだ。もし、現代風に手を加えたら、海外から「中国と同じことをやっているじゃないか」といわれてしまう。我々の演目はまったく変わらない(20)。

このように、二〇〇三年時点では、アカマに関わる人びとですらアカマを「伝統よりも劣るもの」「サイドビジネス」というような形容を用いて語っていた。

ところが、二〇〇五年以降、アカマに対する語りは大きく変化することになる。その要因として、一つには、チベタン・ポップに関わる人びとが急激に増加したこと、メディアがカセットテープからCDに完全に移行し、パソコン経由で海賊盤の制作が増加し、それらチベタン・ポップの作品が身内で貸出され、コピーされるという事態が目に見えて増加した結果、難民社会にチベタン・ポップが溢れだしたことが挙げられる[21]。また、チベタン・ポップが自分たちの創造力を発揮できる場であるということを肯定的に評価できるようになってきたことも要因の一つとして挙げられる。たとえば、ユンテンは以下のように語る。

アカマの目的は、若者に対して現代的なものを示すこと、そして、西洋の現代的な音楽を手がける人びとと同じように我々もやっていけることを示すことだ。自分たちにとっても、アカマはリラックスの場だ。いつも伝統芸能ばかりやっていると、自分たちまで退屈してくるからね[22]。

アカマの創造性を評価するこのような視点を特に前面に押しだしているのが、ダルギェルである。

伝統芸能だろうと、アカマだろうと、どちらにしてもチベット文化だ。だって、俺たちは単に昔あったものや西洋音楽をそのままやっているわけではないだろう? 自分たちにあったやり方で、それに手を加えながら、自分たちの創造性を発揮しているんだ。これを文化といわずしてなんといおう[23]?

さらに、二〇〇三年時点ではアカマの現状を辛辣に批判していた元演者は、現在のアカマをきわめて高く評価している。

今のアカマは自分たちが結成した当時とは比べ物にならないほどよい。ロックをやるにしても力強く、なおかつそこには伝統のエッセンスが入っている。アカマがやっていることは、立派なチベット文化だ。(24)

このように、当初趣味や金作りのための手段として、また、伝統芸能の下に置かれてきたアカマは、現在では立派なチベット文化として語られている。

アカマが手がけるチベタン・ポップが、チベット難民の生みだした一つの新しい文化に昇格した裏で、くすぶっているものがある。それは、アカマに参加できないＴＩＰＡの演者たちの不満である。アカマのメンバーにしてみれば、現在、アカマの手がけるチベタン・ポップは自分たちの創造性を（もちろん限定つきながら）発揮できる絶好の場となっている。だが、アカマに所属できない演者たちはどうだろうか。二〇一二年現在、アカマの演者選考はリーダーのンガワンによってきわめて厳格におこなわれている。そのため、一度でもそこからあぶれた者たちがアカマの演者としてステージに立つ可能性は限りなくゼロに近い。(25)アカマに所属できない彼らは、自分たちが曲を作っても発表する機会すらもつことができないのである。そういった演者たちは、アカマに対してきわめてアンビヴァレントな態度をとることになる。たとえば、以下の発言を見てみよう。

男性演者　今のアカマはぜんぜんよくない。昔のアカマはもっとカッコよかった。自分で金を出してＣＤを買いたいとは思わないな。

私　じゃあ、アカマには入りたくないんだね？

男性演者　いや、頼まれれば入るよ。俺もアカマのステージに立ちたい(26)。

このように、本当は自分もやりたいにもかかわらず、それが成就しないためアカマを批判する、といういわゆるルサンチマン的な状況がアカマを取りまいている。それがアカマに対する陰口をＴＩＰＡ内部で生みだし、アカマのメンバーとそれ以外の演者のあいだにある種の溝を生みだしている。次の発言は、アメリカに飛びたったアチャ・パサンの後任として、ある若年女性シンガーがアカマのシンガーに抜擢されたことに対する他の女性演者からの妬みとも解釈できる。

なに、あいつ。アカマのステージで歌えるようになったからって、挨拶もろくにしないで最近調子に乗ってるんじゃないの。大して歌もうまくないくせに(27)。

二〇〇三年頃まで、アカマが生みだしてきたチベタン・ポップはチベット文化として捉えられることがなかった。それは、アカマの生みだすチベタン・ポップに惹かれて聴衆がアカマメンバーの公演に大挙して押しかけるという現実を半ば無視し、「チベタン・ポップは所詮現代的なものであり、伝統的なものにはかなわない」と決めてかかっていたことから生じた視点だった。ところが、二〇〇五年頃からアカマのメンバー自身も自身の創造性が発揮できる場として、チベタン・ポップを「文化である」と認めるようになる。そのため、これまで周りの目に配慮してか、現代的な音楽よりも伝統的なものを好む、と発言していた多くの演者たちが、チベタン・ポップに対する興味を公言するようになった。だが、皮肉なことに、アカマに参加できない演者たちはその創造性を発揮できる場所を手に入れることができないままなのである。こういった演者たちがアカマを内部から批判することで、アカマは身内からその足場を脅かされる格好となっている。

そして、二〇一二年、決定的な出来事が起こる。これまで演奏機会を与えられなかった若者たちがンガワンに反旗を翻し、七月六日のダライ・ラマの誕生日で公演することが正式に決まったのだ。対抗措置として、ンガワンは彼らが「アカマ」の名を用いることを許可せず、仮に「アカマ」の名が冠された場合、自分はアカマに今後一切関与しない、という声明を出した。結局、周囲からの懐柔もあって大きな混乱には至らなかったものの、チベット難民のあいだに統一を生みだすことが期待されていたチベタン・ポップをめぐる状況が、皮肉にも、それを表象するTIPAの内部に亀裂をもたらしている。

5　アカマが生みだした言説空間——本章および第2部のまとめとして

第2部は、チベタン・ポップがどのような歴史のなかで生まれ、どう意味づけられているかを、アカマ・バンドに焦点を当てることで分析してきた。第6章にあるように、難民社会で生まれたチベタン・ポップは、亡命以前のチベットにおける地域主義を前面に押しださない点で、人びとを「チベット難民」としてまとめあげる力をもっている、と見なされている。だが、第7章でも見られたように、チベタン・ポップを作る者のなかにおいても個々人がばらばらの嗜好をもっており、ジャンルとしての統一性は皆無に等しい。とはいえ、レコーディング作業は、彼らに自他の差異の認識に関わる境界を引きなおさせる、という意味で、自分たちの存在が新たに浮き彫りになる過程でもあった。CDの完成とは、これらの過程にピリオドを打つものであるにもかかわらず、完成した作品は常に聴き手の解釈に開かれており、作品そのものの位置づけやその内容のカテゴリー分けは、時に政治的なニュアンスを帯びてくる。

それが本章で扱った作品に対する評価、公演に対する評価であった。第2節で示したように、『アカマ　2005』という作品をめぐる語り口やまなざしは、ダラムサラをはじめとしたインド難民社会在住のチベット難民、海外在住のチベット難民、海外からの観光客、インド人ドキュメンタリストのあいだでそれぞれ大きく異なるものであった。特に、後者二つは混ざり気のないチベットを希求するまなざしを保持し、現代の若者が生きる異種混淆性的な状況を承認しないものとなっている。続いて第3節に示したのは、CD聴取と公演での聴取はまったく位相が異なる、ということであり、チベット難民たちの聴取行動のなかでも、アカマやTIPAの演者たちが直面せざるをえない、野次やブーイング、直接的暴力を事例として取りあげた。一部のチベット人聴衆たちは、アカマの公演に来てもチベタン・ポップを拒絶し、西洋音楽やインド音楽を積極的に評価している。そして、彼らは、チベタン・ポップを彼らに向けて演じるアカマのメンバーにもさまざまなかたちで危害を加えることがある。ステージに立つということは、演者個々人の身体を不特定多数の聴衆に対して開くということに他ならないのであり、それはまさに他から突出していることを可視化するがゆえに非難や攻撃の対象となるのである。

先の二節が聴衆からの語られ方を取りあげたものならば、第4節はアカマのメンバーおよび元メンバーがアカマをどのように位置づけているのか、また、アカマからこぼれ落ちた演者たちがアカマをどう見ているのかを描きだしたものであった。アカマがチベット文化として自他ともに受けいれられるようになり、TIPA内部におけるアカマの地位が安定してきた結果、演者間で嫉妬や妬みが生じ、それが陰口や非難となってアカマ演者とそれ以外の演者のあいだにある種の溝を生みだしている。

素晴らしいチベタン・ポップを生みだしているアカマだが、その先行きは順風満帆とはいかないかもしれない。まさにチベタン・ポップの上演を介して、シンパである海外の観光客からはそっぽを向かれ、チベット人の一部の聴衆からは拒絶や演者への暴力というかたちで、また、アカマに入ることができずに恨みを抱いているチベット人の一部の演者からは演者への非難や陰口というかたちで表明される難民社会の現実に、チベタン・ポップに仮託された「難民社会で生まれた文化だからこそ皆をまとめられる」「現代的な音楽を通してチベット文化を若者たちに広める」という期待や新しいナショナリズムの構築は叶わないままである。

註

（１）二〇〇六年三月八日、インド出身男性の発言。

（２）この点は歌詞分析をおこなっている［TIN 2004］が詳しい。

（３）二〇一二年二月十二日、ネパール在住チベット人教師の発言。

（４）二〇〇六年二月二十六日、本土出身女性の発言。

（５）「大衆が「お国のため」というナショナリズムを消費するからといって、そのナショナリズムの言説の意味内容がそのまま大衆の心情や感情と一致しているとは限らないのです。そういうナショナリズムを表現した言葉や歌詞と、それを大衆が消費するということのあいだには、ねじれがあるということです。「戦友」を歌っている人は、みんなその「戦友」の歌どおりの内容のことをし、そういう心情をもっていたかというと、そうではないだろうという話です。……しかしながら、結局、大衆のほうは歌ってしまう。何を歌うかというと、じつは支配層や知識人がつくった歌を、あたかも自分たちの心情を表出しているみたいに歌ってしまうのです。そこある種の「倒錯」があります。ひっくりかえっている部分があるわけです。そういうことを配慮しておかないと、歌われている意味内容だけを見て、みんなこんな感情をもっていた、あるいは操作されていたとなりますが、実際はそんなにストレートにはいかないのです」[内田　二〇〇〇：一四七]。

(6) 二〇〇八年十一月五日、www.phayul.com 参照。

(7) 引用で冗長になるのを避けるため、同様の意見をもった書きこみを数個省略した。しかし、ほぼすべての意見をこの引用で網羅していることを記しておく。

(8) 二〇〇六年一月十四日の発言。

(9) ディールもアメリカでヤクのCDを発売した際、売れ行きが悪く、聴衆が需要するものとずれがあることを指摘している [Diehl 2002: 202]。

(10) TIPAのホールで開催された公演では、チケットは座席券と立ち見券の区別なく一〇〇～二〇〇ルピーであった。

(11) 二〇〇五年十月二日の発言の要約。

(12) ディールが指摘するように、他人から突出して目立つ行為は、自己顕示欲の表れとして時に恥ずべき行為として解釈され、批判の対象となる [Diehl 2004: 12]。もちろん、場合によっては聴衆からのこういった野次を演者が肯定的に捉える回路も存在しうることを指摘しておくが、本項では、女性演者が野次に対して否定的な反応を示したものを取りあげている。また、伝統公演においても、女性演者に対し、時に性的な野次を飛ばす者がいることを指摘しておきたい。

(13) これを彼らは、インドのスパイスである「マサラ」にちなんで、「マサラを振る」と表現している。

(14) ディールも同じような事例を提示している [Diehl 2002: 242-246]。

(15) 二〇〇七年三月二十日のやりとり。

(16) アカマ公演のチケット代は、難民居住地で開催される場合、大体五〇ルピー（約一五〇円）から一五〇ルピー（約四五〇円）のあいだを変動する。

(17) 二〇〇五年十月一日の発言。

(18) 二〇〇三年六月十八日の発言。
(19) 二〇〇三年七月三日の発言。
(20) 二〇〇三年八月十八日の発言。
(21) 近年、音楽に関係する者の増加に伴い、音楽に従事する人びとに対する偏見は薄れてきているように思われる。音楽関係者は、難民社会、特に若者たちのあいだにおいて羨望のまなざしの対象となりつつある［Diehl 2002: 197-200］。
(22) 二〇〇五年六月五日の発言。
(23) 二〇〇五年九月二十七日の発言。
(24) 二〇〇七年三月二十五日の発言。
(25) 特に女性演者にとって、アカマのステージに立つのは狭き門である。女性はアカマで楽器を演奏しないため、シンガーかダンサーになるしかない。
(26) 二〇〇七年三月十七日の発言。
(27) 二〇〇七年三月四日の発言。

第3部

伝統と現代のはざまで

第9章　インサイダーとして　アウトサイダーとして
――ある演者の日常

1　はじめに

本章は、チベット・ナショナリズムと緊密に絡みあうTIPAのある男性演者が、そのナショナリズムからこぼれ落ちている現状を描くものである。この事例は、チベット難民を取りまく現行のディアスポラ・ナショナリズムが抱える一つの限界を示すとともに、近年のアイデンティティ関連の研究や、チベット難民のアイデンティティに関連する議論に散見されるある傾向に対する一つの提言となりうる。具体的には、前者においては、アイデンティティ研究が前提的に用いている主体観に対してである。こういった研究が前提している主体観は、序章において示したように時に戦闘的であったり、したたかであったりするが、果たしてそのような視点で本書が対象とするようなチベット難民の人びとの日常や現状を十分に描きだせるのだろうか。また、後者においては、研究者が議論に登場させる人びとの立場を、特定の問いに対してAかBかで二項対立的に分けて考える傾向に対する一つの反論である。ここで生じる分断は、その人をその場での回答でのみ判断し、その人の性質として分類してしまうことで、そう回答する（せざるをえない）人びとの居心地の悪さや揺れ動きを描くことをしていないから起こるのではないか。

また、そうした描き方は、その人が首尾一貫した存在であることを前提としてはいないだろうか。本章が描くような、状況によって発現する個人の揺れ動きや葛藤への着目は、ともすれば特定の信条の有無を前提として議論を進めていくアイデンティティの政治学や、近代性批判として日常的実践をもちだしてくる立場に対して批判的な検討を迫り、別の語り口を提示するという点で、意味があるものだと私は考えている。

本章が以下に取りあげるのは一人の男性演者、テンジンをめぐる物語である。彼のライフ・ヒストリーや彼との会話を繋ぎあわせて、演者としての彼に起こる変化を記述するのが本章で採用される手法である。なぜ男性なのか、という問いは当然提起されるべきで、それに対して回答をしておくと、居住地などの物理的制約もあって、私が行動をともにしていたのが主に男性だったというのが女性に関する物語を参照できなかった理由である。そのため、ジェンダー的な偏りがあることをまず断っておきたい。

2　年少演者テンジンの揺れ動き

2-1　はじめに——テンジンの来歴

テンジンと私の関係は、不思議なものである。一部の演者とは私が日本にいるあいだも連絡を取りあうのに対し、テンジンと連絡を取りあうことはない。だが、私がＴＩＰＡに行くと行動をともにすることが多く、ダラムサラに到着してＴＩＰＡに行った時にはなぜか必ず彼の部屋を訪れている。彼はシャイかつ一人でいろいろ考える性格のため、大勢の人間と行動するのを好まない。学究心が強く、通信教育で大学の学位を取得するなど、ＴＩＰＡの演者のなかではもっとも学歴が高く、普段から読書に積極的に取りくんでいる。その一方で、気が短いこともあって、以前は喧嘩をあちこちでしていたようだ。今はだいぶ丸くなったようだが、揉め事が面倒くさいのだろう、基本的に自分から賑やかなところへは行かないで、静かな場所で煙草をくゆらせる。本章は、そんな彼の二十代前半の頃の物語である。

テンジンはデーラードゥーンにある難民居住地出身の二十代後半の演者である。子煩悩な母親をもつ一方で、父親は若い頃キリスト教系の学校に通っており、仏教よりもキリスト教に精通していた。テンジンいわく、彼の父親は聖書を愛読し、英語に長けていた反面、チベット語の読み書きは苦手で、ほんの最近まで経文を詠唱できなかったという。そのような父親をもっていた点で、チベット難民社会においては一風変わった環境で彼は幼少時代を過ごした。とはいえ、他のチベット人の子供と同じように野山を走り回り、いろいろ厄介ごとも巻きおこしたやんちゃな幼少期を過ごしたそうだ。立派な青年に成長した今でも、その片鱗を垣間見せる時がある。

学校に入って三年を過ぎた頃、テンジンはＴＩＰＡにスカウトされ、ダラムサラで寄宿生活を送ることになる。親元を離れ、ダラムサラにやってきたテンジンは、ＴＩＰＡのカルチャー・スクールで同年代の演者とともに勉強、遊びに精を出し、多感な十代を過ごした。私とテンジンが初めて出会ったのは私が二十二歳、彼が十八歳の時だったと記憶している。他の年長者と関係の深かった私に遠慮していたのであろう、その時はそれほど話すことはなかったが、私がダムニェンを練習しているのを遠巻きに物珍しそうに眺めたりしていたことを後日話してくれた。私がたどたどしいながらもチベット語でやりとりをするようになって以降、彼のほうからも積極的に話しかけてくるようになり、特に彼の好きなサッカーの話をしては盛りあがっていた。

そんなテンジンが見習いから演者になったのは、早いもので八年以上も前のことになる。カルチャー・スクールにいた頃とは異なり、人前で演じる機会が格段に増え、年長者の風格が身についた。自分の考えをしっかりもっていることから、他の年長者とのあいだに時に軋轢を生じながらも、今も鍛錬に励んでいる。

地方公演にアカマのメンバーとして私が同行するようになる二〇〇五年頃には、テンジンはきらびやかな伝統的衣装を身にまとい、ステージ上で生き生きと歌い踊る立派な演者となっていた。あれはダージリンでの舞台だったろうか、朗々と歌声を響かせながら、大きな動きを見せる身ぶりやステップを踏んで、味気ないステージを華やかな伝統芸能の舞台に変えた踊り手たちのなかにいるテンジンの表情から若者特有のあどけない表情が消え、当時においても年長者同様、精悍な顔立ちになっていた。踊り自体はやはり年長者と比べると若干見劣りするものの、それでも一生懸命踊りについていこうとしていた。踊りが佳境にさしかかろうかという時、客席の女性ファンから彼の名を呼ぶ黄色い声援が飛んできた。客席の反応から、ＴＩＰＡにおける若年世代であるテンジンにも、ＴＩＰＡがこれまで保存してきたチベット文化がしっかりと引き継がれているのを私も感じることができた。公演後、彼のところに行って黄色い声援のことについて冷やかしを入れると、「興味ないよ。ああいう女の子って、誰にでもキャーキャーいってるんじゃないの」と決まりの悪そうな笑顔を浮かべながら答えた。

2－2　テンジンの葛藤、その「最初」の独白

テンジンが私にいろいろな思いを話しはじめたのは、いつ頃からだったろうか。ひょっとしたらだいぶ以前から話していたのかもしれないが、私のなかで忘れ得ない出来事としてテンジンの独白が痕跡を残しているのは、二〇〇七年の南インド・ツアーでのことである。アカマの公演後の晩、疲れてぐっすり眠っていた私を起こす声がする。誰だろう、と眠気で押しつぶされそうになっている瞼をなんとかこじ開けると、テンジンが枕元に立っていた。皆寝静まっていて、我々が雑魚寝をする仏間にはかすかな寝息が響いていた。テンジンは私のほうにかがみこむと、

唐突に、「眠れないから外に話に行こう」という。はて、どうしたものか、と思いつつも、一度眠りを妨げられた身体は、再び眠りにつくことを拒絶しているようだった。仕方なく、私は彼の誘いを受けることにした。時計を見ると、針は十二時少し前を指していた。日本は夜中の三時半くらいか、と考えながら布団から身体を起こし、上着を羽織って我々の泊まっている僧院の屋上に向かった。私とテンジン以外の誰も起きていないようだ。日中との気温差で、屋上には夜露が降りていた。ただ、風は吹いておらず、ひんやりとしていて心地よい。車も少ない農村だけあって、夜空は澄み渡り、星の瞬きがはっきりと見えた。遠くのほうに、橙色の光の点が凝集したような街の明かりが見える。あの明かりはマイソールのものだろうか、などと考えていると、テンジンはマッチを擦って煙草に火をつけた。煙草を吸わない私は、手持ち無沙汰になって、町で調達した安ウィスキーを飲みながらテンジンと何気なく話しはじめた。とはいえ、話の主導権を握っていたのはテンジンである。ＴＩＰＡのなかでも年少者の彼は、絶好の聞き役を見つけたとでも思ったのか、たまっていたものをいっぺんに吐きだすかのようにいろんな話を始めた。たとえば、彼の故郷の話、私の友人に関する話、サッカーや敬愛するミュージシャンであるボブ・マーリイの話。テンジンの話を聞きながら、昔、日本でもこんなふうに友人と朝まで話したことがあったような気がするな、とノスタルジックな思いに打たれていた。そんな私の感慨を知ってか知らずか、満天の星空のなか、流れ星が荒野に流れるのを見てテンジンは喜んでいた。

自分の話が一段落したところで、テンジンが私に最近何か面白いことはなかったか、と聞くので、私は、テンジンにその昼にあった出来事を話して聞かせた。おしゃべり好きで有名な演者の一人が、チベットはどうやったら独立できるか、という議論を突然吹っかけてきたのだ。私は人から頼まれた用事があって急いでいたのだが、真面目な話を無下に拒むのは失礼にあたると思い、彼の話を一通り聞くことにしたのだ。だが、それがなかなか終わらず、難儀した。とにかく、会話が終わる糸口さえ見つからなかった。私が主張をしてもまったく聞く耳をもたないのだから議論にすらならず、私は正直うんざりしていた。結局、会話が終わったのは、私に用事を頼んだ友人が、私の名前を大声で呼んでいるのが耳に入ったからだった。そういった出来事をつらつらと述べて、「いやぁ、本当にあいつには困った」という話をした時だった。突然決まり悪そうな顔をしながらテンジンがこう質問してきた。「チベットは独立すると思うか?」。私は、若干戸惑いつつ、率直に自分の考えを述べた。テンジンは、また決まり悪そうな笑顔をしながら私にこういった。

正直なところ、自分は独立とかチベットとかに関心がない。いや、関心がないっていうのは違うかな。もちろんチベットのことを考えることもあるし、独立したらいいな、と思うこともある。でも自分のことをチベット人だ、とかいちいち思わない。自分はインド生まれだし、行ったことのないチベットに対して思い入れがあるわけではない。今と同じようにインドにいればいいと思ってる。また、自分はチベットの伝統芸能を演じているけど、歌や踊りが別に大好きというわけでもなく、独立だ、チベット人だ、とか考えることのない自分が政府の機関でそれをやってる、というのも変な気分だよ。聴衆からどう見えてるんだろう。こんな気分でTIPAにいていいのかもわからない(1)。

こういう彼に対し、私は戸惑った。どう言葉をかければいいのだろう。このような独白を受けて、正直なところびっくりしてしまった。「良く頑張ってると思うよ。一生懸命練習してるし」と私が当たりさわりのないような表現で返答すると、テンジンは続ける。

他のやつらはインド料理が大好きで、チベット料理が出てくると文句をいうけど、自分はチベット料理が一番好きだ。インド料理なんて好きじゃない。でも、自分は、チベット云々ということにはあまり興味がない。かといって、周りのみんなが聞くようなヒップホップやインド音楽にも興味はないし……。

自嘲気味にカラカラと笑いながらテンジンはこう語った。私はただ黙ってそれを聞くしかなかった。彼は私がその居心地の悪さを受けとめ、何か解答をくれると期待していたのだろうか。そうだとしたら、私は何と答えるべきだったのだろう。それとも、ただ聞くだけでよかったのだろうか。

もちろん、テンジンにとって、私が日本人であり、ＴＩＰＡの関係者でもありつつ部外者でもあるという状況が、発言をしやすい状況であったのだろう。しかし同時に、テンジンの見せた決まりの悪さには、伝統を演じる者がもつべきとされている自己意識をもてないことを悪いことや「恥」と捉える、自己を律するまなざしが入りこんできていなかっただろうか。そして、それを聞かされた私の決まり悪さもまた、彼の語りに影響を受けていたのではないだろうか。そうであるがゆえに、きわめて不思議なかたちで我々のあいだに何らかの結びつきが生じたのではないだろうか。そのもどかしさゆえに、私は彼とのあいだに生じた出来事をたびたび想起させられる。いずれにしても、その時私にできたことは、ただそこにいることだけであり、応答することはかなわなかった。

2－3　触発される集団意識

南インド滞在中、テンジンと散歩に出かけたことがあった。ちょっと買い物をしたいというので、手持ち無沙汰だった私もついていったのである。どうも石鹸やフェイスクリームのようなものを買いたいらしかった。商店に入ると、テンジンは若いインド人店主に片言のカンナダ語で欲しいものを説明していた。しかし、あろうことか、若いインド人店主はニヤニヤしながら、テンジンの物まねをしはじめた。頭にきたテンジンだったが、罵倒もせず、黙ったまま買い物をせずに商店を出た。しばらく歩くと、堰を切ったように文句をいいはじめた。

あいつ、俺のしゃべりをまねしやがった。頭の悪いインド人には本当に腹が立つ。俺はチベット人なんだからあいつらみたいにうまく喋れないのは当たり前なのに。

私もＴＩＰＡで似たような体験をしたことがあったため、「そういえば俺もこんなことがあったよ」という風に体験談を語ると、テンジンは私を慰めるように、こういった。

本当に思いやりのない奴らばっかりだよな、インド人もチベット人も。チベット人の大半がきちんとしたヒンディー語やカンナダ語を喋れてるわけでもないのに、チベット語を喋ろうとしてる奴の物まねするなんて。今の俺みたいな嫌な思いもいっぱいしてるはずなのにな。まぁ、そんな奴らは無視しとけよ。

また、二〇〇五年のカリンポンでの公演のあとだった。すべての公演を終えた我々に、地元の人びとから食事がふるまわれた。モモ、トゥクパだけではなく、鶏の唐揚げなど、豪華なメニューがテーブルに並んだ。また、うれしいことに、アルコールもふるまわれた。チベットの国民的飲料として有名なチャンである。正直にいえば、なれない土地での食生活で腹の調子があまりよくなかったのだが、公演の成功を祝うために、私は友人とともにかまわずどんどんチャンを飲んだ。公演を通して彼らと何かを共有できた喜びを分かちあいたかったのだ。周りを見てみると、みんなどんちゃん騒ぎをしている。無礼講なのだろう。いつもはクールな指導者も酔っ払って、真っ赤な顔をしてそばにいた人に絡んでいる。ちらっと他の席に目を向けてみると、テンジンもかなり早いペースでチャンを飲んでいる。若いから飲み方をよくわかってないんだな、と微笑ましく思いながら、私はそばにいたユンテンたちと雑談を続けていた。

しこたま飲んだので、もうそろそろ外の空気でも吸いに行こう、ということになり、私はユンテンとプルブ・ツェリンとともに宴会場の外に出た。他の演者たちも外で夕涼みをしていた。宴会場となったコミュニティ・ホールの周りをマニ車が取り囲んでいた。地元の人びとにとっては、ここは毎朝の巡礼路なのだろう。誰からともなく、「酔い覚ましがてら、コルラでもするか」という声がした。「いいな、そうしよう」という声が上がり、なし崩し的にそうすることになった。「酔っ払いながらマニ車をまわすなんて罰当たりだな」などといいながらコルラをしていると、奥のほうから騒ぎ声がする。穏やかな感じではない。ユンテンと顔を見合わせた私は、とにかく声のするほうに行ってみることにした。すると、トイレの前にべろべろに酔っ払ったテンジンがいるではないか。「飲みすぎだよ」とそこにいた他の演者に注意をされてもへらへら笑いながら「いい気分だ」と、ろれつもまわらず、真っ赤な顔で答えていた。私に気づいたテンジンは、上機嫌で、「普段飲まないから、たくさん飲んだよ。ちょっと飲みすぎたかな」と語りかけてきた。私とともにいたユンテンが私に「俺らが連れて帰ろう」と耳打ちしてきた。赤ら顔になっている彼を見て、私もそうしたほうがいいな、と判断した。

その時、二〇〇四年にＴＩＰＡに入団したプンツォクがトイレにやってきた。彼はラサからインドに亡命し、学校教育を受けたあとＴＩＰＡへ入団した優秀な楽器演奏者である。プンツォクがテンジンの横を通り過ぎ、トイレの戸を閉めたとたん、テンジンが豹変した。すっと立ちあがったかと思うと、トイレのドアを激しく蹴りつけて、「お前なんか俺らの仲間じゃねぇ」と叫びだしたのである。突然の行動に、私は驚いた。だが、驚いたのは私だけではなかった。ユンテンも思わぬ行動に面食らったようだ。それでも、ユンテンと私がテンジンを羽交い締めにして、なんとかなだめようとした。ペマもチャンバも何事か、と駆けつけた。トイレからプンツォクが驚いて出てくると、テンジンは「あいつはチベットから来た新難民で、俺らはインドで生まれた。俺らはあいつとは違う」と叫びつづける。チャンバらにテンジンを任せて私とユンテンはプンツォクのもとへ向かった。プンツォクは状況を察知したのだろう、「大丈夫、問題ないよ」といってその場を離れた。私もテンジンに飲ませるための水を取りに会場に戻った。

会場から水をとって戻ってくると、他の演者たちがテンジンに「なんであんなことをしたんだ」と問いただしていた。すると、「あいつらはいい子ぶるから腹が立つ」と彼は不愉快そうに答えた。なだめる方法を思いつかなかった私は、水を手渡して、「とにかくお前はいい奴なんだから、こんなことをしたらだめだ」と声をかけた。「別にいい奴じゃない」と彼はぶっきらぼうに答え、水を飲み干し、ペットボトルを投げ捨てた。結局、私はテンジンと帰路をともにせず、ユンテンたちと宿舎へ戻った。宴会は決まりの悪い閉幕となった。

次の日の朝、前夜のこともあって決まり悪いなぁ、と思いながらテンジンに「おはよう」と声をかけた。すると、いつものように屈託のない笑みで「おはよう」と答え、くだらない話までしてくるではないか。拍子抜けした私がユンテンにその話をすると、「前のことはすぐに忘れる、それがチベット人だよ」とケラケラ笑っていた。

2－4　困難な自己実現

南インドでのツアーを終えてダラムサラに戻ると、ＴＩＰＡのメンバーたちはしばらくぶりの休息を得ることができた。しかし、それは、公演がしばらくない、という意味での休息であって、イベント好きな難民社会のレクリエーションは続く。ダラムサラでたびたび開催されるチベット難民チーム対抗のサッカー大会「ギャルユム・チェンモ杯」がすぐさまやってきた。今回、八つのチームが参加し、ＴＩＰＡはそのうちの一つであった。運動神経とプレー・センスの良いテンジンは、守備要員としてＴＩＰＡチームのなかでも重要な位置を占めていた。他のチームと比べて、日頃から踊りの訓練を積んでいるだけあって（また、日頃からサッカーばかりしていることもあってか）、ＴＩＰＡチームは体力でもずば抜けていた。後半になると、どんどんばてていく他チームの選手たちを尻目に、ＴＩＰＡチームはゴールを重ねていった。順当に決勝まで勝ち進んだＴＩＰＡチームは、この試合でも相手チームとの接戦を制し、見事に優勝した。選手たちとともに、試合を見守っていたＴＩＰＡの演者たちがグラウンドに飛びだして優勝の喜びを表現していると、ＴＩＰＡのことを良く思っていなかった相手チーム側の観客数人が武器を片手に襲い掛かってきたのだ(2)。数人のメンバーが攻撃を受けたのを見て、男女問わずＴＩＰＡのメンバーの大多数が何らかの武器を片手に、暴徒に向かっていった。その勢いたるやすさまじいものであった。今思えば、そんなもので殴ったら死ぬんじゃないのか、というような鉄パイプなどの武器をもちだす者もいた。私もとりあえずそこら辺にあったものを掴んで飛びこもうとしたが、自分が握ったものを見て苦笑した。水が中途半端に入った、ちょっと固めのペットボトルだったのだ。すると、そこにいたテンジンらが「危ないからお前は来るな」という。小心者の自分は、これ幸いと後ろに引っこむことにした。部外者の私が今この乱闘のさなかに飛びこんでいってもどうにもならないことは明らかだった。それに、明日からのダラムサラ生活を考えたら、日本人ということでＴＩＰＡの演者以上に目立っている私がまさか乱闘に参加するわけにはいくまい、という打算も働いていた。とにかく、そこにいたTIPA側の観客たちと協力して、小さな子供たちを安全な場所に避難させようとした。しかし、その子供たちもなかなかそこから立ち去ろうとせず、「やっちまえ」と声を張りあげるなど、すでにグラウンドは異様な雰囲気になっていた。さっきまで我々をつつんでいた優勝の喜びは、暴徒がもたらした乱闘によって、一瞬にして狂気に取って代わられた。襲い掛かってきた数人の暴徒は最初は威勢よくふるまっていたものの、人数で勝っているTIPAのメンバーにあっという間に囲まれ、勢いを完全に失い、逃げ惑っている。テンジンと数人のメンバーはそのなかの一人を執拗に追いかけ、角材で足を殴打して転倒させたかと思うと、殴る蹴るの容赦ない攻撃を浴びせかけた。それは、私に戦慄を覚えさせるに十分な光景で、まったく手加減のない攻撃は、相手の命に関わるのではないか、と私に心配させるほどのものだった。一通り武器や素手で攻撃を加え、相手が戦意を完全に喪失したことを確認すると、テンジンらは顔を上気させながら引きあげてきた。暴徒の一人は無残にも上半身裸にされて横たわっていた。そばに残された彼の赤いシャツは、砂と血液で無様にデコレーションされ、おしゃれなサングラスにはひびが入り、フレームもひしゃげていた。グラウンドには、砂煙がもうもうと立ちこめていた。ふと振りかえると、私がさっき手にしたペットボトルは、何事もなかったかのように陽光を反射していた。

優勝に水を差されたかたちとなったが、むしろ、乱闘で上がったテンションが優勝の喜びをさらに大きなものにしたといえるかもしれない。夕食時は、サッカーと乱闘の話でもちきりだった。「お前、棒でしばかれたんだろ?」「ぜんぜん痛くなかった」「嘘つけ、痛がってたぞ」。彼ら一流のユーモア精神のなせる業なのか、あの狂乱とそれにまつわる出来事もすぐに笑い話になっていた。私も、武器としてペットボトルを握ったことを散々笑い話にされ、決まりが悪かったことを覚えている。なかなか終わることのない話を適当に切りあげて、私はテンジンのプレーを讃えるためにテンジンのところへ行った。プレー内容を讃えようと話を切りだすと、乱闘のプレーを褒めてくれ、とテンジンは笑いながら答える。ひとしきりサッカーの話をしたあと、「今日はしっかりと自分はＴＩＰＡの一員だと思えただろう？」と聞いてみた。すると、テンジンはちょっと間をおいてこう答えた。

外からＴＩＰＡのことをとやかくいわれたり、攻撃されたりしたら、やっぱり自分はＴＩＰＡの一員だなぁと感じる。みんな自分の仲間だな、と。でも、こういう時にしか実感がわかないな。またいつもと一緒だよ。

インドを離れて一年近くが過ぎようとしていた二〇〇八年三月、チベットを取りまく国際社会のまなざしが大きく変わる出来事があった。(3) 私は、その日も普段と同じように起床し、新聞に目を通したのであった。起き抜けに私の目に飛びこんできたのは、ラサのバルコル周辺でひっくり返った車の写真だった。その後数日、テレビはチベットについて、さらにその「暴動」について中身のないおしゃべりを繰りかえしていた。しばらくすると、玉石混淆ではあれ、チベット関連の出版物もどんどん出されるようになった。だが、チベットを中心とした報道のさなかにおいても、私にはどことなくリアリティが感じられなかった。

しかし、ラサで起きた「暴動」をきっかけに、ダラムサラでもデモやハンガー・ストライキなどの行動が起こされていた。そして、メディアによる報道が難民社会に向いた時、ラサで生じた一連の出来事は私のなかでリアリティをもって立ちあがった。それとともに、私がたまたまつけていた番組に、普段「独立なんて興味ない」といっていたある友人の顔が、大きく映しだされたことにえもいわれぬ違和感や恐怖を感じもした。その瞬間、ダラムサラ滞在時、常に私と行動をともにしている彼の顔が、テレビという機械仕掛けの箱を媒介にして、普段とは違った表情や怒号を発しながら、日本や世界に発信されていたのだ。彼は手にチベット国旗をもって、大声で独立を要求している。しばらくして他のシーンが映しだされた。私が毎日歩いていた道の様子が一変している。テレビに私は釘付けになったまま動けなかった。背筋がゾクゾクした。後日、私の「母」がダラムサラから電話をかけてきた。彼女は毎日デモに出かけ、「フリー・チベット!」とシュプレヒコールを上げており、TIPAの演者たちも、二十四時間交代でハンガー・ストライキに参加しているという。(4) そして、二〇一一年以降、アムドやカムを中心に頻発する焼身自殺による抗議もまた、二〇〇八年の運動の波が途切れていないことを示すものであった。チベット本土とチベット亡命政府にとって、ここ数年が彼らの未来における一つの転機となる大事な時期なのは間違いない。もちろん、私は条件つきながらも、今難民社会で起きている運動を支持したい。今こそ国際社会がチベットの現実に目を向ける時だと思うからだ。だが、そういったリアル・ポリティクスのレヴェルでの話とともに、ついこう考えてしまうのである。テンジンのような人びとは、今どのような顔をして、どのような気持ちで運動のなかにいるのだろうか、何を考えて日々を暮らしているのだろうか、と。

3 ためらいの生の記述に向けて

本節は、本章が取りあげたテンジンの語りを私の解釈を通してもう少し大きな視点から語りなおしてみたい。それは、テンジンによる物語を、私が説きなおしたもう一つの物語であるといえるかもしれない。また、テンジンの語りを取りあげることで呈されるかもしれない理論的な疑問に対して、あらかじめ伏線を張っておきたい。

本章は、年少演者テンジンが私に語った語りから構成された物語である。インドで生まれ育ったテンジンは、まだ見ぬチベットで破壊されていっている伝統を亡命下で保存・促進することを目的とし、最終的には自治や独立を勝ちとるために、チベット文化を用いて国際的に働きかけている組織ＴＩＰＡに所属し、日々を過ごしている。つまり、彼の所属する機関は、チベット・ナショナリズムやチベット難民としてのアイデンティティの継続的な創造に向けて先陣を切って進む機関である。チベットで失われつつある伝統文化の保存や、海外でのチベットに関する認知の獲得に携わる仕事をしているということで、一見したところ、彼はチベット社会においてある種模範的な生を送っているように見える。

しかし、インドで生まれ育った彼自身は、チベットにそれほどリアリティを感じられない。難民としてインドで生活することが日常的体験としてある以上、自分がチベット人であることを実感すること、チベットの独立に対して態度を決めることは彼にとって容易ではない。ひょんなことで誰かが独立を語ったり、私のような媒介者がそういった話をしたりする時、彼は自分がどうすべきか揺れ動く。独立できればいいと思う反面、インドで生まれた彼はそこまで切迫した思いで独立を考えたことがない。そして、それほど強いチベット人意識もない。独立か否か、チベット人としての誇りをもっているか否かという問いに彼は引き裂かれ、そのあいだを揺れ動き、居心地の悪さを覚えている。そして、表向き、亡命政府と歩みをともにしているＴＩＰＡという組織に所属し、人前に立っていることが彼をさらに苦しめている。ＴＩＰＡの掲げる目的に同調しない／できない自分。果たしてここにいていいのか、という問い。しかし、そうした問いは、他者に対して見えている自己に対する恥ずかしさや決まりの悪さという、まさに難民社会の社会的文化的文脈に規定されているがゆえに立ちあがってくる。それは、知らず知らず難民社会の生活のなかで刻印されたまなざしを強烈に意識するチベット難民ハビトゥスを介して意識的領域にもちこまれた問いである。

そして、身体化されたハビトゥスが突如顕在化し、テンジンがチベット難民、インド生まれのチベット人、TIPAの一員としての自己を確認する機会は、まさに「他者」とのあいだに生じる出来事によってであった。インド人に自分のしゃべり方を物まねされたことに侮辱を感じ、不意に生じたチベット人意識、TIPAに近年入団した新難民の演者に対する拒絶反応から生まれたインド生まれのチベット人に抱いた仲間意識、そして、TIPAに対して乱闘を仕掛けてきた暴徒に対して団結したことから生まれたTIPAの一員という意識。それは自分の意識に関係なく、状況によって突如明確になる集団への帰属意識である。いわば、選択の余地のない情動によってもたらされる意識といえるかもしれない。そこでは、テンジンは集団の語りのなかに図らずも自らを位置づけることができている。

だが、そういった意識が長続きしないことを彼は知っていて、その見通しを言語化してもいる。ある状況で起こった出来事を通して不意に立ちあがる集団への帰属意識はしばらくすると消えていく。伝統芸能の上演を通した集団への帰属意識の持続を確保するという彼の生業や、そこで醸造されることを期待されるナショナリズムや仲間意識を通した団結を基盤としてなされる（もしくは仲間意識を、問いの基盤として逆に設定する）はずの自治や独立に関する問いは、彼の前になかなかリアリティをもって現れてこない。また、こういった悩みを私のような中途半端な立場にいる人間に自嘲気味に話さざるをえないという状況が、彼の悩みをさらにややこしくしている。

ここで再確認しておくべきは、彼は、「独立しなくてもいい」「チベット人でなくてもいい」と開きなおっているわけではないということだ。「独立したほうがいい。でも……」「自分をチベット人と思わないこともない。でも……」というように、難民社会で日常的に聞くことのできるような自治や独立、道徳にまつわる言説のなかで、自己の立ち位置をなんとか肯定的に評価しようとしている。だが、日常生活のなかで実感を伴わない選択肢を、大手を振って選べない後ろめたさがそこにはある。

また、常にこのような問いに彼が直面しているということもできない。彼に選択を迫る実存的な問いそのものが何らかの状況との出会いによって突発的に襲ってくるものなのである。そして、その問いに対する回答は、状況によって生みだされるのだとすれば、そのつどの揺れ動きのなかでなされているものであり、確定的なものではないだろう。あらゆる意味で、自己意識の一貫性というものをそこに見いだすことはできない。そのため、旧来のチベット難民研究がアイデンティティに関しておこなってきた議論がしているような、「あなたは自分をチベット人だと思うか」「独立に賛成か否か（愛国的か否か）」などといったアンケートをおこなうことで、チベット難民としてのアイデンティティを確定する作業や、集団としてのチベット難民へ注目して、アイデンティティ構築やナショナリズムを動員するためのさまざまな実践に着目する議論は、単純かつ戦闘的な主体観を前提としてさまざまな分析がなされている点で、実情にそぐわないように感じられる。そこでは、テンジンのような人びとは振りかえられることもなく忘却されていないだろうか。私には、旧来の研究が前提にしているような主体観に当てはまるような人びとにだけではなく、テンジンのような人びとの存在にも目を向けることこそ実情に合った議論を展開するうえで重要である、と思われる。これまでの研究からはこぼれ落ちていたテンジンのような人びともまた、望むにつけ、望まないにつけ、身体化された次元において、または外からのまなざしや呼びかけが示す政治的経済的な力学において「チベット難民」という枠組みのなかで生きていかざるをえない人びとなのであるから。

つけくわえておくべきだが、ここで私がテンジンを引きあいに出し、特定の個人へ焦点を当てることの重要性を主張したからといって、何も個人対共同体といったかたちで個と全体を二項対立的に設定することには繋がらない、ということである。序章で、私はディアスポラ研究の傾向を「集団としてのディアスポラ」研究になっていると指摘し、そこにはディアスポラ的な生を送っている「ひととしてのディアスポラ」の視点が欠けている、と指摘した。そして、この図式をもって、本書は「集団」というまなざしのもとでこれまでの議論を、そして「ひと」というまなざしのもとで本章を描いている。近代的な「公」と「私」という図式にもあるように、ともすればこれらは対立する図式であると考えられてしまうが、共同性と個は反照規定的な関係性のなかにある以上、この両者はいわばコインの表裏であり、ハビトゥスという概念が示すように、いかなる個人であろうと集団をめぐる問題と結びついており、集団と結びつくことで初めて個人は社会的主体たりえる。(5) しかし、集団と個が結びついているにもかかわらず、集団からこぼれ落ちてしまう状況こそが、本章で描かれているものなのである。以下、この点について論じ、本章のまとめとしたい。

いうまでもないことだが、テンジンが居心地の悪さを感じているのは、チベット難民であったり、ＴＩＰＡであったりと、集団のなかに生きているにもかかわらず、その集団の論理やアイデンティティのようなものに自分がうまく合致できないことに端を発している。彼の身ぶりは、チベット難民ハビトゥスを身体化してきた点で集団としてのチベット難民と結びついている。だが、彼はこう問うのである、「自分は何者なのだろうか」と。身体的実践的次元と意識的次元がうまく接合せず、居心地の悪さを感じているのがテンジンの状態なのである。この問いは、自己のあり方をめぐる点で個人的な問いであると見える。しかし同時に、「チベット人としての自己のあり方」という問いでもあるという意味で集団的でもある。当然のことながら、テンジンは、自分と集団が無関係で対立するものである、などという主張はまったくしていない。むしろ、彼の問いは集団のなかにおいて初めて意味をもつものである。そして、集団における自己のあり方に揺れる彼の姿は、チベット難民としてのアイデンティティやナショナリズムのあり方を私に問いなおさせることになる。

また、テンジンに焦点を当てることは、私が個人としてのテンジンによる発話の特異性を強調しているかのように映る。確かに、テンジンの発言がＴＩＰＡ演者の発言のなかでも、私にとってとりわけ注目に値するものであったがゆえに本章の主役とした、という点は否定できない。だが、他の演者や街の住人との会話においても、多かれ少なかれ、テンジンと同様のニュアンスの発言は聞かれるものである。その点において、テンジンの発言は彼に独特のものではない。彼の発話自体、難民社会、そしてＴＩＰＡを構成し、取りまく言説や制度のなかで生きているからこそ可能になったものなのである。この点において、彼の語りを取りあげることは、個人主義的な立場を反映するということにはならない。テンジン自身、難民社会のなかで制度化され、この居心地の悪さ自体、その過程に因るものなのである。

今の話を、「ひととしてのディアスポラ」と「集団としてのディアスポラ」という図式を用いて考えれば、以下のようになるだろう。「ひととしてのディアスポラ」は、集団的な言説や制度に包囲され、それらを身体化して生を営む存在である。つまり、個々人が意味をもつのは「集団としてのディアスポラ」という文脈においてのみであり、集団から遊離した個人という視点はまったく意味をもたない。「ひととしてのディアスポラ」の問題は、「集団としてのディアスポラ」という視座のなかで問うてのみその意義を考えることができるし、その集団性のなかで生きる引力を慮ることでのみ、その人が主体として生きる状況を想像することができる。

また、「集団としてのディアスポラ」は、言説や制度を通して身体化され、現実を生きる「ひととしてのディアスポラ」によって構成された単位である。「集団としてのディアスポラ」は枠組みとして確固たる強度を伴いつつも、それとの出会いというかたちで私たちに直接経験されることはなく、演繹的に問うことでのみ到達できる存在である。つまり、私たちにとって、「集団としてのディアスポラ」という概念は、「ひととしてのディアスポラ」との出会いを通じて初めて意味をもってくる。私たちは、「ひととしてのディアスポラ」のふるまいのなかにこそ「集団としてのディアスポラ」を見いだすのである。その点で、「集団としてのディアスポラ」という存在は、「ひととしてのディアスポラ」なくしてはありえない。そして、「ひととしてのディアスポラ」という視点は、カテゴリーとして平板化され、形骸化された「集団としてのディアスポラ」の安定性や自明性に揺さぶりをかけ、そのカテゴリーで名指す私にも、「私がいうところのチベット難民とはどこの誰のことなのだろうか、集団として単純に語りうるものなのだろうか」という問いかけをもたらすのである。

以上のように、これら二つの概念は、対立するものではなく相補的なものであり、お互いが動態的に絡みあうという点で反照規定的な関係にあるといえるだろう。調査者が、身体的な過程であるフィールドワークという他者と時空間をともにする作業のなかで「ひととしてのディアスポラ」に出会い、語りあった経験こそが、のちに口頭発表や論文などで「集団としてのディアスポラ」というカテゴリーのもとで語られる（たとえば、チベット難民の研究として）。しかし、調査者と個々人とのあいだに生じた接触領域の経験を、ある特定のカテゴリーのもとにおこなわれているアイデンティティ・ポリティクスという単層的な語り口によって圧殺してはならない。確かに、アイデンティティ・ポリティクスがもたらす問いは、「文化」や「伝統」といった大きな語りに基づいた集団性を見るのには有用である。しかし、アイデンティティ・ポリティクス的な大きな語りを通しては、そうした語りとともに生きる個々人がどのような生を送っているかは、十分問われることはない。むしろ、「個々人の出会い」というかけがえのない出来事こそが、私たちの身体を媒介に生起しているのであり、そこにこそ、社会的文化的に異なりつつも、同時代に生きる私たちのあいだに「共在性」が明確なものとして表れるのである。それを積極的に評価するために、人びとのさまざまな実践をアイデンティティ・ポリティクスという語り口だけに回収するのではなく、アイデンティティ・ポリティクスにおける複層性として提示することが必要である。そうでなければ、自分の身体を根拠にし、人びとと生活をともにするフィールドワークという貴重な経験から得られたものが、まったくもってありきたりなものになってしまうだろう。

おそらく、私がフィールドワークで開くことができたのは、アイデンティティ・ポリティクスに関する知見ではなく、そこに住む人びとへの「共振の回路」だったのだ。そして、あくまで刹那的で、恒常的ではありえない私の経験した「共振の回路」こそが松田の論じてきた共約可能性［松田　一九九九］に繋がるものである、と私は感じている。

註

（1）二〇〇八年九月のダラムサラ滞在では、音楽の嗜好をめぐる彼の発言に変化が表れていたことを記述しておくべきだろう。彼は以下のように語っている。「自分は伝統的な音楽は好きだけど、最近のチベット音楽にはまったく興味がない。伝統的な音楽の歌詞はよく練られていて素晴らしい。それに対して、現代的なチベット音楽は、口のなかにある言葉をそのまま吐きだすだけで、まったく面白みがない」。

（2）数日後、この侵入者たちは「アムドから来た新難民」と語られるようになった。

（3）メディアは二〇〇八年三月、ラサで起こった出来事を「チベット暴動」「チベット騒乱」という言葉でもって報道していたが、私はこの出来事を暴動や騒乱という言葉で語ることには違和感を禁じえない。それは、中国政府の視点から見るからこそ「暴動」「騒乱」なのであり、メディアの言葉選び自体にすでに中国寄りの姿勢が見えているからだ。たとえば、雑誌『現代思想』のチベット特集は「チベット騒乱――中国の衝撃」と銘打たれている。この特集自体、あくまで中国を語る／考えるためにチベットが使われている、という印象を禁じえない。チベット人は語る言葉を奪われ、まさにサバルタン［スピヴァク　一九九八］にされてしまう。

（4）電話でこう話していた「母」だったが、二〇〇八年九月に私がダラムサラを訪れた時に彼女が発した言葉は、私を唖然とさせるに十分なものだった。いわく、「忙しいし、デモなんか一回しか行かなかったよ」「最近、何をしてもみんなが「政治」「政治」っていうのにいい加減うんざりしてきた。もっとやり方は他にもあるだろうにねぇ」。

（5）「一個人が生まれて成長していくのは、つねに自分に先だって存在し、特有の社会関係と制度によって構造化された社会のなかである。しかも、その社会と制度の内容は「現実的」であると同様に「想像的」であり、その記号が諸象徴なのである」［ゴドリエ　二〇一一：一九六］。

終章　本書を紡ぎ終えるにあたって

これまで、本書は、TIPAの事例を通して、本書の目的であるチベット難民社会におけるディアスポラ・ナショナリズム構築の可能性と限界を考えるために各章で個別に議論してきた。本章では、まず、これまでの議論を簡単に要約し、「包摂と排除」「語る立場の確保」という二点から、これまで形成されてきたチベット・ナショナリズムの可能性と限界を提示したい。そして、限界を踏まえたうえで、どのようにしてチベット難民社会と向きあい、共同性を確保していくのかを考えたい。

一九五九年以降、チベット亡命政府は、文化を基盤としたチベット・ナショナリズムと、五〇年代以前のチベット文化を体現するチベット難民としてのアイデンティティによって難民社会を統合しようと試みてきた。そして、ナショナリズムやアイデンティティは、亡命政府の諸機関を軸として、難民社会の人びとにより反復的に構築され、維持されていった。同時に、チベット・ナショナリズムとアイデンティティの構築や維持は、西洋社会やインドの財政的、社会的な支援なくしては不可能であった。そうであるがゆえに、亡命政府の政策やチベット難民社会に生きる人びとは西洋とインドの「影響」を不可避に被ることとなったのである。

TIPAの演者たちは、こうしたナショナリズムやアイデンティティの保持や浸透を目指した活動を展開してきた。伝統に工夫を凝らし、聴衆に合わせた精巧な公演戦略を展開しながら、彼らは自分たちの目的を果たそうとする。しかし、彼らの上演する伝統芸能、そしてそれが意図するナショナリズムの拡大とアイデンティティ構築は、亡命後の社会構造や海外からの語りのなかで枠づけられたものであるがゆえに、決して中立的なものではありえなかった。すなわち、彼らの提示するナショナリズムは、外部からのまなざしを取りこんだものであり、また、新難民として流入する東チベットの人びとや中心から離れた地域に住む人びとに対する排除を伴い、ラサ的なものをヒエラルキーの頂点に置くことを再認するものであった。こうした現状において、チベット人聴衆の伝統離れは進み、TIPAが演じる伝統芸能は、「らしさ」の体現を望む西洋人によって消費される、というアイロニカルな状況となった。

このような伝統をめぐる危機的な状況を打破する一つの策として、TIPAの演者たちは現代的な音楽であるチベタン・ポップに可能性を見いだした。難民社会発の新たな文化は、紆余曲折を伴いながら聴衆に受容され、ナショナリズムの内側に、排除された人びとを包摂するのに益するところのものとなった。また、このような意義を与えられたチベタン・ポップの制作現場が可視化したのは、現在の難民社会に生きる若者たちによる現実の見取り図の一つであったといえるだろう。レコーディングの過程は、自己と他者を時に垂直的に、時に水平的に配置する見取り図が可視化される現場であった。彼らは、インド人やインド文化、聴衆の声といった要素のなかでチベット人やチベット文化を位置づけることで差異化を図っていた。このようなレコーディングを通して発売された『アカマ　2005』は、時にナショナリズムに関連する議論や、純潔性を要求する他者からのまなざしを生みながら、難民社会に受容されていった。しかし、実際に演奏される段になると、チベタン・ポップよりもインドの映画音楽や西洋音楽などを称揚する聴衆の姿勢や、暴力的な聴衆の姿といった、難民社会の現実が露わになった。さらに、TIPAの内部でも、チベタン・ポップへの関わりを「賭け金」とした内部の摩擦が前面化し、チベタン・ポップによってもチベット難民としての一体性やナショナリズムの形成が困難であることが示された。

このような状況に加えて、ＴＩＰＡの演者として生活しているテンジンのように、自分たちが体現するナショナリズムに容易に一体化できず、自己をチベット難民として規定できない演者の存在もあった。彼の感じる居心地の悪さや葛藤は、個人的なものでありつつも、難民社会が置かれた状況によってこそ生みだされたものでもある以上、亡命政府を頂点としたチベット難民社会の形成してきたチベット・ナショナリズムには、看過されえない問題点があることが示されたのである。

以上が本書の記述してきた事例と、事例への部分的な考察である。それでは、本書の中心的問いである、現行の「チベット・ナショナリズムの可能性と限界」とは何だろうか。ここでは、まず可能性を取りあげ、続いてその限界を二点論じたい。

まず、可能性から論じれば、故郷を喪失して離散した人びとや彼らの子孫の大部分に対して、チベット・ナショナリズムがアイデンティティを付与し、アノミー状態に陥らせなかったという点は重要であり、今後もこのナショナリズムを通して自他の承認を得て生きていくことは可能であろう。特に、西洋の言説とインドからの要求をうまく取りこんだナショナリズムの措定は、彼らの生を政治的に包摂し、経済的に支える大きな要因となっており、人びとにとっての有効な資源として活用可能である、といえるだろう。また、チベット・ナショナリズムを駆動させる制度的かつ長期的視座からいえば、アカマに代表されるチベタン・ポップには、難民社会で作られているからこそ新たなかたちのナショナリズムを生成する可能性がある。その重要性を軽視してきた亡命政府の文化政策は、亡命政府のある官吏がいうところの「市民社会」に、チベタン・ポップをめぐる活動の整備を丸投げしてきた点に問題があるが、制度的な改善が図られれば、包摂が可能となる層はまだ拡大しうる。以上が、現行のチベット・ナショナリズムの可能性として私が考える点である。

続いて、チベット・ナショナリズムの限界を指摘する。先述したことを再度端的にいえば、現行のナショナリズムはラサ中心主義的であり、その中心からはみだした人びとや東チベットの人びと、特に新難民の人びとを包摂することができていない。TIPAの演目の歴史的制約やラモをめぐる状態からわかるように、現在の難民社会では、現行のナショナリズムを追認するような実践が着目され、制度化がなされている。「五〇年代以前のチベット文化」をナショナリズムの根幹に据えることは理解できるが、その文化が何を指すのかを吟味し、再考に付さない以上は、包摂されず排除される人びとをナショナリズムの名のもとに生み出しつづけることとなるだろう。以上が一点目である。

二点目は、チベット・ナショナリズムが西洋の援助によって成立している、という点に関わる。交錯した議論であるため、最初に要点を示すならば、西洋の援助と切っても切り離せないナショナリズムや、それを基盤としたチベット理解に基づいた運動(すなわち多くのフリー・チベット運動)は、西洋社会由来の人権や民主主義言説を強制することの暴力性を批判する論者によって足元をすくわれてしまう、ということである。

たとえば、粟飯原らによる「NEDなどの団体や西洋社会がフリー・チベット運動にかかわる組織に資金投入している」との批判がその典型であり、西洋社会によるチベット問題への介入を内政干渉と捉える中国政府も同様の立場を取っているといえる。(1) 彼女は、「第三世界諸国への内政干渉の言語となっている人権・人道主義は、人権が国家主権に優越するという原理をもとに、新自由主義グローバル市場経済のロジックと緊密に絡み合って、まさにグローバル金融資本の世界支配イデオロギー装置として機能している」[粟飯原 二〇〇八:一〇六] 点を重視し、「チベット独立運動が西側をうまく利用し、国際的な同情と支援を一手に受けている一方で、西側が干渉して「民族対立」を煽れば煽るほど、実際的な問題解決が遠ざかっていく」[粟飯原 二〇〇八:一一二] と考えている。この議論をチベット亡命政府のほうに引き寄せて読めば、人権言説と民主主義という西洋近代的論理を、ナショナリズムやアイデンティティの表現として駆使することが、西洋社会の手先として第三世界の国家、すなわち中国の国家主権を脅かす立場を積極的に引き受けることになるため問題である、ということである。

第1章で私が示した結論の一つ（西洋近代的な言説を世界に広める「労働」の対価として、支援という「賃金」を得ることは共依存関係を形成し、チベット難民をある種の袋小路に陥れることになる）という私の論点も、彼らの論点と重なるように見えるかもしれない。しかし、以下に論じるように、これらの論者と私の認識には根本的な相違がある。まず、粟飯原の「うまく利用」や「国際的な同情と支援を一手に受けている」というレトリックにあるように、これらの論者はチベット亡命政府を「したたかなやり手」であるかのように想定し、極端にいえばレトリカルに「悪者化」している。これに対し、私は亡命政府の西洋への言説的物質的接近は、当時の状況を考えれば不可避であり必要悪であった、と考えている。「当時の国際的な状況下で、語る場を得るために、他に可能な選択肢がチベット人にあったのか」という問いの有無が、私と彼らを隔てるものである。

相違としてさらに挙げたいのは、より根本的な問題である。すなわち、「誰がアクターであり、語り手は誰のために語っているのか」という問題である。(2) 結論からいえば、粟飯原や丸川、ジジェク、序章で挙げた孫歌、汪らの議論がアクターとして前提しているのは、中国政府であり、また、人権や民主主義を広めるアメリカなどの国家やIMFなどの国際金融資本である。粟飯原らはこうしたアクターのために議論を展開しているのだ。ここにおいて、チベットはこれらアクターについて彼らが論じるための媒介に過ぎず、チベット人は自ら語る場所を失ってしまう。チベット本土でまさに今、焼身自殺を試みようとガソリンをかぶり、ライターの火をつける人びとの存在は忘却され、また、難民として異国の地に住み、ナショナリズムからはみだしてしまう人びとの存在もまた忘却される。挑発めいたことをいえば、おそらく、彼らは忘却という作業すらしていない。なぜなら、忘却するためには、対象を認識し記憶することを前提とするからだ。つまり、彼らがおこなっているのは、チベット人という存在の否認である。彼らの議論の中心は、支配的イデオロギーの批判であって、生身のチベット人ではないのである。よって、「人権主義・人道主義の最大の陥穽は、危機的状況を解決に導くどころか、悪化させてしま」［栗飯原　二〇〇八：一一二］い、「チベットが抱える真の悲劇性と困難を覆い隠し、その問題が増幅するのを無責任にも後押しすることとなっていると言えるだろう」［栗飯原　二〇〇八：一〇三］という現状認識は皮肉にも自らの語りによって正当であることを示している。なぜなら、「人道主義・人権主義」をめぐるゲームに入り込んだ栗飯原らの議論が幅を利かせることによって、チベット人が声を上げるスペースは埋めつくされ、残念ながらチベットをめぐる状況は悪化の一途をたどるからである。(3) こうして、チベット人が消去された西洋と中国の衝突をめぐる議論において、民主主義や人権言説を一つの核として据えるチベット・ナショナリズムは、第三世界への西洋の暴力的な介入という論拠でもって「第三世界の反帝国主義闘争の歴史性の外部」［栗飯原　二〇〇八：一〇三］に放擲され、根本からその正当性を否定される。こうして、チベット難民社会の内外から構築されるチベット・ナショナリズムのもう一つの限界が明らかになる。すなわち、西洋的言説に依拠した戦略は、「西側からの暴力的介入に対して、第三世界は正当防衛に訴える権利がある」というロジックが発動されることでチベット人やそれにまつわる運動の存在を否認され、自らが語る位置を確保できないという点にあり、前述した第一点目の限界で示された排除された存在は、語る位置を二重に奪われることとなるのである。序章で示した「装いとしては語っているにもかかわらず、語ることのできないチベット」の行き着くところは、西洋と中国の「イデオロギー闘争」のはざまである。

ここまで見たように、現行のチベット・ナショナリズムは、難民社会に一定程度の包摂をもたらすという可能性を示すものの、同時に、その限界をも示している。こうした現状は、「ナショナリズムからはみだしてしまう存在が語る場の確保や当事者であるチベット難民の語る場は、現行のナショナリズム以外にどこにありうるのか」という根源的な問いを私たちに突きつける。現行のチベット・ナショナリズムやアイデンティティ構築に私たちもまた関与してきたのだとすれば、この問いは私たちも答えねばならないものである。そして、栗飯原らの議論が図らずも示すように、西洋近代的な言説を取りこんだチベット・ナショナリズムに依拠する難民社会の体制を支援する人権的・人道的な民主化推進運動は、先のような批判を受ける点を有するのみならず、確かに「まったく問題なし」とはいえないのである。つまり、これらの運動もまた、西洋対中国という図式に則って人権や民主主義というイデオロギーについてまわる否定的な側面を知らず知らずのうちに正当化することで言説レヴェルでのチベット消費に貢献し、さらに、それと連動した経済的レヴェルでのチベット消費に加担する傾向がある。[4]これらの行動は、チベット人自身を黙らせ、また「犠牲者」化することに繋がりかねない危険性をもっているのである。そして、これらの運動においてはチベットの理想化が働き、戦闘的な主体観でチベット人が定義づけされ、チベット・ナショナリズムの限界の第一点として私が挙げたような排除と包摂の問題は看過されてしまい、テンジンのような存在に対する想像力が著しく制限されているように見受けられる。しかし、ナショナリズムを促進する作業に従事しつつ、ナショナリズムからはみだしてしまう彼のような存在を見過ごすことこそが、チベットやチベット難民をめぐる問題を単純化し、言説や経済的レヴェルでのさらなる消費に至らせるのではなかろうか。チベットをめぐる状況が危機的なものである今こそ、彼らの存在を考慮した関係性や共同性の形成こそが、つまり、彼らとともにあるということを真剣に考えることが求められているのではないだろうか。「その際、持続性のない熱狂で善行をなすというのでは駄目です。そこには自分の方が文化的に優位だという思い上がりがあって、その思い上がりが勝手にロマンティックな思いこみで正当化されるということがよくあるからです」［スピヴァク　一九九九：八六］というスピヴァクの警句は、知らず知らず入りこむ西洋的なイデオロギーをもってチベットに関わる者に対する警句でもあるとして耳を傾けねばならない。

また、ここで、そもそもチベットの現状に外部の人間が関与することを批判的に捉える議論にも目を向けておくべきだろう。阿部治平は、ロマン化され、また、同情に突き動かされたチベット観を非難し、「何かチベット人に忠告するような思惟や言論は何よりも非現実的である。そしてそれは少数民族には自己統治能力がないとか科学的思考ができないとか、はては迷信深いの無知だの汚いのという偏見と紙一重である。チベットのことは当事者だけが解決できることである」［阿部　二〇〇六：五〇七］と主張する。現地のチベット人と寄り添って研究を進めてきた阿部の発するこの言葉は、彼の経験から発されたものであるがゆえに重く受けとめられねばならない。しかし、「当事者だけが解決できる」という結論はあまりにも極端であり、数では勝つ見込みのないチベット人たちの国際社会におけるこれまでの努力を無に帰すことになってしまう。グローバルな連帯が自明のものとなっているチベットを取りまく現状で、国際的な連帯の可能性を否定することは、産湯とともに赤子を流す行為であるように私には思われる。重要なのは、どのようなかたちで彼らとともにあり、また、どのように働きかけることができるのか、ということではないだろうか。自らが都合よくロマン化したチベット像を外部から単に消費するのではなく、彼らに個人として関わり、ともにあるがゆえに、「共時間的な状況で同時にみずからについて、そしてみずからの置かれている状況について省察を生み出す異化的なコミュニケーションの方法」としての「ツっこみ」［田中　二〇一一：一三五―一三六］を彼らに対してすることもまた必要なのではないか。

本書を締めくくるにあたり、私は、テンジンが見せた所在なさ気な対応を導きの糸とし、新たな共同性に関する試論をおこないたい。彼のように、現行のナショナリズムからこぼれ落ちてしまう人びとが語りの場を確保することはどのようにして可能なのか、私のフィールドワークでの経験を見つめなおすことで考察したい。以下、フィールドワーク論を迂回し、その後第9章の議論を参照し、私の経験から共同性を考えてみたい。

私とテンジンが出会ったのは、フィールドワークという営みのさなかであった。きわめて単純な事実であるが、フィールドワークに携わる私たちが時空間を共有している相手は、集団という抽象的存在ではなく、その社会に流通する言説や制度のただなかで生きている個々人である。その点で、人類学者とコミュニティに生きるひととの関係において、「彼らの実践、すなわち彼らの生き方を理解することのなかには、人類学者自身の生き方の探求の足跡が刻みこまれているはずである」［田辺　二〇〇三：二六］という田辺繁治の主張に、私は大方において同意する。だが、ひととの出会いは人類学者自身の生き方の探究に閉じられず、「私」と「彼ら」の生き方を相互に変容させうるものでもあるのではないだろうか。[5]たとえば、調査では、私自身、共同体を構成する人びととやりとりするなかで生きているのであり、彼らの生を思考し記述すること自体、その状況への身体的所属なしにはありえないし、また、私の実践が逆に彼らの生のあり方に影響を与えていく。ここでの変化という「交通」は相互的なものであり、相互影響という「交換」行為が関係性を形成するのだ。もちろん、彼らと私との甘美な一体性という思いこみとは自己耽溺の産物以外の何ものでもなく、常に再帰的に問いなおされねばならないし、そもそも同一化は不可能である。しかし、その一方で、対象となる共同体やそこで住まう人びとと記述する私を容易に切断することはできない。文化人類学者が描く「共同体」は、記述する際に常にすでに記述者を含みこんだものでしかありえない。

この地点で、私の主張は田中雅一の指向するミクロ人類学と接続する。田中は、ミクロ人類学とは、「権力が作用する場としての日常生活を対象とし、「全体化（totalizing）」の誘惑に抗する人類学」［田中　二〇〇六：二］であり、「人びとの日常生活を研究の核に据え、また必要ならそこに参与する人類学者をも視野に入れた記述分析を目指す人類学」［田中　二〇〇六：七］であるとする。田中は、身体を張った実践としてのフィールドワークを、我々人類学者もまた、身体的存在であることを否応なく教える場であるとし、また、フィールドでともに生きる他者を身体的存在として受けいれ、付きあうことでもある、と主張する［田中　二〇〇六：四］。こうした身体は、権力の矛先が集中する場であると同時に、「饗応する身体として、あらたな世界を生み出す第一歩になるのである」［田中　二〇〇六：二二］。ここで田中がいう饗応する身体とは、まさに私たち人類学者が現地の人びととの生活のなかで図らずももってしまう「共在性」である。重要なのは、我々もすでにその共在性に巻きこまれてしまっている、という視点である(6)。受動性と能動性のはざまにある中間態的な実践がここでは営まれている。「共在性」を経験することによって、初めて我々は、そこに生きる人びとを身体的存在であると「身をもって」感じることができるようになるはずだ。

私は実際にＴＩＰＡの一員として関与し、ＴＩＰＡの外部に立っているとは決していえない状況にもあった以上、フィールドでの体験をこのように捉えることは絵空事ではないと思う。彼らとともに過ごしたことで私は間違いなく影響を受けたし、彼らも何かが変わったことであろう。日本人、チベット難民、ＴＩＰＡ。さまざまな枠組みが外部から押しつけられ、参照軸として用いられる。しかし、個々人のあいだに生じる共同性はこのような枠組みのなかで完結するのだろうか。理想化のそしりを覚悟でいえば、特に私とテンジンのあいだに生成した共同性は、このような枠組みによって名づけうる共同性ではなかったのではないか。そして、そこで現出したものこそが共在性と名づけられるものではなかったろうか。大杉の語りを引用すれば、「断片が断片であり、分割が分割だからこそ共同性が成立してしまう」［大杉　二〇〇一：二九〇］のである。

もちろん、私たちの置かれた状況を同一のものと捉えることはできない。何よりも私はパスポートを保持し、国家の庇護下にある者であるのに対し、テンジンは国家の庇護を受けられず、また、パスポートがないため世界を自由に飛びまわることができない。また、第9章に取りあげたテンジンの諸実践は、常に自己と他者をめぐる交渉が孕まれていたのであり、その根底には恥観念に代表されるチベット難民社会におけるチベット難民ハビトゥスを支えるまなざしが大きな場を占めていた。その点において、チベット難民社会を生きているテンジンは、圧倒的な他者として私に迫ってくる。

しかし、私はテンジンの語りや実践に引きずられ、本書を書くまでに至った。では、何が私をこうまでも引きつけ、何かを分有した気持ちにするのだろうか。一つの試みとして、私とテンジン、そしてチベット難民の人びとのあいだを繋ぐ補助線を、酒井直樹の議論を参照しつつ引いてみたい。(7)

日本のナショナリズムを批判的に捉えなおす酒井直樹は、靖国神社を題材としたNHKの番組をめぐる騒動を取りあげた論文において、特に共在性と恥をつなげて論じている。酒井は「なぜなら、恥は共同体の共感を保証する「感傷」ではなく、共同性の外に在る他者へ開かれて在ることを掲示する「情」なのである」［酒井　二〇〇一：二二〇］と位置づけ、閉鎖的な共同性を乗りこえる情が恥であることが示される。また、「ファビアンによれば共在性とは「同じ時を生きる」ことであり、隔離された異なった時の中にいないこと」［酒井　二〇〇一：二二三］である。恥と共在性に関する視点を前提として、酒井は次のように述べる。

私とあなたがお互いに開かれてある時、私はあなたのまなざしに暴露されている……返答すべきものとして私があなたに関わることが、共在性なのだから。あなたに対して開かれてあることは、だから、あなたに対して暴露されてあることであり、開かれてあることを拒絶して閉域をつくろうとする時、共在性の拒否に対する報復のように私は恥に襲われるのである。この限りで、恥は共在性に必ず伴う「情」である。それは主観的な感情では全くなく、私の存在がいかに他者に共存されているかを示す情動なのだ。人が開かれてある時、人は恥を待つ存在であり、いわゆる、通常の開かれた社会関係において、人は自分を他者によって恥を掻かせられるものとして想定し、恥を感ずる潜在性を基にして他者を受け入れるだろう。［酒井　二〇〇一：二二六］

「同じ時を生きる」とき、問責者と私の間には、応答の責務の相互性が生じてしまうのではないだろうか。［酒井　二〇〇一：二三二］

酒井の議論は、日本を対象としたものであり、ここで語られている恥という言葉がその文脈から自由なものではない、ということは記憶されるべきである。しかし、「恥とは情であり、閉鎖的な共同性を越えでていき、共在性を可視化するものである」という酒井の指摘を本書の文脈において受けとめるとすればどうだろう。チベット人になくてはならないものとして語られる恥に代表されるように、内外から向けられるまなざしを媒介として、難民社会の人びとは自己と他者の関係を形成してきた。そして、自己を難民社会の言説や制度のなかにうまくはめこむことのできないテンジンのような人が感じる居心地の悪さの一部は、まなざしへの意識が重要な位置を占めるチベット難民ハビトゥスに起因しているといえる。酒井の議論を敷衍すれば、居心地の悪さや葛藤を伝えるテンジンの実践とは、恥観念を支えるまなざしへの意識をひときわ重視するチベット難民社会という共同体を越えでて、私にもなにかしらの応答を迫るものであり、彼らと私の共在性を顕在化する。酒井のいうように恥が「私の存在がいかに他者に共存されているかを示す情動」であるならば、私と彼のあいだに生じた共在性は、自らの立ち位置に当惑するテンジンの語りを通して切り開かれたものである。

この共在性という共同性の生成が示しているのは、スピヴァクからキーワードを拝借するならば、「権利の概念を通じての社会的救済の思想」から「集合的な責任に基礎を置いた倫理のシステム」への移行が我々のあいだに生じている［スピヴァク　二〇〇三：一三三］、ということなのではないだろうか。ここで、秘密の出会いとしての倫理的単独性をめぐるスピヴァクの議論［二〇〇三：五四六］を参照するのは有益だろう。私たちがひとと深く関わるなかで、応答はその双方からやってくるものであることは自明視されている（応答責任＝説明責任）。しかしこの両者のあいだには、「何かが伝わっていない」という感じ（＝「秘密」）が常につきまとう。この秘密とは「隠そうとするなにかではなく、この単独性と応答責任と説明責任という関係のなかで必死に明かそうと思うなにかである」。こうしたスピヴァクの議論を強引に読めば、決して明らかになりえない秘密をめぐって尽きることなく言葉や交流が交わされることで共同性が生成し、反復されもするのだ。そして、この共同性を築くのに重要なのは、矛盾するようであるが、私たちが解消不能な差異を抱えているというそのことなのである。つまり、難民社会で醸造された恥やまなざしをめぐる言説や制度をテンジンが身体化し、私もまたまったく違った環境において言説や制度を身体化したうえで、フィールドという場において出会い、影響の相互交換をおこなったからこそ、私たちのあいだに共在性が生成されたのである。私たちは決して同一の存在になりえないからこそ、秘密をめぐってのやりとりが可能になるのだ。

テンジンが開いた共在性を明示する時空間は、私をいろいろな意味で揺さぶり、言葉ではいいあらわせないような「何か」を私に分有させることになった。そこに立ちあがったのは、身体と情動を媒介とした名づけえぬ共同性といえるかもしれない(8)。フィールドワークに代表される人との相互交渉の現場で生まれる（かもしれない）名づけえぬ共同性は、民主主義といった政治的立場や人道主義といった民主化促進イデオロギーによってもたらされるものと同一ではない。名づけえぬ共同性の形成においては、文化人類学者と地元民の友愛関係を表すラポールが暗に想定するような客観的に観察する理性的存在としての文化人類学者ではなく、情動的な存在としての私が呼びおこされるのである。そして、情動的な存在としての私は、応答責任を迫られる。では、どのような応答が可能なのだろうか。それは、記述を通して、名づけえぬ共同性をさらに開いていく作業以外ではありえないのではないか。そして、グローバルな資本が自己運動を通して増殖する国際社会の現実を生きることを強いられる私たちは、お互いのより実り多き生を実現するために、この共同性こそを育んでいく必要があるのではないか。

国際社会、という言葉が示すように、私たちは社会の存在を閉鎖的で自明なものとして想像することはもはや不可能である。もちろん、個々の社会がもたらす差別や排除といった暴力的な閉鎖性は消失していないが、チベット難民社会をめぐる本書の議論が示したように、社会は常に内外からの影響にさらされ、構築されている多孔的な存在でもある。そして、社会の外延部は「外部」と接するがゆえに相互交渉の場となり、名づけえぬ共同性が生成しうる一つの場となりうる。こうした共同性を考えるために、コミュニティの倫理生活としての側面に着目する田辺明生の「モラル社会」概念に私は着目したい。田辺によると、「モラル社会は、コミュニティにおける所与の道徳体系について語るためのものではなく、むしろ、変動する状況の中であるべき望ましい社会政治関係とは何かということを共通のトピックとして、人々が実践倫理的に対話し交渉する共通の場であり、その人倫についての相互交渉の場に注目するための概念であ」り、「倫理の文化ポリティクスが展開される「関係性の政治」の場を指す言葉である」［田辺　二〇一〇：四五五］。そして、モラル社会とは「共通のトピックの成立により立ち上がる共同態的関係性のネットワークが、実践的折衝の場を提供」［田辺　二〇一〇：四五六―四五七］する場である。このような田辺の議論を本書の議論へと換骨奪胎すれば、テンジンとの関係性を端緒とした共同性は「関係性の政治」として政治的な意味あいをもつ、といえないか。そうであるならば、こうした共同性は、難民社会のナショナリズムのあり方やそれへの関わり方を倫理的に問いただし、さらに、テンジンのような存在がどのように語りの場を確保して生きていくことができるかを我々が倫理的に考えるための足場となるといえるのではなかろうか。つまり、人びとのミクロな想像力に依拠するアパドゥライの「情操の共同体」［アパデュライ　二〇〇四：二六］や「ディアスポラの公共圏」［アパデュライ　二〇〇四：三二］、そしてギルロイの「もう一つの公共圏」［ギルロイ　二〇〇六］に関する議論は、「集合的な責任に基礎を置いた倫理のシステム」［スピヴァク　二〇〇三：一三三］の位相において思考しなおされねばならないのだ。これら圏域を成立させるのは関係性や「つながり」であり、この共同性においてイシューとなる政治が設定されねばならない(9)。

この議論に対し、「自分の直接の経験を特権化して共同性を論じていないか」「こうした記述は、経験者のみがその妥当性を設定できるのではないか」という指摘は当然予想される。そして、その指摘はある程度正しい。なぜなら、私の語る共同性は、私にしか経験されていないし、その経験から共同性にまつわる議論を展開しているからである。その点で、私は経験主義的かつ特権的な位置にいる。しかし、ひととは想像できる生き物である、と私は考える。現に、人道主義的な見地から支援をおこなっている人びとは、「チベット人の苦しみ」を想像するからこそ、行動に移すのではないか。ここにおいて、私の経験は、いわば読者の想像力を多様化するための一つの触媒である。私は、チベット難民をめぐる関係性を問いなおすための一つの媒介として、読者の想像力を開く装置として、本書を位置づけたいのだ。

もちろん、繰りかえすが、私たちとテンジンやチベット難民との安易な同一化は避けねばならない。安易な同一化によって私（たち）のあいだに広がっている途方もない規模の差異を矮小化してしまう危険は常にあり、自己満足の共同性の形成に陥ってしまう可能性すらあるからだ。[10] そして、私が述べる共同性が即効性をもってチベット難民の人びとと私たちの関係性を変えていく保証はどこにもない。だが、私たちの関係性のあり方を問うということは、チベットをめぐる今後の私たちの実践や世界をも変えていくことに繋がりうるのだ。たとえばテンジンのような人びとを見て情動を揺さぶられること、自己のなかに他者との共在性を確認し、自己と他者との関係性の問いなおしを考えること、それこそが、枠組みで共同性や異質性を分類する自他認識を放棄し、他者に対する想像力を開放するための第一歩になるし、これらの手順を踏んでこそ新しい関係のあり方が現実的なものとなりうるのだ。こうした可能性こそが、本書が民族誌としてテンジンと私のきわめて個人的な会話を描くことからアレゴリカルに描きだそうとしたことでもある。[11]

本書の記述は、テンジンの独白に対して決まりの悪さを感じ、答えられなかったことに対する遅まきながらの応答である。もちろん、テンジンに対する応答責任をこれできちんと果たせたかはわからない。本書は、私と彼のあいだに現前した「秘密」を言語化しようという試みだったのだろうし、もしそうであれば、「秘密」は明らかにされることがない以上、私はこれから先も、私たちのあいだにある「秘密」を明らかにしようと語りつづけることになるだろう。[12] 私たちと彼らのあいだの名づけえぬ共同性の輪を拡げるために。

註

（1） 粟飯原［二〇〇八］のほかにも、ジジェク［二〇〇八a、二〇〇八b］、丸川［二〇〇八：六七］やバーカー

[Barker 2007] が類似した議論を展開している。

（2） 二〇〇八年に『現代思想』で特集された「チベット騒乱」は、サブタイトルに「中国の衝撃」と銘打たれている。編集者の池上善彦は、編集後記にて「中国が好きか嫌いか、どう考えるべきかを考える以前にダイレクトに脳と心臓の隙間に侵入してくる途方もなさをなんとか志向する手がかりはどこにあるのだろうか。この途方もなさを手放さないで、しかし冷静に考える手がかりはどこにあるのか」[池上　二〇〇八：一八二] と書いており、彼の記述は問題の中心がチベットではないことを暗に示している。

（3） もちろん、民主主義や人権思想を伝播する西洋が行使する暴力性は批判的に捉えられるべきである。しかし、こうした批判は、歴史的かつ具体的な状況分析をおこなったうえでなされるべきである。大上段から西洋と第三世界の力関係を分析し、単に第三世界側のロジックを披瀝するだけでは現実の問題を何も解決しないうえに、「語れない」サバルタンを生みだすという点で、それは暴力的に作用しさえすると考える。ジジェクの議論はその最たる例である [二〇〇八 a、二〇〇八 b]。

（4） ジョンソンの記述 [二〇一一：三九〇―三九七] は、この主張を裏づけるものである。

（5） 「観察という言葉を使っていても、人類学者と原住民の関係は、基本的に認識論的な、観察される対象と観察を行う認識主観の関係に還元することはできないのである。それは、主観が対象からやってくる与件（データ）を受容した上で、対象の関与なしに、主観内で与件を再構成して知識を作り出すという、受動性と能動性が対象と主観の側にきっぱりと腑分けされた、認識論的な関係ではないのであって、ファビアンが共在性を語らなければならないのは、このような民族誌そのものの性格による」[酒井　二〇〇一：二二四]。

（6） 橘の描くミクロ存在論 [二〇〇九] は、共在性への巻きこみに端を発する存在の相互変化を、より立体的に記述する試みであるといえる。

（7） 分有に関しては植民暴力の分有を論じている中村の記述を参照。「そうした記憶と出来事は人に到来するものであり、それを見聞きする（又聞きする）者は、無能さと受動性において記憶を受け取り、分有してしまう」[中村　二〇一二：三五]。

（8） この共同性は上野と毛利のいう「情動的連帯」[上野・毛利　二〇〇二] とは異なるものである。抵抗に快楽や楽しみといった情動を見いだす彼らの文脈では、情動的連帯はパーティに参加する人びとが、「単に「国家」から離れようとするにとどまらず、「非国民」になろうとしている」[上野・毛利　二〇〇二：一七二]点で、きわめて主体的・選択的なものとなっている。私のいう情動的な共同性は、「選択の余地なく、結びついてしまう」何かである。それは暴力的に訪れるもので、時として苦悶をもたらすことすらありうる連帯となるだろう。

(9)「つながりの政治」をめぐる石坂の議論が参考になった[石坂　二〇一二]。

(10)「普遍のどんな主張も、文化規範から離れてなされるわけではない」[バトラー　二〇〇二：五五]。

(11) 民族誌とは一つのパフォーマンスであり、データの記述にとどまらず、喚起力のある物語としての働きをするものでもある、と考えるクリフォードは、民族誌記述に不可避に結びつけられるアレゴリー（註：文章が含む道徳的メッセージのようなもの）について以下のように語っている。「アレゴリーの承認は、民族誌が持つ政治的、道徳的な次元の問題を提出し、これらの問題が隠されるべきではなく、明示されるべきであることを示唆している」[クリフォード　一九九六：二二一]。「アレゴリーを承認することは、民族誌の書きと読みを潜在的に実り豊かに複雑化していくことである」[クリフォード　一九九六：二二二]。「アレゴリーの承認は、民族誌の読者と著者としての我々が、他者と、他者を通しての我々自身の体系的な構築に対する責任に直面し、かつその責任を取るように努力することを要求する」[クリフォード　一九九六：二二三]。

(12)「もし我々が、我々には調節できない物語りを語るように運命づけられているとしても、少なくとも我々が真実だと信じている物語りを語ろうではないか」[クリフォード　一九九六：二二三]。

参考文献

粟飯原文子　二〇〇八　「人権主義・人道主義の甘い罠――チベットからダルフールまで」『現代思想：特集　チベット騒乱――中国の衝撃』三六（九）：一〇二―一一六頁。

赤尾光春　二〇〇九　「追放から離散へ――現代ユダヤ教における反シオニズムの系譜」『ディアスポラから世界を読む』赤尾他編、四五―七九頁、明石書店。

赤尾光春・早尾貴紀編著、臼杵陽監修　二〇〇九　『ディアスポラから世界を読む――離散を架橋するために』明石書店。

アガンベン、G　二〇〇五　『バートルビー――偶然性について』高桑和巳訳、月曜社。

――　二〇一二　『到来する共同体』上村忠男訳、月曜社。

雨宮処凛・萱野稔人　二〇〇八　『「生きづらさ」について――貧困、アイデンティティ、ナショナリズム』光文社新書。

アパデュライ、A　二〇〇四　『さまよえる近代――グローバル化の文化研究』門田健一訳、平凡社。

アパドゥライ、A　二〇一〇　『グローバリゼーションと暴力――マイノリティーの恐怖』藤倉達郎訳、世界思想社。

阿部治平　二〇〇六　『もうひとつのチベット現代史――プンツォク＝ワンギェルの夢と革命の生涯』明石書店。

アベドン、J　一九九一　『雪の国からの亡命――チベットとダライ・ラマ半世紀の証言』小林秀英・三浦順子・梅野泉訳、地湧社。

アルチュセール、L　一九九三　「イデオロギーと国家のイデオロギー装置」柳内隆訳、『アルチュセールの〈イデオロギー〉論』九―一一一頁、三交社。

アンダーソン、B　一九九七　『想像の共同体――ナショナリズムの起源と流行　増補版』白石さや・白石隆訳、NTT出版。

池上善彦　二〇〇八　「編集後記」『現代思想：特集　チベット騒乱――中国の衝撃』三六（九）：一八二頁。

石坂晋哉　二〇一一　『現代インドの環境思想と環境運動――ガーンディー主義と〈つながりの政治〉』昭和堂。

石濱裕美子　二〇一〇　『世界を魅了するチベット――「少年キム」からリチャード・ギアまで』三和書籍。

――　二〇一一　『清朝とチベット仏教――菩薩王となった乾隆帝』早稲田大学出版部。

磯前順一　二〇〇七　『喪失とノスタルジア――近代日本の余白へ』みすず書房。

磯前順一・山本達也編　二〇一一　『宗教概念の彼方へ』法藏館。

岩崎　稔・長原　豊　二〇〇〇　「討議　共通の言葉はあるのか」『現代思想』二八（三）：二〇〇―二二三頁。

上野俊哉　一九九九　『ディアスポラの思考』筑摩書房。

――　二〇〇〇　「ディアスポラ」『現代思想』二八（三）：四四―四七頁。

――　二〇〇五　『アーバン・トライバル・スタディーズ――パーティ、クラブ文化の社会学』月曜社。

――　二〇一二　「ディアスポラ再考」『ディアスポラの力を結集する――ギルロイ・ボヤーリン兄弟・スピヴァク』赤尾光春・早尾貴紀編著、一五一―七〇頁、松籟社。

上野俊哉・毛利嘉孝　二〇〇二　『実践カルチュラル・スタディーズ』ちくま新書。

内田　樹　二〇〇三　『映画の構造分析――ハリウッド映画で学べる現代思想』晶文社。

内田隆三　二〇〇〇　「「故郷」というリアリティ」『故郷の喪失と再生』一三三―一七四頁、青弓社。

榎木美樹　二〇〇七　「亡命チベット人の国民統合――インドにおける中央チベット行政府の取り組みをめぐって」博士学位請求論文、龍谷大学に提出。

――　二〇一〇　『ブックレット〈アジアを学ぼう〉⑱インドの「闘う」仏教徒たち――改宗不可触民と亡命チベット人の苦難と現在』風響社。

大川謙作　二〇〇三　「チベットの領域をめぐって――チベット問題の中のエスニシティ」『南方文化』三〇：一一五―一六一頁。

大杉高司　一九九九　『無為のクレオール』岩波書店。

――　二〇〇一　「非同一性による共同性へ／において」『人類学的実践の再構築――ポストコロニアル転回以後』杉島敬志編、二七一―二九六頁、世界思想社。

太田好信　一九九三「文化の客体化――観光をとおした文化とアイデンティティの創造」『民族学研究』五七（四）：三八三―四一〇頁。
――　一九九八『トランスポジションの思想――文化人類学の再想像』世界思想社。
――　二〇〇一『民族誌的近代への介入――文化を語る権利は誰にあるのか』人文書院。
――　二〇〇五「いま、フィールドで何が起きているか――起きているかフィールド調査と民族誌についてのいくつかの疑問」『メイキング文化人類学』太田好信・浜本満編、一―一五頁、世界思想社。
――　二〇〇八『亡霊としての歴史――痕跡と驚きから文化人類学を考える』人文書院。
奥山直司　一九九六『チベット――マンダラの国』松本栄一写真、小学館。
小田　亮　一九九七a「ポストモダン人類学の代価――ブリコルールの戦術と生活の場の人類学」『国立民族学博物館研究報告』二一（四）：八〇七―八七五頁。
――　一九九七b「文化相対主義を再構築する」『民族学研究』六二（二）：一八四―二〇四頁。
――　一九九八「民衆文化と抵抗としてのブリコラージュ――ベナンダンティと沖縄のユタへのまなざし」『暴力の文化人類学』田中雅一編著、一八九―二一六頁、京都大学学術出版会。
――　二〇〇一「越境から、境界の再領土化へ――生活の場での〈顔〉のみえる想像」『人類学的実践の再構築』杉島敬志編、二九七―三二一頁、世界思想社。
――　二〇〇五「共同体という概念の脱／再構築――序にかえて」『民族学研究』六九（二）：二三六―二四六頁。
加藤典洋　一九九七『敗戦後論』講談社。
萱野稔人　二〇一一『新・現代思想講義　ナショナリズムは悪なのか』ＮＨＫ出版新書。
川喜田二郎　一九九二『鳥葬の国――秘境ヒマラヤ探検記』講談社学術文庫。
菊地　暁　二〇〇一『柳田国男と民俗学の近代――奥能登のアエノコトの二十世紀』吉川弘文館。
北中正和　二〇〇七「4.4.2　亡命者のポップ」『事典　世界音楽の本』徳丸吉彦、高橋悠治、北中正和、渡辺裕編、三四〇―三四四頁、岩波書店。
木名瀬高嗣　一九九七「表象と政治性――アイヌをめぐる文化人類学的言説に関する素描」『民族学研究』六二

（一）：一—二一頁。
木村　自　二〇〇九　「離散と集合の雲南ムスリム——ネイション・ハイブリディティ・地縁血縁としてのディアスポラ」『ディアスポラから世界を読む』赤尾他編、二二〇—二五七頁、明石書店。

ギルロイ、P　二〇〇六　『ブラック・アトランティック——近代性と二重意識』上野俊哉・鈴木慎一郎・毛利嘉孝訳、月曜社。

グラスドルフ、G　二〇〇四　『ダライ・ラマ——その知られざる真実』鈴木敏弘訳、河出書房新社。

久保忠行　二〇一〇　「難民の人類学的研究にむけて——難民キャンプの事例を用いて」『文化人類学』七五（一）：一四六—一五九頁。

クリフォード、J　一九九六　「民族誌におけるアレゴリーについて」『文化を書く』ジェイムズ・クリフォード、ジョージ・マーカス編、春日直樹・橋本和也・西川麦子・足羽与志子・多和田裕司・和邇悦子訳、一八三—二二六頁、紀伊國屋書店。

——　二〇〇二　『ルーツ——20世紀後期の旅と翻訳』毛利嘉孝・柴山麻妃・福住廉・有元健・島村奈生子・遠藤水城訳、月曜社。

——　二〇〇三　『文化の窮状——二十世紀の民族誌、文学、芸術』太田好信・慶田勝彦・清水展・浜本満・古谷嘉章・星埜守之訳、人文書院。

グロスバーグ、L編　一九九八　「ポストモダニズムとの接合について——スチュワート・ホールとのインタヴュー」甲斐聰訳、『現代思想：特集　スチュワート・ホール』二六（四）：二二—四三頁。

ゴドリエ、M　二〇一一　『人類学の再構築——人間社会とはなにか』竹沢尚一郎、桑原知子訳、明石書店。

ゴンポ・タシ　一九九三　『四つの河　六つの山脈——中国支配とチベットの抵抗』棚瀬慈郎訳、山手書房新社。

サイード、E　一九九三　『オリエンタリズム』上・下　今沢紀子訳、平凡社ライブラリー。

——　一九九八　『知識人とは何か』大橋洋一訳、平凡社ライブラリー。

酒井直樹　二〇〇一　「共感の共同体と空想の実践系——東アジアにおけるアメリカ合衆国の存在をめぐって」『現代思想』二九（九）：二一三—二三七頁。

ジジェク、S　二〇〇八a「中国はいかにして宗教を獲得したか」松本潤一郎訳、『現代思想：特集　チベット騒乱――中国の衝撃』三六（九）：一四―一七頁。

――　二〇〇八b「地上の楽園《シャングリラ》は（いら）ない」松本潤一郎訳、『現代思想：特集　チベット騒乱――中国の衝撃』三六（九）：一八―二二頁。

ジョンソン、T　二〇一一『チベットの祈り、中国の揺らぎ――世界が直面する「人道」と「経済」の衝突』辻仁子訳、英治出版。

末廣　幹　二〇〇〇「エイジェンシー」『現代思想』二八（三）：五二―五五頁。

菅原和孝　二〇〇四『ブッシュマンとして生きる――原野で考えることばと身体』中公新書。

鈴木慎一郎　二〇〇〇『レゲエ・トレイン――ディアスポラの響き』青土社。

スネルグローヴ、D&H・リチャードソン　二〇〇三『チベット文化史　新装版』奥山直司訳、春秋社。

スピヴァク、G　一九九八『サバルタンは語ることができるか』上村忠男訳、みすず書房。

――　一九九九「サバルタン・トーク」吉原ゆかり訳、『現代思想：特集　スピヴァク――サバルタンとは誰か』二七（八）：八〇―一〇〇頁。

――　二〇〇三『ポストコロニアル理性批判――消え去りゆく現在の歴史のために』上村忠男・本橋哲也訳、月曜社。

スローターダイク、P　一九九六『シニカル理性批判』高田珠樹訳、ミネルヴァ書房。

――　二〇〇一『大衆の侮蔑――現代社会における文化闘争についての試論』仲正昌樹訳、御茶の水書房。

曹　士才　一九九八「中国のエスニック・ツーリズム――少数民族の若者たちと民族文化」『中国21』三：四三―六八頁。

孫　歌　二〇〇八「「総合社会」中国に向き合うために」『現代思想：特集　チベット騒乱――中国の衝撃』三六（九）：四八―五八頁。

戴エイカ　一九九九『多文化主義とディアスポラ――*Voices from San Francisco*』明石書店。

タウワ、K編著、加世光子共編　二〇〇三『チベット語辞典――蔵日・日蔵』カワチェン。

高橋哲哉　一九九九『戦後責任論』講談社。
高橋悠治　二〇〇七「1.1.3　方向と中心」『事典　世界音楽の本』徳丸吉彦・高橋悠治・北中正和・渡辺裕編、二一一—二一五頁、岩波書店。
竹村嘉晃　二〇一二「神霊を生きる人びとの「現在」——南インド・ケーララ州のテイヤム祭祀の実践者たちをめぐる民族誌的研究」二〇一一年度大阪大学提出博士学位論文。
橘　健一　二〇〇九『〈他者／自己〉表象の民族誌——ネパール先住民チェパンのミクロ存在論』風響社。
田中公明　二〇〇二「チベット」『アジア新世紀〈3〉アイデンティティ——解体と再構成』青木保他編、一七一—一八二頁、岩波書店。
——　二〇〇〇『活仏たちのチベット——ダライ・ラマとカルマパ』春秋社。
田中雅一　二〇〇六「ミクロ人類学の課題」『ミクロ人類学の実践——エイジェンシー／ネットワーク／身体』田中雅一・松田素二編、一—三七頁、世界思想社。
——　二〇〇九「フェティシズム研究の課題と展望」『フェティシズム論の系譜と展望』（フェティシズム研究第一巻）田中雅一編、三—三八頁、京都大学学術出版会。
——　二〇一一「運命的瞬間を求めて——フィールドワークと民族誌記述の時間」『時間の人類学——情動・自然・社会空間』西井凉子編、一一五—一四〇頁、世界思想社。
棚瀬慈郎　二〇〇九『ダライラマの外交官ドルジーエフ——チベット仏教世界の20世紀』岩波書店。
田辺明生　一九九七「伝統の政治学——インド・オリッサでの武術競技会による国民文化の創造の試みとその波紋」『岩波講座文化人類学　第九巻　儀礼とパフォーマンス』青木保他編、一七五—二〇七頁、岩波書店。
——　二〇一〇『カーストと平等性——インド社会の歴史人類学』東京大学出版会。
田辺繁治　二〇〇三『生き方の人類学——実践とは何か』講談社現代新書。
ダライ・ラマ　二〇〇一『ダライ・ラマ自伝』山際素男訳、文春文庫。
チベット亡命政府情報・国際関係省　一九九九『チベット入門』南野善三郎訳、鳥影社。
陳光興　二〇一一『脱帝国——方法としてのアジア』丸川哲史訳、以文社。

辻村優英　二〇〇七「非暴力ともう一つのチベット問題」『人環フォーラム』二〇：五八―五九頁。

坪野和子　一九九一『チベットで深呼吸』凱風社。

――　二〇〇四「歌って踊って演技して――チベット歌劇アチェ・ラモを中心に」『チベットを知るための50章』石濱裕美子編著、一八六―一九一頁、明石書店。

デエ、L　二〇〇五『チベット史』今枝由郎訳、春秋社。

デランティ、G　二〇〇六『コミュニティ――グローバル化と社会理論の変容』山之内靖・伊藤茂訳、NTT出版。

ドゥルーズ、G　一九九二『差異と反復』財津理訳、河出書房新社。

ドネ、P・A　二〇〇九『チベット　受難と希望――「雪の国」の民族主義』山本一郎訳、岩波現代文庫。

冨山一郎　二〇〇二『暴力の予感――伊波普猷における危機の問題』岩波書店。

中岡成文　二〇一二『試練と成熟――自己変容の哲学（阪大リーブル34）』大阪大学出版会。

中村　平　二〇一二「「困難な私たち」への遡行――コンタクト・ゾーンにおける暴力の記憶の民族誌的記述」『コンタクト・ゾーンの人文学Ⅳ　ポストコロニアル』田中雅一編、三〇―五四頁、晃洋書房。

ナンシー、J　一九九九『声の分割（パルタージュ）』加藤恵介訳、松籟社。

――　二〇〇一『無為の共同体――哲学を問い直す分有の思考』西谷修・安原伸一朗訳、以文社。

野村正次郎　二〇〇四「自由と真実を求めて――チベット人たちのいま」『チベットを知るための50章』石濱裕美子編著、二七八―二八四頁、明石書店。

ノルブ、J・ペマ・ギャルポ　一九八七『中国と戦ったチベット人（チベット選書）』三浦順子訳、日中出版。

バーバ、ホミ・K　二〇〇九『ナラティヴの権利――戸惑いの生へ向けて』磯前順一、ダニエル・ガリモア訳、みすず書房。

橋本和也　一九九九『観光人類学の戦略――文化の売り方・売られ方』世界思想社。

――　二〇〇五『ディアスポラと先住民――民主主義・多文化主義とナショナリズム』世界思想社。

バトラー、J　一九九九『ジェンダー・トラブル――フェミニズムとアイデンティティの攪乱』竹村和子訳、青土社。

――　二〇〇〇「良心がわたしたち皆を主体にする――アルチュセールの主体化／隷属化」井川ちとせ訳『現代

思想：特集　ジュディス・バトラー――ジェンダートラブル以降』二八（一四）：八四―一〇三頁。

バトラー、J　二〇〇二「普遍なるものの再演――形式主義の限界とヘゲモニー」『偶発性・ヘゲモニー・普遍性――新しい対抗政治への対話』バトラー、J／ジジェク、S／ラクラウ、E編著、竹村和子、村山敏勝訳、二一一―六六頁、青土社。

――　二〇〇七『生のあやうさ――哀悼と暴力の政治学』本橋哲也訳、以文社。

バトラー、J／スピヴァク、G　二〇〇八『国家を歌うのは誰か？――グローバル・ステイトにおける言語・政治・帰属』竹村和子訳、岩波書店。

早尾貴紀・赤尾光春・浜邦彦・合田正人・上野俊哉・本橋哲也・鵜飼哲・田崎英明　二〇一二「討議　ディアスポラの力を結集する――ギルロイ・ボヤーリン兄弟・スピヴァク」『ディアスポラの力を結集する――ギルロイ・ボヤーリン兄弟・スピヴァク』赤尾光春・早尾貴紀編、一一一―二三六頁、松籟社。

林みどり　二〇〇一『接触と領有――ラテンアメリカにおける言説の政治』未来社。

バルト、F　一九九六「エスニック集団の境界――論文集『エスニック集団と境界』のための序文」『「エスニック」とは何か――エスニシティ基本論文選』青柳まちこ編・監訳、二三―七一頁、新泉社。

平野　聡　二〇〇四『清帝国とチベット問題――多民族統合の成立と瓦解』名古屋大学出版会。

廣松　渉　一九九〇『今こそマルクスを読み返す』講談社現代新書。

フーコー、M　一九七七『監獄の誕生――監視と処罰』田村俶訳、新潮社。

――　一九八六『性の歴史1　知への意志』渡辺守章訳、新潮社。

ブルーベイカー、R　二〇〇九「「ディアスポラ」のディアスポラ」赤尾光春訳、『ディアスポラから世界を読む』赤尾他編、三七五―四〇〇頁、明石書店。

ブルデュ、P　一九八八『実践感覚1』今村仁司・港道隆訳、みすず書房。

ブルデュー、P　一九九〇『ディスタンクシオン――社会的判断力批判Ⅰ・Ⅱ』石井洋二郎訳、藤原書店。

プロクター、J　二〇〇六『スチュアート・ホール』小笠原博毅訳、青土社。

ブロック、M　一九九四『祝福から暴力へ――儀礼における歴史とイデオロギー』田辺繁治・秋津元輝訳、法政大学出版局。
別所裕介　二〇一一　「「難民」と「国民」の狭間で――ネパール・ヒマラヤ圏における〝非-国民的〟なるものの行方。HiPeC Discussion Paper Series Vol. 10」。
ベネディクト、R　一九七二　『菊と刀――日本文化の型』長谷川松治訳、社会思想社。
ホール、S　一九九八a　「ニュー・エスニシティズ」大熊高明訳、『現代思想：特集　ステュアート・ホール――カルチュラル・スタディーズのフロント』二六（四）：八〇―八九頁。
――　一九九八b　「文化的アイデンティティとディアスポラ」小笠原博毅訳、『現代思想：特集　ステュアート・ホール――カルチュラル・スタディーズのフロント』二六（四）：九〇―一〇三頁。
ホブズボウム、E／T・レンジャー編　一九九二　『創られた伝統』前川啓治・梶原景昭他訳、紀伊國屋書店。
前川啓治　一九九七　「文化の構築――接合と操作」『民族学研究』六一（四）：六一六―六四二頁。
正木　晃　二〇〇八　『裸形のチベット――チベットの宗教・政治・外交の歴史』サンガ新書。
真島一郎　二〇〇一　「書評　太田好信著『叢書文化研究１　民族誌的近代への介入――文化を語る権利は誰にあるのか』」『民族学研究』六六（二）：二六六―二七〇頁。
松岡正剛　二〇〇五　『フラジャイル――弱さからの出発』ちくま学芸文庫。
松田素二　一九九六　『都市を飼い慣らす――アフリカの都市人類学』河出書房新社。
――　一九九九　『抵抗する都市――ナイロビ　移民の世界から』岩波書店。
――　二〇〇六　「セルフの人類学に向けて――遍在する個人性の可能性」『ミクロ人類学の実践――エイジェンシー／ネットワーク／身体』田中雅一・松田素二編、三八〇―四〇五頁、世界思想社。
松田素二・古川　彰　二〇〇三　「観光と環境の社会理論――新コミュナリズムへ」『観光と環境の社会学』古川彰・松田素二編、二一一―二四五頁、新曜社。
丸川哲史　二〇〇八　「現代中国周辺問題の基本構造――チベットと台湾の間から」『現代思想：特集　チベット騒乱――中国の衝撃』三六（九）：五九―七五頁。
水野光朗　二〇〇〇　『チベットの法的地位とシムラ会議（一九一三―一九一四年）』文部省科学研究費・特定領域研究

（A）「南アジア世界の構造変動とネットワーク」ディスカッションペーパー。
三宅伸一郎・石山奈津子訳　二〇〇八　『天翔ける祈りの舞　チベット歌舞劇――アチェ・ラモ三話』臨川書店。

武者小路公秀監修　二〇〇五　『ディアスポラを越えて――アジア太平洋の平和と人権』国際書院。

メルッチ、A　一九九七　『現在に生きる遊牧民（ノマド）――新しい公共空間の創出に向けて』山之内靖・貴堂嘉之・宮崎かすみ訳、岩波書店。

山口瑞鳳　一九八七　『チベット（上）』東京大学出版会。

――　一九八八　『チベット（下）』東京大学出版会。

山本達也　二〇〇四　「ディアスポラのパフォーマンス――インド・ダラムサラ在住の Tibetan Institute of Performing Arts を事例に」修士論文。京都大学大学院人間環境学研究科へ提出。

――　二〇〇五　「ディアスポラの文化表象――北インド・ダラムサラ在住チベット難民舞踊集団を事例に」『人文学報』九二：一九五―二二六頁。

――　二〇〇七　「接触領域としての現代的チベット音楽――CD制作の現場から」『コンタクトゾーン』創刊号、九一―一一六頁。

――　二〇〇八a　「ダラムサラで構築される「チベット文化」――チベット歌劇ラモと祭典ショトンをめぐる記述と言説を通して」『文化人類学』七三（一）：四九―六九頁。

――　二〇〇八b　「北インド・ダラムサラ在住チベット難民舞踊集団の伝統概念の検討――生成の語りと喪失の語り論争をめぐって」『人文学報』九七：九五―一二四頁。

――　二〇〇九　「伝統／現代を生きるディアスポラ――北インド・ダラムサラのチベット難民舞踊集団TIPAを事例に」博士学位申請論文。京都大学大学院人間・環境学研究科へ提出。

――　二〇一一a　「伝統に携わる――チベット難民芸能集団の現在」INDASワーキングペーパー。

――　二〇一一b　「音楽をつくる――現代的チベット音楽の制作現場」『コンタクト・ゾーンの人文学Ⅰ　問題系』田中雅一・船山徹編、一三二―一五〇頁、晃洋書房。

尹　海東　二〇〇二　「植民地認識の「グレーゾーン」――日帝下の「公共性」と規律権力」藤井たけし訳、『現代思

想：特集　公共圏の発見』三〇（六）：一三二―一四七頁。
吉岡政徳　二〇〇五　『反・ポストコロニアル人類学――ポストコロニアルを生きるメラネシア』風響社。
ロウ、L　一九九六　「アジア系アメリカ――異質性・雑種性・複数性」浜邦彦訳、『思想』（八五九）：二二二―二四九頁。
汪　暉　二〇一一　『世界史のなかの中国――文革・琉球・チベット』石井剛・羽根次郎訳、青土社。

Ahmed, S. J. 2006 "Tibetan Folk Opera: *Lhamo* in Contemporary Cultural Politics." *Asian Theatre Journal* 23(1): 149–178.

Alam, J. 2000 *Tibetan Society in Exile*. Delhi: Raj Publication.

Anand, D. 2002 "A Guide to Little Lhasa: The Role of Symbolic Geography of Dharamsala in Constructing Tibetan Diaspora Identity." In *Tibet, Self, and The Tibetan Diaspora: Voices of Difference*. P. C. Klieger (ed.), pp. 19–38. Leiden: Brill.

——— 2006 "The Tibet Question and the West: Issues of Sovereignity, Identity, and Representation." In *Contemporary Tibet: Politics, Development, and Society in a Disputed Region*. Barry Sautman and June T. Dreyer (eds.), pp. 285–304. New Delhi: Pentagon Press.

——— 2007 *Geopolitical Exiotica: Tibet in Western Imagination*. London: University of Minnesota Press.

——— 2010 "Beyond Tibet." In *Diasporas: Concepts, Intersections, Identities*. K. Knott and S. McLoughlin (eds.), pp. 211–216. London: Zed Books.

Ardley, J. 2002 *The Tibetan Independence Movement: Political, Religious and Gandhian Perspectives*. London: Routledge Curzon.

Attisani, A. 2000 "A Proposal for Interdisciplinary Collaboration in the Study of A ce lha mo." *The Tibet Journal* 25(2): 2–28.

Aziz, Barbara Nimri. 1978 *Tibetan Frontier Families: Reflections of Three Generations from D'ing-ri*. New Delhi: Vikas

Publishing House.

Barker, M. 2007 "Democratic Imperialism: Tibet, China, and the National Endowment for Democracy." (http://www.globalresearch.ca/PrintArticle.php?articleId=6530 2012年10月22日閲覧)

Barnett, R. 2001 "'Violated Specialness': Western Political Representations on Tibet." In *Imagining Tibet: Perceptions, Projections, and Fantasies*. T. Dodin and H. Räther (eds.), pp. 269–316. Boston: Wisdom Publications.

——— 2009 "Introduction." In *The Struggle for Tibet*. Wang Lixiong and Tsering Shakya (eds.), pp. 1–33. New Delhi: Verso.

Bentz, A. S. 2009 "Tibetan Refugees in India, or How Diaspora Politics Can Be Influenced by an Omnipresent Host Country." In *Contemporary Visions in Tibetan Studies*. B. Dotson, K. N. Gurung, G. Halkias, and T. Matt (eds.), pp. 93–112. Chicago: Serindia Publications.

Bishop, P. 1989 *The Myth of Shangri-La: Tibet, Travel Writing, and the Western Creation of a Sacred Landscape*. Berkeley: University of California Press.

Booth, G. 2008 *Behind the Curtain: Making Music in Mumbai's Film Studios*. London: Oxford University Press.

Brox, T. 2006 "Tibetan Culture as a Battlefield: How the Term 'Tibetan Culture' is Utilized as a Political Strategy." In *Buddhismus in Geschichte und Gegenwart: Gewalt und Gewaltlosigkeit im Buddhismus*. vol. x, pp. 85–105. Hamburg: Universität Hamburg. Abt. für Kultur und Geschichte Indiens und Tibets.

Bureau of H. H. The Dalai Lama. 1969 *Tibetans in Exile 1959–1969: 10 years in India*. Dharamsala: Bureau of H. H. The Dalai Lama.

Butler, A. 2003 *Feminism, Nationalism, and Exiled Tibetan Women*. New Delhi: Kali for Women.

Calkowski, Marcia S. 1991 "A Day at the Tibetan Opera: Actualized Performance and Spectacular Discourse." *American Ethnologist* 18: 643–657.

——— 1997 "The Tibetan Diaspora and the Politics of Performance." In *Tibetan Culture in the Diaspora*. F. J. Korom (ed.), pp. 51–58. Wien: Austrian Academy of Science Press.

Choedon, Y. 2000 "Issue of Tibetan Nationalism and Tibetan Identity." In *Tibet, Past and Present*. H. Blezer (ed.), pp. 361–386. Leiden: Brill.

Conquergood, D. 1991 "Rethinking Ethnography: Towards a Critical Cultural Politics." *Communication Monographs* 58 (2): 179–194.

CTA 2010 *Demographic Survey of Tibetans in Exile-2009*. Dharamsala: CTA.

Dahlstrom, A. T. 2005 "Belonging in Nowhere Land." In *No Peace, No War: An Anthropology of Contemporary Armed Conflicts*. P. Richards (ed.), pp. 173–192. Oxford: James Currey.

Dargyay, E. K. 1982 *Tibetan Village Communities: Structure and Change*. New Delhi: Vikas Publishing House.

Datta, K. & Chakraborty, R. 2001 "Freedom in exile: the Tibetan refugees of India in pursuit of right and identity." In *Refugees and Human Rights*. K. R. Roy (ed.), pp. 256–269. New Delhi: Rawat Publications.

Department of Information and International Relations 2011 *Introduction to the Central Tibetan Administration*. Dharamsala: Department of Information and International Relations.

DeVoe, D. 1987 "Keeping Refugee Status: A Tibetan Perspective." In *People in Upheaval*. S. Morgan and E. Colson (eds.), pp. 54–65. New York: Center for Migration Studies.

——— 2004 "Tibetans in India." In *Encyclopedia of Diasporas: Immigrant and Refugee Cultures Around the World*. M. Ember, C. R. Ember and I. Skoggard (eds.), pp. 1119–1129. New York: Springer.

Dhondup, Y. 2008 "Dancing to the Beat of Modernity: The Rise and Development of Tibetan Pop Music." In *Tibetan Modernities: Notes from the Field on Cultural and Social Change*. R. Barnett and R. Schwartz (eds.), pp. 285–304. Leiden: Brill.

Diehl, K. 1997 "When Tibetan Refugee Rock, Paradigms Roll: Echoes from Dharamsala's Musical Soundscape." In *Constructing Tibetan Culture: Contemporary Perspectives*. F. J. Korom (ed.), pp. 122–159. Quebec: World Heritage Press.

——— 2002 *Echoes from Dharamsala: Music in the Life of a Tibetan Refugee Community*. Berkeley: University of

California Press.

Diehl, K. 2004 "Music of the Tibetan Diaspora." *Himalaya, the Journal of the Association for Nepal and Himalayan Studies* 24 (1 & 2): 7–13.

Dorjee, L. 1984 "Lhamo: The Folk Opera of Tibet." *The Tibet Journal* 9 (2): 13–22.

Dreyfus, G. 2002 "Tibetan Religious Nationalism: Western Fantasy or Empowering Vison?" In *Tibet, Self, and The Tibetan Diaspora: Voices of Difference*. P. C. Klieger (ed.), pp. 37–56. Leiden: Brill.

——— 2005 "Are We the Prisoners of Shangrila?: Orientalism, Nationalism, and the Studies of Tibet." *Journal of the International Association of Tibetan Studies* 1: 1–21.

Dunham, M. 2004 *Buddha's Warriors: The Story of the CIA-Backed Tibetan Freedom Fighters, the Chinese Communist Invasion, and the Ultimate Fall of Tibet*. Delhi: Penguin Books.

Fabian, J. 1983 *Time and the Other: How Anthropology Makes its Object*. New York: Columbia University Press.

——— 1999 "Theater and Anthropology, Theatricality and Culture." *Research in African Literatures* 30(4): 24–31.

Frith, S. 1987 "Towards an Aesthetics of Popular Music." In *Music and Society: The Politics of Composition, Performance, and Reception*. R. Leppert and S. McClary (eds.), pp. 133–150. Cambridge: Polity Press.

Gandhi, L. 2006 *Affective Communities: Anticolonial Thought, Fin-De-Siècle Radicalism, and the Politics of Friendship*. Durham: Duke University Press.

Geertz, C. 1973 *The Interpretation of Cultures*. New York: Basic Books.

Goldstein, M. 1982 "Lhasa Street Songs: Political and Social Satire in Traditional Tibet." *The Tibet Journal* 7(1 & 2): 56–66.

——— 1997 *The Snow Lion and the Dragon: China, Tibet and the Dalai Lama*. Berkeley: University of California Press.

Goldstein, M. & M. Kapstein 1998 *Buddhism in Contemporary Tibet: Religious Revival and Cultural Identity*. Berkeley: University of California Press.

Grunfeld, A. T. 2006 "Tibet and the United States." In *Contemporary Tibet: Politics, Development, and Society in a Disputed Region.* Barry Sautman and June T. Dreyer (eds.), pp. 319–349. New Delhi: Pentagon Press.

Gupta. M. 2005 *Social Mobility and Change among Tibetan Refugees.* New Delhi: Raj.

Gurawa, A 2009 *Tibetan Diaspora: Buddhism and Politics.* New Delhi: National book organization.

Gyatso, J. & H. Havnevik. 2005 "Introduction." In *Women in Tibet.* J. Gyatso and H. Havnevik (eds.), pp. 1–25. New York: Columbia University Press.

Handler, R. 1984 "On Sociocultural Discontinuity: Nationalism and Cultural Objectification in Quebec." *Current Anthropology* 25(1): 55–71.

——— 1988 *Nationalism and the Politics of Culture in Quebec.* Wisconsin: The University of Wisconsin Press.

Harris, C. 1997 "Struggling with Shangri-La: A Tibetan Artist in Exile." In *Constructing Tibetan Culture: Contemporary Perspectives.* F. J. Korom (ed.), pp. 160–177. Quebec: World Heritage Press.

——— 1999a *In the Image of Tibet: Tibetan Painting after 1959.* London: Reaktion Books.

——— 1999b "Imaging Home: The Reconstruction of Tibet in exile." *Forced Migration Review* (6): 13–15.

Henrion-Dourcy, I. 2001 "Introduction." *Lungta* (15): 3–7.

——— 2005 "Women in the Performing Arts: Portraits of Six Contemporary singers." In *Women in Tibet.* J. Gyatso and H. Havnevik (eds.), pp. 195–258. New York: Columbia University Press.

Hess, J. 2006 "Statelessness and the State: Tibetans, Citizenship, and Nationalist Activism in a Transnational World." *International Migration* 44(1): 79–103.

——— 2009 *Immigrant Ambassadors: Citizenship and Belonging in the Tibetan Diaspora.* California: Stanford University Press.

Huber, T. 1997 "Green Tibetans: A Brief Social History." In *Tibetan Culture in the Diaspora.* F. J. Korom (ed.), pp. 103–119. Wien: Austrian Academy of Science Press.

——— 2001 "Shangri-la in Exile: Representations of Tibetan Identity and Transnational Culture." In *Imagining Tibet:*

Perceptions, Projections, and Fantasies. T. Dodin and H. Räther (eds.), pp. 357–371. Boston: Wisdom Publications.

Information Office of His Holiness the Dalai Lama. 1981 *Tibetans in Exile: 1959–1980.* Dharamsala: Central Tibetan Secretariat.

Josayma, Cynthia B. 1986 "Zhoton." *Tibetan Review* (December): 12–16.

Kharat, R. 2003 *Tibetan Refugees in India.* New Delhi: Kaveri Books.

Klieger, P. Christiaan. 1997 "Shangri-la and Hyperreality: A Collision in Tibetan Refugee Expression." In *Tibetan Culture in the Diaspora.* F. J. Korom (ed.), pp. 59–68. Wien: Austrian Academy of Science Press.

——— 2002 "Engendering Tibet: Power, Self, and Change in the Diaspora." In *Tibet, Self, and The Tibetan Diaspora: Voices of Difference.* P. C. Klieger (ed.), pp. 139–154. Leiden: Brill.

Kolas, A. 1996 "Tibetan Nationalism: The Politics of Religion." *Journal of Peace Research* 33(1): 51–66.

Lau, T. 2009 "Tibetan Fears and Indian Foes: Fears of Cultural Extinction and Antagonism as Discursive Strategy." *Explorations in Anthropology* 9(1): 81–90.

——— 2010 "The Hindi Film's Romance and Tibetan Notions of Harmony: Emotional Attachements and Personal Identity in the Tibetan Diaspora in India." *Journal of Ethnic and Migration Studies* 36(6): 967–987.

Lopez, D. S. Jr. 1998 *Prisoners of Shangri-La: Tibetan Buddhism and the West.* Chicago: University of Chicago Press.

Mackerras, C. 1999 "Tradition and Modernity in the Performing Arts of the Tibetan." *International Journal of Social Economics* 26(1 & 2 & 3): 58–78.

Magnusson, J. 2012 "Tibetan Refugees as Objects of Development: Indian Development Philosophy and Refugee Resistance in the Establishment of Lukzung Samdrupling, The First Tibetan Refugee Settlement in India." In *Development Transitions: Land, Labor and Social Policy in Tibet.* K. Bauer, G. Childs, S. Craig, and A. Fischer (eds.), pp. 247–273. Kathmandu: Himal Books.

Malkki, L. 1992 "National Geographic: The Rooting of Peoples and the Territorialization of National Identity among Scholars and Refugees." *Cultural Anthropology* 7(1): 24–44.

——— 1995 *Purity and Exile: Violence, Memory, and National Cosmology among Hutu Refugees in Tanzania.* Chicago: University of Chicago Press.

McGranahan, C. 2005 "Truth, Fear, and Lies: Exile Politics and Arrested Histories of the Tibetan Resistance." *Cultural Anthropology* 20(4): 570–600.

——— 2010 *Arrested Histories: Tibet, the CIA, and Memories of a Forgotten War.* Durham: Duke University Press.

McLagan, M. 1996 *Mobilizing for Tibet: Transnational Politics and Diaspora Culture in the Post-Cold War Era.* UMI Dissertation Services.

——— 1997 "Mystical Visions in Manhattan: Deploying Culture in the Year of Tibet." In *Tibetan Culture in the Diaspora.* F. J. Korom (ed.), pp. 69–90. Wien: Austrian Academy of Science Press.

——— 2002 "Spectacles of Difference: Cultural Activism and the Mass Mediation of Tibet." *Media Works: Anthropology on New Terrain.* F. Ginsburg, L. Abu-Lughod, and B. Larkin (eds.), pp. 90–111. Berkeley: University of California Press.

Moran, P. 2004 *Buddhism Observed: Travelers, Exiles and Tibetan Dharma in Kathmandu.* London: Routledge.

Mountcastle, A. 1994 "The Construction of a Tibetan Identity: Women's Practices and Global Process." *Rangzen Magazine*: 128–142.

——— 1997 "Reframing Refugees: The Power of Tibetan Identity." *Collegium Anthropologicum* 21(2): 585–593.

——— 2006 "The Question of Tibet and the Politics of the "Real"." In *Contemporary Tibet: Politics, Development, and Society in a Disputed Region.* Barry Sautman and June T. Dreyer (eds.), pp. 85–106. New Delhi: Pentagon Press.

Namgyal, T. 2006 *Little Lhasa: Reflections on Exiled Tibet.* Mumbai: Indus Source Book.

Norbu, D. 1997 "Tibet in Sino- Indian relations: The Centrality of Marginality." *Asian Survey* 37(11): 1078–1095.

——— 2001 "Refugees from Tibet: Structural Causes of Successful Settlements." In *Refugees and Human Rights.* K. R. Roy (ed.), pp. 199–235. New Delhi: Rawat Publications.

Norbu, J. 1972 "Lhamo: The Opera of Tibet." *Tibetan Review* (May):ページ不詳。

Norbu, J. 1986 "Introduction: The Role of the Performing Arts in Old Tibetan Society." In *Zlos-Gar: Performing Traditions of Tibet.* Jamyang Norbu (ed.), New Delhi: Library of Tibetan Works and Archives.

——— 2001 "The Wandering Goddess: Sustaing the Spirit of Ache Lhamo in the Exile Tibetan Capital." *Lungta* (15): 142–158.

Nowak, M. 1984 *Tibetan Refugees: Youth and the New Generation of Meaning.* New Brunswick: Rutgers University Press.

Ortner, S. 1992 *High Religion: A Cultural and Political History of Sherpa Buddhism.* Delhi: Motilal Banarsidass Publishers.

——— 2006 *Anthropology and Social Theory: Culture, Power, and the Acting Subject.* Durham: Duke University Press.

Palakshappa, T. C. 1978 *Tibetans in India: A Case Study of Mundgod Tibetans.* New Delhi: Sterling Publishers.

Pearlman, E. 2002 *Tibetan Sacred Dance: A Journey into the Religious and Folk Traditions.* Hong Kong: Inner Traditions.

Pollock, D. 1998 "Performing Writing." In *The Ends of Performance.* Peggy Phelan and Jill Lane (eds.), pp. 73–103. New York: New York University Press.

Pratt, Mary L. 1992 *Imperial Eyes: Travel Writing and Transculturation.* London: Routledge.

Prost, A. 2006 "The Problem with 'Rich Refugees' Sponsorship, Capital, and the Informal Economy of Tibetan Refugees." *Modern Asian Studies* 40(1): 233–253.

Richardson, Hugh E. 1986 "Memories of Shoton." In *Zlos-Gar: Performing Traditions of Tibet.* Jamyang Norbu (ed.), pp. 7–12. New Delhi: Library of Tibetan Works and Archives.

Rigzin, T. 1993 *Festivals of Tibet.* New Delhi: Library of Tibetan Works and Archives.

Roemer, S. 2008 *The Tibetan Government in Exile: Politics at large.* Abingdon: Routledge.

Ross, J. 1995 *Lhamo: Opera from the Roof of the World.* New Delhi: Paljor Publication.

Russel, J. 2000 *Dharamsala: Tibetan Refuge.* New Delhi: Roli Books.

Saklani, G. 1984 *The Uprooted Tibetans in India: A Sociological Study of Continuity and Change.* New Delhi: Cosmo

Publications

Samdhong Rinpoche 1999 *Selected Writings and Speeches: A Collection of Selected Writings and Speeches on Buddhism and Tibetan Culture*. Sarnath: Almuni of Central Institute of Higher Tibetan Studies.

Samten, L. 2001 "Script of the Exordium of the Hunters, the Bringing down of Blessing of the Princes, the Songs and Dances of the Goddesses, and the Auspicious Conclusion." *Lungta* (15): 61–96.

Samuel, G. 1993 *Civilized Shamans: Buddhism in Tibetan Societies*. Washington, D.C.: Smithsonian Institution Press.

Santianni, M. 2003 "The Movement for a Free Tibet: Cyberspace and the Ambivalence of Cultural Translation." In *The Media of Diaspora*. K. Karim (ed.), pp. 189–202. London: Routledge.

Schell, O. 2000 *Virtual Tibet: Searching for Shangri-La from the Himalayas to Holywood*. New York: Owl Books.

Schuh, D. 2001 "The Actor in the Tibetan *Lha-mo* Theater." *Lungta* (15): 97–118.

Schwertz, R. 1994 *Circle of Protest: Political Ritual in the Tibetan Uprising*. New York: Columbia University Press.

Shakya, T. 1999 *The Dragon in the Land of Snows: A History of Modern Tibet since 1947*. New York: Columbia University Press.

Snyder, J. 1979 "Preliminary Study of the Lhamo." *Asian Music* 10(2): 23–62.

Subba, T. B. 1990 *Flight and Adaptation: Tibetan Refugees in the Darjeeling-Sikkim Himalaya*. Dharamsala: Library of Tibetan Works and Archives.

The Tibet Museum 2008 *Tibet's Journey in Exile*. Dharamsala: Department of Information and International Relations Central Tibetan Administration.

Thomas, N. 1991 *Entangled Objects: Exchange, Material Culture, and Colonialism in the Pacific*. Massachusetts: Harvard University Press.

Tibetan Review 1999 "Editorial: Tibetan Exile Comes of Age." *Tibetan Review* 34(10): 2.

Tibetan World 2004 "Interview with Tsering Gyurmey." *Tibetan World* (12): 30–33.

TIN 2004 *Unity and Discord. Music and Politics in Contemporary Tibet*. London: Tibet Information Network.

TIPA 1982 *Dranyen*. Tibetan Institute of Performing Arts (6). TIPA 会報誌。

——— 1984 *Dranyen*. Tibetan Institute of Performing Arts (8). TIPA 会報誌。

——— 1993 *Special Shoton (Opera) Festival* 17–21 April, 1993 (bod kyi zho ston dus chen) ＴＩＰＡのパンフレット。

——— 1996 *Shoton '96*. Tibetan Institute of Performing Arts.

Tsering, N. 1999 *Ache Lhamo is my life*. Vienna: Legenda.

Tsering, T. 2001 "Reflections on Thang stong rgayl po as the Founder of the A lce Lhamo Tradition of Tibetan Performing Arts." *Lungta* (15): 36–60.

Tsewang, P. 2003 "Government in Exile." In *Exile as Challenge: The Tibetan Diaspora*. D. Bernstorff and Hurbertus Von Welck (eds.), pp. 125–149. Hyderabad: Orient Longman Private Limited.

Turner, T. 1991 "The Social Dynamics of Video Media in indigenous Society: The Cultural Meaning and Personal Politics of Video-making in Kayapo Communities." *Visual Anthropology Review* 7(2): 68–76.

Wang Lixing & T. Shakya 2009 *The Struggle for Tibet*. London: Verso.

Vahali, H. O. 2009 *Live in Exile: Exploring the inner world of Tibetan Refugees*. New Delhi: Oxford University Press.

Van den Dool, P. 2009 "Diversity and Unity in Exile: Nationalism and Cultural Compromise in the Tibetan Diaspora." Master Thesis for the Masters in Cultural Anthropology: University Utrecht.

Venturino, S. 1997 "Reading Negotiations in Tibetan Diaspora." In *Constructing Tibetan Culture: Contemporary Perspectives*. F. J. Korom (ed.), pp. 98–121. Quebec: World Heritage Press.

Yeh, E. 2002 "Will the Real Tibetan Please Stand Up!: Identity Politics in the Tibetan Diaspora," In *Tibet, Self, and The Tibetan Diaspora: Voices of Difference*. P. C. Klieger (ed.), pp. 229–254. Leiden: Brill.

——— 2007 "Exile Meets Homeland: Politics, Performance, and Authenticity in the Tibetan Diaspora." *Environment and Planning D: Society and Space* 25: 648–667.

Yeh, E. & Kunga 2006 "Hip-hop Gangsta or most deserving of Victims?: Transnational Migrant Identities and the Paradox of Tibetan Racialization in the USA." *Environment and Planning A* 38: 809–829.

インターネット

小野田俊蔵　チベットの擦弦楽器ピワン
　http://www.bukkyo-u.ac.jp/mmc01/onoda/works/piwang.pdf（二〇一二年六月十八日閲覧）
小野田俊蔵　チベットの撥弦楽器ダムニェンの奏法と演奏曲
　http://www.bukkyo-u.ac.jp/mmc01/onoda/works/essay_j9.html（二〇一二年六月十八日閲覧）
トラベル世界株式会社　ホームページ
　http://travelsekai.com/tour/tourDetail.php?tour_id=549（二〇〇八年一月二十日閲覧）
Everest Trekking home page
　http://www.everesttrekking.com/tibet/ShotonFestival.html（二〇〇八年一月二十日閲覧）
Government of India
　http://www.censusindia.gov.in/PopulationFinder/Sub_Districts_Master.aspx?state_code=02&district_code=02（二〇一一年五月十四日閲覧）
National Endowment for Democracy
　http://www.tibethouse.jp/news_release/2010/100219_accolade.html および http://ned.org/node/195（二〇一一年十月二十二日閲覧）および http://ned.org/node/1451（二〇一一年十二月二十六日閲覧）
Phayul.com home page
　www.phayul.com（二〇〇八年一月二十日閲覧）

あとがき

ダラムサラとの付きあいも、今年で十年を超えた。振りかえるとあっという間であるが、実際に過ごした時間はきわめて密度の濃いものであったと思う。ある時は四月頃からやってくる焼けつくような日差しを憎み、またある時は止まない雨季の雨に絶望し、結果、この町に嫌気がさしたこともあった。チベット語を学びはじめたばかりの苦しい時期には「デリーやバラナシに逃げたい」と酒に溺れ、『地球の歩き方』を読みふけり、妄想の旅行を楽しむなどして何度現実から逃避したことか。それでもほぼ毎年ダラムサラに来て、数カ月程度の調査をしていることを考えれば、何かしらの魅力が自分には感じられるのだろう。その魅力の出所は環境なのか、ここに住む人なのか、それともその両方なのか。

思えば、ダラムサラで多くの友人に出会い、また、多くの友人がダラムサラを去っていった。私が初めてダラムサラに来た時に出会った人びとのどれだけがこの町に今も残っているだろうか。おそらく、十人に満たないのではないだろうか（日本人の方は除く）。ダラムサラに来るたびに知人はどんどん減っていき、知らない顔が増える一方であるが、いつしかそういった人びともまた知人になり、またこの町を去っていく。ヒンディー語で「巡礼宿」を意味するダラムサラという名を冠したこの町は、人びとにとって安住の地を提供するのではなく、次のステップに進むための場所でしかないかのようである。

本書が描いてきたＴＩＰＡは一九五九年にカリンポンで結成され、一九六〇年にこの町に拠点を置いて以降、文化をめぐる活動に邁進してきた。とはいえ、どっしりと腰を据えて山の中腹に鎮座する建物とは対照的に、人びとは循環する。一人また一人と海外に移住していき、その代わりにまた新しい演者たちがやってくる。まるでダラムサラの縮図であるかのようだ。私がＴＩＰＡに住みこんでいた頃の友人は年々減少し、「新顔」たちが、そこにいるのが当たり前のように歩きまわっている。そして、私が顔を認識していない人が逆に私を認識していて、そういう人に急に名前を呼ばれるとびっくりする。こんな時、「ああ、知りあいが減ったなぁ」と実感し、少し寂しさを覚える。それでも、私にとってＴＩＰＡの存在こそがダラムサラに来る大きな理由の一つとなっている。

ダラムサラでの私の記憶の大半を構成するのがＴＩＰＡでの日々であり、いってしまえば、ほぼイコール関係でもある。拙いながらもチベット語を身につけたのはＴＩＰＡでであり、チベット人との付きあい方を学んだのもＴＩＰＡでであった。本書はその記憶を紐解いて、なんとか言語化を試みたものである。演者の友人たちと過ごした日々を振りかえってみると、言葉で語りきれない経験（「秘密」）が多いことに圧倒されるばかりだが、その一端でも読者の皆さんに伝えることができていれば、そして、これまでと違ったチベット難民社会の現状を少しでも伝えることができていれば自分としては満足である。

本書は博士学位申請論文「伝統／現代を生きるディアスポラ――北インド・ダラムサラのチベット難民舞踊集団ＴＩＰＡを事例に」をもとに大幅に加筆・訂正を施したものである。博士論文においては、指導教員である田中雅一教授、菅原和孝教授、山田孝子教授、松村圭一郎現立教大学准教授、そして副査の橋本和也京都文教大学教授、田辺明生教授から有益なご批判・コメントをいただいた。特に、田中先生には現在でも折に触れてご指導をいただいており、感謝の念に堪えない。また、博士論文ゼミに参加していただいた諸氏にもさまざまなご指摘をいただいた。現在、特別研究員の指導教官として私を受けいれていただいている藤倉達郎准教授や棚瀬慈郎滋賀県立大学教授には常日頃からコメントをいただいたりはっぱをかけていただいたりで、頭が上がらない。また、各種研究会や学会では、本書に関連する発表の機会を与えていただき、数々の有益なコメントをいただいた。お名前を述べることは避けるが、皆さんにこの場を借りて感謝の気持ちをお伝えしたい。

この本は、私を支えてくれた人びとの助けがなければ書きえなかった。まずインドを離れアメリカで生活する「家族」や友人たちへの謝辞から。「アマラー」チミ、「パーラー」タシ・ドゥンドゥプ、テンダワとテンダルギェル、親友のユンテン。そしてダラムサラでの「悪友」トゥプテンやダラムサラでの食生活（と私の心）を支えてくれた山崎直子さんご一家、難民社会について語りあった小川康さんには本当にお世話になった。また、TIPAでの私の生活を豊かなものとしてくれた「ポポラー」ノルブ・ツェリンと「モモラー」ツァムチュのご夫妻、「アチャ」ツェリン・ヤンゾムは今でも私のかけがえのないダラムサラでの受け皿となってくれている。また、チベット語を喋れない時からいろいろとちょっかいをかけてくれていたゲン・サムテンやゲン・ソナム、ンガワン、サムドゥプ、ペマ・テンジン、テンノル、ニンジェ、チャンバ、ウーゲン、プルブ。名前を挙げきれないのが残念だが、みんなに感謝したい。トゥジェチェ。

チベット関係以外の「同僚」では、特に六人のお名前を挙げたい。カリフォルニア大学セントデイヴィス校准教授トッド・ヘンリー氏、神戸女子大学専任講師の中村平氏、現代インド地域研究京都大学研究員の石坂晋哉氏、立命館大学の非常勤講師橋健一氏と国立民族学博物館外来研究員の竹村嘉晃氏、京都大学大学院人間・環境学研究科博士課程の神本秀爾氏には公私にわたってお世話になった。京都大学アジア・アフリカ地域研究研究科の安念真衣子さんと長岡慶さんには本書の原型となる原稿を丁寧に読んでいただき、コメントを賜った。また、元同僚の安元雄太氏、橋本博人氏、内山正太氏との交流と出会いは、私にとってきわめて有意義なものであった。研究生活をともにした彼らの存在なくしては、ここまで私はやってこれなかっただろう。ありがとう。

また、本書の編集を担当してくださった法藏館編集部の岩田直子さんと富積厚文さん、そして文章校正をしてくださった印刷所の方にもお礼を申し上げたい。ありがとうございました。そして、とても素敵な絵を描いてくださった飯野博昭さん、ありがとうございます。これからもよろしくお願いします。

特に、弱音と愚痴ばかり吐く私を宥め、支えてくれている両親と妻に感謝。

最後に、本書は先日帰らぬ人となった妹、睦美に捧げたい。

なお、本書の調査の一部は日本科学財団笹川研究助成（平成十七年度）、日本学術振興会特別研究員（ＰＤ）研究奨励費（平成二十三年度〜二十五年度）の助成金をもとにおこなわれたものであり、本書が世に出ることができたのは、平成二十四年度京都大学大学院人間・環境学研究科人文・社会系若手研究者出版助成のおかげである。この場を借りて感謝の念をお伝えしたい。

二〇一二年五月十六日

日差しが照りつける夏のダラムサラより

山本達也

山本 達也（やまもと たつや）

1979年山口県生まれ。インドおよびネパール在住のチベット難民社会の文化人類学的研究に従事し、2009年京都大学大学院人間・環境学研究科博士課程修了。博士（人間・環境学）。現在、日本学術振興会特別研究員（PD）。
主な著作に「音楽をつくる――現代的チベット音楽の制作現場」『コンタクト・ゾーンの人文学Ⅰ　問題系』田中雅一・船山徹編、晃洋書房（2011年）、「ダラムサラで構築される「チベット文化」――チベット歌劇ラモと祭典ショトンをめぐる記述と言説の考察を通して」『文化人類学』73（1）（2008年）。編著に『宗教概念の彼方へ』磯前順一と共編、法藏館（2011年）。

舞台の上の難民
チベット難民芸能集団の民族誌

二〇一三年三月二九日　初版第一刷発行

著　者　山本達也
発行者　西村明高
発行所　株式会社法藏館
京都市下京区正面通烏丸東入
郵便番号　六〇〇－八一五三
電話　〇七五－三四三－〇〇三〇（編集）
〇七五－三四三－五六五六（営業）

装幀者　山崎　登
印刷・製本　亜細亜印刷株式会社

ISBN978-4-8318-7441-2　C3039